개정판

경찰조직론

박영사

머 리 말

지난 2013년 3월 「경찰조직론」 초판을 발행하면서 미진한 부분은 앞으로 수정하고 보완해 나갈 계획이라고 밝힌 지가 벌써 2년 6개월이 지났다. 그 사이 경찰의 임무를 추가하여 「경찰법」과 「경찰관 직무집행법」이 개정되었으며, 「경찰관 집무집행법」은 손실보상 규정이 추가된 개정이 이루어지기도 하였다. 또 이성한 경찰청장을 거쳐 2014년 8월 25일 강신명 경찰청장이 취임하였고, 경찰조직에도 다음과 같이 많은 변화가 있었다.

사람이 태어나서 성장하고 생을 마감하는 생명 주기(life cycle)가 있듯이 경찰조직에도 생명주기가 그대로 존재한다는 것을 극명하게 보여주는 기능이 사이버 분야이다. 1999년 경정 계급이 책임자인 사이버수사대로 출범하였다가 2000년 사이버테러대응센터로 명칭이 바뀌면서 센터장이 총경 계급으로 격상되었고, 2014년 6월 11일에는 사이버안전국이라는 별도의 국으로 승격되었고 경무관이 국장을 맡게 되었다. 사이버안전국의 업무도 기존의 수사 중심의 사후대응 체계에서 사이버범죄 위협 분석을 통한 범죄예방, 피해 확산 방지 및 디지털포렌식 고도화 등 종합적인 사이버 안전체계를 마련하기 위한 대대적인 기구개편이 있었다.

제18대 대통령 선거 당시 박근혜 후보는 '국민행복 10대 공약' 중 8번째 공약으로 '국민안심 프로젝트'를 추진하였고, 2013년 2월 25일 대통령에 취임하면서 성폭력, 학교폭력, 가정폭력, 불량식품을 하나의 정책 개념으로 묶어서 '4대 사회악'이라는 이름으로 규정하면서 경찰에서도 4대 사회악 근절을 위한 대대적인 경찰활동을 전개하고 있다. 그 결과 경찰서에 생활안전과 여성청소년계가 여성청소년과로 분리 독립되었고, 오원춘 사건을 계기로 112 운영시스템의 문제점이 거론되어 112 종합상황실로 확대 개편되었으며, 대규모 경찰서인 송파경찰서의 경우 2014년 수사과가 지능범죄수사과와 경제범죄수사과로 분리되었다.

경찰청 차장, 서울지방경찰청장, 경찰대학장, 경기지방경찰청장, 부산지방경찰청장에 이어 인천지방경찰청장의 계급도 치안정감으로 승격되었고, 1차장 체제에서 3부장 체제로 바뀌었다. 차장 1명을 두던 지방경찰청은 8개 지방경찰청이 2부장 체제로 바뀌었고, 경무관이 경찰서장인 중심경찰서는 5개에서 7개로 늘어났다. 이러한 변화의 흐름을 교재에 담아야 되겠다는 마음이 있었으나 이제야 개정판을 내면서 정리하게 되었다. 개정판의 전반적인 내용은 초판과 마찬가지로 경찰조직과 관련된 내용을 깊이 있고 폭넓게 다루었고, 학부생들이 최대한 이해하기 쉽게 기술하고자 하였다. 그 일환으로 강의를 하면서 학생들이 어려워하는 부분은 최대한 평이하게 기술하려고 노력하였으나 그에 미치지 못하는 부분도 있으리라고 본다.

이번 개정판을 통하여 경찰조직 관련 법령 및 제도의 변화를 최대한 반영하였으나 조직은 환경과 상호 작용하면서 끊임없이 변화를 할 수밖에 없기 때문에 그러한 변화는 다음 기회에 반영할 예정이다. 아무튼 이 책이 경찰조직을 이해하는 데 도움이 되기를 바란다.

이 책의 교정을 위해 애써준 동국대학교 대학원 경찰행정학과 박사과정의 김은기·박찬혁 군을 비롯하여 석사과정의 심민규 군에게 깊은 감사를 드린다. 그리고 이 책의 집필을 위해 분에 넘치는 후원을 베풀어 주신 박영사 임직원 여러분과 편집 및 교정을 위해 수고해 주신 편집부 직원 여러분께도 감사의 마음을 전한다.

2015년 9월 5일

사회과학관 연구실에서 저자 씀

차 례

제 1 편 경찰조직일반론

제 1 장 경찰조직의 의의 및 이념

제 2 장 경찰조직목표

제 3 장 경찰조직이론의 발달

제 2 편 경찰조직구조론

제 1 장 조직의 편성원리 및 유형

제 2 장 관 료 제

제 2 장 경찰리더십

제 3 장 의사전달 및 갈등관리

제 4 장 경찰문화와 윤리

제 5 장 경찰조직의 성과관리

제 6 장 경찰정보관리

제 5 편 경찰조직의 미래

제 1 장 경찰조직의 미래이론

제 2 장 경찰조직의 개혁

경 / 찰 / 조 / 직 / 론

제 1 편

경찰조직일반론

제 1 장

경찰조직의 의의 및 이념

제1절 경찰조직의 의의 및 특징

1. 경찰조직의 개념

사전적 의미로서의 조직은 특정한 목적을 달성하기 위하여 여러 개체나 요소를 모아서 체계 있는 집단을 이루는 것 또는 그 집단을 말한다. 이런 사전적 의미 외에 학자들은 조직의 정의와 관련해 다양한 의견을 제시하고 있다.

대표적인 학자들의 의견을 살펴보면, 베버(M. Weber)는 조직이란 특정한 목적을 달성하기 위해 결합된 구성원들 간에 상호작용하는 인간들의 협동집단으로 정의했으며,[1] 에치오니(A. Etzioni)는 특정한 목적을 추구하기 위해 의도적으로 구성되고 재구성되는 사회집단으로 정의했다.[2]

카츠와 칸(D. Katz & R. L. Kahn)은 공동의 목표를 가지고 내부관리를 위한 규제장치와 외부 환경관리를 위한 적응구조를 발달시키는 인간들의 집단이라고

---

1) M. Weber, *The Theory of Social and Economic Organization*(New York: Simon and Schuster, 2009).

2) A. Etzioni, *Modern Organizations*(Englewood Cliffs, New Jersey: Prentice Hall, 1964).

정의했으며,[3] 리터러(J. A. Litterer)는 조직이 아니면 이룰 수 없는 무엇을 달성하기 위해 인간이 개발한 사회적 발명품 또는 도구라고 정의하고 있으며,[4] 오석홍은 인간의 집합체로서 일정한 목적의 추구를 위해서 의식적으로 구성된 사회적 단위라고 규정하고 있다.[5] 조직을 바라보는 학자들의 관점을 정리하면 〈표 1-1〉과 같다.

〈표 1-1〉 조직을 바라보는 관점

학 자	관 점
M. Weber, J. M. Pfiffner & F. P. Sherwood, A. Etzioni, S. P. Robbins	-공식적 목표 달성을 위한 집합체 또는 사회적 단위
P. Selznick, D. Katz & R. L. Kahn, E. H. Schein	-환경에 적응하는 사회적 단위
A. W. Gouldner, J. A. Litterer	-생명력을 가진 유기체
오석홍, R. H. Hall, R. L. Daft	-기존의 정의에 대한 종합적 시각

※ 자료: 민진, 「조직관리론」(서울: 대영문화사, 2012), 41-42쪽을 참조해 표로 구성.

역사적으로 볼 때 거의 모든 국가 혹은 사회는 그 구성원의 암묵적 혹은 명시적 합의로 만들어낸 규범이나 법률에 대한 위반을 통제할 필요가 있다는 점을 인식해 왔다. 따라서 구미의 경우 로마의 근위대(Praetorian Guard), 앵글로 색슨 시대의 십호반 제도(tithing system), 우리나라의 고려시대 순군만호부, 조선시대의 포도청같이 사회를 보호하기 위해 일종의 경찰 형태를 가진 조직을 결성하고 운영해 왔다.

현대의 경찰조직에 이르는 동안 경찰은 사회의 규범을 보호하고 질서를 유지하는 등 시민을 위한 다양한 업무(예컨대 범법자 체포, 교통 통제, 범죄예방활동 등)를 수행해야 할 책임을 지니고 있다. 경찰기관은 이러한 다양한 활동을 수행

3) D. Katz & R. L. Kahn, *The Social Psychology of Organizations*(New York: Willey & Sons, 1966), pp. 14-29.

4) J. A. Litterer, *The Analysis of Organizations*(New York: Wiley, 1973).

5) 오석홍, 「조직이론」, 제7판(서울: 박영사, 2011), 4쪽.

하기 위해 수사, 교통, 생활안전 등과 같은 많은 하위부서들로 조직화된다.

따라서 경찰조직이란 경찰관들의 집합체로서 치안에 관한 사무를 관장하기 위한 목적으로 구성된 사회적 단위로 정의될 수 있다. 이러한 경찰조직은 치안사무를 관장하기 위해 공식적으로 하위조직들을 세분화하거나 통합하는 구조 혹은 이에 이르는 과정과 규범을 내포하고 있다. 또한 경찰조직은 제반 사회 환경들과 상호작용을 하는 일반 조직의 성격을 내포하고 있으며, 국민의 생명과 재산보호 및 사회공공의 질서를 유지하기 위해 일반 국민에게 명령, 강제하는 권력적 성격을 갖는 조직이기도 하다.

하지만 경찰조직은 각 국가 혹은 지역사회마다 정치·경제·문화적인 여러 변수들에 의해 영향을 받으므로 그 구성이 모두 동일하지는 않으며, 특수성을 가지기도 한다.

2. 경찰조직의 중요성

○○대학교 경찰행정학과에 입학한 이○○은 평소 경찰의 활동에 관심을 가지고 자율방범대 활동을 수행하는 등 지역의 치안을 위해 활동해 왔다. 이런 관심을 바탕으로 졸업과 동시에 의경에 지원하였다. 중앙경찰학교에 입교하여 교육을 받는 동안 유도 동아리를 결성해 매주 유도 연습을 했다. 혜화경찰서로 배치받은 이○○ 의경은 학창시절 여러 악기를 배웠던 경험을 살려 서울경찰홍보단에 지원하여 홍보단의 일원이 된다. 서울경찰홍보단의 일원으로서 각 지역을 돌아다니며 병역의 의무를 다하였다.

병역의 의무를 마친 이○○은 졸업 후 경찰행정학과 순경 특채 시험에 당당히 합격한다. 8개월의 교육이 끝난 후 혜화경찰서로 배치받은 이○○ 순경은 교통사고조사에 대한 관심을 가지고 관내 교통사고조사 학습동아리인 "네바퀴"에서 교통사고와 관련된 법령, 사례, 업무노하우 등에 대한 지식을 익혀나간다. 불교 신자인 이 순경은 경찰청 불자회의 일원으로 활동하면서, 경찰관들이 관할구역의 어려운 주민들을 돕기 위해 결성한 봉사활동 모임에 가입해 한 달에 한 번씩 봉사활동을 하고 있다. 이렇듯 이○○의 20대는 경찰과 관련된 조직과 함께 해 왔다.

인간은 태어나면서 한 가족의 일원이 되고, 다양한 조직에서 생활하며 삶을 마무리한다. 이○○의 삶에서 볼 수 있듯이 그가 처음 경찰과 관련해 접했던 자율방범대를 비롯하여 중앙경찰학교, 서울경찰홍보단, 경찰서, 경찰청 불자회 등은 모두 공식적, 비공식적 경찰조직으로 한 개인의 삶에 상당히 깊이 관여되어 있다.

조직이라는 것을 떠나서 인간이 삶을 영위해 간다는 것은 거의 불가능하다. 다양한 사건사고가 발생하는 현대사회를 살아가는 우리가 경찰이라는 조직과 동떨어져 살아가는 것은 불가능한 일일 것이다.

잃어버린 물건을 찾거나, 잃어버린 물건의 주인을 찾아주기 위해 가까운 경찰관서를 찾아간 경험, 길을 잘 모르는 지역에서 가까운 파출소를 찾아간 경험, 갑자기 사고를 당해 112에 신고를 해 본 경험, 교통위반으로 단속에 걸려 범칙금을 내 본 경험, 민원을 제기하기 위해 경찰서의 민원실을 찾아본 경험 등 누구나 한번쯤 해보았을 만한 경험들이 결국 경찰이라는 조직과 관련되어 이루어지는 것이다. 즉, 경찰이라는 직업을 가진 사람뿐만 아니라 일반인 모두에게도 경찰조직은 늘 가까이에 있는 것이다.

이렇듯 경찰조직은 우리들의 삶의 전반에 우리의 인식 여부와 관계없이 직간접적으로 많은 영향을 미치고 있다. 그러므로 우리는 이런 경찰조직과 연관되어 살아가는 일원으로서 경찰조직이 어떤 속성을 가지고 있는지, 경찰조직이 직면한 문제점은 무엇이며, 우리는 이것을 어떻게 이해하고 해석해 나가야 할 것인지에 대해 관심을 가지고 연구해 나갈 필요성이 있다.

3. 경찰조직의 특징

1) 타 정부조직과의 비교

경찰조직은 타 일반 행정조직과는 상대적으로 다른 특성을 지니고 있다. 이 차이점은 〈그림 1-1〉과 같은 경찰업무의 특수성에서 기인한다.

경찰업무는 대부분 예측하지 못한 돌발적 상황하에서 이뤄지며 그 이해관계는 직접적으로 국민에게 영향을 미친다. 또한 경찰업무는 업무 자체가 각종 위험의 제거를 그 주요기능으로 하고 있음으로 인해 위험성을 띠고 있다.

〈그림 1-1〉 경찰행정의 특수성

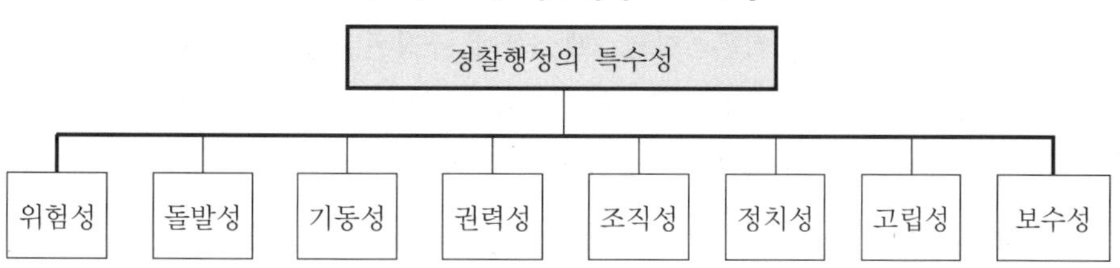

※자료: 이황우, 「경찰행정학」, 제5판(파주: 법문사, 2012), 18쪽.

이러한 경찰업무의 돌발성과 위험성으로 말미암아 경찰조직은 기동성과 협동성을 충분히 발휘할 수 있는 치밀한 장치가 요구된다.

따라서 경찰조직은 안정되고 능률적이며 군대식으로 조직되어야 한다. 이러한 조직특성의 요구에 부응하기 위해 경찰조직은 상명하복의 질서정연한 계급제적 계층구조를 이루고 있으며 제복을 착용하고 있다.[6]

2) 민간조직과의 비교

경찰조직과 민간조직은 그 존립의 목적에서 차이가 나기 때문에 조직의 특성에 있어서도 상당한 차이를 보인다.

먼저 경찰조직은 국민의 생명·신체·재산의 보호라는 목적을 바탕으로 공공질서를 유지하기 위한 공익적 특성을 띠는 반면, 대부분의 민간조직들은 사익을 극대화하려는 특징을 지닌다.

두 번째로 경찰조직은 「경찰법」과 「경찰청과 그 소속기관 직제」를 근거로 해서 이루어지며, 조직을 개편하는 데 있어 법률적인 개정을 거쳐야 하지만, 민간조직들은 그 조직을 구성함에 있어 법적 근거를 가지지는 않는다.

세 번째로 경찰조직은 「경찰관직무집행법」과 「형사소송법」 등의 법률적 근거를 바탕으로 권력성을 가지고 강제성을 행사하지만, 민간조직은 이런 특징을 가지지 않는다.

네 번째로 경찰조직은 동일한 업무수행을 하는 다른 기관이 존재하지 못하도록 법률적으로 규정해 경찰업무에 대한 독점성을 띠고 있지만, 민간조직의 경

6) 이황우, 「경찰행정학」, 제5판(파주: 법문사, 2012), 20쪽.

우는 동일한 업무에도 다양한 조직들이 복수로 업무를 수행한다.

다섯 번째로 민간조직은 「헌법」 제33조에 규정된 단결권, 단체교섭권, 단체행동권을 행사할 수 있지만, 경찰조직은 이런 헌법적 조항에도 불구하고 노동3권을 행사하는 데 제한을 받는다.

여섯 번째로 경찰조직의 임무수행은 그 효력이 국민 전반을 대상으로 영향을 미치지만, 민간조직들은 영향을 미치는 범위가 특정되어 제한적이다.

하지만, 최근에는 민간경비의 확대, 경찰조직 관리에 있어서 사기업의 경영기법 도입 등이 강조되면서 경찰조직과 민간조직의 차이가 점점 좁혀지고 있는 추세이다.

제2절 경찰조직의 이념

1. 성문법상 이념

1) 헌 법

「헌법」 제11조 내지 제36조의 내용은 보편적 가치에 대한 국민의 기대와 요구를 충족시켜야 할 국가의 의무를 규정하고 있다.[7)]

「헌법」은 국가작용 중에서도 대민접촉이 잦은 행정작용이 법률에 의해 공정하게 행해지도록 함으로써 법치주의의 실질적 구현을 도모하고 있다. 즉, 행정권(대통령)에 의한 포괄적 위임입법 금지(제75조), 명령·규칙·처분에 대한 위

---

7) 제11조(국민의 평등, 특수계급제도의 부인, 영전의 효력), 제12조(신체의 자유, 자백의 증거능력 등), 제13조(형벌불소급, 일사부재리, 소급입법의 제한, 연좌제금지), 제14조(거주·이전의 자유), 제15조(직업선택의 자유), 제16조(주거의 보장), 제17조(사생활의 비밀과 자유), 제18조(통신의 비밀), 제19조(양심의 자유), 제20조(종교의 자유), 제21조(언론·출판·집회·결사의 자유 등, 언론·출판에 의한 피해배상), 제22조(학문·예술의 자유와 저작권 등의 보호), 제23조(재산권의 보장과 제한), 제24조(선거권), 제25조(공무담임권), 제26조(청원권), 제27조(재판을 받을 권리, 형사피고인의 무죄추정 등), 제28조(형사보상), 제29조(공무원의 불법행위와 배상책임), 제30조(범죄행위로 인한 피해구조), 제31조(교육을 받을 권리·의무 등), 제32조(근로의 권리·의무 등, 국가유공자의 기회우선), 제33조(근로자의 단결권), 제34조(사회보장 등), 제35조(환경권 등), 제36조(혼인과 가족생활, 모성보호, 국민보건) 등으로 이루어져 있다.

헌·위법심사제도(제107조 제2항), 행정심판의 절차(제107조 제3항), 행정조직과 행정관청의 직무범위(제96조), 공무원의 불법행위로 인한 배상책임(제29조) 등을 규정함으로써 행정권(경찰권 포함)의 남용으로 국민의 자유와 권리가 침해될 여지를 차단하고 있다. 그러므로 경찰의 모든 활동은 법치주의 원칙을 따라야 하고, 이러한 원칙은 경찰의 기본이념으로 간주된다.

2) 경찰법

「경찰법」 제1조에서는 경찰법의 목적을 '국가경찰의 민주적인 관리·운영과 효율적인 임무수행을 위하여 국가경찰의 기본조직 및 직무 범위와 그 밖에 필요한 사항을 규정함'으로써 조직의 이념을 민주성과 효율성으로 제시하고 있다.

(1) 민주성

경찰조직 이념으로서 민주성이란 국민의, 국민에 의한, 국민을 위한 경찰활동이 이루어져야 함을 의미한다. 경찰행정은 국가와 사회의 존립을 위한 근본작용에 속하고 경찰활동은 국민의 기본권과 연관되는 경우가 많기 때문이다. 민주적인 경찰행정을 말하는 것으로서 경찰행정은 국가사회와 국민의 생활존립의 기본적 사항에 관한 것이며, 경찰의 활동은 국민생활과 그 기본적 인권에 직접 영향을 미치는 성질의 것이므로 경찰의 조직과 제도는 민주정신에 입각해야 한다.

경찰조직의 민주성을 확보하기 위한 수단으로는 먼저 「경찰법」 제5조에서 제10조까지 규정하고 있는 경찰위원회를 들 수 있다. 행정안전부에 민간인으로 구성된 경찰위원회를 설치하여 경찰행정에 관한 사항을 심의·의결함으로써 경찰청과 상호 견제와 균형을 통해 민주적 경찰행정을 구현하고자 하였다.

(2) 효율성

효율성이란 경찰행정의 능률성과 효과성의 의미가 복합적으로 작용함을 의미한다. 능률성이란 최소의 비용으로 최대의 성과를 추구해야 함을 뜻한다. 경찰관 개개인의 능력향상, 경찰인력의 합리적 배치, 조직 및 기구의 통폐합, 적절한 인사관리, 예산의 효율적 배분 등을 통해 낭비요소를 줄이고 저비용 고효율의 목표를 달성해야 한다는 것이다. 현대국가에서는 행정국가가 대두되면서 능률성이 강조되었다.

능률이란 보통 투입과 산출 사이의 합리적인 비율을 의미하고 있지만, 경찰행정에 있어서는 산출이 파악되기 어려운 경우가 많아서 능률성을 파악하기가 쉽지 않다. 따라서 인간성을 무시하고 인간을 기계로 보는 "기계적 능률성" 대신에 인간존엄성의 실현, 사회목적의 실현 등 사회차원에서 능률을 보아야 한다는 "사회적 능률성"을 추구하여야 한다. 우리나라에서는 중앙집권적인 국가경찰조직으로 일원화되고 계층적 행정조직을 이루도록 함으로써 경찰조직의 능률성을 도모하고 있으며, 각종 사회적 장해를 기동성 있게 제거하고 있다. 그러나 능률성은 때때로 민주성과 갈등을 유발하기도 하기 때문에 능률성과 민주성을 조화시키는 것이 중요하다.

효과성이란 경찰활동을 통해 현실적으로 생성한 산출이 당초의 목표에 도달해야 함을 의미한다. 위의 능률성이 정태적·기계적·경제학적 개념이라면, 효과성은 동태적·기능적·사회학적 개념이다. 효과성이란 목표와 수단을 연결한 상태 하에서 현실적인 산출이 당초의 목표를 어느 정도 충족시켰는가 하는 목표의 달성도를 의미한다. 효과성과 능률성은 비슷한 개념이나 능률성은 수단을 목표로부터 절단한 상태 하에서 제한된 자원과 중립적인 수단을 사용하여 산출의 극대화를 기하는 것을 의미하는 정태적·기계적·경제학적 개념이다. 그러나 능률성을 전제로 하지 않는 효과성이란 없기 때문에 양자를 조화시킨 효율성, 경영학에의 의미하는 생산성이란 이념이 전개되고 있다. 즉, 다른 모든 서비스와 동일하게 경찰서비스 역시 사회의 희소한 자원을 동원하여 사용하고 있으므로, 경찰조직에서 효율성이란 다른 공공기관이나 기업 및 단체의 능률성과 비교하여 경찰조직의 능률성이 더 낮아져서는 안 된다는 것을 의미한다.

「경찰법」에서는 효율적인 임무수행을 위하여 각 경찰조직의 구성에 대해 규정하고 있다.

(3) 정치적 중립성

경찰행정의 정치적 중립성이란 경찰목적 달성을 위해 경찰은 기본적으로 권력행사를 수단으로 하기 때문에 어떤 정당이나 특수계층의 이익을 위하여 봉사하는 기관이 되어서는 안 되는 것을 의미한다. 경찰공무원의 정치적 중립 보장은 경찰행정의 안정성을 도모할 수 있으며, 경찰정책도 일관성 있게 추진할 수 있어서 능률적인 행정을 가능하게 한다. 이를 위해 경찰공무원의 신분을 보장하고 있으며, 정치적 중립을 훼손하는 소속 상관의 위법한 지시에 따를 의무가 없다. 아울러 공권력을 행사하는 경찰은 매사에 불편부당(不偏不黨)하고 공평무사(公平無私)해야 하며, 정치권의 영향으로부터 자유로워야 한다는 것이다. 「헌법」 제7조(공무원의 지위·책임·신분·정치적 중립성) 제2항은 '공무원의 신분과 정치적 중립성은 법률이 정하는 바에 의하여 보장된다'고 규정하여 경찰의 중립이념을 뒷받침하고 있다. 그러므로 경찰공무원은 정당이나 정치단체에 가입하거나 특정 정당 또는 특정인의 지지나 반대를 위한 행위를 해서는 안 되고, 오로지 주권자인 전체 국민과 국가의 이익을 위해서만 직무를 수행하여야 한다.[8)]

2. 불문법상 이념

1) 조리상의 이념

법치주의 원칙은 필연적으로 다양한 형태의 법규를 양산하였고, 경찰은 이러한 법규들을 근거로 공공의 안녕과 질서를 유지한다. 그런데 법규만으로 공권력을 발동하는 데는 한계가 따르기 때문에 '조리(條理)[9)]'라고 불리는 일반법의 원칙에 따라 법치국가 이념을 구현하는 경우가 많다.

이러한 조리는 첫째로 '공공의 안녕·질서에 대한 위해(危害)의 존재'를 경찰권 발동의 조건으로 요구한다. 공공의 안녕질서에 대한 위험이 없으면 경찰권도 없다는 것이다. '공공의 안녕'이란 개인의 생명·신체·재산과 같은 개인적 법익이

8) 또한 「경찰법」 제4조(권한남용의 금지)에서는 "국가경찰은 그 직무를 수행할 때 헌법과 법률에 따라 국민의 자유와 권리를 존중하고, 국민 전체에 대한 봉사자로서 공정·중립을 지켜야 하며, 부여된 권한을 남용하여서는 아니 된다"라고 하여 경찰이 정치적 중립성을 지켜야 함을 규정하고 있다.

9) 조리(Natur der Sache)란 사물의 본질적 법칙 또는 사회일반의 정의감에 비추어 반드시 그러해야 할 것이라고 인정되는 것을 말한다. 조리는 행정법 해석의 기본원리로서 중요한 의미를 가지며, 법률이나 관습법이 침묵을 지키고 있는 영역은 최종적으로 조리에 의할 수밖에 없다.

침해받지 않으며, 국가적 공동체의 존속과 기능이 방해받지 않고 정상적으로 활동하는 상태를 말한다. '공공의 질서'라 함은 사회의 지배적인 가치관(사회·윤리관)에 비추어 그것을 준수하는 것이 원만한 공동생활을 위한 전제조건이 되는 법규범 이외의 규범의 총체를 의미한다. 법규범이 제외되는 이유는 법규범은 앞의 '공공의 안녕'의 요소를 이루기 때문이다. '위해'라 함은 그것을 방치하면 가까운 장래에 공공의 안녕과 질서에 해를 가져올 충분한 개연성(구체적 위험)이 있는 상태를 의미한다. 위험이 실제로 발생한 상황을 장해(障害)상태라 부른다. 다만, 순찰이나 정보수집의 경우처럼 현실적 위험이 없이도 경찰권이 발동되는 경우가 있다.

두 번째로 조리는 '경찰소극목적의 원칙', '경찰공공(公共)의 원칙', '경찰책임의 원칙', '경찰평등의 원칙', '경찰비례의 원칙', '보충성의 원칙', '시간상 과잉금지' 등의 이름으로 경찰권의 행사를 인도한다. 이러한 원칙들이 경찰권에 미치는 효과를 '조리상 한계'라 부른다. 〈표 1-2〉는 경찰활동을 지도하는 조리의 유형과 내용을 요약한 것이다. 이러한 조리는 각 경찰법규에 직접적(명시적) 혹은 간접적(암시적)으로 규정되어 경찰활동 전반에 대해 지도효과를 발휘한다.

경찰소극목적의 원칙이란 경찰권은 '질서유지'를 위해서만 발동해야 하고 복리증진을 위한 발동은 허용되지 않는다는 것이다.

〈표 1-2〉 조리(경찰법의 일반원칙)의 종류와 내용

경찰소극목적의 원칙	- 질서유지를 위해 필요할 경우에만 경찰권을 행사해야 한다.
경찰공공의 원칙	- 사생활불간섭원칙, 사주소불가침원칙, 민사관계(경제관계) 불관여원칙
경찰책임의 원칙	- 경찰상 위험의 발생 또는 위험을 제거할 책임이 있는 자에게 경찰권을 발동하여야 한다.
경찰평등의 원칙	- 기회균등의 요청에 반하는 자의적 경찰권 발동은 허용되지 않는다.
경찰비례의 원칙 (과잉금지의 원칙)	- 적합성원칙, 필요성원칙(최소침해원칙), 상당성원칙(수인가능성원칙), 시간상 과잉금지
보충성의 원칙	- 타 기관 소관의 위해에 대하여는 해당기관의 공권력이 발동되지 않고(못하고) 있을 동안만 경찰의 개입이 허용된다.

※ 자료: 이황우·조병인·최응렬, 「경찰학개론」(서울: 한국형사정책연구원, 2006), 23쪽.

경찰공공의 원칙은 '사생활불간섭', '사주소불가침', '민사관계(경제관계) 불관여' 등의 원칙을 통해 구현된다. 사생활불간섭의 원칙이란 개인의 사생활에 대해서는 경찰권이 개입할 수 없음을 말한다. 사생활에는 일반적으로 '공공의 안녕·질서에 대한 위해'가 존재하지 않기 때문이다. 그러나 개인의 사생활이라도 그것이 공공의 안녕·질서에 대해 위해를 미치는 경우(예컨대 공공장소에서의 남녀 간 문란행위)에는 경찰권이 발동될 수 있다. 사주소불가침의 원칙이란 사인(私人)의 주소내에서 일어나는 행위에 대하여는 경찰이 개입할 수 없음을 뜻한다. 경찰은 공적 안전과 질서의 유지를 목적으로 하는 국가작용이기 때문이다. 사주소내의 행위라도 공적인 안전이나 질서에 직접 중대한 장해를 가져오는 경우(예컨대 소음이나 악취 등)에는 경찰의 개입이 허용된다. 민사관계 불간섭의 원칙이란 개인 간의 민사관계에는 경찰이 개입할 수 없음을 말한다. 개인의 재산권 행사, 계약의 이행 등은 공공의 안녕·질서에 대한 위해를 유발할 개연성이 적기 때문이다. 그러나 민사관계에 있어서도 법원에 제소할 시기를 놓칠 우려가 있거나 사인의 자력구제가 곤란한 때(예컨대 거액의 채무자가 외국으로 도피하려고 공항에 나와 있는 경우 등)에는 예외적으로 경찰개입(도주우려자 억류 등)이 허용된다.

경찰책임의 원칙이란 경찰상 위험의 발생 또는 위험의 제거에 대해 책임이 있는 자에게 경찰권을 발동해야 한다는 것이다. 경찰책임의 유형에는 행위책임, 상태책임, 혼합책임, 경찰상 긴급상태 등이 있다. 자기의 행위 또는 자기의 보호·감독 하에 있는 자의 행위로 인해 경찰위해가 발생한 경우에 있어서의 책임이 행위책임이다. 어떤 물건(식물·가축 등 포함)이 경찰위해를 조성하고 있는 경우에 그 물건에 대한 현실적인 지배권을 가지고 있는 자에게 경찰책임을 지우는 경우를 상태책임이라고 한다. 경찰책임자의 요건으로서 공적 안전이나 질서의 교란에 대한 고의나 과실을 요하지 아니하고 국적을 가리지 아니한다. 경찰상의 긴급상태란 공공의 안녕이나 질서에 대한 위험의 극복을 위해 경찰상 위험의 원인 제공과 무관한 자에게 예외적으로 경찰의 개입이 이루어지는 상태를 말한다. 이러한 경우는 예외적으로 경찰권의 발동이 묵인되는 것이므로 특별히 신중한 판단이 요구된다.

경찰평등의 원칙이란 경찰권의 행사에 있어서 성별, 종교, 사회적 신분 등을 이유로 차별이 있어서는 안 됨을 뜻한다. 헌법에 규정된 '기회균등'의 요청에 반하는 자의적 경찰권발동은 금지된다는 것이다. 이러한 원칙은 「헌법」에 명시된 차별대우 금지(제11조 제1항), 사회적 특수계급제도 금지(제11조 제2항), 특권제도 금지(제11조 제3항), 혼인과 가족생활에서의 양성평등(제36조 제1항), 교육의 기회균등(제31조 제1항), 선거권 및 공무담임권의 평등(제24조, 제25조 등), 여자근로자에 대한 부당한 차별 금지(제32조 제4항) 등과 직접적인 관련성을 갖는다. 평등권에 관한 헌법규정은 '인간의 존엄과 가치'를 그 본질로 하는 기본권의 실효성과 그 동화적 통합효과를 촉진시켜 주는 수단이므로 당연히 경찰법규의 일반원칙이 되어야 할 것이다.

경찰비례의 원칙이란 경찰권 발동의 필요성이 인정되더라도 합당한 한도 내에서 허용됨을 뜻한다. '과잉금지 원칙'이라고도 부르며, 적합성·필요성·상당성 등의 하위 원칙들을 통해 경찰활동을 인도한다. 적합성의 원칙은 경찰기관이 취한 조치나 수단은 의도하는바 목적달성에 법적으로나 사실상으로 유용한 것이어야 한다는 원칙이다. 필요성의 원칙이란 목적달성을 위해 채택된 수단은 많은 적합한 수단 중에서 개인이나 공중에 최소한의 침해를 가져오는 것이어야 한다는 원칙으로 '최소 침해의 원칙'이라고도 부른다. 상당성의 원칙이란 적합하고 필요한 수단을 사용하더라도 그 수단에 의해 침해되는 사익과 목적하는 공익을 비교하여 사익보다 공익이 우선할 때만 당해 수단의 적법성을 인정한다는 원칙이다. 플라이너(F. Fleiner)는 '경찰은 대포로 참새를 쏘아서는 안 된다'는 표현으로 비례의 원칙을 함축하였다. 비례의 원칙을 '수인(受忍)가능성의 원칙'이라고도 부른다. 적합성의 원칙, 필요성의 원칙, 상당성의 원칙은 단계구조를 이루고 있다. 즉, 많은 적합한 수단 중에서도 필요한 수단만이, 필요한 수단 중에서도 상당성 있는 수단만이 선택되어야 한다.[10]

독일에서는 '시간상 과잉 금지'가 비례원칙의 한 부분으로 논의되고 있다. 이는 위험이 방지 또는 제거되면 경찰처분을 종결시켜야 함을 의미한다. 경찰처분이 위험방지 혹은 교란제거를 위한 것이라면 위험 또는 위험 가능성이 부재하

10) 홍정선, 「행정법특강」, 제11판(서울: 박영사, 2012), 33쪽.

게 된 순간 경찰이 개입할 근거는 사라지기 때문이다.

〈경찰작용과 비례의 원칙(서울광장 차벽사건 헌법재판소 판례)〉

경찰청장이 서울광장을 경찰버스(차벽)로 둘러싸 청구인들이 2009. 6. 3. 서울광장에 출입하려는 것을 제지한 행위는 청구인들의 일반적 행동자유권을 침해한 것으로서 위헌임을 확인하는 사건에서 헌법재판소는 불법·폭력 집회나 시위가 개최될 가능성이 있다고 하더라도 이를 방지하기 위한 조치는 개별적·구체적 상황에 따라 필요최소한의 범위에서 행해져야 하는 것인바, 서울광장에서의 일체의 집회는 물론 일반인의 통행까지 막은 것은 당시 상황에 비추어 필요최소한의 조치였다고 보기 어렵고, 가사 전면적이고 광범위한 집회방지조치를 취할 필요성이 있었다고 하더라도, 서울광장에의 출입을 완전히 통제하는 경우 일반시민들의 통행이나 여가·문화 활동 등의 이용까지 제한되므로 서울광장의 몇 군데 통로를 개설하거나 또는 집회의 가능성이 적거나 출근 등의 왕래가 빈번한 시간대에는 통행을 허용하는 등 덜 침해적인 수단을 취할 수 있었음에도 모든 시민의 통행을 전면적으로 통제한 것은 침해를 최소화한 수단이라고 할 수 없으므로 과잉금지원칙을 위반하여 기본권을 침해하였다고 결정하였다(헌재 2011. 6. 30. 2009헌마406).

보충성의 원칙이란 타 행정기관의 관할영역에서 위해가 일어나고 있고, 그에 대한 직접적인 권한을 가진 기관이 아직 권한행사를 하지 못하고 있는 동안 그 한도 내에서 그 위해를 방지·제거할 수 있는 권한을 가짐을 뜻한다. 이러한 원칙은 공공의 안녕·질서에 대한 위해방지의 책임이 다른 행정기관에 귀속된 상황에서 적용된다.[11] 즉, 보충성의 원칙이란 “개인에게 불이익을 주는 실력행사를 비롯한 공권력의 행사는 행정목적 달성을 위해 다른 수단이 없을 때 최후의 수단으로 행하여야 한다는 원칙”을 뜻한다.

2) 보편적 가치

자유·평등·정의에서 발원하는 보편적 가치는 시대와 장소에 따라 그 내용이 달라지는 개념이다. 하지만 일반적으로는 합법성, 민주성, 효율성, 정치적 중립성, 사회적 형평성, 투명성, 책임성 등을 보편적 요소로 포함하고 있다. 이러

11) 김남진, 「경찰행정법」(서울: 경세원, 2004), 133-144쪽.

한 요소들은 상호보완의 관계를 이루면서 경찰을 올바른 방향으로 인도한다. 경찰행정학자들은 위의 보편적 가치들을 '경찰의 지도이념(기본이념)'이라고도 한다. 이와 같은 이념은 시대와 장소에 따라 그 의미와 비중을 달리 하고 있어서 고정되어 있는 것은 아니다.

(1) 사회적 형평성

지금까지 전통적인 행정학은 능률성을 강조하였고, 발전행정은 효과성을 강조해 왔다. 그러나 능률성은 인간의 수단화·기계화·소외화를 가중시켰고, 효과성은 배분적 정의를 실현하지 못했기 때문에 제기된 이념이 사회적 형평성이다. 신행정학에서 강조되는 사회적 형평성은 적극적인 분배의 평등을 함축하고 있다.

경찰행정의 사회적 형평성은 모든 경찰업무가 공정하게 처리되어야 하고, 사회질서의 가치관을 반영하는 것으로 자유와 평등의 가치관을 종합한 관념으로서 동등한 자유와 합당한 평등 즉, 사회적·경제적·정치적 환경이 열세한 계층에게 보다 많은 양질의 서비스를 제공하는 것을 의미한다.

(2) 투명성

경찰행정의 투명성(transparency)이란 모든 시민들의 요구에 의하여 국가기관인 경찰에 접수된 인가, 허가, 증명발급, 신고, 진정, 소원, 승인, 지정 등을 합한 민원신청 즉, 정부의 정책과 관련된 결정과정과 절차에 관한 정보를 공개하는 정도 또는 정책형성, 집행 및 평가에 대한 공개의 정도를 의미한다. 또한 투명성은 행정절차 및 기준의 과정적 명료성과 정책문제나 대안에 대한 지식을 의미하고, 시민이 이해당사자로서 이익을 주장하고, 정책과정에 대한 의견을 제시할 수 있게 하는 등 시민참여를 포함하는 적극적인 개념으로 이해할 수가 있다.[12)]

---

12) 나 현, "행정투명성이 민원서비스의 만족도와 공정성에 미치는 영향: 민원인과 공무원의 인식 차이를 중심으로", 「박사학위논문」, 중앙대학교 대학원, 2012, 8-9쪽.

(3) 책임성

경찰의 도의적 책임(道義的 責任, responsibility)은 경찰공무원이 국민의 수임자라는 관점에서 지는 행정적 책임을 일컫는다. 경찰공무원은 국민의 수임자(受任者)라는 사상적 근거에서 자기행위가 법적으로는 책임추궁의 대상이 되지 않아도 그 행위에 대해서 도의적으로 책임을 지는 경우가 있을 수 있다. 이러한 책임을 도의적 책임이라 하며, 한편 국민의 의사에 따라야 할 책임이라는 뜻에서 응답적 책임(應答的 責任)이라고 한다. 도의적 책임은 그 행위자에게만 국한되지 않고 그 조직 내의 상하 구성원으로 확산되는 경우가 많다.

제 2 장

경찰조직목표

제1절 경찰조직목표의 유형 및 기능

1. 조직의 목표

(1) 조직목표의 의의

조직의 목표란 조직이 실현하고자 하는 바람직한 미래의 상태로, 조직이 공식적으로 존재하는 이유가 된다.

이러한 목표는 대체로 조직에 대한 지역사회의 태도와 기대에 달려 있다. 즉, 에치오니(A. Etzioni)에 따르면, 목표는 사회의 필요를 충족시키기 위하여 조직의 업무를 달성하려고 하는 소망스러운 상태를 말한다. 따라서 목표는 조직이 지닌 장래의 포부, 조직이 존재하기 위한 궁극적인 목적이며, 경찰행정에 있어서의 목표는 경찰행정이 성취하고자 하는 바람직한 미래의 상태를 말한다. 즉, 사회의 질서가 안정되고 생명과 재산의 안전이 보장된 미래 상황의 실현이라고 할 수 있다.

예컨대 학교가 학생을 가르치기 위해, 병원이 환자를 치료하기 위해 존재하는 것과 같이 치안을 유지하고 범죄를 예방하기 위해 존재하는 것이 바로 "경찰조직의 목표이자 경찰조직의 존재 이유"인 것이다.

(2) 목표와 목적의 구별

목표와 목적은 명백하게 구별되지 않는다. 목표(goals)는 일반적이고도 영원한 것으로서 한정된 기간 내에 특정한 것을 달성하려는 것과는 관련이 없다. 반면에 목적(objectives)은 주어진 시간의 테두리 안에서 그리고 특정한 조건 아래에서 측정되어질 수 있는 바람직한 성과이다. 즉, 목적은 목표를 달성하기 위한 구체적이고 측정할 수 있는 수단이다.

따라서 목표는 목적보다 넓은 의미로 받아들여지며, 목적은 목표의 하위목표로서 더욱 특정한 목표로 생각할 수 있다. 다시 말해 목적이란 바람직한 사업계획을 수립하고 직접적인 동기부여를 행하는 제한된 단기간의 의도인 것이다.

예컨대 범죄예방이라는 목표가 설정되었다면, 목적에는 목표를 운영하고 활동을 가시화하며, 순찰경찰력을 증대시키고 사회로 복귀한 범죄자들을 지원하는 것 등을 포함할 수 있다.

2. 조직목표의 유형

조직목표의 유형은 그 분류기준에 따라 공식성·준거집단·목표의 수 등으로 나눌 수 있으며, 그 목표의 유형을 구체적으로 살펴보면 다음과 같다.

1) 공식성

(1) 공식목표

법령과 직제에 의해 규정된 목표로서 경찰조직의 공식목표는 국민들에게는 일반적으로 성취되지 못하는 것으로 보여지곤 한다. 조직의 목표는 공식목표와 일치되어야 하지만, 그렇지 않은 경우가 있다. 하지만 실질적 목표와 가급적 일치되어야 할 것이다. 이러한 조직의 공식목표는 조직이 공식적으로 내세우는 목표를 말하는데, 광범위하게 공표되는 표어나 문구가 이에 해당한다. 공식목표는 조직 구성원들에게 중요하게 취급될 뿐만 아니라 조직이 끊임없이 추구하는 목표이다. 하지만 대부분의 경우에 공식목표는 조직의 존재를 정당화시키고 그에 계속되는 재정을 보장하는 역할을 수행한다.

경찰조직의 공식목표는 「경찰관 직무집행법」 제2조(직무의 범위)에 잘 명시되어 있다. 즉, 국민의 생명·신체 및 재산의 보호, 범죄의 예방·진압 및 수사, 경비·주요 인사 경호 및 대간첩·대테러작전 수행, 치안정보의 수집·작성 및 배포, 교통 단속과 교통 위해의 방지, 외국 정부기관 및 국제기구와의 국제협력, 그 밖에 공공의 안녕과 질서 유지이다. 그동안 경찰조직의 공식목표는 경찰청장이 바뀔 때마다 경찰청장 지휘방침으로 공표되었다.

제11대 최기문 경찰청장(2003. 3. 21~2005. 1. 19)은 '함께 하는 치안, 편안한 나라', 제12대 허준영 경찰청장(2005. 1. 19~2005. 12. 30)은 '최상의 치안서비스를 위해서', 제13대 이택순 경찰청장(2006. 2. 10~2008. 2. 9)은 '믿음직한 경찰, 안전한 나라', 제14대 어청수 경찰청장(2008. 2. 10~2009. 1. 29)은 '경찰이 새롭게 달라지겠습니다', 제15대 강희락 경찰청장(2009. 3. 9~2010. 8. 30)은 '정성을 다하는 국민의 경찰이 되겠습니다', 제16대 조현오 경찰청장(2010. 8. 30~2012. 4. 30)은 '국가와 국민을 위한 경찰이 되겠습니다', 제17대 김기용 경찰청장(2012. 5. 2~2013. 3. 28)은 '국민이 믿고 의지할 수 있는 경찰이 되겠습니다', 제18대 이성한 경찰청장(2013. 3. 29~2014. 8. 22)은 '국민의 눈높이에서 일하겠습니다', 제19대 강신명 경찰청장(2014. 8. 25~2016. 8. 23)은 '국민에게 책임을 다하는 희망의 새경찰 — 깨끗한 경찰, 유능한 경찰, 당당한 경찰 —', 제20대 이철성 경찰청장(2016. 8. 24~2018. 6. 29)은 '국민과 함께하는 따뜻하고 믿음직한 경찰', 그리고 제21대 민갑룡 경찰청장(2018. 7. 24~)은 '함께하는 민주경찰, 따뜻한 인권경찰, 믿음직한 민생경찰 — 경찰이 곧 시민이고, 시민이 곧 경찰입니다 —'라고 다짐하고 있다.

(2) 실질적 목표

실질적 목표는 그 조직이 실제로 추구하는 목표이다. 때때로 조직의 실질적 목표는 공식목표와 일치하는 경우도 있다. 하지만 실질적 목표는 공식목표보다 더욱 사실적이라 측정 가능할 뿐만 아니라 대외에 더욱 신중하게 알려지고 이해된다.

2) 준거집단

조직목표의 유형을 준거집단에 따라 사회적 목표, 산출목표, 체제목표, 생산목표, 파생적 목표로 나누어 연구한 학자는 페로우(C. Perrow)이고, 그 내용은 다음과 같다.

(1) **사회적 목표**(Social Goal)

조직이 사회가 요구하는 욕구를 충족시켜 주기 위하여 가지는 목표를 말하며, 가장 추상적 수준의 목표이다.

(2) **산출목표**(Output Goal)

조직이 생산활동을 통하여 재화나 서비스의 산출을 추구하는 목표로서 사회적 목표보다 훨씬 구체적인 것이다.

(3) **체제목표**(System Goal)

조직이 바람직한 상태를 유지하고 보다 나은 상태로 발전하기 위한 목표로서 조직의 운영방법이나 운영실태와 관련이 깊다.

(4) **생산목표**(Products Goal)

조직이 생산기능 또는 생산활동을 실천으로 옮기기 위한 목표로서 생산에 있어서 양적인 측면보다 질적인 측면을 추구하고 조직의 이념이나 가치를 강조하는 목표를 말한다. 여기서 말하는 생산이란 제조회사에서 산출된 상품만을 의미하는 것이 아니라 질적으로 가치 있는 무형의 것까지 포함하는 개념이다.

(5) **파생적 목표**(Derived Goal)

조직의 존재에 근본적인 중요성을 지닌 본래 목표 이외의 추가적 목표를 일컫는다.

3) 목표의 수

(1) 복수목표

하나의 목표를 달성하기 위한 노력이 다른 목표달성에도 공헌하게 되며, 복수의 목표를 가진 조직이 단일목표를 가진 조직보다 사회적으로 높은 평가를 받기도 한다. 그러나 조직이 복수의 목표를 가지면, 목표 간의 갈등과 대립이 생길 가능성이 크고 목표 간에 우선순위를 선정하기 곤란한 경우가 발생하며, 자원획득에 대한 경쟁이 심화되기도 한다.

(2) 단일목표

사기업에서 추구하는 목표는 대부분 단일목표에 해당하며, 통상적으로 이윤추구가 이에 해당한다.

3. 경찰조직목표의 기능

첫째, 경찰조직의 목표는 경찰조직이 존립하기 위한 이유를 제시해 준다.

둘째, 경찰조직의 목표는 경찰조직의 활동 방향과 경찰관의 행동기준을 제공해 준다.

셋째, 경찰조직의 효과를 평가하는 기준이 된다.

넷째, 내부 조직 간에 갈등이 발생하는 경우, 이를 조정하는 기능을 수행하기도 한다.

제2절 조직 효과성의 측정모형 및 변동

1. 조직 효과성의 측정모형

일반적으로 조직의 효과성은 조직이 의도한 목표를 얼마나 달성했는지를 의미한다. 조직의 효과성을 측정하는 것은 조직의 건전도를 살펴볼 수 있는 지표가 된다. 조직의 효과성을 측정하는 모형은 다음과 같다.

1) 목표모형

목표모형이란 조직목표 달성의 수준을 평가 기준으로 삼는 모형을 말한다. 이러한 목표모형은 공식적인 목표뿐만 아니라 비공식적인 목표도 존재하므로 목표 성취도를 측정할 수 있는 기준을 확정하고, 그 달성도를 평가하기가 곤란한 점이 있다.

2) 체제모형

체제모형은 조직을 하나의 체제로 보고, 조직의 내적·외적 관계를 효과성 평가의 기준으로 삼는 모형을 말한다. 즉, 체제를 구성하는 하위체계들과 얼마나 통합이 잘 되는지, 조직체가 생존하는지, 환경의 변화에 얼마나 잘 적응하며 대외적 활력을 갖추는지를 조직의 효과성으로 평가한다.

3) 체제자원모형

체제모형과 같은 모형을 띠고 있는데, 환경으로부터 자원을 획득하고 투입하는 능력을 조직의 효과성으로 규정한다는 점에서 다르다.

4) 이해관계자모형(=참여자 이익모형)

이해관계자모형은 조직에 참여하는 내부 또는 외부의 이해관계자의 욕구를 얼마나 만족시키는가를 조직의 효과성 기준으로 보는 모형이다.

5) 경합가치모형(=경쟁가치모형)

퀸과 로바우(R. E. Quinn & J. Rohrbaugh)에 의해 도출된 모형으로 조직의 관리자들이 추구하는 경쟁적 내지 갈등적 가치기준을 효과성 평가의 기준으로 삼는 모형을 말한다. 조직이 내부·외부 중 어디에 초점을 두고 있는지, 조직의 구조가 안정성을 강조하거나 변화와 융통성을 강조하는지를 기준으로 하여 네 가지 모형을 도출하였다.

(1) 개방체제모형

개방체제모형에서의 조직목표는 성장과 자원확보이며, 조직의 효과성은 외부와 융통성에 초점을 맞추고 있다.

(2) 합리적 목표모형

합리적 목표모형에서의 조직목표는 생산성과 능률성이며, 조직의 효과성은 외부와 안정에 초점을 맞추고 있다. 목표의 수단으로 기획과 목표의 설정에 중점을 두는 모형이다.

(3) 내부과정모형

내부과정모형에서의 조직목표는 안정성과 균형이며, 조직의 효과성은 내부와 안정에 초점을 맞추고 있다. 목표의 수단은 정보관리에 중점을 두는 모형이다.

(4) 인간관계모형

인간관계모형에서의 조직목표는 인적자원을 개발하는 것이며, 조직의 효과성은 내부와 융통성에 초점을 맞추고 있다. 목표의 수단은 응집력과 사기를 이용한다.

2. 목표충돌에 대한 접근모형

조직은 공동의 목표를 달성하기 위한 인적 결합체이다. 따라서 이 인위적인 결합체의 구성원인 개개인이 추구하는 목표와 조직의 목표는 구분되며, 때로는 이 두 가지가 서로 충돌할 수도 있다. 이러한 충돌을 완화시키기 위한 접근모형은 주로 네 가지로 정리된다.

1) 교환모형(Exchange Model)

교환모형은 X이론적 인간관과 같이 개인의 목표와 조직의 목표가 본래적으로 상충됨을 전제로 한다. 즉, 개인이 조직목표에 기여하는 것을 교환조건으로 하여 조직은 개인의 목표달성에 도움이 되는 유인을 제공하고, 개인은 그 대가로 시간과 노력을 조직목표 달성에 제공한다는 것이다. 교환모형은 목표통합의 방법과는 달리 단순하게 조직의 목표와 개인의 목표를 연결 또는 양립시키는 방법을 모색하는 접근모형이라 할 수 있다.

2) 교화모형(Socialization Model)

교화모형은 개인으로 하여금 조직의 목표달성에 도움이 되는 행동을 가치있는 것으로 생각하게 하고, 그렇지 않은 행동을 무가치한 것으로 생각하도록 유도하는 감화의 과정을 통해 조직의 목표와 개인의 목표를 통합하려는 접근모형이다.

3) 수용모형(Accommodation Model)

수용모형은 조직이 목표를 설정하고 이를 추구하는 방법과 절차를 입안할 때 개인의 목표를 고려하고 이를 수용함으로써 조직의 목표와 개인의 목표를 통합하려는 접근모형이다.

4) 통합모형(Integrated Model)

통합모형은 앞에서 제시한 교화와 수용과정을 통해 개인의 목표와 조직의 목표간에 융화를 꾀하기 위한 접근모형이다.

3. 조직목표의 변동

조직의 목표는 조직 내·외의 다양한 영향들에 의해 변동되는 경우가 있다. 이처럼 조직목표가 변동되는 유형을 크게 네 가지의 범주에서 나눌 수 있다. 즉,

목표 간의 비중변동, 목표의 승계, 목표의 추가·확대 및 감소·축소, 목표의 대치가 이에 해당한다.

첫째, 목표 간의 비중변동이란 동일한 유형의 목표 간에 비중이 변하거나 우선 순위가 변하는 것을 말한다.

둘째, 목표의 승계란 조직이 원래의 목표를 달성했거나 또는 달성이 불가능한 경우 조직의 생존을 위하여 새로운 목표를 세우는 것을 말한다.

셋째, 목표의 추가·확대 및 감소·축소에서 목표의 추가란 동종목표의 개수가 증가한다거나 종류가 다른 목표가 더해지는 것을 말하고, 목표의 확대는 목표범위가 넓어지는 것을 의미한다. 또 목표의 감소와 축소는 말 그대로 목표의 수 또는 범위가 줄어드는 것을 말한다.

넷째, 목표의 대치란 업무수행 과정에서 목표달성의 수단이 되는 규칙과 절차에 집착함으로써 목표가 수단에 의해 대치되거나 목표-수단의 우선순위가 바뀌게 되는 현상을 말한다. 이러한 목표대치의 유형에는 네 가지가 있다.

우선, 과두제(寡頭制)의 철칙으로서 조직의 최고관리자나 소수의 간부가 일단 권력을 장악한 후에는 조직의 본래 목표를 추구하지 아니하고, 자신의 권력을 유지하고 강화시키는 데 더욱 관심을 가질 때 목표의 대치가 나타난다.

다음으로 조직구성원들이 절차나 규칙에 지나치게 집착하는 경우, 그 자체가 목표가 되어 형식주의·의식주의와 과잉동조현상(over conformity)이 초래된다. 이러한 현상은 관료제의 역기능과 그 유형이 같다.

또한 유형적 목표를 추구하는 경우를 들 수 있다. 조직의 목표가 추상적이거나 개괄적인 경우, 그러한 성격으로 인해 측정 가능한 유형적 목표나 하위목표에 더욱 치중하게 되어 상위목표를 등한시하는 현상이 나타난다.

마지막으로 조직내부문제를 중시하는 경우를 예로 들 수 있다. 전체목표나 조직 외부환경의 변화를 과소평가할 때 목표의 대치가 일어난다.

제 3 장

경찰조직이론의 발달

대프트(R. L. Daft)에 의하면 조직이론이란 조직에 관한 사실들의 집합(a collection of facts)이라기보다는 조직에 대한 일종의 사고방식(a way of thinking about organizations)으로 조직을 바라보고 분석하는 방법이다.[1)]

조직이론은 많은 학자들이 여러 가지 기준에 따라 분류하고 있는데, 대표적으로 스콧(W. R. Scott)의 분류 방법을 볼 수 있다. Scott은 역사적 발전과정을 검토하여 조직이론을 인간의 관점과 조직에 대한 관점으로 구분한다. 〈표 1-3〉에서 보는 바와 같이 인간의 관점은 합리적 인간관과 자연적 인간관으로 분류하고, 조직에 대한 관점은 환경과의 관계에 따라 폐쇄적 관점과 개방적 관점으로 분류하고 있다.[2)]

이와 같이 역사적 발전과정을 통한 Scott의 조직이론 분류는 개념적으로 매우 명쾌하고 논리적이나 이 틀에 의해 분류될 수 없는 많은 조직이론이 있을 수 있다. 조직이론의 변천과 계보에 관하여 많은 학자들이 여러 가지 기준으로 분

1) R. L. Daft, *Organization Theory and Design*(Cincinnati, Ohio: South-Western College, 2004), p. 24.

2) W. R. Scott & G. F. Davis, *Organizations and Organizing: Rational, Natural and Open System Perspectives*(Upper Saddle River, New Jersey: Prentice Hall, 2007).

〈표 1-3〉 Scott의 분류

구 분	시 기	인간관과 조직관	이 론
제1기	1900-1930년	-합리적 인간관과 폐쇄적 조직관	-과학적 관리론, 관료제론, 행정원리론 등
제2기	1930-1960년	-자연적 인간관과 폐쇄적 조직관	-인간관계론, 환경유관론
제3기	1960-1970년	-합리적 인간관과 개방적 조직관	-체제이론, 상황적응론
제4기	1970년 이후	-자연적 인간관과 개방적 조직관	-전략적 선택이론, 자원의존이론 등

류하고 있지만, 왈도(D. Waldo)가 시간의 흐름에 따라 조직이론들을 분류한 것이 대표적이다.[3] 일반적으로 조직이론을 고전적 조직이론, 신고전적 조직이론, 그리고 현대의 조직이론으로 구분한다.

고전적 조직이론은 1900년대 초에서 시작되어 1930년대까지로 볼 수 있으며, 신고전적 조직이론은 1930년대 고전적 조직이론을 비판하면서 등장하여 1940년대에 상당한 발전을 이루었으며, 현대의 조직이론은 1950년대 후반에 환경 변화에 대응하기 위해 등장한 다양한 조직연구와 이들을 통합적 시각에서 제시한 조직이론들을 의미한다.

제1절 고전적 조직이론

1. 등장배경

고전적 조직이론은 산업혁명과 과학기술이 크게 발전하는 1900년대부터 시작된 초기의 조직연구 경향이나 활동으로 테일러(F. W. Taylor)의 과학적 관리법,

3) A. Etzioni, *Modern Organization*(Englewood Cliffs, New Jersey: Prentice Hall, 1964); D. Waldo & M. Landau, *The Study of Organizational Behavior: Status, Problems, and Trends*(Washington, D.C.: Comparative Administration Group, American Society for Public Administration, 1966), pp. 41-44.

귤릭(L. Gulick)의 행정관리학파 및 베버(M. Weber)의 관료제에 영향을 받아 등장한 것으로 기계적 세계관과 물질적 가치관을 중시하기에 기계모형이라고도 한다.

고전이론은 미국과 서구 유럽 등지에서 산업혁명 이후 민간 부문, 특히 사기업의 발전과 대기업의 출현을 계기로 등장한다. 초기 자본주의 발달에 기인하여 신흥자본가들이 보다 나은 부(富)의 축적을 위해 조직 내부의 관리 및 능률 향상에 관심을 가지면서 시작되었다. 또한, 자연과학의 발달로 세상을 하나의 기계로 보기 시작했는데, 이와 같은 사회적 풍조와 경제적 환경이 고전이론을 탄생시키는 데 큰 역할을 한 것이다.

고전이론에 공통적으로 나타나는 특성으로는 능률주의, 공식적 구조와 과정의 중시, 폐쇄체제적 관점, 합리적·경제적 인간모형, 과학성 추구와 그 미숙 등을 들 수 있다.[4)]

2. 유 형

고전적 조직이론의 대표적 학자들로는 테일러(F. W. Taylor), 귤릭(L. H. Gulick), 어윅(L. Urwick), 폴레트(M. P. Follet), 윌로비(W. F. Willoughby), 패욜(H. Fayol), 베버(M. Weber), 무니(J. Mooney) 등이 대표적이다. 이들의 이론은 독자적으로 행해진 연구의 결과이지만 공통의 특성을 지니므로 하나의 범주에 포함시킬 수 있다. 여기에서는 과학적 관리론, 행정관리론 그리고 관료제론 등의 이론을 중심으로 공통의 특성 및 한계에 대하여 알아본다.

1) 과학적 관리론

(1) 과학적 관리론의 의의

과학적 관리론은 19세기 말 20세기 초 자본주의가 고도화되는 산업사회에서 사기업의 생산성을 높이고 경영의 합리화를 도모하고자 등장한 이론으로 최소의 노력과 비용으로 최대의 산출을 확대하기 위해 최선의 관리 방법이나 기술

---

4) 오석홍, 「조직이론」, 제7판(서울: 박영사, 2011), 12-14쪽.

을 추구하기 위한 이론이다. 즉, 시간연구와 동작연구(time and motion study)에 따라 객관화 · 표준화된 과업을 설정하고 경제적 욕구에 대한 자극을 통하여 공장경영을 합리화하려는 Taylor에 의해 시작되었다. 또한, 과학적 관리론은 베들레헴(Bethlehem) 철강회사의 철근 운반에 관한 실험과 과학적 삽질에 관한 실험을 통해 제시되기도 하였다.[5)]

(2) 과학적 관리론의 내용

과학적 관리론은 Taylor의 「과학적 관리의 원리」, 갠트(H. L. Gannt)의 「갠트식 과업 상여제도」, 길브레드(F. Gilbreth)의 「동작연구」, 에머슨(R. M. Emerson)의 「표준원가원리」, 포드(H. Ford)의 일관작업 체제(conveyor system) 등으로 이어지면서 전개되었다. 하지만 그 기초는 Taylor의 시간 및 동작연구에 의해 확립되었으므로 그의 논의를 중심으로 내용을 요약하면 다음과 같다.

첫째, 과학적 관리론은 기업가와 노동자의 상호 협력을 통한 공동 이익의 향상을 강조한다. 즉, 기업가는 작업의 표준화를 통한 이윤 향상을, 근로자는 과업의 완수 정도에 따라 적정한 임금을 보장받음으로써 기업과 개인의 발전을 동시에 도모하기에 이들의 협조를 중요시하였다.

둘째, 과학적 관리론은 관리자가 아닌 공장 직공이나 하위직 근로자를 대상으로 한다. 즉, 생산 공장이나 제조 공장 등에서 단순 업무나 반복 업무를 맡고 있는 하위직 근로자나 직공들에게 초점을 맞춰 작업효과를 높이려 하며, 생산성 향상이 가시적인 부문의 종사자들, 기계적으로 일하는 조직구성원들을 대상으로 했다.

셋째, 과학적 관리론은 물질적 욕구자극을 통한 경제적 동기부여를 강조한다. 근로자에게 동기를 부여하기 위해 작업결과인 생산성 정도에 따라서 표준생산성보다 높은 사람들에 대해서는 성공에 대한 높은 보상을 제공하며, 그것보다 낮은 사람에 대해서는 감봉 처분을 하는 이른바 성과급 제도를 도입하고 있다.

넷째, 과학적 원리를 강조한다. 조직 내의 비능률을 제거하기 위해서는 과

---

5) 유종해, 「현대조직관리」, 전정판5판(서울: 박영사, 2008), 41-47쪽.

거의 주먹구구식의 관리방식이 아닌 과학적 · 합리적 · 전문적 관리방식과 사고가 요구된다. 업무 방법과 절차의 과학화, 단순 반복 업무의 표준화, 근로자의 과학적 선발과 체계적 교육, 그리고 엄밀한 생산성 평가 등이 요구된다.

(3) 과학적 관리론의 평가

과학적 관리론은 조직 속의 인간과 직무를 과학적으로 관리함으로써 생산성 향상에 기여할 수 있다는 점에서 상당한 가치가 있다. 즉, 전통적인 주먹구구식 관리방법을 새로운 관리방법으로 대체하는 데 크게 기여했을 뿐만 아니라 조직관리학의 과학화, 원리접근법의 중시, 관리 부문의 절약과 능률에도 많은 공헌을 했다. 그러나 과학적 관리론은 조직 속의 인간을 지나치게 경시하고 작업성과 향상을 위한 기계로 인식하는 기계적 능률에만 집착하였다. 또한, 인간을 물질적 자극에 반응하는 단순한 경제적 동물로 취급하였으며, 근로자의 복지보다는 주로 생산성 향상을 추구했다는 점에서 비판을 받고 있다. 이러한 문제점을 극복하기 위한 대안으로 인간관계론이 등장하게 되었다.

2) 행정관리론

행정관리론은 조직의 능률을 기본 개념으로 채택하면서 조직 단위의 기본관계, 관리 기능의 유형, 관리의 과정, 분업과 통제에 대한 원리들을 포괄하고 있다. 대표적인 행정관리자들로서는 귤릭(L. H. Gulick), 어윅(L. Urwick), 폴레트(M. P. Follet), 패욜(H. Fayol), 무니(J. Mooney), 레일리(A. C. Railey)를 들 수 있으며, 주요 내용은 다음과 같다.

첫째, 행정관리론자들은 주로 조직관리에 필요한 일반원리들을 제시하고 있는데, 이 원리들은 분업의 원리, 명령통일의 원리, 권한과 책임의 원리, 목적의 원리, 예외의 원리, 일치의 원리들이다.

둘째, 행정관리론자들은 관리의 핵심 요소나 기능을 제시하고 있는데, 대표적 학자인 Gulick은 1937년 출판된 '행정과학논집'의 한 논문에서 ① 기획(planning), ② 조직화(organizing), ③ 인사(staffing), ④ 지휘(directing), ⑤ 조정(coordinating), ⑥ 보고(reporting), ⑦ 예산(budgeting)의 일곱 가지 기능을 최고관리자의 기능이라고 하면서 이들의 머리글자를 모아 POSDCoRB란 용어를 제시하였다.

셋째, 행정관리론자들은 관리의 보편적 특징 중의 하나로 관리과정에 대한 논의를 전개하고 있는데, 계획·조직화·명령·조정·통제가 그것이다. 이들은 현대적 행정의 관리과정이나 관리단계의 모체가 되고 있다. 행정관리론은 조직의 보편적 원리를 탐구하려는 노력을 많이 했는데, 오늘날에도 이 원리들은 조직문제 해결의 기준으로 제시되는 경향이 많다. 그러나 조직의 근간인 인간요인을 배제한 채 관리를 언급하고 있으며, 제시된 원리가 경험적으로 검증되지 아니한 명제들이 대부분이라는 점에서 비판을 받고 있다.

3) 관료제론

베버(M. Weber)의 개척적 연구에 기초를 두고 있는 관료제론은 구조적인 측면에 초점을 맞춘 것이다. 관료제는 대규모 조직으로서 합리적·합법적 지배가 제도화된 대규모 안정된 조직을 말한다. 법규에 의한 지배, 계층적 구조, 전문화, 공사의 엄격한 구별, 문서주의 등의 특색을 지닌 관료제의 기본적인 가치기준은 능률이었다. 관료제 모형에 대한 자세한 설명은 제2편 제2장에서 자세히 소개하기로 한다.

3. 특성 및 비판

고전적 조직이론은 조직의 가치관으로 공식적 구조와 기계적 능률성을 강조하였고, 조직 내에서 구성원들의 인간관을 경제적 인간으로 파악하였다. 그리고 조직의 환경은 폐쇄적인 체제로 이해하였고, 조직의 연구 및 접근방법과 관련해서는 과학적 검증이 부족하였다. 하지만 오늘날에도 산업공학 및 인간공학을 중심으로 한 경영과학 분야로 독자적인 학문 영역을 구축하고 있다.[6)]

---

6) 김인수, 「거시조직이론」(서울: 무역경영사, 2005), 69쪽.

제2절 신고전적 조직이론

1. 등장배경

신고전적 조직이론은 앞에서 언급했던 고전이론에 대한 비판이론들의 연구경향이나 활동을 총칭하는 것으로 고전적 조직이론의 기본적인 입장이나 관점을 반박하고 그에 대한 대안을 제시하려는 경향을 말한다.

신고전이론은 1920년대 메이요(E. Mayo)의 호손(Hawthorne)실험을 계기로 하여 성립된 인간관계론의 영향 아래 성립·발전하였으며, 세계대공황에 의한 미국 자본주의 경제체제의 동요와 위기는 새로운 조직이론의 필요성을 촉발시켰다. 신고전이론은 대규모조직에 소집단 또는 대면적 집단이 있다는 것을 발견하였으며, 모든 조직에는 비공식적 인간관계가 존재하여 공식적 권한의 명령체계보다 직무의 습관이나 태도가 조직관리에 더 큰 영향을 미친다는 것을 인식하였다.

신고전이론에서 말하는 사회적 능률이란 인간의 가치존중을 포함한 능률로서 조직참여자의 만족도, 특히 사회적 욕구충족도를 말해 주는 개념이다. 조직 내의 비공식적 관계와 조직참여자의 사회적·심리적 측면을 중요시한 신고전이론이 사회적 능률을 하나의 가치기준으로 삼았다는 것은 당연한 논리라 하겠다.

신고전이론에서는 조직참여자인 인간을 공식적 직무수행만을 강조하는 기계적 측면이 아니라 사회적·정서적 또는 심리적 측면을 중시하는 관점에서 보았으며, 대인관계와 인간집단의 비공식적 관계를 중점적으로 연구하였다. 따라서 신고전이론은 조직의 공식적 구조를 간과하고 그 안에서 움직이는 비공식적 관계만을 전면에 부각시키는 극단적 경향을 나타내었으며, 새로운 이론의 대치라기보다는 고전적 조직이론을 수정·보완한 것이라고 볼 수 있다.

2. 유 형

1) 인간관계론

(1) 인간관계론의 의의

인간관계론은 가장 대표적인 신고전이론으로서 과학적 관리론을 비판하면서 출발했다. 인간관계론자들로는 메이요(E. Mayo), 뢰슬리스버거(F. J. Roethlisberger), 화이트헤드(A. Whitehead) 그리고 레윈(K. Lewin) 등인데, 1928년부터 1932년까지 약 5년간에 걸쳐서 행해진 Mayo 등의 호손공장 실험 이후 정립된 이론을 말한다. 호손공장 실험은 하버드 경영대학원의 Mayo 교수가 미국의 서부 전기회사(Western Electric Company)에서 실시한 4회의 실험 즉, 조명도실험(照明度實驗), 기기 조립실험(器機組立實驗), 면접계획(面接計劃), 그리고 배선 조립실험(配線組立實驗)으로, 이들의 실험 결과가 바로 신고전적 의미를 지니게 된 것이다.

인간관계론은 조직의 목적달성을 위하여 공식적 직무 중심의 관리에서 탈피하여 인간의 정서와 감정적 요인에 역점을 두는 관리기술 내지 방법에 관한 이론이라 할 수 있다. 즉, 조직의 구성원을 감정의 논리나 대인관계에 따라서 움직이는 인간으로서 파악하고 욕구, 동기, 태도를 중심으로 개인간, 집단간, 개인·집단과 조직간에 형성되는 조직체 내의 여러 가지 사회적·심리적 관계를 분석하려는 이론이다.

(2) 인간관계론의 내용

호손공장 실험의 결과 제시된 인간관계론에서는 조직사회관, 사회적 욕구의 충족, 민주주의적 리더십 등을 강조한다.[7)]

조직은 인간과 인간으로 구성되기 때문에 단순한 기계적 구조물이 아니라 사회적 체제다. 따라서 조직의 인간들로 구성된 소집단이나 비공식적 인간관계가 강조된다.

조직구성원은 경제적 요인에 의해서 뿐만 아니라 사회적 유인, 심리적 유인

---

7) F. E. Kast & J. E. Rosenzweig, *Organization and Management: A Systems and Contingency Approach*(New York: McGraw-Hill, 1979).

에 의해 동기를 부여받는다. 따라서 그의 행태는 자신의 감정·정서 및 태도에 의해 크게 영향을 받는다.

인간관계론에 따르면 권위주의적 리더십보다는 민주주의적 리더십이 더욱 바람직하며, 스스로 결정하고 자발적 참여 분위기를 고취시킬수록 심리적 욕구 충족도가 높아진다고 보았다.

(3) 인간관계론의 평가 및 비판

인간관계론은 인간의 사회심리적 측면을 강조해 고전이론의 한계를 보완했다는 데 큰 의미가 있으며, 호손공장 실험을 통해 행태과학(혹은 행동과학)의 기초를 쌓았다.

그러나 인간관계론은 다음과 같은 비판을 받는다.

첫째, 전통적인 관리론자들은 기술적 내지 구조적 측면을 지나치게 강조한 반면 인간관계론자들은 사회심리적 측면에 지나치게 집착했다.

둘째, 인간관계론의 기본적 가정은 노동자의 직무 만족감을 높이고 그들의 사기를 높이기 위해서는 노동자의 참여를 확대해야 한다는 것이다. 그러나 최근 실제 직무 만족감은 다차원적 변수이며, 이를 지나치게 단순화시켜 표현할 수 없는 것이라는 주장이 유력하다.

셋째, 인간관계론의 효시인 호손연구는 충분히 과학적인 연구가 되지 못하였다는 비판이 있다. 나아가 인간의 가치나 존엄성보다는 관리자를 위한 도구로서의 역할, 일명 '젖소의 사회학'[8]이라는 비판을 받는다.[9]

넷째, 인간관계론의 기본적 성향은 권위주의적 입장에서 별로 벗어나지 못했다는 비판이 있다. 그것은 인간관계론이 관리자에게 인간적 요인의 중요성을 환기시켜 주었지만, 근본적으로 조직의 계층적 구조 자체는 적극적으로 유지하고자 하였다는 것이다.

---

8) 젖소의 사회학(Cow Sociology)이란 만족한 암소가 더 많은 우유를 생산하듯이, 만족한 근로자가 보다 많은 산출을 낼 것이라고 주장한 인간관계론을 비판한 말이다.

9) 윤재풍, 「조직학개론」(서울: 박영사, 1985), 42쪽.

2) 협동체계론

버나드(C. I. Barnard)의 기초조직이론에 해당하는 협동체계론은 조직의 개념을 보다 포괄적인 협동시스템의 중심개념으로 이해하고 있다. 협동체계론의 저변에는 합리성의 제약 위에서 일정한 목적을 달성하려고 하는 의사를 갖고 합목적적으로 행동하는 개인의 행동이 전제되어 있으며, 목적 앞에는 반드시 제약이 설정되어 있다는 사실을 인식해야 한다. 조직의 구성원은 협동을 계속할 의사를 확보하기 위하여 개인의 동기를 만족시킬 수 있는 조직과 개인과의 관계를 추구한다. 또한 협동체계의 능률의 유일한 척도는 그것이 존속하는 능력이라고도 일컫는다.[10)]

3) 환경유관론

환경유관론은 1930년대 이후 인간관계론이 본격 발전하던 시기에 대두한 것으로 조직을 둘러싼 환경이 조직에 미치는 영향을 중요시하는 일단의 연구 경향들이다. 환경유관론자들로는 파슨스(T. Parsons), 버나드(C. I. Barnard), 셀즈닉(P. Selznick), 클라크(B. Clark) 등이 대표적인 학자들이다.

환경유관론에서는 조직을 독립된 진공 속의 존재나 고립된 존재로 보지 않고 조직이 환경 속에서 존재하며 환경의 영향을 많이 받는다고 본다. 그러므로 조직은 조직환경에 적응할 수 있도록 노력해야 한다는 환경결정론 입장이다. 그리고 인간관계론은 조직 내의 모든 변수를 통제할 수 있다고 보지만 환경유관론에서는 조직이 통제할 수 없는 외부변수에 대해서도 관심을 갖는다.

환경유관론은 조직을 조직 내부는 물론 조직 외부로까지 조직 시계(視界)를 확장함으로써 후일 개방체제론의 발전에 상당한 영향을 미쳤다. 그러나 환경유관론은 조직환경이 조직에 미치는 영향을 지나치게 강조하다 보니 조직 내부 문제나 조직이 환경에 미치는 영향 문제에 대해서는 다소 소홀하게 되었다는 한계를 지닌다.

---

10) C. I. Barnard, *The Functions of The Executive*(Cambridge, Massachusetts: Harvard University Press, 1938), pp. 21-22.

3. 특성 및 비판

신고전적 조직이론은 대체로 조직의 가치관을 비공식적 구조와 사회적 능률로 파악하였다. 그리고 조직에서 구성원들에 대한 인간관은 사회적 인간으로 이해하였고, 조직의 환경은 소극적 환경관으로 접근하였으며, 조직의 연구에서도 전반적으로 경험성을 강조하였다. 하지만 고전적 조직이론과 마찬가지로 산업조직들에 초점을 맞추어 연구대상이 다양하지 못하다는 점, 지나치게 비공식·감정적 측면만을 고려하고 있다는 점, 인간의 욕구체계를 지나치게 획일화 및 단순화하였다는 점, 조직을 관리하는 책임은 고위층에만 있다는 하향적 관리에 대한 전제에서 벗어나지 못했다는 점 등은 비판으로 남는다.

제3절 현대적 조직이론

1. 등장배경

현대적 조직이론은 1950년대 이후 급격한 환경변화에 능동적으로 대처하기 위한 조직연구의 경향이나 활동을 말한다. 1950년대 이후는 조직이론의 분화가 가속적으로 진행되어 왔으며, 아울러 통합화의 경향도 뚜렷하였다. 이러한 경향과 더불어 고전이론과 신고전이론을 각각 수정·비판하거나 결합하여 정립된 이론들이다. 1950년대부터는 조직에 관한 연구자들의 수가 전체적으로 증가하고 각 학문 분야에서도 다양한 접근방법·시각으로 조직을 연구하는 경향이 강했다. 다시 말하면, 조직의 여러 부문을 다양한 접근방법을 통해 연구하기 시작해 지식의 통합을 촉진하였을 뿐만 아니라 오늘날 조직연구의 독자적인 학문 영역을 확보함으로써 이른바 '조직학'으로 부를 정도가 되었다.

오늘날의 조직이론은 조직현상 연구의 경험과 지식 위에 성립하였고, 이들을 종합 또는 포용하는 경향성을 지니고 있다. 이들 이론이 지니는 특성으로 가치 기준과 접근방법의 분화, 통합적 관점의 성숙, 학제적 성격의 심화, 경합과학

성의 향상 등을 들 수 있다.11)

2. 유 형

1) 상황이론

상황이론은 모든 상황에 적합한 유일최선의 조직설계와 관리방법은 없다고 보는 이론이다. 즉, 개별적인 상황의 조건에 따라 문제해결의 방안이나 대처방법이 달라진다는 것을 전제로 하고 있다. 상황이론(situational theory)은 일반적인 체제개념을 전제로 하여 조직문제를 다루는 데 필요한 특정한 방향을 제시할 목적을 가지고 조직체제 및 그 하위체제 그리고 환경 간의 상호관계를 분석하고 설명해 봄으로써 체제이론의 추상적인 내용을 구체화시켜 준다. 다시 말해 개방체제이론은 조직에 대한 환경의 투입(the input of environment)을 인정하고 있지만, 이를 조직의 목표달성으로 이끄는 관리과정(management process)에로 연결시키지 못한다.

그러나 상황이론에 조직에 대한 환경의 투입을 인정하고 나아가 환경의 투입을 조직의 목표를 달성하기 위한 관리과정에 연결시킴으로써 구체적으로 특정상황조건 하에서 조직문제를 해결하기 위한 방향을 제시해 준다. 이를테면 체제이론과 상황이론은 별개의 상호 무관한 이론이 아니라 둘 다 밀접하게 연결되어 있으며, 상황이론은 체제이론을 기준으로 해서 발전되어 오고 있다.12)

2) 비판조직이론

비판조직이론은 과거의 조직이론들 즉, 과학적 관리론, 인간관계론, 상황조건적 이론 등이 자본가의 재산을 증식시키기 위한 수단으로 이용되었으며, 부가가치의 창출에만 궁극적인 관심을 갖는 보수적 이론이라고 비판한다. 비판조직이론은 과거 조직이론이 인간을 목적적 존재가 아닌 수단적 존재로 이용하였다는 점을 비판하고 등장한다. 구성원들의 진정한 가치존중을 통한 일체감 등은

---

11) 오석홍, 앞의 책, 36-41쪽.

12) F. E. Kast & J. E. Rosenzweig, *op. cit.*, pp. 114-115.

배제한 채 부가가치의 창출만을 강조하면 조직을 균열시키고 붕괴시키는 위기에 직면한다는 것이다. 비판조직이론은 종합적으로 비판의식을 가지면서 조직의 공정성, 일체감, 공감대 형성, 공동체 형성 등에 관심을 갖는 이론이다. 비판조직 이론가들로는 모간(G. Morgan), 애스트리와 반더벤(W. G. Astley & A. H. Van de Ven), 클렉(S. R. Clegg) 등을 들 수 있다.13)

3) 복잡성이론

복잡성이론(complexity theory)은 오늘날 예측 불가능한 현상 즉, 언뜻 보아 무질서하게 보이는 복잡한 현상의 배후에는 정연한 질서가 감추어져 있음이 밝혀졌는데, 그 알려지지 않은 법칙의 전모를 밝히기 위한 질적 연구를 말한다. 복잡성이론과 살아 있는 유기체이론은 기존의 이론적 특징인 통일성, 예측, 그리고 확실성이 도전받고 있다고 이해하며 다양성, 비예측성, 그리고 불확실성으로 이를 대체시키고 있다. 복잡성이론은 생각의 변화이며, 이것은 변동을 매우 자연스러운 질서로 본다. 기존의 조직이론이 분절(fragment)과 분화를 강조한 데 반해 복잡성이론은 통합과 상호작용을 강조한다. 복잡성이론에서 조직은 핵심가치, 임무 등에 적응하고 반응하면서 설계된다. 복잡성이론은 총량적 사고(quantum thinking), 물결과 파동, 가시적 사고, 혼돈, 나비효과, 환류, 자기조직화 등을 특성으로 한다.14)

4) 혼돈이론

혼돈이론(chaos theory)은 균형모형에 대한 도전으로 긍정적 엔트로피(역전환 불가능성) 개념을 강조하는 비균형 모형 중 하나이다. 혼돈이론이란 불규칙한 무질서 현상의 배후에 감추어져 있는 규칙성을 찾는 이론적 접근을 말한다. 당

---

13) 남충현, 「제로베이스이론」(서울: 석정, 1995), 128-131쪽.

14) 총량적 사고는 조직의 구성요소인 원자들이 관계 속에서 움직인다는 것이다. 물결과 파동은 관계의 망을 의미하며, 가시적 사고란 조직 현상을 실제로 보는 것처럼 묘사하는 것이며, 나비효과란 작은 움직임이 멀리 영향을 미친다는 의미이며, 환류란 조직체가 활동에 대한 수정 작업을 하는 것을 의미하고, 자기조직화란 자기 특성을 살리기 위해 계속 자신을 조직화한다는 의미다.

초 자연현상을 대상으로 한 혼돈이론이 사회과학 분야에서 특별히 관심을 끄는 이유 가운데 하나는 오늘날의 사회적 변화의 특징을 설명할 수 있는 무질서·불안정·다양성·비균형성 등을 부각시키고 있기 때문이다. 혼돈이론에 의하면 모든 체제들은 끊임없이 요동치고 있는 종속적인 체제들을 포함하고 있다는 것이다. 즉, 환경으로부터의 위기가 증가함에 따라 환경의 분석가능성이 낮아질 뿐 아니라 항상성(homeostasis)의 유지 자체가 곤란해지는 분기점(bifurcation point)에 이르는 혁명적인 순간에는 변화가 어느 방향으로 일어날 것인가 하는 것을 미리 결정하는 것이 본질적으로 불가능하다고 주장한다. 혼돈이론은 오늘날 모든 자연 및 사회현상에서 결정론적 예측가능성이라는 라플라스(P. S. Laplace)적 환상을 깨뜨리게 되었다.15)

조직이라는 복잡한 체계를 연구하는 데 유용한 안목을 제공하며, 복잡한 체계의 총체적 이해를 촉진할 수 있는 관념적 틀을 제공한 점은 높게 평가될 수 있다.

5) 기타이론

위에서 언급한 이론 외에도 수많은 조직학파가 있을 수 있지만, 중요한 몇 가지 예를 든다면 관리과학적 조직이론, 체제이론, 의사결정이론 등을 들 수 있다.

(1) 관리과학적 조직이론

관리과학적 조직이론은 행정과학이라고도 하며 OR(Operations Research), PERT(Performance Evaluation and Review Technique), EDPS(Electronic Data Processing System) 등의 개념을 포함하는 개념이다. 제2차 세계대전의 영향으로 등장한 이론으로 과학적 관리론에 그 뿌리를 두고 있으나 경제적·기술적 체제에 대한 중요성을 강조하고 있다는 점에서 기존의 고전주의적인 과학적 관리론과는 차이를 보이고 있다. 생산과업과 능률에 관심을 두고 있는 Taylor의 과학적 관리론과는 달리 관리과학적 조직이론은 조직을 경제적·기술적 체제로 파악

15) 이종수, 「행정학사전」(서울: 대영문화사, 2009), 569쪽.

하고 경제학·통계학·수학 등의 도움을 받아 이를 분석하고자 한다.16)

(2) 체제이론(Systems Theory)

체제이론은 고전주의 조직이론, 신고전주의적 조직이론의 한계를 보완하려는 노력에서 출발한 것으로 공식적·체계적으로 구성된 조직을 그 구성요소인 인간을 단위로 하는 유기체적 요소로 인식하고자 한다. 이러한 체제이론은 조직을 투입, 과정, 산출의 단계뿐 아니라 환류와 환경의 조직요소 상호간의 동태적 과정까지 확장하여 인식하는 이론이라 할 수 있다. 체제가 환경과 상호작용을 하는가의 유무에 따라 폐쇄체제와 개방체제로 나눌 수 있으며, 개방체제(open system)는 내부적으로 자동조절 장치를 가지고 있어 늘 균형상태를 유지하며, 체제가 무질서의 방향으로 전환되는 것을 막는 역(逆)엔트로피(negative entropy)를 가진다고 한다.17)

(3) 의사결정이론

의사결정이론은 의사결정의 문제와 관련한 문제로서 기존에 개인을 중심으로 하는 공식적, 합리적, 규범적 관점에서, 의사결정자의 개인적 특성과 실질적으로 우리가 자주 경험하게 되는 집합적 의사결정을 간과하고 있다는 문제의식에서 출발하였다. 사이몬(H. Simon)을 중심으로 많은 학자들이 의사결정에 대한 경험적 연구필요성을 주장하면서 현대적 의사결정이론이 성립되었다고 할 수 있다. 이러한 현대적 의사결정이론은 크게 세 가지 이론적 흐름을 형성하고 있는데, 사이몬의 제한된 합리성 이론과 Richard Cyert & James March의 연합이론, James March & Johan Olsen의 조직된 무정부이론(Organized arnachy) 등이 그것이다.

---

16) 박해룡·정우열, 「경찰조직관리의 이해」(서울: 형설출판사, 2007), 74쪽.
17) 위의 책, 75-76쪽.

3. 특성 및 비판

현대적 조직이론은 조직을 복잡한 체계로 이해하고 변화가능성과 다양성을 인정하며, 가치기준의 다원성과 다양성을 강조한다. 조직을 개방체제, 사회체제로 인식하며 능률과 수단보다는 목표와 효과성을 중시한다. 조직구조를 전반적으로 파악하려 했으며, 조직 구성원의 인간관은 자기실현인 및 복잡인으로 이해하려 하였다. 조직의 환경은 적극적으로 고려하고, 조직에 대한 연구를 경험과 학제적 다양성으로 파악하였다.[18]

18) 위의 책, 74-75쪽.

제 2 편
경찰조직구조론

제 1 장

조직의 편성원리 및 유형

제1절 경찰조직의 편성원리

조직은 인간이 사회목적을 달성하기 위한 수단적 성격을 지닌다. 따라서 수단적인 성격을 가지는 조직의 성패 여부는 조직이 얼마나 합리적으로 편제되고 능률적으로 관리되는가에 달려 있다고 하여도 과언이 아니다. 19C말 이후의 고전적 조직론자들은 과학적 관리법의 영향을 받아 조직의 편성과 관리에 있어서 보편적으로 적용할 수 있는 과학적이고 보편적인 조직의 원리를 탐구하였다.

경찰관서들 역시 고전적 조직원리들에 따라 조직되어 있다. 일부 부서들은 그들만의 조직 철학 속에 참여적 관리 또는 지역사회 경찰활동과 같이 혁신적이고 현대적인 특성의 조직형태를 보이기도 한다. 하지만, 부서의 규모가 대체로 큰 경찰조직은 고전적인 조직형태를 사용하고 있다.[1)]

이러한 대표적인 경찰조직의 편성원리로는 분업(전문화)의 원리, 계층제의 원리, 통솔범위의 원리, 명령통일의 원리, 조정의 원리, 공식화, 집권화와 분권화 등을 들 수 있다.

---

1) L. K. Gaines & J. L. Worrall, *Police Administration*, 3rd ed.(Clifton Park, New York: Delmar Cengage Learning, 2012), p. 92.

1. 분업(전문화)의 원리(Division of Labour/ Specialization)

1) 의 의

분업 또는 전문화란 업무를 그 종류와 성질별로 구분하여 조직구성원에게 가능한 한 한 가지의 주된 업무를 분담시킴으로써 조직 관리의 능률을 향상시키려는 것을 말한다.[2] 경찰관서 역시 규모가 커졌기 때문에 전문화하는 것이 필요하다. 예를 들어, 순찰경찰관은 신고전화에 대응하고, 시민들과의 직접적인 접촉을 하며 범죄를 예방하게 하는 것을 중심으로 업무를 수행한다. 반면, 교통경찰관들은 교통사고를 조사하고, 교통법규를 집행하며 속도위반을 하는 차량 운전자들을 체포하기 위하여 속도측정기(스피드건) 같은 특수한 장비들을 배치하는 것들을 중심으로 업무를 수행한다.[3]

실제로 우리나라 경찰은 조직의 전문화를 위해 범죄수사, 청소년관련 사건, 교통관련 사건 그리고 기타 사건들을 전담하는 개별 단위부서(경무과, 생활안전과, 여성청소년과, 수사과, 형사과, 경비과, 교통과, 정보과, 보안과 등)별로 업무가 분담되어 있다.

이러한 분업은 조직의 상층부만이 아니라 모든 계층에 다 적용되는 것으로서 현대행정의 주요한 질적 특징으로 행정의 전문화를 의미한다.

2) 전문화의 필요성

애덤 스미스(A. Smith)는 「국부론(The Wealth of Nations)」에서 핀 공장의 사례를 들어 분업과 전문화로 얻을 수 있는 이득을 설명하고 있다. 전문화는 교환하려는 인간성향에서 비롯되며 직업이나 재능 등은 모두 전문화의 결과라고 주장한다.[4]

게인즈와 워럴(L. K. Gaines & J. L. Worrall)에 의하면, 전문화의 주요 필요성을 다음과 같이 설명하고 있다.[5]

---

2) 최응렬, 「경찰행정학」(서울: 경찰공제회, 2006), 130쪽.
3) L. K. Gaines & J. L. Worrall, *op. cit.*, pp. 96-97, 104.
4) A. Smith, *The Wealth of Nations*(Kansas: Digireads.com Publishing, 2009), pp. 7-9.
5) L. K. Gaines & J. L. Worrall, *op. cit.*, p. 110.

(1) 사람은 성격·능력·기술·적성에 차이가 있으므로 전문화에 의하여 사무를 능률적으로 수행할 수 있고 전문가가 될 수 있다.

(2) 전문화는 특별한 업무에 대한 책임을 지운다. 따라서 행정가들에게 조직을 더 효과적으로 통제하는 것을 가능하게 한다. 예를 들어, 경찰서의 범죄 검거율이 떨어졌다면, 경찰서장은 담당직원을 면담하여 그 원인을 파악하고 필요한 조치를 할 것이다.

(3) 한 사람이 습득할 수 있는 지식과 기술의 횡적 범위에는 한계가 있으므로 특정분야에 관한 전문가가 필요하고 세분화가 필요하다.

(4) 전문화가 없다면, 경찰관들이 모든 유형의 훈련을 받아야 한다. 각 경찰관들은 순찰, 선별적인 강제력 행사 방법, 사고 조사, 자살 조사, 성범죄 조사 기타 등에 관한 훈련들이 필요하다. 이러한 과정은 경찰관서의 입장에서는 매우 비용이 많이 들고 시간 낭비가 심하다. 따라서 전문화를 하게 되면 업무를 습득하는 데 걸리는 시간을 단축시켜 행정의 능률화에 기여할 수 있고 직업의 질도 높일 수 있게 된다.

(5) 전문화는 업무숙련도를 향상시킨다. 경찰들이 지속적으로 같거나 유사한 업무를 수행한다면, 그들은 반복적인 경험들로 인하여 더 효과적으로 업무를 처리할 것이다. 예를 들어, 강도 검거를 위하여 배치된 형사는 업무의 효율성을 높이기 위하여 끊임없이 검거기술을 개발하게 될 것이다.

3) 전문화의 유형

(1) 상향적 전문화와 하향적 전문화

상향적 전문화는 과학적 관리법에서 논의되는 시간연구·동작연구를 통한 작업여건의 표준화와 과학적인 직무분석에 의한 분업방식을 의미한다. 하향적 전문화는 고전적 행정학자 귤릭(L. H. Gulick)이 최고관리층의 7대 기능을 계층에 따라 하향적으로 분담시키고 있는 POSDCoRB이론이 대표적이다.[6)]

---

6) 귤릭(L. H. Gulick)은 POSDCoRB라는 두문자어로 행정 책임에 관한 아웃라인을 제시했다. 행정에 관한 이 전통적 서술은 오늘날에도 여전히 행정기능을 이해하는 데 가장 적합한 것들 중

(2) 수평적 전문화와 수직적 전문화

전문화는 횡적·수평적으로 이루어질 수 있고 또는 종적·수직적으로도 이루어진다. 보다 높은 계층일수록 정책결정·기획·조사·연구를, 낮은 계층일수록 대민 업무나 기계적 집행업무를 담당하게 된다. 즉, 수평적 전문화는 책임이 작은 단순반복적인 작업공정을 여러 일로 분업화시키는 것을 의미하고, 수직적 전문화는 업무의 크기에 따라 해당 하위자에게 맡김으로써 책임이 큰 업무를 분업화하는 것을 의미한다.

(3) 일의 전문화와 사람의 전문화

일의 전문화는 업무를 성질별로 세분하여 반복적 · 기계적 업무로 단순화시키는 것을 말한다. 사람의 전문화는 사람이 교육과 훈련에 의하여 전문가가 되는 것을 말한다. 일반적으로 일의 전문화가 촉진될수록 사람의 전문화는 감퇴되어 양자의 관계는 대체로 상호 반비례적 관계라고 할 수 있지만, 반드시 양자간에 직접적인 관계가 있는 것도 아니다.[7]

4) 전문화의 한계

(1) 전문화로 인하여 업무가 단조로워지는 단점이 있다. 조직 생활에 있어 초창기에는 흥미롭게 업무를 접해 가지만 업무에 대한 전문성이 높아질수록 단조로운 업무가 반복되기 때문에 지나친 전문화는 구성원의 흥미

하나로 받아들여지고 있다. 1. 기획(Planning)은 무엇이 수행되고 어떻게 수행될 것인지에 대한 결정을 하는 것이다. 2. 조직화(Organizing)는 명령체계, 업무 전문화, 그리고 얼마나 다양한 단위부서들이 편성될 것인가를 포함하는 부서의 공식조직을 결정짓는 조직 원리의 적용이다. 3. 인사(Staffing)란 인사관리 기능인데, 특히 능력 및 자격을 갖춘 지원자의 채용, 훈련, 배치, 그리고 승진에 초점을 맞추고 있다. 4. 지휘(Direction)란 정책과 명령의 측면에서 관리자가 직원들에게 방향을 제시하는 것이다. 5. 조정(Coordinating)이란 목표달성을 위해 조직내의 여러 구성요소들이 서로 밀접한 관련을 갖도록 하는 업무이다. 6. 보고(Reporting)란 구두 및 서면지시, 기록, 그리고 점검을 통해 조직의 운영에 관한 정보를 모든 사람들이 알도록 하는 것이다. 7. 예산(Budgeting)이란 그 관서가 목표와 목적달성을 위해 필요한 자원을 보유하고 있는지 확인하기 위한 재정 계획, 회계, 그리고 통제 업무이다(L. H. Gulick, "Notes on the Theory of Organization", in L. Gulick & L. Urwick(eds.), *Papers on the Science of Administration*, New York: Macmillan, 1937, p. 13; L. K. Gaines & J. L. Worrall, *op. cit.*, pp. 7-8.

7) 최응렬, 앞의 책, 131쪽.

를 상실하게 한다.

(2) 전문화를 위한 다양한 도구가 등장함으로써 도구자체가 조직구성원보다 훨씬 높은 업무 효율성을 보이게 된다. 이로 인하여 경찰관 각 개인은 기계화·부품화되고 소외감을 느끼게 되며 참여의식을 가지기 어렵다.

(3) 새로운 시야와 다른 분야에 대한 통찰력이 부족하게 된다. 전문화에 의하여 자기분야는 잘 알지만 시야가 좁아져 행정문제를 전체적으로 보는 넓은 통찰력을 가지기 어렵다. 이른바 전문가적 무능 또는 훈련된 무능 현상을 야기할 우려가 있다.

(4) 전문화가 지나치게 세분화되어 기능중복 등이 생기게 되면 조직을 통합적으로 관리하는 것보다 더 많은 비용이 소요된다.

(5) 전문화로 인하여 업무의 고착화가 발생된다. 이것은 전문화된 각 부서간에 조정이 어렵게 되는 것을 의미하는데 결국 전문화에 비례하여 조직의 효율성을 높이려면 그만큼 조정과 통합이 가능한 시스템도 동시에 강조되어야 한다.

(6) 업무의 지나친 세분화는 업무관계의 예측가능성을 저하시켜 불확실한 환경을 조성하게 된다.

(7) 굴드너(A. W. Gouldner), 머튼(R. K. Merton), 셀즈닉(P. Selznick), 톰슨(V. A. Thompson)[8]은 전문화를 제고하기 위한 분업이 부서 간의 할거주의와 집단이기주의를 야기한다고 주장하였다. 즉, 전문화를 통하여 조직 부처 간 단위 부서의 숫자가 증가된다면 각 부처의 이해관계를 충족시키기 위하여 의사조정을 함에 있어 어려움을 겪게 된다.

(8) 전문화는 직무에 대한 불만족을 증가시킬 수 있다. 부서 내에서 증가된 전문화는 개별 경찰관들이 수행하는 업무의 수를 제한하는 것을 수반한다.

---

8) A. W. Gouldner, *Patterns of Industrial Bureaucracy*(New York: Free Press, 1954); R. K. Merton, *Social Theory and Social Structure*(New York: Free Press, 1968); P. Selznick, *TVA and The Grass Roots*(Berkeley, California: University of California Press, 1949); V. A. Thompson, "Bureaucracy and Bureaupathology", in B. L. Hinton & H. J. Reitz, *Groups and Organizations: Integrated Readings in The Analysis of Social Behavior*(Belmont, California: Wadsworth, 1971).

2. 계층제의 원리(Hierarchy)

1) 의 의

계층제는 모든 조직에 존재하고 있다. 가톨릭 교파 조직에서 유래된 계층제(hierarchy)란 권한·책임 및 의무의 정도에 따라 직무를 상하로 등급화 시키고 이 등급 간에 명령복종과 지휘감독체계를 확립하는 것을 말한다. 즉, 계층제는 권한과 책임의 종적 분업관계를 의미한다. 이러한 계층제는 조직의 정점으로부터 저변에 이르는 피라미드형의 구조를 이루게 된다. 오늘날 대규모조직은 관료제조직이며, 행정조직을 비롯한 이러한 관료제조직은 피라미드형의 수직적인 계층제를 확립하고 있다.

모든 전통적인 경찰 조직은 말단 순찰경찰관에서부터 경찰서장에 이르기까지 권한에 근거한 상하관계가 존재한다. 더 높은 지위나 계급에 있는 사람들은 하위에 있는 사람들에 비하여 권한이 더 많다. 이러한 구조로 인하여, 모든 사람들은 직접적으로 감독과 통제를 받게 된다. 이러한 권한의 분배 구조는 일반적으로 계층제와 관련이 있다.

권한의 계층화를 통해 부서 전반적으로 상당한 통제권한이 경찰간부들에게 주어진다. 그것은 또한 부서 전체적으로 개인들이 공식적으로 정보를 전달하기 위해서 사용되거나 다른 경찰관들에게 명령을 전달하는 데 사용되는 경로로 활용된다. 예를 들어, 부산지방경찰청 소속 해운대경찰서의 조직을 살펴보면, 경찰서장은 9명의 중간관리자(경무과장, 생활안전과장, 여성청소년과장, 수사과장, 형사과장, 경비과장, 교통과장, 정보과장, 보안과장)를 두고 있다. 경찰서장은 정책 방향을 정하고, 각 중간관리자들에게 명령한다. 그리고 계층 지휘자들은 그들의 직속 부하직원(계장 등)에게 그 내용을 전달한다. 만약 계층화가 적절하게 운영된다면, 조직의 각 계층에 있는 경찰관들이 부서활동과 책임에 관하여 정확하게 인지하였을 것이다. 이러한 정보 하달은 운영을 통제하고 협력하는 데 도움을 준다.

얼마나 많은 계층의 수준이 경찰부서에 필요한지를 결정하기 위한 체계나 방법은 없다. 그러나 전형적으로 계층제는 부서들이 많으면 많을수록 커진다. 일반적으로 규모가 큰 부서는 규모가 작은 부서보다 계층의 수준이 더 많다. 추가된 직원은 더 많은 감독자들과 관리자들을 필요로 한다. 또한, 일반적으로 규모가 큰 부서들은 청소년범죄, 범죄예방 또는 자동차 절도와 같이 감독과 관리가 요구되는 세부적인 담당 부서를 가지고 있다.[9)]

2) 계층제의 특징

(1) 조직의 규모와 전문화가 확대되고 업무의 다양성과 구성원의 수가 증가할수록 조직의 계층도 증가된다. 경찰조직은 1974년 내무부 치안본부로 확대·개편되었다가 1991년 8월 1일 외청으로 독립된 이래 오늘날까지 조직의 규모가 확대되었고, 계층의 수도 증가하였다.

(2) 계층제 조직은 단일의 중추적인 의사결정 체계를 확립하기 위한 형태로 일반행정기관의 전형적인 조직형태라 할 수 있는 독임형 조직을 의미한다. 의사결정 구조의 정점에 위치한 일인자가 최종적으로 조정하고 책임 있는 의사결정을 한다.

(3) 계층제는 통솔범위와 상반관계에 있다. 통솔범위가 넓어지면 계층의 수는 적어지고 통솔범위가 좁아지면 계층의 수는 많아진다.

(4) 일반적으로 계층수준이 높을수록 주요정책·장기계획이나 비정형적 업무에 중점을 두고, 계층수준이 낮을수록 정형적 업무나 구체적인 운영에 중점을 두게 된다.

(5) 계층제가 지나치게 확대되어 있으면 의사소통의 경로는 막히고 인간관계가 등한시되며 사기가 떨어지는 한계점에 도달하게 되어 협조를 확보하기가 어렵게 된다. 즉, 계층제의 확대는 관료제의 병리를 초래하는 주요한 원인이 된다.

3) 계층제의 성립과정

(1) 조직의 전반적인 활동을 총괄하는 리더십이 존재해야 한다. 리더십이란 조직의 목적을 달성함에 있어서 전반적인 활동을 설계하고 다른 사람들을 지휘하는 과정을 의미한다. 즉, 계층제가 성립되기 위해서는 조직 설

9) L. K. Gaines & J. L. Worrall, *op. cit.*, pp. 96-99.

계자로서의 리더가 전체 계층에 대한 업무의 배정 및 관리능력이 있어야 한다.

(2) 권한과 책임의 위임이 전제되어야 한다. 계층제에서 상하관계는 업무에 대한 권한과 책임을 위임하고 있다. 위임된 권한과 책임은 각 계층에 적절하게 배분되어야 하는데 적절한 배분이란 집권화와 분권화가 균형·조화될 수 있도록 하는 것을 말한다.

(3) 직무를 결정하여야 한다. 직무결정은 계층제가 성립되기 위한 마지막 단계로서 구체적인 기능을 위임된 등급 또는 계층에 배정하는 것을 말한다. 직무를 결정할 때에는 각 직위에 대한 업무할당의 적정성과 책임사항의 범위를 합리적이고 명백히 하여야 한다. 이러한 직무의 결정을 통하여 각 계층의 업무담당자는 과업을 수행하는 목적, 책임한계 및 전체의 업무수행과정에 있어서 자기의 역할과 위치를 확인하게 된다.

4) 계층제의 순기능

샤칸스키(I. Sharkansky)에 의하면 계층제의 순기능을 다음과 같이 제시하고 있다.10)

(1) 지휘명령, 의사전달, 권한위임의 공식적인 통로가 된다.

(2) 계층제는 행정책임의 소재를 명확히 규명해 준다. 구성원간에 논란이 되는 사안에 대해 정책결정의 타당성을 검토하고 정책의 일관성을 확보하는 역할을 함과 동시에 상호관계를 분명히 해준다.

(3) 행정목표의 설정과 업무 배분의 통로가 된다.

(4) 조직 내의 분쟁을 조정하고 해결하는 수단이 된다. 하위부서 간에 자기조정이 되지 않아 조정이 가능한 계층에까지 보고·전달되는 동안 조정비용이 많이 소요되기도 하지만, 궁극적으로는 계층에 의하여 조정이 이루어진다.

---

10) 최응렬, 앞의 책, 133-134쪽; 손봉선·신은식, 「경찰조직관리론」(서울: 대왕사, 2007), 54쪽; I. Sharkansky, *Public Administration: Policy-making in Government Agencies*(Chicago: Markham Publishing Company, 1972).

(5) 승진의 경로가 되어 사기를 앙양시킨다.

(6) 조직질서와 통일성을 확보해 준다.

5) 계층제의 역기능

Sharkansky에 의하면 계층제의 역기능을 다음과 같이 제시하고 있다.11)

(1) 상급자가 하급자를 비합리적으로 지배할 수 있는 통제체제로 변질될 우려가 있다. 이로 인하여 상하 간의 지나친 수직적 서열주의의 강조로 수평적으로 할거주의나 배타주의가 나타나기 쉽고, 상하 간 권력의 불균형은 하급자들의 근무의욕을 상실시켜 조직의 경직화를 초래한다.

(2) 계층의 수가 증가함에 따라 의사전달의 왜곡을 초래하기 쉽다. 즉, 계층제와 관련된 본질적인 문제는 과도한 계층이다. 과도한 계층은 조직이 너무 많은 계급 수준을 가질 때 발생한다. 과도한 계층이 발생하면 관리자와 감독자들이 맡고 있는 부분에 대한 책임 있는 결단의 결여, 형식적 의사전달 그리고 지나친 관료적 행태를 보이게 되는 책임전가 현상이 발생하게 된다. 또한, 너무 많은 관리자들이 존재하면, 결국 업무 수행단계가 왜곡되고 책임이 중첩되는 현상도 나타나게 된다.12)

(3) 계층제를 바탕으로 하는 모든 경찰활동은 법률에 근거하여 기능을 수행한다. 이는 일사분란한 업무수행을 위해 필수적이지만 변동하는 외부환경에 즉각적인 반응을 못하고 경직성과 보수성을 띠기 쉽다. 일반적으로 근거법률들은 업무수행에 필요한 최소한의 기준만을 명시하고 있다. 따라서 경찰관의 재량범위가 넓어질 수 있으며 반대로 근거법률을 지나치게 중시하다 보면 조직구성원의 행동도 최소의 수준에 머무르게 되어 조직구성원은 법규를 적용할 때 책임을 면제받는 수준에서만 행동하게 된다. 그러므로 상관은 부하에 대한 감독을 강화하게 되고 그것은 결과적으로 다시 상관과 부하 간의 긴장을 가져오게 되어 조직에 역기능으로 작용하게 된다.

---

11) 최응렬, 앞의 책, 134쪽; 손봉선 · 신은식, 앞의 책, 55-56쪽; I. Sharkansky, *op. cit.*

12) *Ibid.*, pp. 97-99.

(4) 계층제는 하위계층의 창의력을 저해하며 민주적이고 동태적인 인간관계의 형성을 방해한다.
(5) 계층제는 능률적인 직무수행체계로 인식되기보다는 비민주적이고 비합리적인 인간지배의 수단으로 인식되기 쉽다.
(6) 엄격한 계층제는 인간의 개성을 상실시키고 수직적인 명령복종관계 및 구성원동일체원칙에 의하여 구성원 간 통일성과 일체감을 제공하나 의사결정과정에서 참여가 배제되므로 귀속감을 지니기는 어렵다.
(7) 의사전달이 왜곡될 우려가 있다.

6) 계층제에 대한 평가와 동태적 조직의 대두

조직규모와 인력이 팽창하고 이로 인하여 계층제가 심화·확대되면 의사전달의 통로가 막히고 지나친 계층의식의 발동으로 사기가 떨어지게 된다. 따라서 최근 경사가 완만하고 통솔범위가 넓은 동태적·평면적 조직이 강조되고, 이러한 동태적 조직에서는 구성원의 사기앙양과 창의적 활동을 촉진시키게 된다.

경찰조직에서 대표적인 동태화는 태스크 포스(task force), 프로젝트 팀(project team), 매트릭스 조직(matrix organization) 등과 같은 애드호크라시(Adhocracy) 조직을 통해 구현되고 있다.

3. 통솔범위의 원리(Span of Control)

1) 의 의

통솔범위란 한 명의 상관 또는 감독자가 효과적으로 직접 통솔할 수 있는 부하의 수를 말한다. 통솔범위가 너무 커서 부하의 수가 지나치게 많게 되면 통솔력이 약화되게 된다. 왜냐하면 인간은 정신적·육체적 능력과 시간에 있어서 일정한 한계가 있을 뿐만 아니라 각 개인마다 업무수행능력에 차이가 있기 때문이다. 따라서 통솔범위에 영향을 미치는 여러 가지 요인들을 고려하여 적정한 통솔범위를 정하여야 할 것이다.

2) 통솔범위의 근거와 한계

전통적 조직이론은 통솔범위를 좁게 보았는데, 특히 전통적인 조직이론에서는 한 사람의 통솔범위에는 한계가 있다고 보고, 그 수의 한계가 얼마인가에 관하여는 많은 조사연구가 행하여졌다. 대표적인 학자로 그레이쿠나스(V. A. Graicunas)를 들 수 있는데 그는 수학적 공식까지 제시하며 6인을 적정수로 보았다. 즉, 감독자와 부하와의 관계에 있어서 부하와의 직접적 관계뿐만 아니라 부하집단과 부하 사이에 이루어지는 교차관계도 고려되어야 한다는 것이며, 감독자와 부하 개인과의 직접관계는 부하의 증가에 비례하여 증대하지만, 집단관계 및 교차관계는 그 비율보다도 훨씬 더 증가한다는 것이다.[13)]

하지만 이를 비판하는 학자들도 등장하였는데 대표적으로 사이먼(H. A. Simon)을 들 수 있다. 그는 통솔범위에 관한 마술적 숫자는 아무도 모른다고 비판하고 통솔의 범위는 경험적 연구에 기초한 것이 아니고 형식적·기계적인 원리에 의한 가공적 숫자이므로 현실세계와 유리되어 있다고 비판하였다.[14)]

결국 오늘날에 와서는 기계적·획일적으로 적용되는 확고한 통솔범위 수는 있을 수 없다고 보게 되었으며, 조직과 환경에 따른 적절한 통솔범위가 결정되는 것이 효과적이라고 보는 견해가 많다.

3) 통솔범위 결정시 고려요인

통솔범위 결정시 고려해야 할 요인으로는 시간적·공간적 요인, 조직 및 직무의 성질, 상관 및 부하의 능력과 성격, 상관의 신임도와 부하집단의 특징, 참

---

13) F. Nickols, "The Span of Control and The Formulas of V. A. Graicunas", *Distance Consulting*, 2011, pp. 2-4; L. F. Urwick, "V. A. Graicunas and The Span of Control", *The Academy of Management Journal*, Vol. 17 No. 2, 1974, pp. 349-354; L. F. Urwick, "The Manager's Span of Control", *Harvard Business Review*, 1956, pp. 39-47; K. J. Meier & J. Bohte, "Ode To Luther Gulick: Span of Control And Organizational Performance", *Administration & Society*, Vol. 32 No. 2, 2000, pp. 3-5.

14) H. Simon, "The Proverbs of Administration", *Public Administration Review*, Vol. 4 No. 1, 1946, pp. 16-30; K. J. Meier & J. Bohte, "Span of Control and Public Organizations: Implementing Luther Gulick's Research Design", *Public Administration Review*, Vol. 63 No. 1, 2003, pp. 61-65; K. J. Meier & J. Bohte, *op. cit.*, pp. 2-3.

모기관과 정보관리체계의 발달 여부, 통솔범위와 계층제로 나누어 볼 수 있다.

(1) 시간적·공간적 요인

소규모·신설조직의 경우 역사가 깊은 조직(안정된 조직)보다 통솔범위가 좁다. 또한 공간적으로 여러 곳으로 분산된 조직의 경우 역시 통솔범위가 좁아진다.

(2) 조직 및 직무의 성질

행정조직의 전통·규모 및 제도화의 정도가 통솔범위에 영향을 미친다. 또 각 조직계층의 정책의 명확성과 그 직무와 권한의 명확성 및 관리의 계획화 정도가 높을수록 통솔범위는 넓어진다. 단순하고 동질적인 업무를 수행할수록 통솔범위가 넓어지고 이질적·창의적 업무를 수행할수록 통솔범위가 좁아진다.

(3) 상관 및 부하의 능력과 성격

인간의 능력에는 한계가 있으므로 상관이 부하를 감독할 수 있는 능력이나 부하의 능력에도 한계가 있으며, 부하가 유능하고 훈련이 잘 된 경우에는 통솔범위를 넓혀도 무방할 것이다. 또한 통솔범위의 확대는 구성원들의 능력발전과 책임의 함양에 기여할 수 있고, 조직관리의 동태화·민주화에 기여할 수 있다.

(4) 상관의 신임도와 부하집단의 특징

통솔자가 부하로부터 받는 신임도나 부하집단의 사기, 인간관계 등이 양호하면 통솔범위는 넓어진다.

(5) 참모기관과 정보관리체제의 발달 여부

능률적인 참모제도나 효율적인 정보관리체제의 확립은 통솔범위를 넓혀준다.

(6) 통솔범위와 계층제

계층의 수를 많게 하면 통솔범위는 상대적으로 좁아지기 때문에 통솔과 감독은 잘 될지 모르나 계층은 너무 길어져서 의사전달의 장애 및 왜곡현상이 초래되기 쉽다. 반대로 통솔의 범위를 넓히는 경우는 계층의 수는 적어지나 감독자가 효율적으로 부하를 직접 통솔하기 힘들게 된다. 즉, 통솔범위의 원리와 계층제의 원리간에는 상충관계에 있으므로 어디에 중점을 둘 것인가를 고려해야 한다.

4. 명령통일의 원리(Unity of Command)

1) 의 의

명령통일의 원리란 조직의 어떠한 구성원도 오직 한 사람의 상관으로부터 명령을 받아야 한다는 것을 의미한다. 즉, 어떠한 조직에 있어서도 계층제의 각 단계에 있어서 결정을 내리는 최종권한은 명확해야 하고 이해되어져야 한다는 것을 의미한다. 여러 상관으로부터 명령을 받는 부하는 혼란을 일으키고 비능률적이며 무책임하지만, 한 사람의 상관으로부터 명령을 받는 부하는 조직적·능률적이며 책임 있게 일을 할 수 있다. 즉, 경찰자원의 배치가 필요한 상황(인질사태, 테러리스트 또는 저격병의 등장과 같은 상황)이 발생했을 때, 어떤 개인이 상황에 대해서 책임을 지고 지휘하는 것은 필수적이다.

명령통일의 개념은 같은 경찰관들에게 몇 명의 상관에 의한 다수의 명령 또는 상반되는 명령이 문제시되지 않게 확실히 하기 위해서 시작되었다. 예를 들어 순찰 경찰관들이 사람들로 바리케이드가 쳐져 있는 시위 현장에 배치되었다면, 업무를 담당하는 상관은 현장에 도착해서 인력을 배치하고 그 외 다른 운영상 명령들을 전달해야 한다. 이후, 그 관할구역 부서의 장이 현장에 도착할 것이고, 부서의 장 또한 현장에 있는 직원들에게 명령을 내릴 것이다. 만약 부서장이 업무담당 상관의 첫 번째 조치들을 확인하고 조정하기 위한 노력을 시도하지 않고 명령을 내린다면 혼란은 가중될 것이다. 살인 현장, 폭동, 항공·교통 참사와 같은 상황에서 상관은 경찰의 노력들이 성공적으로 작용될 수 있도록 하기 위해서 모든 경찰관들의 활동들을 일사불란하게 지휘하고 조정해야 한다.[15)]

---

15) L. K. Gaines & J. L. Worrall, *op. cit.*, p. 101.

2) 명령통일의 개념 수정

고전적 조직이론에 근거하고 있는 명령통일의 원리가 현대 조직변화에 맞추어 수정되고 있다. 과거에는 소규모 조직에서 한정된 상관과 동료직원들과 업무를 수행하였다면 현재의 조직은 전략적 위치에 놓여 있는 다수의 관리자와 동등한 위치에 있는 수많은 동료들과 끊임없이 접촉하고 있다. 다원화된 계선기관과 참모기관이 수시로 지시를 내려야 하고 또한 복종보다는 협조에 중점을 두어야 하는 현대의 기능적 유형의 조직에서는 이러한 명령통일의 개념은 수정되지 않을 수 없다.

5. 조정의 원리(Coordination)

1) 개 념

조정의 원리란 조직의 공동목적을 달성하기 위해 구성원들의 행동을 통일시키고 집단의 노력을 통합하는 원리를 말한다. 조직에 있어서는 수평적·수직적 구조분화를 통해 분업화·전문화된 각 구성원의 개별적 노력과 조직의 공동목적을 달성하기 위해 통합적 노력이 필요하다.

2) 중요성

오늘날 행정조직은 전문화·세분화되어 있으므로 전체적인 조화와 통합을 위하여 조정이 중요하며 목표달성과정에서 야기되는 각종 이해관계의 조정, 정치적 개입, 갈등의 해결 등을 위하여 조정이 필요하다. 따라서 조정의 기능은 행정조직의 목표달성을 위한 가장 중요한 최종적 원리로서 조직의 여러 원리, 예컨대 계층제의 원리, 통솔범위의 원리, 명령통일의 원리, 참모와 관리정보체제 등은 조정을 위한 수단적 원리이며, 조직의 최종적인 목표달성과 직결되는 가장 중요한 원리가 바로 이 조정의 원리이다. 따라서 조정의 원리는 무니(J. D. Mooney)의 표현처럼 조직의 편성원리 중 '제1의 원리'라고 할 수 있다.[16)]

---

16) J. D. Mooney, *The Principles of Organization*(New York: Harper, 1947), p. 5.

조정과 비교되는 개념으로는 통제를 들 수 있는데 통제는 계획(또는 기준)과 실적을 비교추정해서 목적에 도달할 수 있는 노력을 가리키는 것인 데 비해, 조정은 분규·모순 등을 해결하는 것이 주요 기능이라는 점에서 양자는 구별된다.

3) 조정의 특징

(1) 전문화의 상충

조정을 쉽게 하려면 전문화에 제약이 따르고 전문화가 과도하면 조정이 어려워진다. 특히, 현대사회의 대규모조직에서는 불가피하게 전문화·분업화 현상이 일어나 조정이 어려워진다. 따라서 조직목표의 달성에 부합하도록 양자를 균형·조화시키는 것이 필요하다.

(2) 체제유지기능 수행

조정은 하위체제의 활동을 통합시켜 체제의 존속·유지를 가능케 하는 기능을 갖는다.

(3) 인간적 요인과 상충

조정을 너무 엄격하고 광범위하게 하면 인간의 자유와 창의력을 저해하게 되므로 위압감과 좌절감을 느끼게 된다. 따라서 조정은 대내외적인 상황을 고려하여 신축성 있고 다양하게 행해져야 한다.

4) 조정의 원칙

(1) 조기조정의 원칙

조기조정의 원칙은 직접적 접촉이 업무의 진행과정 초기 단계에서 시작되어야 한다는 것을 의미한다. 예컨대 일정한 방침을 갖는 일의 조정을 행하는 경우, 그러한 방침이 형성되는 초기단계에서부터 집행관계자들을 참여하게 함으로써 관계자의 이해를 얻을 수 있고 그들로부터 충분한 협력을 얻을 수 있다.

(2) **직접적 접촉의 원칙**

직접적 접촉의 원칙은 여러 조직단위에 걸쳐 있는 특정사항에 관한 활동을 조정하고자 하는 경우, 각 조직단위 가운데 그러한 사항을 담당하는 전담조직이 있다면 그들을 직접 접촉시켜서 문제를 해결하도록 하는 편이 조정의 효과를 극대화할 수 있는 방법이다. 이것은 권한위임의 한 구체적 유형으로 볼 수 있다.

(3) **교호성·전체성의 원칙**

교호성·전체성의 원칙은 조정을 행정상황 가운데 내재하는 모든 요소의 상호관계로서 생각하지 않으면 안 된다는 것을 의미한다. 행정의 상황으로 존재하는 모든 요소는 가산적 전체로서가 아니라 관련적 전체로서 각 부분이 다른 부분에 의하여 침투·연결되어 있는 전체인 것이다. 따라서 각 부문의 장은 각자의 소관부문을 스스로 관련지어야 한다. 부문의 정책이나 방침·기획 등을 조직 전체의 정책이나 기획의 통합적 부분으로서 생각하지 않으면 안 된다.

(4) **계속성의 원칙**

계속성의 원칙은 조정이 통합상의 어려움이 있을 때에만 행하여지는 일시적인 것이 되어서는 안 되며 목표의 최종달성시까지 지속적으로 이루어져야 한다는 것이다.[17)]

5) 조정의 저해요인

(1) **행정조직의 확대**

행정기능의 확대·강화에 따라 조직이 대규모화되고 다원적인 분화와 계층이 증대됨에 따라 조정은 더욱 더 어려워진다.

(2) **행정조직의 전문화**

현대행정은 과학기술의 발달과 각종 이해관계의 대립으로 조직이 전문화·복잡화되어 행정 각 단위의 조정이 더욱 어렵다. 횡적으로 지나치게 세분화

17) 김규정, 「신판 행정학원론」(서울: 법문사, 1999), 450-454쪽.

된 조직도 조정이 어렵지만, 종적으로 권한이 분산된 조직에서도 조정이 어려운 경우가 많다.

(3) 정치적 요인

행정기관을 구성하는 요인이 정치세력관계로 여러 파벌성을 띠는 경우나 행정에 대한 정치적 영향력이 복잡하게 미칠 때는 조정과 통합은 정치면에서 해결되기 전에는 기대 가능성이 희박하게 된다.

(4) 이해관계 대립

조직의 공동목표와 개인의 이해관계를 조정하기 힘들거나 조정의 결과 얻어지는 이해득실이 조직구성원의 요구를 만족시킬 수 없는 경우에는 조정이 어려워진다.

(5) 할거주의

행정인이 종적 상하관계와 자기 기관에만 신경을 쓰고 다른 기관이나 국·과에 대하여 배타적 입장을 취하는 경우 의사전달이 잘 되지 않고 효과적인 횡적 조정이 어려워진다. 계층 간의 하부조직은 원래 자기조정적 성격이 없다.

(6) 관리자 혹은 조직성원의 조정능력 부족

관리자가 조정을 원활히 할 수 있는 성격(인격)·리더십·의사전달 및 정보처리능력이 부족하거나 부하들이 너무나 비협조적이고 무능한 경우에도 조정을 곤란하게 한다.

6) 조정의 방법

효과적인 조정의 방법으로는 다음과 같은 것을 들 수 있다.

(1) 권한과 책임의 명확화이다. 경찰조직의 구성원이 추구할 목표를 명확히 하고 각자의 권한과 책임의 한계를 분명히 함으로써 갈등과 대립을 방지하여야 한다.

(2) 의사소통의 촉진 도모이다. 조정은 효율적인 의사소통의 산물이라고 할 수 있다. 의사소통을 통하여 서로간의 갈등을 해소하고 조직의 공동목표를 달성하는 데 협력하게 된다.

(3) 회의·위원회의 적극적 활용이다. 회의·위원회를 통하여 의사결정과정에 관계자들을 참여시킴으로써 특수문제를 상의하고 다양하고 상반되는 이해를 통합시키게 된다.

(4) 조정기구의 설치 방안 마련이다. 경찰행정의 실무자 및 책임자는 자신의 능력을 보다 효과적으로 활용하기 위하여 조정전담기구나 참모기관·보조기관을 설치하고 그들의 보좌를 받아 조정의 효율을 기한다.

(5) 계층제에 의한 방법의 모색이다. 조직내의 계층제적 구조를 통하여 상급자는 하급자를, 상급기관은 하급기관의 이견을 조정할 수 있다. 전통적인 조직이론에서 중요시하던 방법으로서 대부분의 조정방법이 여기에 포함된다.

(6) 일체감을 조성해야 한다. 경찰조직 구성원에게 합의된 공동목표를 이해시켜 내부 집단의식을 고취시킴으로써 협동정신과 귀속감을 불러일으키게 한다. 하부집단의 협조정신과 자발적 호응도는 조정의 필수요건이다.

(7) 절차의 정형화를 모색해야 한다. 일상적 성질의 업무에 대하여 표준적인 규정이나 절차를 마련함으로써 용이하게 조정할 수 있다.

이 밖에도 계획수립 시 구성원을 참여시킨다든지, 의사전달의 개선 및 촉진, 조직의 간소화 및 명확한 사무처리 절차의 확인, 재집권화 등을 통하여 조정의 원활함을 기할 수도 있다.

제2절 조직의 유형

1. 조직 유형의 개념

오늘날 조직이 복잡하고 다양해짐에 따라 이를 분류하는 데 있어서도 다양한 조직유형론이 존재한다. 예컨대, 기능별로 분류하거나 조직의 성격, 규모나 환경과의 상호작용에 따라 분류하기도 한다. 조직유형론은 조직 환경의 급속한 변화에 따라 전통적으로 대표적인 조직 형태였던 획일화된 계층제를 대신할 각 조직 상황에 알맞은 조직 유형을 제시할 필요성에서 등장하였다.[18] 이러한 조직의 유형 분류는 조직 현상과 조직의 환경을 설명하거나 이해하고 나아가서는 조직의 미래를 예측하는 데 필요한 일이다.

조직의 유형에 대해 여러 학자들은 조직을 설명할 수 있는 여러 가지 변수나 속성을 고려한 다양한 기준을 가지고 조직의 유형을 구분하고 있다.

〈표 2-1〉에서 살펴본 것처럼 여러 학자들에 따라 분류된 조직의 유형은 그 기준에 따라 각기 다르다. 그리고 조직의 유형 분류의 기준이 완벽할 수는 없고 조직 유형을 모두 살펴보는 것은 매우 어려운 일이다. 따라서 여기에서는 수많은

〈표 2-1〉 조직의 유형 분류에 대한 주요 학자들의 견해

학자	조직 유형을 구분하는 견해
A. Etzioni(1961)	- 권한과 복종의 유형에 따라 강압적 조직, 공리적 조직, 규범적 조직으로 분류
P. M. Blau & W. R. Scott(1962)	- 조직활동의 주된 수혜자에 따라 호혜적 조직, 기업조직, 봉사조직, 공익조직으로 분류
J. Woodward(1965)	- 생산기술 범주에 따라 소량생산 체제, 대량생산 체제, 연속공정 생산 체제로 분류
D. Katz & R. L. Kahn(1966)	- 조직의 기본적 기능에 따라 생산적(경제적) 조직, 유지적 조직, 적응적 조직, 관리 및 정치적 조직으로 분류
J. E. Haas, R. H. Hall and N. J. Johnson(1966)	- 조직 특성에 따라 유형 1부터 유형 10으로 분류
H. Mintzberg(1979)	- 구성 부분, 조정 기제, 상황적 요인에 따라 단순구조, 기계적 관료제, 전문적 관료제, 사업부제, 임시체제로 분류
T. Cox, Jr.(1994)	- 문화론적 시각에서 획일적 조직, 다원적 조직, 다문화적 조직으로 분류
R. W. Keidel(1995)	- 조직설계의 국면과 관련해 자율적 조직, 통제적 조직, 협동적 조직으로 분류

※ 자료: 민진, 「조직관리론」(서울: 대영문화사, 2012), 47쪽의 재구성.

18) 이달곤 외, 「테마행정학」(서울: 법우사, 2012), 285쪽.

조직 유형 중 기능조직, 계선-막료 조직, 위원회조직, 공식조직과 비공식조직, 태스크 포스, 프로젝트 팀, 네트워크조직 등 몇몇 보편적 조직유형에 대해서 살펴보기로 한다.

2. 기능조직

기능조직은 기능부서화 방식에 기초한 조직 유형이다. 즉, 조직 전체의 업무를 공동 기능별로 부서화하는 것을 말한다. 관리자가 담당하는 일을 전문화하고 부분마다 다른 관리자를 두어 작업자를 전문적으로 지휘 및 감독하는 것이다. 기능조직은 조직목표 달성에 깊은 전문지식이 필수적인 경우, 안정적 조직환경과 일상적 조직기술이 활용되는 경우, 그리고 조직이 수평적인 조정의 필요가 적은 경우, 내적 능률성이 중요한 경우에 효과적인 구조이다.

기능조직은 작업이 전문화될수록 관리자의 자질이 있는 사람을 발견하기가 용이하므로 관리자를 짧은 시간에 양성할 수 있으며, 과업이 한정되므로 그 성과에 따라 보수를 가감할 수 있다는 장점이 있다. 기능조직은 이러한 장점에도 불구하고 다음과 같은 단점이 있다. 첫째, 각 관리자가 담당하는 전문적 기능에 대한 합리적 분할이 용이하지 않고 관리자 상호간에 권한의 다툼이 발생하기 쉽다. 둘째, 수평적 분화로 인해 감독 및 조정이 곤란하며 지휘·명령의 통일을 기하기 어렵다. 셋째, 부서들 간의 조정과 협력이 요구되는 환경 변화에 둔감하다는 것이다. 넷째, 잘못된 업무 수행에 대한 책임의 전가로 조직구성원 사이의 사기저하를 초래하기 쉽다. 다섯째, 각 관리자의 전문적 분화로 인해 간접적 관리, 즉 비용이 증가하는 경향이 있다는 것이다.[19]

3. 계선-막료 조직

1) 계선-막료 조직의 의의

조직에는 담당업무의 성질에 따라 조직의 목표달성기능을 직접적으로 수행

19) 이종수·윤영진 외, 「새행정학」, 6정판(서울: 대영문화사, 2012), 306-307쪽.

하는 중추기관과 이를 간접적으로 지원하는 보좌기관이 있다. 전자를 계선기관(단일기관), 후자를 막료기관(참모기관)이라 한다. 본래 계선과 막료의 개념은 군대조직에서 나온 말로서 계선은 조직존립의 목적을 수행하기 위해서 지휘명령권을 행사할 수 있는 기관을 말하고, 막료는 계선기관에게 정보·지식·기술을 제공하여 계선기관으로 하여금 효과적인 목표달성을 하도록 보좌하는 지원기관을 말한다. 막료기관은 18-19C 프러시아 군대에서 발달한 이래 조직의 규모가 커지면서 오늘날 행정기관과 사기업체에 이르기까지 대다수 조직에서 널리 이를 활용하고 있다. 우리나라의 대표적인 막료기관으로는 차관보가 있으며, 차관보는 정책의 입안과 기획 보좌, 정책관련 조사와 연구, 장관과 차관 보좌 등의 기능을 수행한다. 따라서 계선기관과는 달리 하부조직에 대한 명령, 감독, 결재권이 없다.

2) 계선-막료 조직의 장점과 단점

계선-막료 조직의 장점과 단점은 〈표 2-2〉와 같다.

〈표 2-2〉 계선-막료 조직의 장점과 단점

	장 점	단 점
계선 조직	-권한과 책임의 한계가 명확하여 업무수행이 능률적이다. -단일기관으로 구성되어 있어 신속한 결정을 내릴 수 있다. -업무가 단순하고 운영비용이 적게 드는 소규모 조직에 계선조직이 적합하다. -명령복종관계에 의하여 강력한 통솔력을 행사할 수 있다. -안정된 조직이다.	-복잡한 대규모 조직에서는 계선기관의 총괄적인 지휘·감독으로 말미암아 업무량이 과중하게 된다. -기관의 책임자가 주관적이며 독단적인 조치를 취할 가능성이 있다. -각 부문간의 효과적인 조정이 곤란하여 조직운영의 능률 및 효과가 약화된다. -특수 분야에 관한 지식과 경험을 이용할 수 없다. -조직이 융통성보다 경직성을 띠고 있다.
막료 조직	-기관장의 통솔범위를 확대시킨다. -전문적 지식과 경험을 활용할 수 있게 됨으로써 보다 합리적인 지시와 명령을 내릴 수 있다. -수평적인 업무의 조정과 협조를 가능하게 한다. -조직변화가 용이하고 신축성을 띨 수	-막료기관의 설치로 말미암아 조직 내의 인간관계가 복잡해지고 계선기관과 막료기관 사이에 알력과 대립이 조성될 가능성이 많다. -막료기관에 소요되는 경비로 예산지출이 증가될 수 있다. -막료는 결과에 대한 책임을 지지 않고

	있다.	계선의 권한을 침해할 가능성이 있으므로 양자 간에 책임 소재가 모호해질 우려가 있다. - 막료기관의 증가는 조직 내의 의사소통의 경로를 혼란에 빠뜨릴 우려가 있다. - 막료기관의 권한이 확대됨에 따라 지나친 중앙집권화의 경향을 촉진시킬 수 있다.

※ 자료: 최응렬, 「경찰행정학」(서울: 경찰공제회, 2006년), 157-159쪽의 재구성.

3) 계선기관과 막료기관의 관계

계선기관과 막료기관 간에는 갈등이 발생한다. 계선기관과 주로 정책조언 및 기획업무를 담당하는 막료기관 간에 그러하다. 또한 양자 간에는 막료가 최고관리자의 권위를 배경으로 계선의 권한에 참여하는 데서 나타나는 갈등도 있다. 이는 막료기관이 계선기관에 비해 보다 현상 타파적이고 개혁적인 반면, 계선은 보수적이고 현상유지적인 성격의 차이가 원인이 된다. 계선과 막료의 갈등을 예방하기 위해서는 계선과 참모의 직무 권한과 책임의 한계를 명확히 하고 직무수행과정에서 상호간 이해를 높이기 위해 의사전달을 활성화할 필요가 있다. 우리나라의 경우 기획관리실, 차관보, 담당관 등의 막료기관이 계선기관화되는 경향이 강하다.

4. 위원회조직

위원회는 다양한 조직에서 활용되고 있는 합의제 조직의 한 형태이다. 위원회란 복수로 구성되는 합의제 기관을 말하는 것으로 독임형 조직과 반대되는 개념이다. 즉, 위원회조직은 결정권한의 최종 책임이 기관장 한 사람에게 집중되어 있는 조직과 대조되는 것으로 결정권한이 위원회의 구성원인 모든 위원에게 분산되어 있고 이들의 합의에 의해 결론을 도출하는 합의제 조직유형이다. 이처럼 위원회조직은 특정 문제에 대해 회의를 거쳐 심의와 합의를 통해 의사결정을 하는 것이 가장 큰 특징이다. 우리나라의 행정부의 각종 행정규제위원회, 입법부의 상임위원회, 경찰의 경우 경찰위원회, 대학에서의 교무위원회, 일반 사기업의 이사회, UN의 안전보장이사회 등이 위원회 조직의 대표적인 예이다.

위원회조직을 활용하는 이유는 많은 사람의 참여로 다양한 이해를 결정에 반영할 수 있을 뿐만 아니라 전문가의 참여로 결정의 질을 높일 수 있기 때문이다. 또한 위원회조직은 참여와 합의를 존중하는 민주주주의 이념에 부합한다. 따라서, 그 결정에 관해 조직 구성원은 물론 일반국민을 포함한 조직 외부의 지지를 확보하는 데 유리하다.[20]

위원회조직의 장점으로는 독임제 조직에 비해 업무의 계속성을 확보할 수 있다는 점, 이해관계를 조정할 수 있고 좀 더 신중하고 공정하게 결정할 수 있다는 점, 조직 내부 각 부문의 조정을 촉진시킨다는 점, 조직구성원의 참여와 활발한 의사전달을 모색할 수 있다는 점 등을 들 수 있다. 단점으로는 의사결정의 지연과 과다한 비용이 지출된다는 점, 가치판단이 배제된 채 이해관계인들간의 타협으로만 의사결정이 이루어질 수 있다는 점, 책임의 소재가 모호해지거나 책임회피가 발생할 수 있다는 점을 들 수 있다.[21]

대부분의 위원회조직은 의사결정 권한만을 가지고 있으나 결정권한은 물론 그 집행까지 책임을 맡는 위원회 조직도 존재한다.[22]

5. 공식조직과 비공식조직

1) 공식조직과 비공식조직의 의의

(1) 공식조직의 개념

공식조직이란 인간적 감정을 배제한 입장에서 과학적 합리성의 근거와 기준을 전제로 하여 인위적으로 제도화한 조직으로 법령 또는 직제에 규정된 조

20) 민진, 「조직관리론」, 제4판(서울: 대영문화사, 2012), 148쪽; 유민봉, 「한국행정학」, 제4판(서울: 박영사, 2012), 399-400쪽.

21) 민진, 앞의 책, 151-152쪽.

22) 우리나라의 예로는 대통령 소속의 방송통신위원회, 국무총리 소속의 공정거래위원회, 인사혁신처 소속의 소청심사위원회 등이 있고, 이를 행정위원회라고 한다.

직을 말한다. 과학적 관리론 등 고전적 조직이론에서 연구대상으로 하는 조직이다.

(2) 비공식조직의 개념

비공식조직이란 구성원 상호간의 현실적인 접촉이나 동질감으로 말미암아 자연발생적으로 형성되는 조직으로서 사실상 존재하는 현실적 인간관계나 인간의 감정·욕구를 기반으로 하며 인간관계론 등 신고전적 조직이론에서 연구대상으로 중시하는 조직이다. 향우회, 연구회, 동기회, 동창회, 산악회, 폴네티앙(Polnetian), 무궁화 클럽 등과 같은 비공식조직이 그 대표적인 예이다.

2) 공식조직과 비공식조직의 특징

공식조직과 비공식조직의 특징을 표로 정리하면 〈표 2-3〉과 같다.

〈표 2-3〉 공식조직과 비공식조직의 특징

특 징	공식조직	비공식조직
자연발생적 성격	-인위적으로 형성된 조직	-자연발생적 조직
비합리적 성격	-합리적 조직	-비합리적 조직
비제도적 성격	-법령상·직제상 도표화된 조직	-현실의 동태적인 인간관계에 의하여 형성된 비제도화된 조직
감정의 논리	-능률의 논리에 입각한 조직	-감정의 논리에 입각한 조직
내면적 성격	-외면적·가시적·외재적 조직	-내면적·비가시적·내재적 조직
부분적 질서	-전체질서를 형성	-부분적 질서를 형성
인간화·민주화	-활동 및 가입·탈퇴가 비교적 곤란	-활동 및 가입·탈퇴가 용이하고, 인간적 가치의 추구가 용이
수평적·비계층제적 성격	-수직적인 계층제를 전제함	-계층제적 형태를 띠지 않음
변칙성·타율성	-보편적·일반적인 조직	-변칙적·타율적인 조직

※ 자료: 유종해, 「현대조직관리」, 제5전정판(서울: 박영사, 2008), 115-116쪽의 재구성.

3) 비공식조직의 기능

(1) 순기능

① 비공식조직은 구성원의 욕구불만이나 불평을 발산하고 해소시켜 주는 기능을 한다.

② 비공식조직은 동질감의 확보로 구성원의 안정감·귀속감을 갖도록 해 준다.

③ 공식조직의 비정의성·경직성을 완화시켜 조직의 환경에 대한 적응성·신축성을 확보할 수 있다.

④ 비공식조직의 인간관계를 통하여 공식지도자의 능력과 명령·지시의 결함을 보완할 수 있다.

⑤ 구성원 상호간의 협조와 지식·경험의 공유를 통하여 업무의 능률적 수행을 돕는다.

⑥ 각 구성원이 지켜야 할 묵시적 약속이나 행동규범을 확립하여 공식조직의 목표달성에 기여한다.

⑦ 공식적 의사전달은 신속성을 특징으로 하는 비공식적 의사전달에 의하여 보완될 수 있다.

⑧ 조직에 활력을 불어넣고 개인의 창의력과 쇄신을 고취하는 분위기를 조성하게 한다.

⑨ 인간은 사회적 동물이므로 타인과 더불어 살아가려는 사회적 욕구를 가지고 있다. 비공식조직은 이러한 사회적 욕구를 충족시켜줌으로써 사회화 과정에서 중요한 매체로서 기능할 수 있다.

(2) 역기능

① 비공식집단의 파벌조성 등으로 비공식조직 상호간의 적대 감정이나 심리적 불안감을 유발할 수 있다.

② 비공식적 의사전달은 때로는 왜곡되거나 근거 없는 정보를 퍼뜨려 공식적 의사소통을 마비시킬 수 있다.

③ 비공식적 인간관계의 작용으로 지연·혈연 중심의 정실행위의 우려가 많다.

④ 구성원의 개인적 불만이 비공식적 접촉을 통해 집단 전체의 불만으로 확대되는 경우가 있고 압력단체로서의 역할을 수행하는 경우도 있다.

⑤ 비공식조직의 세력을 바탕으로 개인적인 목표나 욕망을 실현하려는 구성원이 생길 수 있다.

⑥ 비공식조직에서는 공식적 권위가 유지되기 어렵고 대인관계나 영향력 등 별도의 사회적 권위체계가 형성된다.

6. 임시조직

(1) 태스크 포스

태스크 포스(task force)란 특수한 과업 완수를 목적으로 기존의 서로 다른 부서에서 사람들을 선발하여 구성한 팀으로 태스크 포스 구성의 원래 목적을 달성하면 해체되는 임시조직의 한 유형이다. 태스크 포스의 참여자들은 각기 자신이 속한 부서의 이해를 회의에서 대변하거나 회의에서 나온 의견을 소속 부서에 피드백하는 연결고리 역할을 하기도 한다. 태스크 포스는 관련 부서를 횡적으로 연결시켜 여러 부서가 관련된 조직의 현안 문제를 해결하는 데 효과적인 조직 유형이다.[23] 태스크 포스는 여러 집단의 대표들로 구성되며 일정기간(보통 90일을 넘지 않는다) 동안 주어진 문제를 집중적으로 연구하고 검토하여 집단 의사소통을 통해 문제의 해결책을 모색한다. 태스크 포스는 원래 일단 주어진 문제를 검토하고 해결책을 수립하는 역할에 그쳤으나, 근래에 와서는 해결책의 집행, 해결 및 책임까지 지도록 하고 이에 필요한 모든 권한이 부여되는 성격 즉, 집단의 관점과 견해를 종합하는 합의체 개념을 뛰어넘어 문제의 실제적인 해결이라는 공동체적 성격을 띠고 있다.[24]

태스크 포스는 직위에서 발생하는 권한보다 능력이나 지식을 바탕으로 한

23) 유민봉, 앞의 책, 394쪽.

24) 신현기, 「경찰조직관리론」, 제3판(파주: 법문사, 2012), 105-106쪽.

권한으로 행동하며 성과에 대한 책임도 명확하고 행동력도 가지고 있다. 일정한 성과가 달성되면 그 조직은 해산되고, 환경변화에 적응하기 위한 그 다음 과제를 위하여 새로운 태스크 포스가 편성되어 조직 전체가 환경변화에 대해 적응력 있는 동태적 조직의 성격을 가질 수 있도록 한다.

태스크 포스의 장점으로는 첫째, 시장이나 기술 등의 환경변화에 대한 적응력을 갖는 동태적 조직이라는 점, 둘째, 조직 구성원들이 새로운 과제에 도전하도록 함으로써 책임감·성취감·단결심 등을 경험하는 기회를 제공하고 구성원의 직무만족도를 향상시킨다는 점 등이 있다.

(2) 프로젝트 팀

프로젝트 팀은 조직에서 전략적으로 중요하거나 창의성이 요구되는 프로젝트를 진행시키기 위하여 여러 부서에서 프로젝트 목적에 가장 적합한 사람들을 선발하여 구성한 조직 유형이다. 프로젝트 팀의 참여자들은 프로젝트와 관련하여 다른 사람과는 차별화된 전문성을 가지고 있어야 한다. 프로젝트 팀의 참여자들은 여전히 원래 소속 부서에 보고체계를 유지하는 등 원래 부서에 소속감을 지속적으로 유지하는 경우가 많지만 프로젝트의 목적이 특수하고 확실한 때에는 참여자들이 팀을 하나의 독립된 조직으로 인식하고 자신을 그 팀 소속으로 인정하는 경향이 강하다.[25]

프로젝트 팀은 태스크 포스와 마찬가지로 특정문제를 해결하기 위해 한시적이고 횡적으로 연결된 조직유형이지만 태스크 포스에 비해 참여자의 전문성이 높고 참여자의 소속감이 강하며 팀의 유지 기간이 길다는 특성을 지니고 있다. 프로젝트 팀은 태스크 포스와 같이 집단 사이의 통합을 꾀하지만 그 통합이 문제해결을 위한 것이라기보다는 프로젝트 수행을 위한 기능의 통합이라는 의미가 강하다. 조직에서 프로젝트 팀은 조직부문 간에 수평적인 연결 관계를 형성한다는 의미를 가지고 있으며, 이 팀은 기존의 명령·지휘 등 권한라인을 가로질러 업무중심, 기능중심, 과제중심으로 조직을 재편성하는 역할을 한다.[26]

---

25) H. F. Gortner, J. Mahler & J. B Nicholson, *Organization Theory: A Public Perspective* (Homewood, Illinois: Dorsey Press, 1987), p. 111.

26) 신현기, 앞의 책, 107쪽; 유민봉, 앞의 책, 395쪽.

프로젝트 팀은 능력제 형태로서 유능과 무능이 확연히 분리되고 팀 구성 목적상 필요한 기능에 따라 그 구성원이 수시로 교체되기도 하고 프로젝트 성격에 따라 장기 혹은 상설 팀으로 구성되기도 한다. 프로젝트 팀의 장점으로는 업무, 기능 혹은 프로젝트 중심의 조직이기 때문에 의사결정의 신속성과 기동성이 향상되고, 프로젝트 수행을 위해 여러 이질적이고 다양한 구성원들이 모인 조직이기 때문에 정보와 사고의 활발한 교류를 통해 시너지 효과가 발생된다는 점을 들 수 있다. 하지만 단점으로는 책임소재가 모호해질 수 있다는 점과 팀장의 능력에 대한 의존도가 크므로 팀장의 리더십이 부족할 경우 조직운영의 문제점이 발생할 수 있고, 팀원의 전문능력이 부족할 때에는 팀조직 자체의 존속이 어렵다는 점이 있다.

제 2 장

관 료 제

제1절 관료제의 의의 및 이론

1. 관료제의 개념

관료제(bureaucracy)는 다양한 학문분야에 폭넓게 쓰이는 개념으로 1745년 프랑스의 중농주의학자 구르네(V. de Gournay)가 관료들이 권력을 장악한 당시의 정부를 가리키면서 최초로 사용되었다.[1] 관료제라는 말의 의미는 각기 다른 의미로 사용되는 경우가 있는데 크게는 네 가지로 구분해 볼 수 있다.[2]

첫 번째는 특정한 조직형태를 관료제라 지칭하는 것이며, 두 번째는 특정한 조직형태에서 발생되는 병폐를 지적하기 위해 관료제라는 말을 사용하는 경우이다. 세 번째는 큰 정부라는 현대 정부의 성격을 나타내기 위해 사용하는 경우이며, 네 번째는 국민의 자유와 권리를 침해하는 악(惡)으로서 관료제를 이해하는 경우이다.

이렇게 다양한 의미로 관료제가 쓰이고 있지만 일반적으로 관료제라고 함

1) 이달곤 외, 「테마행정학」(서울: 법우사, 2012), 316쪽.
2) F. M. Marx, *The Administrative State*(Chicago, Illinois: University of Chicago Press, 1957), pp. 17-33.

은 고전적인 의미의 관료제를 뜻하며, 그 대표적인 것으로는 Max Weber의 관료제 이념을 들 수 있다.

2. Max Weber의 관료제 이론

독일의 유명한 사회학자인 Max Weber[3]는 관료제 연구의 초석을 이루고 있으며, 조직이 근간으로 삼는 권위를 크게 세 가지 유형으로 나누고 있다.

1) Max Weber의 권위의 유형

첫 번째는 전통적 권위로서, 이는 구조로부터 생겨나는 것이 아니라 오랜 관습이나 문화로부터 근거하는 충성에서 비롯되며, 피지배자들이 지배자에게 복종하는 형태의 권위를 말하며 혈연, 가부장적 권위 등이 대표적이다.[4]

두 번째는 카리스마적 권위로 지배자의 초인적인 능력 등에 피지배자가 복종하는 것을 의미하며, 많은 지지자나 추종자를 이끌어가는 정치가나 군지도자 또는 종교지도자의 권위 등을 예로 들 수 있다.

세 번째는 법적·합리적 권위로 이는 합법적이고 합리적인 절차와 내용을 바탕으로 해서 얻어지는 권위를 뜻한다.

2) 관료제의 주요특징

Max Weber는 법적·합리적 관료제의 특성을 몇 가지로 나타내고 있는데, 그 특성을 살펴보면 〈표 2-4〉와 같다.

---

3) Max Weber는 19세기 후반기부터 20세기 초에 걸치는 시대에 활동한 독일의 저명한 사회과학자이자 사상가이다. 그는 정치, 경제, 사회, 역사, 종교 등 학문과 문화 일반에 대해 박식하고도 깊이 있는 조예를 가진 학자였다. 그는 19세기 후반기의 서구 사회과학의 발전에 크게 공헌하였을 뿐만 아니라 오늘날에도 철학이나 사회학 등에서 큰 영향을 미치고 있다.

4) 이달곤 외, 앞의 책, 317-318쪽.

〈표 2-4〉 법적·합리적 관료제의 특성

◆ 권한과 관할범위 규정
~ 모든 직위의 권한과 관할범위는 공식적 규범에 의해 규정되며, 권한은 사람이 아니라 직위에 부여된다.

◆ 계서제적 구조
~ 권한의 계층이 뚜렷하게 구분되는 계서제 속에 직원들이 배치된다.

◆ 문서화의 원리
~ 모든 직위의 권한과 임무는 문서화된 법규에 의해 규정된다.

◆ 임무수행의 비개인화
~ 관료는 지배자 개인의 종이 아니라 법규에 정한 직위의 담당자로 직위에 최선을 다해야 한다.

◆ 관료의 전문화
~ 전문적 능력을 갖춘 사람이 채용된다.

◆ 관료의 전임화
~ 관료로서의 직업은 일생동안 종사하는 것을 의미한다.

◆ 분업화의 원리
~ 능력과 자격에 따라 규정된 기능을 수행한다.

※ 자료: H. H. Gerth and C. W. Miles, *From Max Weber: Essays in Sociology*(Oxon: Routledge, 1991); M. Weber, *The Theory of Social and Economic Organization by Max Weber*(New York: Simon and Schuster, 2009).

3) 관료제에 대한 평가

관료제는 현대조직의 질서 유지에 필요한 공식적 구조의 특성을 지적하면서 조직학의 발전을 이끌어냈다. 관료제는 전근대적 조직에 비해 합리적인 형태를 띠며, 산업화사회에서 사회 발전에 많은 기여를 했다. 하지만 일관성의 결여, 비공식적 요인의 간과, 정의(definition)와 주장(propositions)의 혼합이라는 비판을 받음과 동시에 동조과잉, 훈련된 무능, 권위주의 형태 조장, 번문욕례(red tape) 등의 부작용을 양산하는 문제점을 나타냈다.[5]

---

5) 오석홍, 「조직이론」, 제7판(서울: 박영사, 2011), 403-406쪽.

제2절 대표관료제

1. 대표관료제의 개념

공무원의 대표성에 관한 일반이론으로는 1944년 킹슬리(J. Donald Kingsley)에 의해 주창된 대표관료제(representative bureaucracy)가 그 핵심을 이루고 있다.

대표관료제란 한 나라가 다양한 사회집단들로 구성되어 있는 만큼 관료사회 역시 전체 사회에서 각 집단의 구성비율과 비슷한 분포로 구성되어야 한다는 원리가 적용되는 관료제의 형태이다.

대표관료제라는 용어는 킹슬리(D. Kingsly)가 처음 사용한 것으로 그 이후 많은 학자들에 의해 정의가 확대되어 왔으며, 구체적 내용은 〈표 2-5〉와 같다.

〈표 2-5〉 대표관료제의 학자별 정의

- David Kingsley
  ~사회 내의 지배적인 세력들을 그대로 반영하여 구성된 관료제
- Paul P. Van Riper
  ~사회적 특성(직업, 사회계층, 지역 등) 외에 사회적 사조나 가치도 포함
- Henry Kranz
  ~비례대표(proportional representation)로 확대

※ 자료: 이달곤 외, 「테마행정학」(서울: 법우사, 2012), 254쪽.

2. 대표관료제의 대두배경

대표관료제는 공직사회가 특정 집단에 의해 지배됨으로써 정부정책의 수혜를 받지 못하게 되는 소수집단의 이익이 반영되지 못하게 되는 결과를 배제하기 위해 고안되었다. 즉, 특정한 집단 출신들이 공직을 독점함으로써 발생되는 문제점을 해결하기 위해 대표관료제가 대두된 것이다.

미국에서는 대표관료제의 일환으로 고용기회균등조치(Equal Employment

Opportunity)[6]와 차별철폐조치(Affirmative Action)[7]를 실행하고 있으며, 우리나라 역시 여성고용할당제, 지역인재할당제와 장애인의무고용제 등 몇 가지 제도들을 통해 대표관료제를 시행하고 있다.

3. 대표관료제의 기능

대표관료제의 기능으로는 관료제의 대표성 강화, 내부통제의 강화, 기회균등의 실질적 보장, 실적주의 폐단 완화를 들 수 있다.[8]

1) 관료제의 대표성 강화

정부관료제는 사회 각계각층의 이익을 대변해 줄 수 있어야 하며, 이를 가능하게 하기 위해서는 다양한 배경을 가진 사람들이 골고루 채용되어야 한다.

하지만 특정지역이나 특정학교 출신들이 대부분의 정부직책을 차지하고 있는 것이 현실이다. 이런 상황에서 대표관료제의 실행은 특정집단에 의한 독점상황을 개선하고, 대표성이 강화될 수 있도록 한다.

2) 내부통제의 강화

다양한 집단의 구성비를 고려한 대표관료제는 구성원들이 각각 자신들이 속한 집단의 이익을 반영하려 하기 때문에 서로 견제하면서 내부통제를 강화하게 된다. 이러한 내부통제의 강화는 외부통제와 함께 비대해지는 관료제를 효과적으로 통제하는 데 도움이 된다.

---

6) 고용기회균등조치는 인종, 피부색, 성, 종교, 연령, 과거의 국적, 기타 합법적인 임용기준으로 될 수 없는 요인을 기초로 어떤 개인을 불리하게 취급하거나 임용기회를 박탈하는 것을 효과적으로 막기 위한 일련의 인사정책·절차·운영방법을 지칭한다. 이 조치의 목적은 의도적 또는 비의도적 차별이 전혀 없는 임용체제를 구축하는 것이다.

7) 차별철폐조치는 고용기회균등조치의 한 수단이라 할 수 있다. 이 조치는 과거의 차별로 인한 현재의 효과를 제거하기 위해 과거 비혜택집단의 구성원들을 적극적으로 채용·승진시키도록 하는 구체적 노력이다.

8) 오석홍, 「행정학」, 제5판(서울: 박영사, 2011), 540쪽; 이영남·신현기, 「경찰조직관리론」(서울: 법문사, 2004), 149-150쪽.

3) 기회균등의 실질적 보장

대표관료제는 각 사회집단들의 실질적 기회균등을 보장하는 데 이바지한다. 상대적으로 빈곤한 사람들, 신체적으로 불편함을 가지고 있는 사람들, 소수로 분류되어 혜택을 보지 못하는 사람들이 동일한 조건하에서는 공직에 진출하기 어렵지만, 대표관료제를 시행하게 되면 이들의 공직진출 기회가 확대되고, 지위상승이 가능해진다.

4) 실적주의 폐단 완화

정실주의의 폐단을 극복하기 위해 등장한 실적주의는 승진 등의 인사과정에 있어 정치적·사회적인 고려 없이 능력에 따른 공정성을 중요하게 여긴다. 하지만 오히려 이런 측면으로 인해 민간부문에 비해 창의적이고 다양한 사고를 지닌 인력이 부족하고, 교육에 의한 기회 균등이 전제되지 않아 실질적 의미의 기회균등이 실현되지 못하는 폐단을 남긴다. 이에 대표관료제 도입을 통해 다채로운 인력들을 충원하여 사고의 다양성을 확보하고, 실질적 의미의 기회균등을 이루어내 실적주의의 폐단을 완화할 수 있다.

4. 대표관료제의 문제점

대표관료제는 여러 가지 장점에도 불구하고 역차별, 전문성과 효율성의 저하, 기술적 애로, 재사회화를 통한 대표성의 상실과 같은 문제점을 가지기도 한다.[9)]

1) 역차별

관료의 선발 및 배치에 있어 대표성을 반영할 경우 부족한 능력을 가진 인원이 특정 집단의 대표자라는 이유로 우수한 능력을 가진 사람을 대신해 선발·배치되는 경우가 발생하게 된다. 이는 오히려 능력을 가진 사람의 기회를 상

9) 이달곤 외, 앞의 책, 495-496쪽; 오석홍, 앞의 책, 540-541쪽.

대적으로 빼앗는 문제를 일으켜 역차별의 문제를 야기할 수 있다.

2) 전문성·효율성 저하

대표관료제는 민주성과 형평성을 강조하므로 공공행정에 있어 전문성과 효율성이 저하될 수 있다. 능력있는 인재의 부족과 대표성에 의해 배치되는 인사의 특성으로 인해 전문성이 약화되며, 행정과정에 각 집단들이 자신들만의 이익을 주장하는 경우 효율성이 크게 저하될 수 있다.

3) 기술적 애로

대표관료제를 시행하는 데 있어서는 기술적인 어려움이 따른다. 먼저 대표관료제 시행에 따른 대표성 확보 기준을 산정하는 데 어려움이 따르며, 이렇게 선정된 인원이 과연 집단의 대표성을 얼마나 잘 반영하는지를 측정하는 데도 어려움이 따른다.

4) 재사회화를 통한 대표성 상실

대표관료제를 통해 선발된 관료가 그들 집단의 이익을 위해 노력하리라는 보장은 없다. 즉, 채용과정에서는 집단의 대표성이 강조되지만 채용 이후에는 집단의 이익과 반대되는 행동을 할 수도 있기 때문이다. 이런 것은 관료로서의 재사회화 과정에서 충분히 발생할 수 있는 일이며, 이는 대표관료제의 목적과 배치되는 것이다. 예컨대, 여성경찰관이 가정폭력이나 성폭력 피해자인 여성에 대해 남성 경찰관보다 더욱 부정적인 태도를 보이는 경우를 들 수 있다.

제3절 애드호크라시

1. 애드호크라시의 개념

애드호크라시(Adhocracy)는 기계적 조직형태를 대표하는 관료제와 대비되는 개념으로서 유기적인 조직 형태를 의미한다. 애드호크라시는 특정한 문제를 해결하기 위해 전문가들을 중심으로 팀을 구성하여 운영되는 조직형태로서 탄력성이 강하며 상황 적응성이 높은 조직형태이다.[10)]

베니스(W. G. Bennis)는 애드호크라시를 "다양한 전문기술을 보유한 이질적 전문가들이 업무를 중심으로 집단을 구성해 문제를 해결하고 빠른 변화와 적응성을 특징으로 하는 일시적 체계"라고 정의하고 있으며,[11)] 목표달성 후 조직은 해체되며 문제해결을 위한 표준화된 절차 없이 업무를 수행한다.

2. 애드호크라시의 특징

구조적 차원에서 애드호크라시의 특징을 살펴보면 공식화·복잡성·집권화 정도가 매우 낮다는 점이다. 즉, 형식주의에 얽매이지 않으며, 조직구조가 단순화되어 있고, 의사결정과정이 집권화되어 있지 않다는 것이다.[12)]

1) 낮은 수준의 공식화

애드호크라시는 업무를 수행하는 자들이 상황에 탄력적으로 대응할 수 있도록 하기 위해 업무수행 방식 등을 공식적으로 문서화시키지 않는다. 이 조직에는 정해진 규칙과 규정 등이 거의 존재하지 않으며, 형식적인 것에 치우치지 않고 융통성을 발휘할 수 있도록 조직이 구성되어 있다.

2) 낮은 수준의 복잡성

애드호크라시는 각 분야에서 전문성이 강한 다양한 사람들로 구성되기 때문에 업무의 수행에 있어 종적인 분화보다는 횡적인 분화가 많이 일어난다. 하나의 목적을 달성하기 위해 일시적으로 구성된 조직이기 때문에 기존의 조직형태에 비해 수직적인 분화가 적게 이루어진다.

---

10) 유민봉, 「한국행정학」, 제4판(서울: 박영사, 2012), 393쪽.

11) W. G. Bennis, "Post-Bureaucratic Leadership", *Transaction*, Vol. 6 No. 9, 1969, p. 45.

12) 이창원·최창현, 「새 조직론」(서울: 대영문화사, 2011), 611-612쪽; 유민봉, 앞의 책, 393-394쪽.

3) 낮은 수준의 집권화

애드호크라시는 문제해결능력을 가진 사람들이 신속하게 문제에 대처해 나갈 수 있도록 권한을 위임한다. 즉, 상황에 유연하게 대처할 수 있도록 융통성이 부여되며, 전문성을 바탕으로 의사결정을 신속하게 할 수 있도록 각 전문가들이 권한을 가지는 낮은 집권성을 특징으로 한다.

3. 애드호크라시의 유형

애드호크라시의 대표적인 조직유형으로는 태스크 포스(TF: task force), 프로젝트 팀(project team), 매트릭스 조직(matrix organization) 등이 있다.[13]

1) 태스크 포스(TF: task force)와 프로젝트 팀(project team)

태스크 포스와 프로젝트 팀은 특정한 목적을 달성하기 위해서 일시적으로 형성되는 조직형태라는 공통점을 가진다. 이 두 구조는 변화하는 환경에 적응하기 위해 전문화·분업화된 기능들을 통합하는 것으로서 전통적인 조직구조에서 벗어나 조직 내의 자원들을 결합하는 조직형태이다.

태스크 포스는 프로젝트 팀에 비해 그 규모가 크고, 프로젝트 팀은 태스크 포스에 비해 참여자의 전문성과 팀에 대한 소속감이 강하다는 등의 차이가 존재[14]하여 학자들에 의해 양자를 구분해서 사용하는 것이 일반적이지만, 현실에서는 두 조직을 특별히 구분하지 않고 혼용해서 사용하는 경우들도 많이 존재한다.

2) 매트릭스 조직(matrix organization)

1960년대 초 미국 항공우주국(NASA: National Aeronautics and Space Admini-

---

13) 유종해, 「현대조직관리」(서울: 박영사, 2008), 202-207쪽; 민진, 「조직관리론」(서울: 대영문화사, 2012), 161-164쪽.

14) 유호룡 외, 「조직관리의 이해」(서울: 도서출판 대명, 2003), 103쪽; 유민봉, 앞의 책, 394-395쪽.

stration)에서 개발된 것으로 기능구조와 사업구조를 조합하여 수직적 구조와 수평적 구조가 혼합된 조직이라 할 수 있다. 그러므로 매트릭스 조직은 두 가지 특징을 가진다. 첫째는 기능구조와 사업구조의 장점을 동시에 취할 수 있다는 것이며, 두 번째는 한 사람의 부하는 두 명 이상의 상사로부터 명령을 하달받기 때문에 명령통일의 원칙에 위배된다는 것이다.

매트릭스 조직은 급변하고 안정되지 않은 조직 환경에 적합한 구조로, 잦은 만남과 회의를 통해 예상하지 못한 문제를 파악하고 이에 대한 해결책을 찾는 데 도움이 되는 구조이다. 조직측면에서는 구성원들을 공유함으로써 조직의 자원을 효율적으로 활용할 수 있는 장점이 있고 조직 구성원에게는 넓은 시야를 갖게 해 준다는 장점이 있다.[15]

하지만 명령통일의 원칙에서 벗어나 발생하는 권한과 책임의 문제와 기능부서와 사업부서 내에서 갈등이 야기될 수 있다는 문제점도 존재한다.

제4절 경찰관료제

1. 경찰관료제의 개념

경찰관료제란 국가권력하에서 부하경찰관은 상급경찰관에 대해 절대적으로 복종해야 하고 상관의 명령에 따라야 한다는 것으로, 엄격한 계급 내에서 공공의 안녕과 질서유지를 위해 이루어지는 일련의 경찰활동 과정이라고 볼 수 있다.

2. 경찰관료제의 특성

경찰관료제의 특성에는 명령하달과 하부통제, 법규에 의한 권한의 범위와 직위 부여, 경찰관료의 계서주의에 따른 특성, 문서관리주의에 따른 특성, 법규

15) 이종수 외, 「새행정학」, 6정판(서울: 대영출판사, 2012), 308쪽.

우선주의에 따른 특성, 경찰관료의 전문화에 따른 특성, 분업에 따른 특성으로 나누어 볼 수 있다.[16]

1) 명령하달과 하부통제

경찰관료제에 있어서 가장 큰 특징은 상급조직이나 상급자는 하급조직이나 하급자에 대해 복종을 요구하고 명령을 통해 직무를 수행해 나가고 있다는 점이다. 대규모의 법인, 사기업, 노동조합, 종교단체, 군대, 대학교 등에서 이루어지는 관료제처럼 경찰조직에서도 경찰관료는 독자적으로 입수한 정보 등을 공개하지 않으려 하고 심지어는 이른바 비밀주의 방식에 따라 자신을 보호하기 위한 권한으로 행사하고자 하는 경향을 보여주기도 한다. 특히, 대규모 경찰조직 내에서 경찰관료들은 법에 따라 복종하며 역할을 수행해 나가고 있는데 이는 자신들의 생존을 위한 사회적·경제적 이익과 귀결된다.

정리해 보면 경찰관료들은 상·하급자를 불문하고 경찰조직 내의 공식적 규율에 복종하면서 자신의 이익을 위해서라도 관료제적 특성들을 유지하려는 경향이 있다. 그러나 명령통일의 원리를 지나치게 우선시하고 지킨다면 실제 업무수행에 더 큰 지체와 혼란을 야기시킬 수 있다. 무엇보다 경찰업무는 돌발사건에 대한 신속한 결정을 필요로 하는 경우가 많이 발생하므로 관리자가 사고나 기타의 이유로 바람직한 지휘통솔을 행할 수 없을 때를 대비해 대리 내지는 대행자를 사전에 지정해 두는 이른바 관리기능 대행체제를 준비해 두는 게 바람직하다. 이에 관해 우리나라 경찰은 법률[17]에 근거한 권한의 대리, 행정규칙[18]에 근거한 위임전결, 대결 등의 제도를 두고 있다.

2) 법규에 의한 권한의 범위와 직위 부여

경찰은 「경찰법」, 「경찰공무원법」, 「경찰관직무집행법」 등에 의해 경찰업무

16) 임준태, 「경찰학개론」(서울: 도서출판 좋은세상, 2002), 253쪽; 이영남·신현기, 앞의 책, 152-155쪽; 손봉선·송재복, 「경찰조직관리론」(서울: 대왕사, 2002), 48쪽.

17) 「경찰법」 제12조 제2항, 제15조 제2항.

18) 「경찰청 위임전결규칙」(2017. 7. 27. 훈령 제838호), 「행정업무의 효율적 운영에 관한 규정」(대통령령 제28521호).

를 수행해 나가고 있다. 따라서 경찰관료들에게 부여되는 직위에 따른 권한이라든가 관할권의 범위는 반드시 법규에 의해 규정된다. 경찰의 권한은 경찰 개인에게 부여되는 것이 아니고 경찰관료의 직위에 주어지는 것이다. 경찰관료는 법규에 따라 직위를 부여받고 자기에게 주어진 권한을 법규의 범위 내에서 행사하게 된다.

3) 경찰관료의 계서주의에 따른 특성

계층제의 원리에 따라 권한의 계층이 명확하게 분리되어 있고, 경찰관료들 역시 엄격하게 분리된 계층에 소속되고 계서주의에 따라 상명하복체제를 유지해 나가고 있다. 상위서열에 속해 있는 경찰관료는 하위서열에 속해 있는 경찰관료들을 관리하고 감독한다. 이와 같은 상명하복에 따른 지휘나 감독의 권한은 계층서열주의에 따라 부여된 경찰의 직위에 토대를 두고 있는 것이다. 여기서 의미하는 계서주의는 권위주의가 행정에서 나타나는 형태로서 대민관계에 있어서는 관인지배주의나 관존민비의 형태로 나타난다. 또한 조직 내에서는 동급부서간의 협조가 잘 이루어지지 않고 계서상 상관의 명령에 의해서만 비로소 일이 효과적으로 성취될 수 있다는 식으로 나타난다.

4) 문서관리주의에 따른 특성

모든 법규는 문서화되어 있다. 따라서 모든 경찰의 직위에 따라 부여받은 권한이나 임무 등은 당연히 문서화된 법규에 토대를 두고 있다. 경찰관이 권한이나 의무를 수행하는 일련의 내용들은 모두 문서화와 관련된다. 따라서 문서의 작성과 보관 등도 경찰관료제에서 중요한 특성 중 하나이다.

5) 경찰관료의 전문화에 따른 특성

경찰조직에서는 특수한 경찰의 임무를 수행해 나가야 하는 특성으로 인해 직무에 적합하고 전문화된 인력을 필요로 한다. 이와 같은 특성 때문에 경찰관료들을 임용하는 데 있어서 후보자가 전문적 능력을 소유했느냐 안 했느냐가 중요한 기준이 되고 있다. 즉, 임용후보자는 경찰업무를 수행해 나가는 데 있어서 제반 법규에 따라 공평무사하게 업무를 처리할 수 있는 지식을 소유하고 있어야 하는 것이다. 이러한 전문적 지식을 소유하고 임용된 경찰관료들은 지속적으로 교육과 훈련을 받게 되며 자신의 직위에 주어진 임무를 다해 나가야 하는 것이다.

6) 분업에 따른 특성

경찰의 특성상 경찰업무는 대부분이 공동의 협력을 발휘해서 이루어 나가는 것이 바람직하다. 특히, 경찰관 다수에게 주어진 임무들을 나누어서 부과하고 협력을 하도록 하는 취지는 인간능력의 한계를 원활히 극복하고 경찰업무를 더욱 효과적으로 수행해 나가도록 하기 위한 것이다.

3. 경찰조직의 관료제 형태

1) 경찰조직의 고전적 관료제 형태

우리나라 경찰은 Max Weber의 지배 유형에 따른 분류 중 합법적 지배의 관료제에 해당한다. 경찰조직의 구성은 「경찰법」과 「정부조직법」에 근거하여 이루어진다.

「경찰법」 제2조 및 「정부조직법」 제34조 제5항에서는 치안에 관한 사무를 관장하기 위하여 행정안전부장관 소속으로 경찰청을 둔다고 하고 있다. 또한 「경찰법」 제11조 내지 제13조에 경찰청과 그 하부조직에 관한 사항을, 제14조 내지 제18조에 지방경찰에 관한 사항을 법률로 정하고 있다.

경찰청은 경찰청장 밑으로 1차장, 8국, 9관, 1대변인, 31과, 16담당관으로 편제되어 있다. 또한 치안사무를 지역적으로 분담 수행하기 위하여 특별시·광역시·도에 17개 지방경찰청을 두고 있으며, 지방경찰청장 소속하에 경찰서 254개, 지구대 518개, 파출소 1,491개, 부속기관 5개를 운영하며 피라미드 형태의 조직구조를 이루고 있다.[19]

19) 사이버경찰청 조직 구성도에서 발췌(2018. 7. 23. 검색).

2) 경찰조직의 대표관료제 형태

대표관료제란 앞에서 기술한 바와 같이 전체 국민의 특성에 따른 대표성을 지닌 사람을 관료로 채용하여 민주성을 도모하려는 제도이다. 우리나라 경찰도 이에 따른 인구사회학적 특성을 반영하기 위해 여러 제도적 보완장치를 마련하여 민주적 경찰행정을 추구하고 있다.

(1) 남녀고용평등의 추구

2012년 경찰공무원 공개채용 모집 공고에 따르면 경찰간부후보생 50명(男 45명, 女 5명), 순경 593명(男 415명, 女 178명), 경찰대학생 120명(男 108명, 女 12명) 등을 선발한다고 했다. 여성경찰관은 간부선발인원 170명 중 10%에 해당하는 17명이고, 순경선발인원 총 593명 중 30%에 해당하는 178명이다.

신규채용 경찰관 남녀 비율은 2.97로 대한민국 성인 남녀 비율인 1.24를 훨씬 웃도는 비율이다. 물론 경찰행정의 특수성을 살펴봤을 때 단순 획일적인 남녀비율의 적용은 다소 무리가 있다는 반대 의견도 나름의 논리는 있다. 하지만 여성경찰관의 채용비율 확대는 여성권리에 대한 경찰의 인식 변화를 가져올 수 있으며, 대표관료제가 추구하는 민주성과 대표성을 실현할 수 있다는 점에서 앞으로 계속될 것으로 보여진다.

(2) 장애인 채용

경찰은 사회적 소수자인 장애인에게 경찰입직 기회를 제공하기 위해 2006년부터 장애인 사이버 수사요원 채용을 실시해 왔다. 이는 사이버 분야의 전문지식을 갖춘 장애인을 대상으로 사이버범죄 수사요원을 특별채용하는 제도이다. 또한 일반 전산직에서도 장애인 채용이 시도되는 등 장애인 채용을 위한 노력이 계속되고 있다.

이처럼 경찰분야에서도 장애인 고용은 점차 확대되는 추세이지만, 그 수가 매우 제한적이고 또 업무가 한정적이라는 문제점도 존재하므로 이를 보완해 나갈 필요성이 있다.

(3) 귀화경찰관

다문화사회에 부응하기 위해 2007년 최초로 귀화 중국교포를 경찰관으로 채용하였으며, 이후 필리핀, 인도네시아, 베트남 출신의 귀화경찰관을 채용하여 대표관료제의 시행을 위한 노력을 계속 하고 있다.

〈경찰대표성에 관한 연구사례〉

김상호는 2005년 연구에서 경찰통계연보, 경찰청 국정감사자료, 경찰청 경무기획국 자료를 활용하여 지역, 성별, 입직경로 등의 변수를 중심으로 경찰공무원의 대표성 정도를 분석하였다.

연구결과 첫째, 지역 대표성과 관련하여 전체 경찰공무원은 물론이고 고위직 경찰공무원의 경우 수도권을 제외한 거의 모든 지역에서 과잉 대표현상이 발견되었다. 고위직의 경우 충청권 및 기타 지역 출신의 점유율이 상대적으로 낮아지는 반면, 영·호남 출신의 경우 고위직 점유율이 높아지고 있음을 확인할 수 있었다.

둘째, 성별 대표성과 관련하여 여성 경찰공무원의 성별 대표성이 매우 취약함을 확인할 수 있었으며, 이는 외국 주요 국가들과의 상대적 비교를 통해서도 나타났다.

셋째, 입직경로와 관련해서 경찰대학생, 경찰간부후보생, 고시 특채를 중심으로 한 채용자들이 과잉 대표되고 있는 반면, 신규채용 인원의 90%에 육박하는 순경 공개채용자들은 매우 과소 대표되고 있는 것으로 나타났다.

※ 자료: 김상호, "경찰공무원의 대표성 분석", 「지방정부연구」 제9권 제4호, 2005, 279쪽.

3) 경찰조직의 애드호크라시 형태

애드호크라시의 여러 형태 중 경찰에서 대표적으로 운영하였던 태스크포스(task force), 프로젝트 팀(project team), 매트릭스 조직(matrix organization) 등을 살펴보면 다음과 같다.

(1) 태스크 포스(task force)

안산 조두순 사건, 서울 영등포 성폭행 사건 등이 연이어 발생하여 학교안전이 심각한 사회문제로 대두됨에 따라 2010년 6월 18일 경기지방경찰청에서는 학부모들의 불안감을 조기에 해소하고, 아동범죄 예방활동을 체계적으로 추진하기 위해 「아동대상 범죄 등 문제해결을 위한 안전학교 추진 프로젝트」 태스크 포스를 구성하였다. 이 태스크 포스는 두 팀으로 구성되어 있다. 첫 번째 팀은 시책발굴단으로 아동범죄 예방관련 중점과제를 추진하고 학부모 등의 여론수렴 및 안전학교 조성을 위한 특수시책을 발굴하는 임무를 맡는다. 두 번째 팀은 현장대응팀으로 현장진출 문제점 파악 및 개선방안을 마련하고 협력단체 운영 및 유관기관의 협조를 담당한다.

다른 사례로 서울지방경찰청은 2012년 6월 15일 시내 31개 경찰서에 폭주족 척결 태스크 포스를 마련했다. 소규모 폭주족까지 단속해 오토바이를 몰수하고 상습행위자를 구속 수사하는 전담팀이다. 과거에는 3·1절과 광복절 등 폭주족이 대거 출몰하는 국경일에 일제 단속에 나섰으나 친구끼리의 소규모 폭주나 동호회를 빙자한 폭주행위를 근절하기 위해 태스크 포스를 통해 입체적·종합적인 단속체제로 전환한 것이다.

위의 사례에서 보듯이 태스크 포스는 경찰이 특정 치안목표를 달성하기 위하여 단기적으로 유지되어야 하는 임시조직이 필요한 경우 구성되어 활용된다.

(2) 프로젝트 팀(project team)

2012년 런던올림픽 당시 경찰청은 경정 1명과 경감 1명으로 구성된 신속대응팀을 런던 현지로 파견한 바 있다. 이 신속대응팀은 2012년 7월 18일부터 8월 7일까지 활동하였으며, 이 기간 동안 선수단, 현지 응원단, 여행객 등 우리 국민과 관련된 사건·사고에 대한 대응지원을 담당하였다. 또한 대테러·안전문제와 관련하여 현지경찰과 협조체계를 이루고, 우리 선수단 출전 주요경기 경기장의 안전점검도 실시하였다.

경찰의 프로젝트 팀 활용에 대한 다른 사례로는 2012년 6월에 실시되었던 주폭척결 전담팀을 들 수 있다. 서울경찰청은 주폭 척결 종합수사대책을 수립하여, 각 경찰서별로 주폭 수사전담팀을 편성하여 총 31개팀 139명의 인원이 활약한 바 있다.

이 수사전담팀은 주폭 수사전담팀 워크숍을 통해 수사역량을 강화하였고 피해자와 담당형사간 Hot-Line을 구축, 이를 바탕으로 시민과 담당 경찰관 모두에게 긍정적인 반응을 얻어내고 가시적 성과를 이끌어 내는 데 성공하였다.

프로젝트 팀과 태스크 포스의 결정적 차이는 조직의 규모와 지속기간이지만 위에서 언급한 주폭 수사전담팀과 같이 그 규모가 태스크 포스에 못지않게 큰 경우도 있을 수 있고, 런던올림픽의 신속대응팀과 같이 그 지속기간이 짧은 경우도 존재한다. 따라서 양자 간의 차이를 단순히 획일적이고 일률적으로 규정할 수는 없으며 조직이 처한 상황과 달성하고자 하는 치안목표에 따라 탄력적으로 임시조직을 구성하는 것이 중요하다.

(3) 매트릭스 조직(matrix organization)

매트릭스 조직은 그 명령체계가 일반조직과는 달리 이원적이라는 것이 특징이다. 대표적인 경찰 내의 매트릭스 조직으로는 재외공관에 파견된 경찰 주재관을 들 수 있다. 이들은 평상시 일상적인 업무와 관련해서는 외교통상부의 지휘를 받지만, 경찰업무에 관해서는 원 소속기관인 경찰청의 지휘를 받는다.

제 3 장

경찰제도 및 조직체계

제1절 경찰제도의 의의 및 유형

1. 경찰제도의 개념

1) 경찰제도의 정의

경찰제도는 국가가 공권력을 행사하기 위해 필요한 일종의 설비이자 도구에 해당한다. 그러므로 경찰학 영역에서 경찰제도에 대한 이해가 차지하는 비중은 매우 크다. 경찰제도에 대한 이해는 경찰조직의 존재양식과 그것이 작동하는 원리를 알게 되는 것을 의미한다. 그럼에도 불구하고 경찰제도의 개념을 한마디로 정의하기는 매우 어렵다. 경찰제도의 구성요소인 '경찰'과 '제도' 공히 쉽게 설명될 수 있는 개념들이 아니기 때문이다.

제도의 개념이 복잡한 이유는 다음과 같다. 첫째, 제도란 수많은 장치와 절차들로 이루어지는 대단히 복잡한 추상개념이다. 둘째, 제도를 구성하는 각종 장치와 절차 가운데 간단히 설명할 수 있는 것이 거의 없다. 셋째, 제도를 제대로 이해하려면 가시적인 외양보다 전체적인 시스템(구조)을 알아야 한다. 그러므로 경찰제도를 살펴보기 위해서는 경찰제도의 형식적 정의에 집착하기보다는 그것의 실질적인 내용에 관심을 갖는 것이 보다 바람직하다.

2) 경찰제도의 분석

경찰제도의 정의를 생략하더라도 경찰제도에 관한 논의는 복잡성을 띨 수 밖에 없다. 경찰제도를 제대로 설명하려면 그것이 그렇게 형성된 역사적 배경과 현행법의 규정을 비롯하여 그것의 작동에 영향을 미치는 제반 요인을 입체적 관점에서 빠짐없이 살펴보아야 하기 때문이다. 경찰제도는 실제로 적용됨으로써 비로소 가치를 가지므로 운용여건을 도외시한 제도연구는 아무런 의미도 가질 수가 없다. 그러므로 경찰제도에 대한 논의에서는 다음과 같은 측면들을 함께 살펴볼 필요가 있다.

첫째는 경찰제도의 변천과정을 살펴보아야 한다. 똑같은 제도라도 역사적 경험이 다른 사회에서는 각기 다른 의미와 효과를 가질 수 있기 때문이다.

둘째는 법규의 구조와 연결관계를 살펴보아야 한다. 국가의 권력구조를 규정한 「헌법」뿐 아니라 국가의 공권력행사 및 서비스 활동과 관련된 모든 실정법과 절차법의 내용 및 연결관계를 알아야 경찰제도를 올바로 논할 수 있기 때문이다.

셋째는 경찰조직의 역학관계를 객관적 관점에서 살펴보아야 한다. 경찰조직 내에서의 역학구조 및 경찰조직과 다른 국가조직과의 역학구조를 모르고는 경찰제도를 논할 수는 없을 것이기 때문이다.

넷째는 경찰조직을 이끌어 가는 구성원들을 이해해야 한다. 구성원의 채용기준, 계급구조, 승진자격, 정년기준 등에 따라 제도가 발휘하는 효과가 달라지기 때문이다.

다섯째는 일반국민들의 정서와 사회환경을 살펴보아야 한다. 경찰제도는 경찰작용의 상대방인 국민의 기대와 사회환경의 변화에 따라 진화하는 속성을 가지기 때문이다.

그 밖에도 경찰제도를 논하기 위해 살펴보아야 할 측면들이 얼마든지 존재한다. 국가의 정치상황, 지리적 위치, 경제수준, 국민의 교육 정도, 종교상황 등도 반드시 고려해야 할 변수들이다.

3) 경찰제도의 분류

경찰제도를 제대로 이해하려면 위와 같은 요소들을 빠짐없이 고찰하여 결론에 이르도록 노력하는 것이 중요하다. 그러나 그러한 요청은 어디까지나 희망사항일 따름이고, 실제로는 그처럼 복잡하게 경찰제도를 논하는 사람도 없고 그와 같은 시도가 가능할지도 의문이다. 한 가지 한 가지가 별도의 학문영역을 이룰 만큼 범위가 방대하고, 모든 영역을 다 살펴보아도 여전히 빠진 이야기는 남기 때문이다. 법규의 구조와 연결 관계를 빠짐없이 살펴보는 문제도 경찰조직의 역학구조를 이해하는 문제도 마찬가지이다. 그럼에도 불구하고 경찰제도를 살펴볼 필요성은 절실하므로 학자들은 나름대로의 기준과 원칙을 정하여 경찰제도를 분석하고 경찰의 발전방향을 모색한다.

우선 실질적 경찰제도와 형식적 경찰제도를 구분하여 경찰제도를 논하는 사례가 있다. 경찰제도를 국가경찰제도와 지방경찰제도로 구분하여 각각의 발전과정과 장단점을 살펴보는 사례도 있다. 행정경찰제도와 사법경찰제도로 양분하여 각각의 구조·내용·방식·특징 등을 살펴보기도 하고, 국가의 수사권이 행사되는 양상을 기준으로 대륙법계 경찰제도와 영미법계 경찰제도로 구분하기도 한다.

하지만 일반적으로는 경찰권이 존재하는 양식을 기준으로 중앙집권적(centralized) 경찰제도와 지방분권적(de-centralized 혹은 localized) 경찰제도로 구분하는 방식이 가장 많이 적용되고 있다. 국가경찰제도와 자치경찰제도로 구분하여 각각의 기원·변천과정·특징·장단점·개선방향 혹은 절충방안 등을 논하는 접근방법도 사실은 같은 것이다.

2. 경찰제도의 유형

1) 분류와 분포

현재 지구상에는 200개가 넘는 독립국가가 존재하는 것으로 되어 있으며, 이들 국가들은 나름대로 실정에 맞는 경찰제도를 고안해 가지고 있다. 그런데 세상에 경찰제도가 아무리 많아도 이들을 분류하면 중앙집권적 국가경찰제도

혹은 지방분권적 자치경찰제도 중 어느 하나에 속하게 되어 있다. 일반적으로 전자는 대륙법계 국가의 전통으로 간주되고, 후자는 영미법계 국가의 전통으로 간주된다. 그러므로 경찰제도에 대한 관심사는 양 제도의 장단점으로 귀착되게 되어 있으며, 실제로 많은 전문가들이 이에 대한 의견과 생각을 밝혀 놓고 있다. 전문가들이 지적한 장단점들을 각 제도의 특징으로 간주해도 무방할 것이다.

먼저 대륙법계 국가와 영미법계 국가의 분포를 보면, 전 세계에 걸쳐 양 계통에 속하는 국가들이 공존하는 상황이다. 유럽대륙의 프랑스와 독일을 비롯하여 그 주변국가인 네덜란드, 스페인, 포르투갈, 터키, 중남미지역의 여러 국가, 남아프리카공화국, 그리고 유럽국가의 과거 식민지였던 국가들과 중국, 태국, 한국 등은 모두가 대륙법계의 전통을 가진 국가들이다. 반면에 영국 본토를 비롯하여 영연방에 속하는 캐나다, 호주, 뉴질랜드, 인도, 그리고 영국의 식민지였던 미국 등은 영미법계의 전통을 가진 국가들이다. 일본은 메이지유신(明治維新, 1868) 이후 제2차 세계대전이 끝날 때까지 대륙법체계를 유지하다가 종전 후 미국식 경찰제도가 도입되어 현재는 절충형 혼합경찰제도를 가지고 있다.[1)]

2) 중앙집권적 국가경찰제도

중앙집권적 국가경찰제도는 일반적으로 다음과 같은 장점을 가지는 것으로 이해되고 있다. 첫째, 경찰조직의 구성원들이 국가권력을 배경으로 강력하고도 광범위한 집행력을 발휘한다. 경찰조직의 주체가 국가이므로 지방자치단체가 주체인 경우보다 강력한 힘을 갖기 때문이다.

둘째, 타 국가기관과 긴밀한 협력관계를 유지하는 데 유리하다. 국가의 타 행정부처와 상호보완의 관계를 유지하기가 용이하고, 비상사태 발생시 일사불란한 지휘체계를 유지할 수 있기 때문이다.

셋째, 전국이 경찰의 관할로 간주되어 경찰행정이 편리하고 범죄자를 추적하는 데도 유리하다.

넷째, 조직의 입장에서는 인력채용과 인사관리의 합리화를 도모하는 데 유리하고, 조직원의 입장에서는 전보와 승진의 기회를 많이 가질 수 있는 이점이

1) 정진환, 「비교경찰제도」(서울: 백산출판, 2006), 41-48쪽.

있다.

다섯째, 경찰관들에 대한 교육시설·훈련시설·공용장비·첨단수사장비 등을 공동으로 이용할 수 있어 비용절약에 유리하다.

여섯째, 조직원들에 대한 인사권이 중앙에 집중되어 정치인들이 지역구의 경찰인사에 개입할 여지가 차단된다.

그러나 국가경찰제도의 한계를 이해하는 입장에서는 다음과 같은 단점들을 지적한다.

첫째, 경찰이 본연의 직무에서 벗어나 통치자의 정치도구로 전락할 가능성이 상존한다.

둘째, 국가권력에 수반되는 관료적 속성 때문에 경찰관들이 국민에게 위화감을 주거나 국민 위에 군림하려는 성향을 극복하기 어렵다.

셋째, 법규의 획일성 때문에 지역특성에 맞는 경찰행정을 전개하기 어렵고, 법규 개정이 쉽지 않아 예상하지 못한 상황에 대한 대응이 취약하다.

넷째, 지방에 근무하는 경찰관(특히, 간부)들이 인사이동을 의식하여 근무지의 사정보다 중앙의 분위기를 따라 가는 경향이 고착될 수 있다.

다섯째, 연고가 없는 지역에서 가족과 떨어져 지내야 하는 경찰관이 늘어 경찰조직의 사기가 저하되고 직무능률이 떨어질 수 있다.

여섯째, 전국을 고려하여 경찰장비를 갖추게 되므로 지역특성에 따라 경찰장비의 차별화를 도모하기가 곤란하다.

일곱째, 경찰관들이 국민의 공복(公僕)이라는 관념을 갖기가 어려워 국민의 기대나 여론의 향방 등에 대해 무감각해질 우려가 있다.

여덟째, 경찰관들이 '원하면 다른 지역으로 갈 수 있다'고 믿기 때문에 경찰에 대한 지역주민들의 태도나 정서를 무시하는 경향이 생길 수 있다.

3) 지방분권적 자치경찰제도

지방분권적 자치경찰제도의 장점은 중앙집권적 국가경찰제도의 단점을 반대로 적용함으로써 쉽게 설명될 수 있다. 이를 정리해 보면 다음과 같다.

첫째, 지역주민의 요구와 지역사회의 필요에 맞춰서 경찰행정을 전개할 수 있다.

둘째, 경찰관들이 지방자치단체의 공무원이면서 지역사회의 구성원이므로 지역문제에 대한 관심도가 상대적으로 높다.

셋째, 토착민이 지역의 경찰관이 되는 경우가 많아 주민에 대하여 친절하고 직무에 대한 책임감이 상대적으로 강하다.

넷째, 주민들이 경찰의 애로를 잘 이해하여 경찰의 대민업무가 용이하고 주민들의 협조를 받기에도 유리하다.

다섯째, 사회변화에 따라 조직의 규모나 근무방법을 탄력적으로 조정할 수 있다.

여섯째, 이웃 지방자치단체와의 경쟁심리가 작용하여 조직을 개선하고 근무목표를 달성하기에 유리하다.

일곱째, 지역사정에 밝은 인사를 경찰책임자로 선출할 수 있고, 경찰관들의 이동이 적어 인사행정의 안정을 도모할 수 있다.[2)]

자치경찰제도의 단점은 국가경찰제도의 장점을 반대로 적용해 봄으로써 쉽게 설명될 수 있다.

첫째, 경찰이 일반행정의 부속물처럼 인식되어 강한 집행력을 발휘하기가 어렵다.

둘째, 교육시설, 훈련시설, 경찰장비, 경찰홍보 등을 자치단체 개별적으로 해결해야 하기 때문에 비용부담이 가중되고 경찰의 임무가 본래 소극적 위험예방의 성격이 강하기 때문에 지방자치단체의 재정 위기 시 경찰예산이 우선적으로 축소될 우려가 많다.

셋째, 전국 차원의 경찰공조가 곤란하여 범죄의 광역화·기동화·지능화현상에 효과적으로 대처하기가 곤란하다.

넷째, 지역의 정치인이 경찰인사에 개입하여 부하경찰에 대한 간부들의 지도력이 약화될 우려가 있다.

---

2) 이황우, "우리나라 실정에 맞는 자치경찰제도", 「자치경찰제도공청회 자료집」, 1998, 3-25쪽; 경찰개혁위원회, 「자치경찰제의 이해」, 1999, 1-3쪽; 이관희, "한국경찰의 자치경찰 도입방안", 「한국공안행정학회보」, 제9호, 2000, 1-36쪽.

다섯째, 동일한 지역에 장기간 근무함으로써 경찰과 주민 사이에 유착관계가 고착될 가능성이 있다.

여섯째, 경찰관들의 승진과 전보의 기회가 제한되어 우수한 인재를 경찰관으로 채용하는 데 불리하다.

일곱째, 유사시를 대비한 예비인력을 유지하기 어렵고 분야별 전문인력을 확보하기도 어렵다.

4) 통합형 경찰제도

통합형 경찰제도는 중앙정부와 지방정부가 경찰에 대한 통제권한을 공유하고 있다는 데 특징이 있으며 순화된 분권형, 혼합형 또는 절충형 체제로 불린다. 이러한 체제는 분권화된 체제에 비하여 조직의 효과성, 운영의 능률성, 업무의 일관성을 제공하는 국가경찰제도가 자칫 빠질 수 있는 잠재적 직권남용의 가능성을 불식시키기 위해서 마련되었다. 통합형 경찰제도는 국가적인 기준을 바탕으로 경찰 서비스 제공에 대한 지방통제를 통해 이루어진다. 분권화된 체제에서 발견할 수 있는 수많은 자치경찰기관들과는 달리 통합형 경찰제도에서는 경찰기관의 수가 비교적 적은 편이다.

이러한 통합형 경찰제도를 수용하고 있는 국가에는 일본·호주·영국·독일·브라질 등이 있다.

제2절 한국경찰의 역사 및 발전

1. 한국경찰의 역사

1) 근대이전

한국경찰의 역사는 갑오경장(1894)을 기점으로 근대이전과 근대이후로 나누어진다. 근대이전의 경찰조직은 경찰과 행정·군사작용의 분화가 이루어지기 전으로 통합적으로 경찰작용이 이루어졌으며, 법적인 체제와 근거를 갖지 못한 특징을 가지고 있다. 그러므로 제도화된 전문적 경찰기관은 존재하지 않았다고도 볼 수 있다. 하지만 치안유지활동을 통해 경찰기능을 보여주고 있다.[3)]

고대시대에도 경찰기능을 찾아볼 수 있다. 고조선의 팔조금법(八條禁法)에 규정된 내용들로 치안활동이 존재하였음을 알 수 있고, 한사군 시대에는 중국의 영향으로 군현경정리(郡縣卿亭里)를 두어 도둑을 잡게 하였다. 기록에 의하면 삼국시대 신라에서는 군이 치안 유지의 중책을 맡았는데, 군사 작용과 분화되지 않은 경찰기능의 존재를 이를 통해 유추할 수 있다. 발해는 행정경찰과 사법경찰로 양분화된 경찰제도를 가지고 있었다.

고려시대에도 고대시대와 마찬가지로 경찰기능이 군부 혹은 일반행정기관의 일상 업무로 수행되었다. 행정경찰사무는 군사행정에 포함되어 병부(兵部)가 이를 관장하고 사법경찰사무는 형부(刑部)가 관장하였다. 지방에서는 주(州)·군(郡)·현(縣)의 행정관이 지방행정사무와 경찰행정사무를 관장하였다. 고려시대에는 경찰활동인 범죄자 체포와 순찰을 담당하는 여러 기관이 창설·폐지되었고, 지속적인 경찰조직은 존재하지 않았다.

다만, 고려초기의 현위(縣尉), 무신정권의 야별초(삼별초), 고려후기의 순마소(巡馬所)〈후에 순군만호부(巡軍萬戶府)로 개편〉는 전문적인 경찰조직과 유사한 활동을 하였다.[4)] 현위(縣尉)는 위아(尉衙)라는 기관의 장(長)으로 위아를 현재의 경찰서로, 현위를 경찰서장으로 이해하는 견해가 있다.[5)] 현위는 현내의 비행 및 범죄의 방지와 그 처리, 우범지역의 질서유지를 담당하였다. 야별초는 수도인 개경과 주요 도시는 물론이고 각 지방에까지 조직되어 지역의 질서유지 및 외적퇴치에 기여하였다. 야별초는 순찰을 통해 도적과 폭력행위를 단속하였다는 점에서 현대 경찰의 효시로 간주되기도 한다. 고려후기에는 순마소(巡馬所)가 설치되어 순찰·포도·형옥(刑獄)에 관한 업무를 담당하였다. 원(元)의 내정간섭을 통해 원의 제도가 계수된 것으로 도적을 예방하고 폭력을 금지하는 임무를 전담한 점에서 전문적 경찰조직에 가까운 면모를 갖추고 있었다. 순마소는 후에 순군만

3) 이황우·조병인·최응렬, 「경찰학개론」(서울: 한국형사정책연구원, 2006), 65-70쪽.
4) 김성수 외, 「한국경찰사」(서울: 경찰대학, 2012), 92쪽.
5) 이병도, 「한국사 중세편」(서울: 을유문화사, 1961), 478쪽에 이러한 견해를 처음 제시.

호부(巡軍萬戶府)로 개편되어 때로는 정치적 권력과 밀착하여 반대세력을 제거하는 데 이용되기도 하였다. 조선시대(1392)에 와서는 순군만호부가 경찰기능인 순찰(巡察)·포도(捕盜)·금란(禁亂)을 담당하였다. 순군만호부를 오늘날의 경찰청으로 보는 견해도 있다.[6)]

조선시대에도 경찰활동은 중앙과 지방의 일반행정기관의 일상 업무로 수행되었다. 조선 중앙의 경찰기관으로는 순군만호부·포도청·한성부·의금부·병조·5위 등이 있었고, 지방경찰기관으로는 관찰사·수령·토포사·찰방·5가통 등이 있었다. 중앙의 순군만호부는 조선의 순라제도(巡邏制度)를 운영하던 중추적 경찰관서로 순군만호부→순위사→의용순금사→의금부로 변천되었다.[7)]

조선 중기인 성종 12년(1480)에는 한성에 국내 최초의 치안전담 조직인 좌·우포도청이 조직되어 도성 및 성밖 10리 일대와 경기도 지역의 치안유지를 담당하였다.[8)] 좌·우 포도청은 포도대장 각 1인 외에 포도군관 각 10인, 포도부장 각 3인, 포도군사 각 50인으로 구성되었으며, 도적을 체포하고 야간에 순찰을 하는 역할을 담당하였다. 지방에도 중앙의 포도대장에 해당하는 토포사라는 직책을 두어 몇 개의 수령을 관할하면서 도적을 처리하였다.

각 지방에는 상주하는 관찰사와 중앙에서 비밀리에 파견된 암행어사로 지

---

6) 김형중, 「한국중세경찰사」(서울: 수서원, 1998), 251-253쪽.

7) 조선 초기의 순군만호부(巡軍萬戶府)는 국왕의 측근에서 신왕조에 도전하거나 사회질서를 어지럽히는 세력을 제거하고, 한성부의 치안을 유지하는 데 중추적 역할을 하였다. 1402년(태종 2) 순위부(巡衛府), 1403년 의용순금사(義勇巡禁司), 1414년 의금부로 개칭되었으나 1453년(단종 1) 치안업무를 담당하던 의금부 관할의 도부외(都府外) 병력을 축소함으로써 의금부는 사실상 치안업무에서 손을 떼고 대신 최고 사법기관으로서 봉교추국(奉敎推鞫)하는 일을 맡게 되었다.

8) 포도청(捕盜廳)은 조선시대의 경찰관서로 포청(捕廳)으로 약칭되기도 하였다. 성종 때부터 중종에 이르는 동안에 그 제도적 완성을 본 것으로, 좌포도청·우포도청으로 나누어 좌포도청은 한성부 정선방(貞善坊) 파자교(把子橋) 북동쪽(서울 종로구 단성사 일대)에 두고 한성부의 동부·남부·중부와 경기좌도(京畿左道) 일원을 관할하였고, 우포도청은 서부 서린방(瑞麟坊) 혜정교(惠政橋) 동쪽(서울 동아일보사 일대)에 두고, 한성부의 서부·북부와 경기우도(京畿右道)를 관할하였다. 포도청은 병조(兵曹)에 딸린 무관직소(武官職所)로 순조와 고종 때에는 좌·우포도청에 각각 포도대장(종2품) 1명, 종사관(從事官: 종5품) 3명, 군관 70명, 포도부장 4명, 포도군사 64명, 무료부장(無料部長) 27명, 가설부장(加設部長) 6명, 겸록부장(兼祿部長) 32명, 서원(書員) 4명, 사령(使令) 3명 등이 있었다. 좌·우 포도청에서는 각기 8패(牌: 組)로 나누어서 패장(牌將) 8명과 군사 64명을 동원해서 담당구역을 순찰하였다. 1894년 좌·우포도청을 합하여 경무청으로 개편하였다.

방수령들의 행적을 감시하였다. 당시의 암행어사는 오늘날의 정보경찰기능을 수행한 셈이다. 시간이 흐르면서 암행어사들은 지방관리의 행정처리와 민생동향 등을 직접 왕에게 보고함으로써 국가행정의 감독과 관기숙정(官紀肅正)을 담당하는 감독 및 감찰기관으로 발전하였다. 조선시대에는 역(驛)들을 2~11개 단위로 묶어 전국을 39찰방도로 편성하고 지금의 정보경찰의 역할을 한 '찰방'을 임명하여 비법(非法)을 은밀히 내사하여 왕에게 직계하는 임무를 수행하였다.

2) 근대이후

1894년의 갑오개혁으로 종전의 좌·우 포도청을 통합한 경무청(警務廳)이 신설됨으로써 서구식 경찰제도가 처음으로 도입되었고 '경찰(警察)'이라는 호칭의 제복을 착용한 국가관리가 등장하였다. 경무청의 장인 경무사(警務使)는 경찰사무와 감옥사무를 총괄하면서 범법자를 체포 및 수사하여 법사(法司)로 송치하는 업무를 지휘하였다. 한성 5부(동·서·남·북·중)에 경찰지서(警察支署)가 설치되고 경무관이 서장으로 임명되었다. 이 시기에 일반행정 및 군대기능으로부터 경찰행정의 분리가 이루어져 비로소 제도적 의미의 경찰이 탄생한 것이다.

당시 경무청의 출범은 한국지배를 위한 수순으로 한국의 경찰권을 흡수하려는 일본정부의 치밀한 계산에 의해 이루어진 것이었다.[9] 경무청은 1900년 6월 경부(警部)로 개편되었다가 다음 해 3월 다시 경무청으로 개편되었다. 다만, 과거의 경무청은 한성부만을 관할하였으나, 이때 새로 출범한 경무청은 전국을 관할하여 오늘날 경찰청의 전신으로 간주하는 입장도 있다.

1880년대 후반에 이미 두 종류의 일본경찰이 국내에서 활동을 하였다. 첫째는 강화도조약(1876)에 의해 부산·한성·인천·원산·평양의 영사관에 배치되어 일본인 출입국자들을 보호하는 임무를 수행한 영사경찰이 있었다.[10] 둘째는 갑

---

9) 그러나 당시 제정된 「경찰청관제직장」과 「행정경찰장정」은 각각 역사적으로 경찰조직 및 경찰작용에 관한 최초의 성문법에 속하므로 이에 의한 경무청을 흔히 한국 최초의 근대경찰로 간주한다.

10) 강화도조약(江華島條約)은 고종 13년(1876년) 조선과 일본간에 체결된 수호조약으로 한일수호조약(韓日修好條約) 혹은 병자수호조약(丙子修好條約)이라고도 한다. 이 조약이 체결됨에 따라 조선과 일본 사이에 종래의 전통적이고 봉건적인 통문관계(通文關係)가 파괴되고, 국제법적인 토대 위에서 외교관계가 성립되었다. 이 조약은 일본의 강압 아래서 맺어진 최초의 불

오개혁 당시 한국경찰을 일본식으로 바꾸기 위해 입국한 고문경찰이다. 일본은 청일전쟁(1894-1895)을 기화로 자국의 군대를 국내에 주둔시키면서 군용전신선 보호를 구실로 1896년부터 임시헌병대를 함께 주둔시켰다. 이후 러일전쟁(1904)이 임박하자 1903년 12월 1일 조선주차헌병대(朝鮮駐箚憲兵隊)를 창설하였다. 1905년 2월에는 「내부관제」에 관한 칙령(제15호) 및 「경무청관제」에 관한 칙령(제16호)을 선포하여 독립부처이던 경무청을 내부 소속의 경무국으로 격하시켰다. 같은 해 12월에는 을사늑약(乙巳勒約)을 근거로 「통감부 및 이사청 관제」에 관한 칙령을 제정하여 통감부에 경무고문부(警務顧問部)와 각 도에 경무고문지부를 둠으로써 한국경찰에 대한 지배체계를 확립하였다.11) 이와 함께 경무청의 장인 경무사의 관할을 한성부의 경찰·소방·감옥사무로 제한하고, 경무청의 사법사무는 법무대신의 지휘명령을, 각 부 주무에 관한 경찰사무는 각 부 대신의 지휘를 받도록 하였다.

한일협약 이후 1906년 6월에는 「경무서 및 분서 설치」에 관한 칙령(제30호)을 제정하여 각 도(관찰부)에 경무서(경무관 서장) 및 경무분서(총순 서장)를 설치하고 4개월 후인 10월에는 「경무분서·분파소 설치」에 관한 내부령(제10호)을 제정하여 전국 각지에 분파소(分派所)를 설치하였다. 1907년 2월에는 「경무서폐지」에 관한 칙령을 제정하여 개항도시의 경무소 및 함경북도에 설치했던 변계경무소를 폐쇄함으로써 처음으로 지방경찰조직의 통합이 이루어졌다. 지방에 배치된 경무서장은 「지방관리직제」 및 「지방경무관직무규정」에 따라 관찰사의 지휘를 받아 관내 경찰사무를 처리하였다.

1907년 7월 한국군대의 해산 및 사법권·경찰권 이양 등을 골자로 하는 한일협약을 체결한 일본은 5개월 후 내부관제(칙령 37호)를 개정하여 내부에 경무국을 설치하고 내부에 5명의 경시(警視)를 두어 행정경찰에 관한 사항·도서출판 및 저작에 관한 사항·호구 및 민적에 관한 사항·이민에 관한 사항과 그 밖의

평등조약이라는 데 특징이 있다.

11) 1905년 12월 21일 일본정부가 제정한 「통감부 및 이사청관제」(칙령 267호)는 통감부에 경무부를 설치하고 그 책임자로 경무총장을 임명하여 경찰사무를 관장하게 하도록 되어 있었다. 그러나 막상 통감부를 설치할 때는 직제를 바꾸어 통감부에 경무고문부를 두고 각 도(관찰부)에는 경무고문지부를 두었다(경찰대학, 「한국경찰사」, 2000, 169쪽).

경찰사무를 담당하게 하였다. 지방은 각 도에 내무부와 경찰부를 설치하여 경찰부장으로 하여금 경찰사무를 관장하게 하여 오늘날의 지방경찰청으로 이어졌다. 이때 감옥에 관한 사무가 내부에서 법부(法部)로 이관되었다.

1908년 10월 29일에는 통감 이토 히로부미(伊藤博文)와 조선의 내각총리대신 이완용(李完用) 사이에 「경찰사무에 관한 취극서(取極書)」가 교환되어 조선의 경찰권이 사실상 일본의 수중으로 넘어갔다.[12] 이어서 1909년 3월 15일에는 '재한국 외국인에 대한 경찰에 관한 한일협정'을 강요하여 한국경찰이 국내거주 외국인에 대한 경찰사무를 처리할 때는 일본관헌의 지휘감독을 받도록 만들었다. 같은 해 7월 12일에는 '한국의 사법 및 감옥사무에 관한 각서' 교환을 통해 한국정부의 사법 및 감옥사무를 일본정부에 위탁하도록 강요함으로써 경찰권의 핵심인 사법경찰권을 완전히 박탈하였다.

1910년 6월 24일에는 '한국경찰사무 위탁에 관한 각서'를 강요하여 내부관제 및 지방관제의 개정과 경시청 폐지를 통해 경찰에 관한 규정을 삭제시키고, 그로부터 2개월 후 한일합병조약을 통해 조선군대의 해산 및 사법권과 경찰권의 강탈 절차가 종료되었다. 그런데 당시 일본의 의도는 헌병경찰제도를 실시하는 데 있었으므로 한일합방 이전인 1910년 6월에 이미 「통감부경찰관서제」 실시를 내용으로 하는 칙령을 제정하여 헌병경찰제도의 기초를 마련해 놓았다. 그리고는 한일합방 직후인 동년 9월 10일 「조선주차헌병조령(朝鮮駐箚憲兵條令)」을 제정하여 일반경찰과 헌병이 치안유지를 분담하는 체제를 가동하였다. 당시 일반경찰은 주로 개항장과 도시에 배치되고 헌병은 군사목적상 필요한 지역·국경지방·의병활동이 활발한 지역 등에 배치되어 경찰업무를 장악하였다.

중앙에는 총독 아래 독립관청으로 경무총감부(警務摠監部)를 두고 각 도에는 행정관청(관찰사)으로부터 독립적인 경무부(警務部)를 두었으며, 도내 각 군에 경찰서 및 경찰서의 직무를 행하는 헌병분대를 두었다. 1911년부터는 한국인들을 헌병보조원으로 채용하여 일본헌병의 앞잡이로 이용하였다. 1919년 기미독

12) 「경찰사무에 관한 취극서」에는 '통감부 및 한국정부는 일본정부가 명치 40년(1907년)에 체결한 한일협약 제5조에 의하여 임명된 한국경찰관으로 하여금 당해 일본 관헌의 지휘감독을 받아 재한국 일본신민에 대한 경찰사무를 집행할 것을 약속한다'고 명시되었다(위의 책, 174쪽).

립운동을 계기로 경무총감부가 폐지되고 경무국(警務局)이 신설되어 헌병경찰제도가 보통경찰제도로 바뀌었으나 내용 면에서는 한국인에 대한 감시와 탄압이 한층 더 가혹해졌다.

특히, 문화정치를 내세워 한국인 헌병보조원들을 정식경찰(순사)로 임용하고, 한국인만이 임용될 수 있는 순사보(巡査補)제도를 시행하여 독립운동 정탐 및 사찰활동을 한층 더 강화하였다. 한국인 순사와 순사보의 대다수는 일본정부의 충복이 되어 민족분열 및 수탈만행에 앞장을 섬으로써 당시 경찰에 대한 국민의 불신과 원성이 오늘날까지 이어지게 만들었다.

1945년 8월 15일 일본의 패망으로 미군정(美軍政)이 시작되면서 경찰조직에 대한 대수술이 진행되었다. 동년 9월 12일 경무국장에 취임한 헌병사령관 쉬크(L. Shick) 준장은 일본인 경찰관 및 친일 한국인 경찰관들을 미군장교로 대체하고 경찰관들을 신규로 채용하여 경찰관서에 배치하였다. 경무국의 조직과 기능을 부분적으로 정비하고 법무국 형사과 지문계의 업무를 경무국으로 이관시켰다.[13)]

같은 해 11월 13일에는 군정장관 예하에 국방사령부를 설치하고 그 아래 군무국과 경무국을 두어 국방사령부장이 경무국장을 지휘하게 만들었다. 12월 27일에는 「국립경찰의 조직에 관한 건」을 발표하여 각 도지사가 행사하던 경찰행정권을 독립관청인 도경찰부로 이관시켰다. 1946년 3월 29일에는 경무국을 군정장관 예하로 환원(미군정법령 제63호)시킴과 동시에 경무국을 경무부로 승격(미군정법령 제64호)시켜 경찰책임자의 직급이 국장급에서 각료급으로 상향되었다.

중앙의 경무부장은 8개 관구의 관구경찰청장에 대한 지휘권을 바탕으로 경찰의 인사·보급 및 행정절차를 관장하고 질서유지는 관구경찰청장이 담당하였

---

13) 미군이 상륙하여 경찰개편 작업에 열중이던 1945년 10월 21일을 국립경찰의 창설일(경찰의 날)로 정하여 오늘날까지 그 의의를 기리고 있으나 특별히 이 날을 정한 이유는 분명하지 않다. 미군정이 시작될 당시의 경무국은 일제식민시절의 조직이 남아 있었던 것이고, 미군정 당국이 이 날 경무국을 새로 출범시켰다는 기록도 알려진 것이 없기 때문이다. 미군정 당국이 「국립경찰의 조직에 관한 건」을 공포한 날짜는 12월 27일이고, 일본인 경찰간부들을 해직시키는 작업이 동년 10-11월까지 계속되었다는 기록 등은 특별히 10월 21일을 기념하는 이유를 한층 더 궁금하게 만든다. 짐작으로는 미군정청이 일제에 봉사한 경찰관 전원을 일단 해임하였다가 군정경찰로 새로 채용하는 절차를 밟은 날짜와 관련이 있는 듯 여겨진다.

다. 1946년 9월 17일에는 관구경찰청을 감독하는 경무총감부가 설치되고 다음 날인 9월 18일에는 서울특별시가 경기도에서 분리됨과 함께 수도관구경찰청이 설치되어 오늘날 서울지방경찰청의 전신으로 자리를 잡았다. 남조선과도정부 수립(1947년 5월 17일) 이후인 1948년 2월에는 관구경찰청의 내과명(內課名)을 통일적으로 조정하고, 이어서 5월에는 경찰서등급제를 채택하여 전국의 경찰서를 1급지(감찰관 서장)와 2급지(경감 서장)로 구분하여 운용하기 시작하였다.

1945년 11월에는 일본헌병들이 소지하던 일본도를 경찰봉으로 대체시키고, 「봉사와 질서」를 경찰의 표어로 채택하여 그 표어의 마크를 제복 상의 좌측흉장 위쪽에 패용케 하여 일제경찰의 억압적 이미지를 극복하고자 노력하였다.

1946년 5월 15일에는 최초로 여자경찰관을 채용하였다. 같은 해 7월 1일에는 경무부 공안국에 여자경찰과를 신설하고 다음 해인 1947년 2월 17일에는 수도관구경찰청에 여자경찰서가 창설되었다.

1947년 5월에는 경찰위원회(위원장 민정장관 안재홍)를 설치하고 9명의 위원(경무부장 조병옥, 사법부장 김병로, 인사행정처장 정일형, 운수부장 민관식 등)을 위촉하여 경무부의 중요정책과 그 실천계획을 심의하게 하였다. 같은 해 11월 25일에는 중앙경찰위원회가 정식 설치되고 6명의 경찰위원이 임명되었다.

2. 한국경찰의 발전

1) 출범과 시련

건국초기인 1948년 제헌헌법에 따라 대한민국정부가 수립되고 1948년 9월 3일 정부조직의 출범과 더불어 진정한 국립경찰의 역사가 시작되었다.[14] 경찰계급은 경무관, 총경, 경감, 경위, 경사, 순경으로 개정되었다. 동년 11월 4일에는 내무부장관 산하에 치안국으로 설치되어 경찰조직의 위상이 독립적 행정부처에서 내무부의 보조기관으로 낮아졌다.

이유는 일제의 영향으로 경찰에 대한 국민들의 거부정서가 강력하고 좌우익 이념상의 대립이 극심하여 정부(통치자)가 경찰을 쉽게 움직일 수 있어야 한

14) 이황우 · 조병인 · 최응렬, 앞의 책, 76-77쪽; 경찰청, 「경찰백서」, 2012, 372-394쪽.

다는 것이었다.15) 그러나 여하튼 군정경찰과는 본질적으로 다른 현대법치국가의 민주경찰이라는 새로운 기치 하에 국가경찰제도를 근간으로 하는 자주경찰의 역사가 시작되었다.

하지만 정부가 수립된 이후에도 이념 및 사상의 대립에서 비롯되는 사회혼란이 극심하여 경찰은 국민의 생명·신체·재산의 보호라는 본래의 사명 이외에 국가의 기반을 공고히 하고 민주발전을 이룩하면서 사상적 통일을 전제로 한 통일조국을 건설하는 데 앞장서야 했다. 이에 따라 좌익 극렬분자들의 반란·파업·폭동과 공비(共匪)의 진압을 위한 비상경비사령부를 설치하여 전투경찰과 구국경찰의 기능을 수행하였다.

1950년에 6·25전쟁이 발생하자 국립경찰은 국군과 더불어 공산주의자들을 상대로 한 전투에 투입되어 국토방위에 동참하였다. 건국 전에도 좌우익의 대립으로 인한 반란·폭동·파괴 등으로 시련을 겪었지만 6·25전쟁으로 전투임무까지 수행하게 되어 경찰은 최소한의 기본임무도 수행하기 어려웠다. 전투경찰대를 설치하여 전투임무를 전담시켰지만 전쟁의 장기화로 일반경찰마저 전투지원부대로 전환되었다.

전투임무에 소요되는 인적·물적 자원의 투입도 급증되어 1951년에는 국립경찰의 수가 63,000명에 이르렀다. 경찰예산이 국가일반회계의 약 30%를 차지하고 경찰장비도 중화기로 대체되었다. 6·25전쟁 중 1만여 명의 경찰관이 전사하고 6,500여 명의 부상자가 발생하여 국립경찰의 역사에 호국경찰의 흔적이 강하게 각인되었다.

휴전이 되고서도 공비잔당의 소탕을 위한 경비기구의 확대개편이 있었다. 전투임무가 끝나자 인적·물적·법적 제도의 정비가 이루어져 비로소 경찰은 본연의 임무로 복귀하였다. 수사의 현대화를 위한 국립과학수사연구소 신설(1955년 3월 25일), 경찰활동의 법적 근거를 마련하기 위한 「경찰관직무집행법」·「행정대집행법」·「경범죄처벌법」 등 제정, 업무표준화를 위한 기획기구 설치 등으로 경찰행정의 본래적 성격이 회복되고 경찰업무의 정상화가 이루어졌다. 특히, 「경찰관직무집행법」에 '국민의 생명, 신체, 재산의 보호'라는 영미법적 관념과

15) 경찰청, 「경찰 50년사」, 1995, 100-104쪽.

전통이 반영되어 민주경찰의 이념적 토대가 확고해졌다.

하지만 국립경찰은 정상적인 경찰활동을 시도해 보기도 전에 정권유지의 도구화라는 또 다른 시련을 맞았다. 전시체제를 벗어난 이후로 경찰의 타 부처 협조업무가 확대되면서 경찰의 부패와 아울러 경찰이 집권세력의 정치도구로 전락하여 국민의 대다수는 경찰을 부정과 탄압의 앞잡이로 인식하였다. 자유당의 장기집권을 돕기 위해 3·15 부정선거에 개입하고 4·19 혁명을 과잉 진압한 사례는 경찰이 정치도구로 전락한 대표적 사례로 남았다.

2) 중립화 노력

경찰이 정권의 시녀로 전락하여 1960년의 4·19혁명이 촉발된 것을 계기로 경찰의 중립성을 보장할 필요성이 국민적 관심사로 부각되었다.[16] 이러한 분위기에 힘입어 「헌법」에 경찰의 정치적 중립화 조항이 반영되고 이를 실질적으로 보장하기 위하여 「정부조직법」에 공안위원회에 관한 조항이 신설되었다. 또한 「경찰중립화법안」에 관한 공청회를 개최하여 경찰의 관리기관, 자치경찰제 도입방안, 경찰관의 자격, 범죄수사의 주체 등에 관한 의견수렴을 시도하였다. 그러나 야당일 때는 경찰의 중립화를 외치던 민주당이 막상 여당이 되고 나서는 태도를 바꾸는 바람에 경찰의 정치적 중립화는 구호에 그치고 말았다.

그럼에도 불구하고 국립경찰은 재출발을 위한 자체정화를 시도하였으나 1961년 5·16 군사정변으로 경찰중립화에 관한 논의가 중단되었다. 120명에 달하는 군장교 출신자들이 경찰간부로 특채됨으로써 경찰조직의 정책결정이나 집행 면에서 난맥상이 초래되고 군대식 관리방식이 다양하게 적용되었다. 군사정부의 집권으로 경찰의 고유기능 회복, 교육훈련 강화, 경찰행정의 현대화 등이 앞당겨지기도 하였지만 경찰의 정치적 예속화는 한층 더 분명해졌다.

1963년 제3공화국 수립 이후 조국근대화를 추진하는 과정에서 치안수요가 급증함에 따라 경찰관리의 개선, 경찰관의 자질향상, 범죄수사의 과학화 등을 통하여 봉사경찰 내지 보호경찰의 이념을 구현하려는 노력이 이어졌다. 오랫동

---

16) 최응렬, “경찰의 정치적 중립화 방안에 관한 연구”, 「한국공안행정학회보」, 제5호, 한국공안행정학회, 1999년 11월, 256-283쪽.

안 시행되어 온 야간통행금지가 부분적으로 해제되어 치안행정의 민주화가 진전되었다.

1966년 7월에는 「경찰윤리헌장」을 채택하고 1969년에는 「경찰공무원법」의 제정으로 경찰직무의 특성이 부각되어 직능별 전문화와 자질향상을 통한 직업공무원제의 기틀이 마련되었다. 그러나 1964년의 한·일회담 저지를 위한 학생데모와 각종 시국사건 그리고 북한의 계속적인 도발로 1968년에 전투경찰대가 신설되고 안보치안기능이 상대적으로 강화되어 경찰의 중립화 논의는 수면 아래로 가라앉았다.

1972년에 10월 유신이 단행된 이후로는 민주헌정이 중단된 상태에서 국립경찰이 안보치안 위주로 조직개편을 반복하다가 1974년 박정희 대통령 저격미수사건(8.15)을 계기로 치안국이 치안본부로 승격되었다. 그러나 학생데모진압 및 간첩색출을 위한 기능강화가 이루어졌을 뿐 경찰중립화를 위한 직무수행의 독자성 확보, 경찰인사관리에 대한 외부영향 배제, 전문경찰인력의 체계적 양성, 인적·물적 자원의 효율적 관리 등은 여전히 희망사항으로 남아 있었다. 1976년에는 서정쇄신의 방침에 따른 경찰 내부의 정풍운동으로 1,400여 명의 경찰관이 숙정되고 이에 따라 경찰 새마을 교육과 경찰의 민주화를 위한 정신교육이 강화되었지만 경찰조직의 정치적 예속은 도리어 심화되었다.

1979년 '10·26 사태'에 이은 5·18 광주민주화운동과 정권의 정당성 상실, 정책의 신뢰성 저하 등으로 갈등과 분열로 사회적 혼란이 계속되는 와중에도 1981년 4년제 경찰대학을 신설하고, 1983년부터는 의무경찰을 선발하여 치안업무를 보조하게 하였다. 이러한 상황에서 각계각층의 욕구가 폭발하여 1987년 '6·10 민주화항쟁'이 촉발되고 그 결과로 '6·29 민주화선언'이 발표되는 과정에서 경찰은 국민들로부터 철저하게 불신을 초래하였다. 1년 동안 50여 명의 경찰관이 과로 등으로 순직하고 1만 명이 넘는 경찰관이 부상을 당하였지만 국민들의 민주화 요구를 짓밟은 장본인으로 매도되어 정치경찰·폭력경찰의 오명을 감수하여야 했다.

1983년 2월에 출범한 제5공화국정부는 정의로운 민주복지국가 건설에 목표를 두었으므로 경찰도 경찰관의 자질향상과 대민봉사자세의 강화를 통해 새 시대 새 경찰의 참된 경찰상을 부각시키고자 노력하였다. 좌경세력을 척결하는 과정에서 대학생 고문치사 및 은폐·조작 사건 등이 발생하여 질타도 받았지만 86아시안게임과 88서울올림픽 기간 동안 완벽한 치안질서를 유지하여 경찰의 역량을 전 세계에 과시하였다.

또한 「경찰공무원복무규정」에 '경찰공무원은 국민의 수임자로서 일상의 직무수행에 있어서 국민의 자유와 권리를 존중하는 호국, 봉사, 정의의 정신을 그 바탕으로 삼는다'는 내용도 추가하였다. 이후로 경찰사상 처음으로 국립경찰의 기본이념을 '호국, 봉사, 정의'의 3개항으로 재정비하고 호국안민의 의식개혁운동을 지속적으로 전개하였다.

1991년 8월 「경찰법」 제정으로 순수 민간인으로 구성되는 '경찰위원회'가 발족되어 주요 경찰업무를 심의·의결하기 시작함으로써 경찰의 중립화를 위한 제도적 발판이 마련되었다. 이후 여러 차례의 총선과 대선을 거치는 과정에서 경찰은 철저하게 중립을 취하여 마음만 먹으면 정치권의 영향으로부터 자유로울 수 있음을 입증해 주었다.

1999년 11월부터는 과거의 불합리한 제도·관행·사고·행태를 극복하기 위한 「경찰대개혁 100일 작전」을 개시하여 정치권보다는 국민의 기대를 먼저 헤아리는 명실상부한 '국민의 경찰'이 되고자 부단한 변신을 꾀하고 있다. 2001년 들어서는 '국민이 자부하는 세계 일류 경찰로의 도약'을 경찰개혁의 모델로 설정하고 국립경찰의 진정한 중립화를 향해 매진하고 있다.17)

3) 민주경찰 지향

광복과 함께 창설된 국립경찰이지만 그 뿌리는 이미 국민의 뇌리에 탄압경찰로 자리매김되었던 일제시대의 고등경찰, 고문경찰이었다. 미군정하에 치안을 유지하기 위해 1945년 10월 21일 군정청에 경무국이 창설된 이후, 좌우 이념적 갈등에 의한 테러와 폭동, 6·25 전쟁의 발발, 독재정치, 3·15 부정선거, 4·19 혁명, 5·16 군사쿠데타적 사건, 무장공비 침투 등 경찰이 사회안정을 위한 첨병이 될 수밖에 없는 상황이 계속되었으며, 10월 유신, 대통령저격사건으로 이어지

17) 경찰청, 「21C 한국경찰의 나아갈 방향」, 2000, 27-29쪽.

는 일련의 사건들은 공안경찰로서의 기능이 얼마나 요구되었는지를 여실히 보여준다.

1980년대 중반 이후에까지 연장된 정부 불신, 정권의 정당성 상실, 정책의 신뢰성 저하는 학생을 비롯한 시민사회의 저항으로 이어졌으며, 이와 같은 정권의 정당성 위기를 극복하기 위한 정부의 대응은 경찰에 의한 방어에만 치중했을 뿐 사회적 요구 수용에 의한 근본적 치유책은 마련되지 않았다.[18] 1987년 6·29선언에 의해 민주화요구가 수용되어 경찰은 집단내의 가치혼란 내지 자가당착에 빠지게 되었다. 이후 경찰에 강하게 요구된 것이 '정치적 중립' 요청이었으며, 경찰의 정치적 중립 보장을 위해 1991년 경찰법이 제정되었다. 경찰법이 분명하게 제시하고 있는 경찰철학 내지 이념이 바로 민주성이다. 즉, 경찰법 제1조는 법 제정목적을 '민주적인 관리·운영과 효율적인 임무수행'으로 규정하여 정책목표로서의 민주성과 정책수단으로서의 효율성을 법문상으로 규정한 것이다.[19]

경찰민주화는 인권보장과 정치적 중립을 위한 제도마련과 경찰관의 행태개선을 중심으로 진행되어 왔다. 과거 수사과정에서 자행되었던 피의자에 대한 고문과 폭행을 없애고, 과학적인 증거에 의해 범죄행위를 입증하려는 노력을 지속적으로 추진해 왔다. 피의자신문에 앞서 진술거부권 고지 여부를 조서에 기록하게 하고, 구속영장실질심사제도를 통해 인신구속에 신중을 기하였으며, 피의자신문과정에 변호인을 참여할 수 있게 함은 물론 지구대와 형사과 등에 CCTV를 설치하여 피의자신문과정을 녹화하고 청문감사관실을 신설하여 수사이의에 대한 조사를 엄격하게 하였다. 인권보호 시민참관단을 구성하여 경찰수사의 외부통제방안을 마련했으며, 긴급체포위주의 수사관행을 체포영장을 발부받는 합리적 인권보호절차를 따르도록 개선하여 수사에 있어서 인권보호를 최우선으로 하는 치안행정시스템을 정립하고자 하였다.[20]

경찰청 개청과 함께 조직체계상 행정안전부의 외청으로서 선거로부터 독립

18) 이상안, 「알기쉬운 경찰행정학」(서울: 대명출판사, 2005), 172쪽.
19) 이상안, 「경찰행정학」(서울: 대명출판사, 1999), 118쪽.
20) 경찰청, 「경찰백서」, 1996-2003.

적인 경찰활동이 가능한 구조로 개선하였으며, 경찰청장 임기제를 통해 안정된 지휘권을 확보하였다. 경찰발전은 민간인으로 구성된 경찰혁신위원회 활동 등 제도적 민주화와 시민참여에 의한 외부 통제적 민주화를 병행함으로써 지속적으로 추진되고 있다. 2003년 참여정부에 들어서는 '지방분권'을 위한 자치경찰제 도입을 적극 추진하여 제주특별자치도에 자치경찰제를 도입하여 시행하고 있다.

4) 업무효율성 제고

경찰조직의 관리효율화는 경찰법이 규정하고 있는 경찰철학이다. 효율화는 능률화와 효과성 향상 모두를 포괄하는 개념이다. 즉, 제한된 경찰인력과 장비로 공공질서유지와 시민의 생명·신체·재산 보호의 효과 극대화를 위한 관리전략의 능률화와 정책목표로 설정된 치안수준을 실제 치안활동을 통해 얻어진 산출과 비교하여 얻어지는 결과인 효과성 향상을 모두 포함하는 개념이다. 1998년 국민의 정부가 출범하면서 공공부문의 구조조정계획에 따라 경찰조직에도 행정개혁, 구조조정, 경영진단의 차원에서 '고비용·저효율' 혁신작업이 이루어졌다. 같은 해, 5회에 걸친 대대적인 구조조정으로 경찰청 1국 2심의관 2과, 지방경찰청 10과 11계, 경찰서 25과 65계, 파출소 233개소, 교육기관 2부 14계를 통폐합하고, 경무관 3명, 총경 16명 등 총 1,069명을 감축하는 감량경영을 하기도 하였다. 구조조정 인력을 일선 민생치안부서에 재배치하여 효율적으로 민생치안업무를 수행한 것이다.[21] 2003년에는 소규모 단위의 파출소 2,945개를 통합하여 866개의 지구대와 214개의 특수파출소로 조정함으로써 일선 경찰활동의 인력과 장비의 효율성을 높이고자 하였다.[22]

조직관리의 효율성은 특히 조직구조와 인력구조 및 인사제도를 통해 실현된다. 2003년부터 추진되고 있는 중간계급인력 확충에 의해 중간관리기능을 활성화함으로써 분권적 리더십에 의한 관리효율을 추구하고, 경사 이하 경찰관들의 사기를 높이고자 하는 노력이 대표적인 예이다. 인사제도에 있어서 일방적인 발령형태의 보직인사에서 공모를 통해 자신의 의사를 반영하는 방향으로 바뀌

21) 경찰청, 「경찰백서」, 1999, 215쪽.
22) 경찰청, 「경찰백서」, 2003, 47-48쪽.

고, 승진심사에서도 다면평가결과를 반영하는 등 참여와 종합적 감시통제를 가미하여 한국적 토양에 맞는 경찰인사제도로 발전하고 있다. 다가오는 미래의 경쟁적 사회에서 인적·물적 자원을 무한정 늘릴 수 없기 때문에 효율적인 조직관리에 대한 요구는 조직 내외적으로 매우 강하게 대두될 것으로 보인다.

5) 조직관리 혁신

경찰혁신은 '범죄피해자대책실' 신설에서 보듯이 경찰의 역할에 대한 조직 내외의 인식을 근본적으로 변화시키고 있다. 경찰이 범죄자를 잡기 위해 총력을 기울이고 체포한 범인의 인권을 침해하지 않는 현상유지적 경찰활동 단계에서 한 걸음 더 나아가 범죄피해자를 보호하고, 범죄로부터 받은 심리적·경제적 피해까지도 신속히 복구하게 도와주는 사회화합기능을 중요한 가치로 여기는 단계까지 발전한 것이다.

지금까지 경찰은 건국에서 시작하여 구국경찰과 호국경찰 등 국가안전의 한 축으로 태동·성장하였으며, 국가가 안정기에 접어들면서 국가의 정체성에 도전하는 세력의 사회혼란 기도를 막아내고, 국민의 생명·신체·재산을 범죄로부터 보호하는 국가 공권력의 상징으로 여겨졌다. 경찰은 범죄와의 전쟁을 선포하여 대범죄 투사의 이미지를 각인하였으며, 법집행 과정에서 발생할 수 있는 피의자의 인권침해나 과잉대응을 막기 위한 제도를 개발해 왔다. 그 결과 우리 사회는 외국인들로부터 밤거리나 골목길, 대중교통 등을 이용하는 것이 자국보다 안전하다는 평가를 받고 있다. 하지만 범죄제압을 위해 강한 경찰로 자리매김하게 된 한국경찰에 대한 외국인들의 전체적인 평가는 자국 경찰에 대한 평가보다 그다지 긍정적이지 않다.

최근 경찰청에서 실시한 국민/경찰 여론조사 결과 경찰의 청렴성, 범죄 즉응성, 친절성, 공정성, 전문성 및 인권의식 등 모든 영역에서 시민들과 경찰관 사이에 큰 인식의 차이가 있는 것으로 나타났다.[23] 1999년부터 본격적인 경찰개혁이 시작되어 지금은 경찰혁신으로 이어지는 일련의 경찰변화가 진행 중이라는 반증으로 해석된다. 경찰조직 내부에서는 스스로 변화되었음을 자부하지만,

---

23) 경찰청, 「경찰 이미지 제고를 위한 국민/경찰 여론조사결과 분석 보고서」, 2004, 39쪽.

아직 시민들이 느낄 만큼의 변화된 행태는 보여주지 못한 것으로 보인다. 위 여론조사 항목 중 '전문성'에 있어서 시민들은 매우 높은 점수를 주어 경찰직업이 차별화되고 있음을 표시했으나, 경찰관들의 응답은 다른 항목보다 현저하게 낮게 평가함으로써 경찰관 스스로 전문화에 대한 욕구가 매우 크다는 것을 암시했다.

국민이 피부로 느낄 수 있는 혁신성과를 창출하고 지속적인 변화를 이끌어내는 혁신문화를 정착시키는 것이 2003년 경찰혁신위원회가 설정한 경찰의 혁신방향이다.24)

제3절 한국경찰의 조직체계

1. 경찰조직의 구분

1) 보통경찰기관

보통경찰기관이란 직접 보안경찰을 담당하고 있는 경찰기관을 뜻하는 말이며, 그의 권한 및 기능에 따라 경찰행정청, 경찰의결기관, 경찰협의기관, 경찰집행기관 등으로 나눌 수 있다.25)

(1) 경찰행정청

국가를 위한 의사를 결정하고 이를 외부에 표시할 수 있는 권한을 가진 국

---

24) 경찰청 혁신기획위원회 홈페이지, http://reform.police.go.kr/index.jsp.

25) 다음의 표는 김남진의 「행정법 Ⅱ」(서울: 법문사, 2000)에 근거하여 보통경찰기관의 종류와 세부분류를 나타낸 것이다.

경찰행정청	경찰청장, 지방경찰청장, 경찰서장, 해양경찰청장, 해양경찰서장	
경찰의결기관	경찰위원회(행정안전부)	
경찰협의기관	치안행정협의회(특별시·광역시·도)	
경찰집행기관	일반경찰집행기관	치안총감, 치안정감, 치안감, 경무관, 총경, 경정, 경감, 경위, 경사, 경장, 순경
	특별경찰집행기관	소방공무원, 의무경찰대, 헌병

가기관을 행정관청이라 하고, 지방자치단체를 위한 의사결정에 있어 행정관청과 동일한 권한을 행사할 수 있는 기관을 행정청이라 부른다. 행정관청과 행정청, 기타 행정권의 수탁자(受託者)를 총칭하여 행정청이라 부르기도 한다. 그러므로 경찰행정청이란 경찰에 관하여 직접 대외적 구속력을 갖는 의사를 결정·표시할 수 있는 권한을 가진 경찰기관(행정청)을 말한다.[26]

이러한 경찰행정청은 경찰청장을 최상급 기관으로 하여 지방경찰청장과 경찰서장으로 구성되는 계층제를 형성하고 있다. 경찰행정청의 직무를 보조하기 위하여 일상적인 직무를 수행하는 기관을 경찰보조기관이라 부르며 경찰청의 경우 차장, 국장, 과장, 계장 등의 직원이 이에 해당한다.

「경찰법」 제11조의 규정에 의해 경찰청장은 국가경찰에 관한 사무를 총괄하고 경찰청 업무를 관장하며 소속 공무원 및 각급 국가경찰기관의 장을 지휘·감독한다. 경찰청장은 치안총감으로 보하며 경찰위원회의 동의를 얻어 행정안전부장관의 제청으로 국무총리를 거쳐 대통령이 임명한다. 이 경우 국회의 인사청문을 거쳐야 한다.

지방경찰청장은 특별시장·광역시장 및 도지사에 소속되어 경찰청의 사무를 지역적으로 분담하여 수행한다. 「경찰법」 제14조의 규정에 의해 지방경찰청장은 치안정감·치안감 또는 경무관으로 보하며 경찰청장의 지휘·감독을 받아 관할구역의 국가경찰사무를 관장하고 소속 공무원 및 소속 국가경찰기관의 장을 지휘·감독한다.

「경찰법」 제17조의 규정에 의해 경찰서장은 지방경찰청장의 지휘·감독을 받아 관할구역의 소관 사무를 관장하고 소속 공무원을 지휘·감독한다. 경찰서에 경찰서장을 두며, 경찰서장은 경무관, 총경(總警) 또는 경정(警正)으로 보한다(개정 2012. 2. 22). 최근 급변하는 치안환경에 발맞춰 중심경찰서[27] 도입이 논의

---

26) 「행정심판법」이나 「행정소송법」에서는 이러한 의미의 '행정청'이라는 용어를 사용하고, 정부조직법은 행정청을 '행정기관' 또는 '행정기관의 장'으로 표현하고 있다. 결국 행정청·행정기관·행정기관의 장 등은 모두가 외부에 대하여 행정주체의 의사를 결정·표시할 수 있는 기관(장관, 청장 등)을 뜻하는 용어이며, 행정청은 독임제기관인 것이 보통이나 합의제기관(감사원, 소청심사위원회, 국가인권위원회, 국민고충처리위원회 등)인 경우도 있다.

27) 한 도시에 경찰서가 3곳 이상인 경우, 담당인구가 50만명 이상으로 치안수요가 과중한 경우, 지방자치단체와의 업무협조나 조직운영의 효율성 면에서 경무관이 서장을 맡는 게 합리적인

되었고, 2012년 2월 22일「경찰법」제17조의 개정을 통해 2012년 11월 16일 경기 분당경찰서, 수원남부경찰서, 창원중부경찰서, 전주완산경찰서, 청주흥덕경찰서, 서울송파경찰서, 부천원미경찰서의 서장을 경무관으로 보해졌다. 경찰서장 소속으로 지구대 또는 파출소를 두고, 그 설치기준은 치안수요·교통·지리 등 관할구역의 특성을 고려하여 행정안전부령으로 정한다. 다만, 필요한 경우에는 출장소를 둘 수 있다.

「정부조직법」제43조 제2항의 규정에 의해 해양에서의 경찰 및 오염방제에 관한 사무를 관장하기 위하여 해양수산부장관 소속으로 해양경찰청을 두며, 해양경찰청에 청장 1명과 차장 1명을 두되, 청장 및 차장은 경찰공무원으로 보한다(제43조 제3항).

또한「해양경찰청과 그 소속기관 직제」제2조의 규정에 의해 해양경찰청장의 관장사무를 지원하기 위하여 해양경찰청장 소속으로 해양경찰교육원 및 중앙해양특수구조단을 두고(제1항), 해양경찰청장의 관장사무를 분장하기 위하여 해양경찰청장 소속으로 지방해양경찰청을 두고, 지방해양경찰청장 소속으로 해양경찰서를 두고 있다(제2항). 그리고 해양경찰청장의 관장사무를 지원하기 위하여「책임운영기관의 설치·운영에 관한 법률」제4조 제1항, 같은 법 시행령 제2조 제1항 및 별표 1에 따라 해양경찰청장 소속의 책임운영기관으로 해양경찰정비창을 두고 있다.

(2) 경찰의결기관

경찰의결기관이란 경찰행정청의 의사를 구속하는 의결을 행하는 행정기관을 일컫는다. 현행법상의 경찰의결기관으로는 행정안전부 소속의 경찰위원회가 있다. 경찰위원회는 국가경찰의 정치적 중립성을 보장하기 위해 행정안전부에 설치된 독립된 심의·의결기구이다. 경찰위원회를 설치한 목적은 공권력의 발동을 내용으로 하는 경찰행정을 민주적으로 관리하고 경찰조직이 관료화 혹은 독선으로 흐르는 것을 방지하며 경찰의 정치적 중립성을 확보하는 데 있다.

즉, 경찰위원회는 경찰법에 규정된 심의·의결기능을 통해 경찰이 정치적으

경우 등이 해당된다.

로 중립을 유지하게 함으로써 경찰이 정치도구로 전락하는 것을 방지하는 데 기여한다. 이런 의미에서 경찰위원회는 경찰청에 대한 통제기구로서의 성격을 갖는다. 또한 경찰위원회는 행정안전부의 기구이지만 행정안전부장관의 직접적인 지휘나 감독을 받지 않는 독립기구이다.

「경찰법」 제5조 제2항의 규정에 의해 경찰위원회는 위원장 1명을 포함한 7명의 위원으로 구성하되, 위원장 및 5명의 위원은 비상임(非常任)으로 하고, 1명의 위원은 상임(常任)으로 한다. 경찰위원회의 위원은 행정안전부장관의 제청으로 국무총리를 거쳐 대통령이 임명한다. 행정안전부장관은 위원을 제청함에 있어서 경찰의 정치적 중립이 보장되도록 하여야 한다. 위원 중 2인은 법관의 자격이 있는 자이어야 한다.

경찰위원회의 위원은 「경찰법」 제6조의 규정에 따라 당적(黨籍)을 이탈한 날부터 3년이 경과되지 아니한 자, 선거에 의하여 취임하는 공직에서 퇴직한 날부터 3년이 경과되지 아니한 자, 경찰·검찰·국가정보원직원 또는 군인의 직에서 퇴직한 날부터 3년이 경과되지 아니한 자, 「국가공무원법」 제33조(결격사유)[28] 각호의 어느 하나에 해당하는 사람은 결격사유에 해당하여 위원이 될 수 없다. 또한 「경찰법」 제7조 제1항에서 위원의 임기는 3년으로 하며 연임할 수 없다고 규정하고 있다. 「경찰위원회규정」 제2조의 규정에 의해 위원장은 비상임위원 중에서 호선한다.

「경찰법」 제9조는 경찰위원회의 심의·의결을 거쳐야 하는 사항을 명시하는 방법으로 경찰에 대한 경찰위원회의 견제기능을 뒷받침하고 있다. 동법 제9조 제1항에 경찰위원회의 심의·의결사항으로 열거된 내용은 국가경찰의 인사, 예산, 장비, 통신 등에 관한 주요정책 및 국가경찰 업무 발전에 관한 사항, 인권보

---

28) 「국가공무원법」 제33조(결격사유) 각호에 규정된 공무원의 결격사유는 1. 피성년후견인 또는 피한정후견인 2. 파산선고를 받고 복권되지 아니한 자 3. 금고 이상의 실형을 선고받고 그 집행이 종료되거나 집행을 받지 아니하기로 확정된 후 5년이 지나지 아니한 자 4. 금고 이상의 형을 선고받고 그 집행유예 기간이 끝난 날부터 2년이 지나지 아니한 자 5. 금고 이상의 형의 선고유예를 받은 경우에 그 선고유예 기간 중에 있는 자 6. 법원의 판결 또는 다른 법률에 따라 자격이 상실되거나 정지된 자 6의2. 공무원으로 재직기간 중 직무와 관련하여 「형법」 제355조 및 제356조에 규정된 죄를 범한 자로서 300만원 이상의 벌금형을 선고받고 그 형이 확정된 후 2년이 지나지 아니한 자 7. 징계로 파면처분을 받은 때부터 5년이 지나지 아니한 자 8. 징계로 해임처분을 받은 때부터 3년이 지나지 아니한 자이다.

호와 관련되는 경찰의 운영·개선에 관한 사항, 국가경찰의 부패방지와 청렴도 향상에 관한 주요 정책 사항, 국가경찰 임무 외에 다른 국가기관으로부터의 업무협조 요청에 관한 사항, 제주특별자치도의 자치경찰에 대한 국가경찰의 지원·협조 및 협약체결의 조정 등에 관한 주요 정책사항, 그 밖에 행정안전부장관 및 경찰청장이 중요하다고 인정하여 위원회의 회의에 부친 사항이다. 단, 동조 제2항의 규정에 의해 행정안전부장관은 경찰위원회가 심의·의결한 내용이 부적정하다고 판단될 때에는 재의(再議)를 요구할 수 있도록 되어 있다. 행정안전부장관의 재의요구가 있는 경우 의결한 날부터 10일 이내에 재의요구서를 위원회에 제출해야 하며, 위원장은 그 요구를 받은 날부터 7일 이내에 회의를 소집하여 다시 의결하여야 한다.

「경찰위원회규정」 제5조(심의·의결사항의 구체적 범위)는 경찰위원회의 심의·의결사항 중 「경찰법」 제9조 제1항 제1호와 제2호에 속하는 구체적 범위를 자세히 기술하고 있다. 제1호(국가경찰의 인사, 예산, 장비, 통신 등에 관한 주요정책 및 국가경찰 업무 발전에 관한 사항)의 구체적 범위로는 경찰인사에 관계되는 법규·훈령·예규 및 운영기준에 관한 사항, 경찰교육 기본계획, 경찰장비와 통신의 개발·보강 및 운영에 관한 기본계획, 경찰예산편성 기본계획, 경찰 중·장기 발전계획에 관한 사항 등을 열거하고 있다.

「경찰위원회규정」 제2호(인권보호와 관련되는 국가경찰의 운영·개선에 관한 사항)의 구체적 범위로는 국민의 권리·의무와 직접 관계되는 경찰행정 및 수사절차, 경찰행정과 관련되는 과태료·범칙금 기타 벌칙에 관한 사항, 경찰행정과 관련되는 국민의 부담에 관한 사항 등을 열거하고 있다. 「경찰법」 제10조 제1항의 규정에 의해 위원회의 사무는 경찰청에서 수행하고 「경찰위원회규정」 제8조 제1항 규정에 의해 간사 1인을 두며 경찰청 기획담당관이 된다.

(3) 경찰협의기관

경찰협의기관이란 행정청의 소관업무를 협의·조정하는 기능을 담당하는 행정기관을 일컫는 말이다. 현행법상의 경찰협의기관으로는 「경찰법」 제16조의 규정에 의해 시·도지사(제주특별자치도지사는 제외) 소속하에 설치된 치안행정협의회가 있다. 치안행정협의회는 「치안행정협의회규정」 제2조에 따라 지방행정과 경찰행정의 업무협조 및 기타 필요한 사항에 대해 협의·조정하는 기능을 담당한다. 구체적으로는 지역안정과 질서유지에 관한 사항, 민방위 및 재해대책 운영에 관한 사항, 질서확립운동 등 지역사회운동의 효율적 추진에 관한 사항, 지역주민과 경찰 간의 협조 및 요망사항, 기타 지방행정과 치안행정간 상호지원에 관한 사항과 시·도지사 및 지방경찰청장이 회의에 부치는 사항을 협의·조정하는 기능을 수행한다.

치안행정협의회는 위원장을 포함한 9인으로 이루어진다. 「치안행정협의회규정」 제3조에 따라 위원장은 서울특별시·광역시 또는 도의 부시장 또는 부지사가 되고, 위원은 시·도 소속 공무원 중 서울특별시장·광역시장 또는 도지사가 임명하는 2인과 지방경찰청 소속 경찰공무원 중 지방경찰청장의 추천으로 시·도지사가 임명하는 3인, 지방행정과 치안행정에 관한 학식과 경험이 있는 자로서 지방경찰청장의 의견을 들어 시·도지사가 위촉하는 3인으로 구성한다.

(4) 경찰집행기관

경찰집행기관이란 경찰목적을 달성하기 위하여 실력으로써 행정의사를 실현하는 기관을 일컫는 말이다. 이러한 경찰집행기관은 그 직무의 일반성 여부에 따라 일반경찰집행기관과 특별경찰집행기관으로 나눌 수 있다. 일반경찰집행기관으로는 치안총감, 치안정감, 치안감, 경무관, 총경, 경정, 경감, 경위, 경사, 경장, 순경 등이 있다. 이들은 경력직 공무원이자 특정직공무원[29]으로서 제복을 착용하고 무기를 휴대할 수 있다.

〈그림 2-1〉은 일반경찰집행기관의 계급장을 나타낸 것이다. 일반경찰집행기관을 구성하는 경찰공무원은 사법경찰에 관한 사무도 아울러 담당하도록 되

---

29) 「국가공무원법」 제2조(공무원의 구분) 제2항에서 경력직 공무원을 다음과 같이 구분하고 있다.

경력직	일반직 공무원	기술·연구 또는 행정 일반에 대한 업무를 담당하며 직군(職群)·직렬(職列)별로 분류되는 공무원
	특정직 공무원	법관, 검사, 외무공무원, 경찰공무원, 소방공무원, 교육공무원, 군인, 군무원, 헌법재판소 헌법연구관, 국가정보원의 직원과 특수 분야의 업무를 담당하는 공무원으로서 다른 법률에서 특정직공무원으로 지정하는 공무원

〈그림 2-1〉 경찰의 계급장

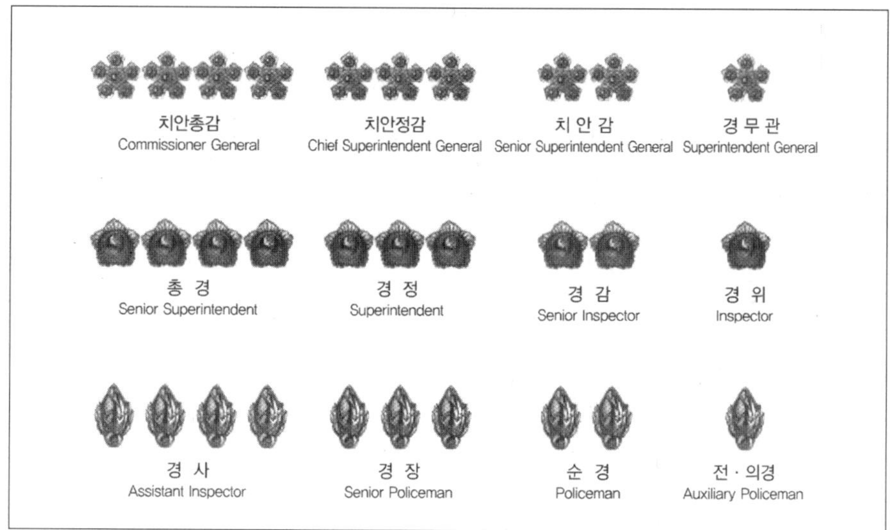

어 있다. 이 경우의 경찰기관을 사법경찰관리라 부른다.

이들 사법경찰관리는 「형사소송법」, 「특별사법경찰관리 집무규칙」, 「범죄수사규칙」 등이 정하는 바에 따라 그 직무를 수행한다.

특별경찰집행기관이란 특별한 분야의 경찰임무를 담당하는 특정직공무원을 의미하며 소방공무원, 의무경찰대, 헌병 등이 있다. 소방공무원은 화재를 예방·진압·경계하는 데 종사하는 특별경찰집행기관이다. 「소방공무원법」 제2조에 의하면 국가소방공무원에는 소방총감·소방정감·소방감·소방준감·소방정·소방령·소방경·소방위·소방장·소방교·소방사로 11계급으로 구성되어 있고, 지방소방공무원에는 지방소방정감·지방소방감·지방소방준감·지방소방정·지방소방령·지방소방경·지방소방위·지방소방장·지방소방교·지방소방사로 10계급으로 구성되어 있다.

의무경찰대는 「의무경찰대 설치 및 운영에 관한 법률」의 제1조의 규정에 의해 간첩(무장공비 포함)의 침투거부·포착·섬멸, 그 밖의 대간첩작전을 수행하고 치안업무를 보조하기 위하여 지방경찰청장 및 대통령령으로 정하는 국가경찰기관의 장 또는 해양경찰기관의 장 소속으로 의무경찰대를 설치하며, 의무경찰대는 특별경찰집행기관이다. 경찰청장 또는 해양경찰청장은 필요하면 그 소속으로 따로 의무경찰대를 두거나 대통령령으로 정하는 바에 따라 의무경찰대의 총괄기관을 둘 수 있다.

헌병은 「군사법원법」 제43조(군사법경찰관) 및 「헌병령」 제2조의 규정에 의해 군사 및 군인·군무원에 관한 치안(보안)경찰과 사법경찰작용을 담당하기 위해 설치된 특별경찰집행기관이다. 헌병은 원칙적으로 일반인에 대하여는 수사하지 못하나 군사 또는 군인·군무원의 범죄와 관련있는 일반인의 범죄와 군용물·군용시설·군사기밀에 관한 일반인의 범죄에 관하여는 수사할 수 있다.[30]

2) 특별경찰기관

(1) 협의의 행정경찰기관

협의의 행정경찰기관이란 다른 행정작용에 부수하여 그 영역에서 일어나는 안녕·질서에 대한 위해를 방지하는 임무를 담당하는 기관을 일컫는 말이다. 즉, 기관의 명칭에 '경찰'이라는 단어가 들어 있지는 않으나 경찰기관처럼 위해방지작용을 행하는 국가기관을 협의의 행정경찰기관이라 부른다. 보통은 「형사소송법」 제197조 및 「사법경찰관리의 직무를 수행할 자와 그 직무범위에 관한 법률」에 의해 사법경찰관리로 지명된 특별사법경찰관리가 이에 해당한다.

협의의 행정경찰기관에 속하는 중앙기관으로는 보건복지부, 환경부, 문화체육관광부, 해양수산부, 국세청, 산림청, 관세청 등이 있다. 이러한 기관들의 위해방지활동을 위생경찰·환경경찰·문화경찰·세무경찰·산림경찰·관세경찰 등으로 호칭한다. 이에 대하여 다른 행정작용에 수반됨이 없이 독립적으로 공공의 안녕·질서 유지에 주력하는 경찰작용을 치안(보안)경찰이라 부른다.

(2) 비상경찰기관

비상경찰기관은 보통경찰기관의 힘만으로는 치안을 유지할 수 없는 비상시

30) 「군사법원법」 제43조에서는 1. 헌병과(憲兵科)의 장교, 준사관 및 부사관과 법령에 따라 범죄수사업무를 관장하는 부대에 소속된 군무원으로서 범죄수사업무에 종사하는 사람 2. 법령에 따른 기무부대에 소속된 장교, 준사관 및 부사관과 군무원으로서 보안업무에 종사하는 사람 3. 국가정보원 직원으로서 국가정보원장이 군사법경찰관으로 지명하는 사람 4. 검찰수사관은 군사법경찰관으로서 범죄를 수사하도록 규정하고 있다.

에 있어서 「헌법」에 의한 「계엄령」 혹은 「위수령」의 선포로 치안을 담당하게 된 군대의 지휘관을 일컫는 말이다. 비상경찰기관의 종류로는 계엄사령관과 위수사령관이 있다.

계엄사령관은 전시·사변 또는 이에 준하는 국가비상사태에 있어서 군사상의 필요에 응하거나 공공의 안녕질서를 유지하기 위해 「헌법」 제77조 제1항의 규정에 의해 대통령이 계엄령을 선포하였을 때 병력으로 당해 지역 내의 경찰업무를 수행하는 군지휘관을 일컫는다. 계엄 하에서 계엄사령관이 행하는 비상경찰활동은 「계엄법」 제7조(계엄사령관의 관장사항), 제8조(계엄사령관의 지휘·감독), 제9조(계엄사령관의 특별조치권)의 규정에 정한 절차와 방법에 의해 이루어진다.[31]

「헌법」 제77조 제2항의 규정에 의해 계엄은 비상계엄과 경비계엄으로 구분된다. 「계엄법」 제2조 제2항에 의해 비상계엄은 대통령이 전시·사변 또는 이에 준하는 국가비상사태 시 적과 교전(交戰) 상태에 있거나 사회질서가 극도로 교란(攪亂)되어 행정 및 사법(司法) 기능의 수행이 현저히 곤란한 경우에 군사상 필요에 따르거나 공공의 안녕질서를 유지하기 위하여 선포하며 비상계엄이 선포되면 계엄사령관이 계엄지역 내의 모든 행정사무와 사법사무를 관장한다.

동법 제2조 제3항의 규정에 의해 경비계엄은 대통령이 전시·사변 또는 이에 준하는 국가비상사태 시 사회질서가 교란되어 일반 행정기관만으로는 치안을 확보할 수 없는 경우에 공공의 안녕질서를 유지하기 위하여 선포하며 경비계엄이 선포되면 계엄사령관이 계엄지역 내의 군사에 관한 행정사무와 사법사무를 관장한다.

계엄의 시행에 관하여 「계엄법」 제6조 제1항에 의해 계엄사령관은 계엄의

---

31) 「계엄법」 제7조(계엄사령관의 관장사항) ① 비상계엄의 선포와 동시에 계엄사령관은 계엄지역의 모든 행정사무와 사법사무를 관장한다. 제8조(계엄사령관의 지휘·감독) ① 계엄지역의 행정기관(정보 및 보안업무를 관장하는 기관을 포함한다) 및 사법기관은 지체 없이 계엄사령관의 지휘·감독을 받아야 한다. ② 계엄사령관이 계엄지역의 행정기관 및 사법기관을 지휘·감독할 때 그 지역이 1개의 행정구역에 국한될 때에는 그 구역의 최고책임자를 통하여 하고, 2개 이상의 행정구역에 해당될 때에는 해당 구역의 최고책임자 또는 주무부처의 장(법원의 경우에는 법원행정처장)을 통하여 하여야 한다. 제9조(계엄사령관의 특별조치권) ① 비상계엄지역에서 계엄사령관은 군사상 필요할 때에는 체포·구금·압수·수색·거주·이전·언론·출판·집회·결사 또는 단체행동에 대하여 특별한 조치를 할 수 있다. 이 경우 계엄사령관은 그 조치내용을 미리 공고하여야 한다.

시행에 관하여 국방부장관의 지휘·감독을 받으나 전국을 계엄지역으로 하는 경우와 대통령이 직접 지휘·감독을 할 필요가 있는 경우에는 대통령의 지휘·감독을 받는다.

위수사령관이란 재해 또는 비상사태에 즈음하여 「위수령」 제12조의 규정에 의해 재해 또는 비상사태에 즈음하여 서울특별시장·부산시장 또는 도지사로부터 병력출동의 요청을 받았을 때 육군참모총장에게 상신하여 승인을 얻어 병력출동(출병)을 한 군대의 지휘관을 일컫는다.[32] 「위수령」에 따른 병력출동은 독자적인 군사활동이 아니라 일종의 행정응원[33]에 속한다. 따라서 「위수령」 제14조(근무요령)에 규정된 경비·순찰과는 구분되는 경찰작용으로서의 의미를 가지며, 그 한도 내에서 「경찰관직무집행법」이 정한 활동을 할 수 있다고 여겨진다.

2. 경찰조직체계

1) 중앙경찰조직

(1) 경찰청장과 차장

경찰청의 최상층부에는 경찰조직의 최고책임자인 경찰청장(치안총감)이 위치한다. 경찰청장은 경찰위원회의 동의를 얻어 행정안전부장관의 제청으로 국무총리를 거쳐 대통령이 임명한다. 이 경우 국회의 인사청문을 거쳐야 한다. 경찰청장은 경찰에 관한 사무를 통할하고 청무(廳務)를 관장하며 소속공무원 및 각급 경찰기관의 장을 지휘·감독한다. 경찰청장의 임기는 2년으로 되어 있고, 중임할 수 없다. 경찰청장이 그 직무집행에 있어서 헌법이나 법률을 위배한 때

32) 「위수령」 제12조 (병력출동) ① 위수사령관은 재해 또는 비상사태에 즈음하여 서울특별시장·부산시장 또는 도지사로부터 병력출동의 요청을 받았을 때에는 육군참모총장에게 상신하여 그 승인을 얻어 이에 응할 수 있다. ② 전항의 경우에 사태 긴급하여 육군참모총장의 승인을 기다릴 수 없을 때에는 즉시 그 요청에 응할 수 있다. 다만, 위수사령관은 지체없이 이를 육군참모총장에게 보고하여야 한다.

33) 행정응원이란 협의로 재해·사변 기타 비상시에 처하여 그 행정청의 고유기능만으로는 행정목적을 달성할 수 없을 때에 다른 행정청의 청구에 의하여 또는 자발적으로 그 기능의 전부 또는 일부로서 타 행정청을 원조하는 법제도를 말한다. 구체적 본보기로는 응원경찰관의 파견(「경찰직무 응원법」 제1조), 소방업무의 응원(「소방기본법」 제11조), 병력출동(「위수령」 제12조) 등이 있다. 행정응원이라 하게 되면 보통 좁은 의미의 행정응원을 의미한다.

에는 국회는 탄핵의 소추를 의결할 수 있다. 경찰청장의 바로 아래는 경찰청 차장(치안정감)이 위치한다. 경찰청차장은 경찰청장을 보좌하며 경찰청장이 사고가 있을 때에는 그 직무를 대행한다.

(2) 하부조직

경찰청의 하부조직은 국 및 과로 편제되어 있다. 그리고 경찰청차장을 보좌하는 기획조정관, 경무인사기획관, 감사관, 정보화장비정책관이 있고, 그 밑에 이들을 보좌하는 3~4명의 담당관이 있다. 경찰청 하부조직의 명칭 및 분장사무와 공무원의 정원은 「경찰청과 그 소속기관 직제」(대통령령) 및 「경찰청과 그 소속기관 직제 시행규칙」에 의해 2018년 7월 현재 1차장, 8국, 9관, 1대변인, 1심의관, 16담당관, 31과로 편제되어 있다. 〈그림 2-2〉는 경찰청의 기구와 직속기관을 나타낸 것이다.

1) 기획조정관은 치안감으로 보하며 다음 사항에 관하여 차장을 보좌한다.

1. 행정제도, 업무처리절차 및 조직문화의 개선 등 경찰행정 개선업무의 총괄·지원
2. 조직진단 및 평가를 통한 조직과 정원(의무경찰은 제외한다)의 관리
3. 정부3.0 관련 과제 발굴·선정, 추진상황 확인·점검 및 관리
4. 주요사업의 진도파악 및 그 결과의 심사평가
5. 주요정책 및 주요업무계획의 수립·종합 및 조정
6. 치안분야 과학기술진흥을 위한 시책 수립 및 연구개발사업의 총괄·조정
7. 경찰위원회의 간사업무에 관한 사항
8. 예산의 편성과 조정 및 결산에 관한 사항
9. 국유재산관리계획의 수립 및 집행
10. 경찰 관련 규제심사 및 규제개선에 관한 사항
11. 법령안의 심사 및 법규집의 편찬·발간
12. 법령질의·회신의 총괄
13. 행정심판업무와 소송사무의 총괄

〈그림 2-2〉 경찰청의 조직도

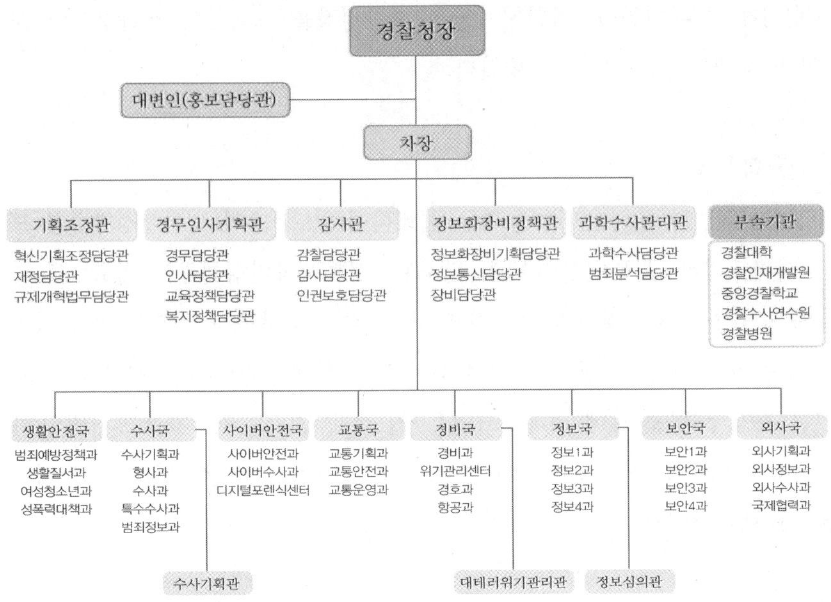

※자료: 경찰청 홈페이지(http://www.police.go.kr), 2018. 7. 검색.

2) 경무인사기획관은 치안감 또는 경무관으로 보하며 다음 사항에 관하여 차장을 보좌한다.

1. 보안 및 관인·관인대장의 관리에 관한 사항
2. 소속 공무원의 복무에 관한 사항
3. 사무관리의 처리·지도 및 제도의 연구·개선
4. 기록물의 분류·수발·통제·편찬 및 기록관 운영과 관련된 기록물의 수집·이관·보존·평가·활용 등에 관한 사항
5. 정보공개 업무
6. 예산의 집행 및 회계 관리
7. 청사의 방호·유지·보수 및 청사관리업체의 지도·감독
8. 경찰박물관의 운영
9. 소속 공무원의 임용·상훈 및 그 밖의 인사 업무

10. 경찰청 소속 공무원단체에 관한 사항
11. 경찰공무원의 채용·승진시험과 교육훈련의 관리
12. 경찰교육기관의 운영에 관한 감독
13. 소속 공무원의 복지제도 기획 및 운영에 관한 사항
14. 그 밖에 청내 다른 국 또는 담당관의 주관에 속하지 아니하는 사항

3) 감사관은 고위공무원단에 속하는 일반직공무원 또는 경무관으로 보하며 다음 사항에 관하여 차장을 보좌한다.

1. 경찰청과 그 소속기관 및 산하단체에 대한 감사
2. 다른 기관에 의한 경찰청과 그 소속기관 및 산하단체에 대한 감사결과의 처리
3. 사정업무
4. 경찰기관공무원(의무경찰을 포함한다)에 대한 진정 및 비위사항의 조사·처리
5. 민원업무의 운영 및 지도
6. 경찰 직무수행 과정상의 인권보호 및 개선에 관한 사항
7. 경찰 수사 과정상의 범죄피해자 보호 및 지원에 관한 사항
8. 기타 청장이 감사에 관하여 지시한 사항의 처리

4) 정보화장비정책관은 고위공무원단에 속하는 일반직공무원 또는 경무관으로 보하며 다음 사항에 관하여 차장을 보좌한다.

1. 정보통신업무의 계획수립 및 추진
2. 정보화업무의 종합관리 및 개발·운영
3. 정보통신시설·장비의 운영 및 관리
4. 정보통신보안에 관한 업무
5. 정보통신교육계획의 수립 및 시행
6. 경찰장비의 운영 및 발전에 관한 사항
7. 경찰복제에 관한 계획의 수립 및 연구

5) 과학수사관리관은 치안감 또는 경무관으로 보하며, 다음 사항에 관하여 차장을 보좌한다.

1. 과학수사의 기획 및 지도
2. 범죄감식 및 증거분석
3. 범죄기록 및 주민등록지문의 수집·관리

1) 생활안전국장은 치안감 또는 경무관으로 보하며 다음 사항을 분장한다.

1. 범죄예방에 관한 연구 및 계획의 수립
2. 경비업에 관한 연구 및 지도
3. 삭제 〈1999. 5. 24.〉
4. 112신고제도 기획·운영 및 112종합상황실 운영 총괄
5. 지구대·파출소 외근업무의 기획
6. 풍속·성매매 사범에 관한 지도 및 단속
7. 총포·도검·화약류 등의 지도·단속
8. 즉결심판청구업무의 지도
9. 각종 안전사고의 예방에 관한 사항
10. 소년비행방지에 관한 업무
11. 소년범죄의 수사지도
12. 여성·소년에 대한 범죄의 예방에 관한 업무
13. 가출인 및 실종아동 등(「실종아동 등의 보호 및 지원에 관한 법률」 제2조 제2호에 따른 실종아동 등을 말한다. 이하 같다)과 관련된 업무의 총괄

13의2. 가정폭력 및 아동학대의 수사, 예방 및 피해자 보호에 관한 업무

14. 성폭력 범죄의 수사, 성폭력·성매매의 예방 및 피해자 보호에 관한 업무
15. 실종아동 등 찾기에 관한 업무

2) 수사국장은 치안감 또는 경무관으로 보하고 수사국장 밑에 수사기획관 1명을 둔다. 수사기획관은 경무관으로 보하며 수사업무의 조정에 관하여 국장을 보좌한다. 수사국장은 다음의 사항을 분장한다.

1. 경찰수사업무에 관한 기획·지도·조정 및 통제
2. 범죄통계 및 수사자료의 분석
3. 범죄수사의 지도 및 조정
4. 과학수사기법에 관한 기획 및 지도
5. 범죄의 수사에 관한 사항
6. 범죄감식 및 범죄기록의 수집·관리

3) 사이버안전국장은 치안감 또는 경무관으로 보하며 다음 사항을 분장한다.
1. 사이버공간에서의 범죄정보의 수집·분석
2. 사이버범죄 신고·상담
3. 사이버범죄 수사에 관한 사항
4. 사이버범죄 예방에 관한 사항
5. 사이버범죄 관련 국제경찰기구 등과의 협력
6. 전자적 증거분석 및 분석기법 연구·개발에 관한 사항

4) 교통국장은 치안감 또는 경무관으로 보하며 다음 사항을 분장한다.
1. 도로교통에 관련되는 종합기획 및 심사분석
2. 도로교통에 관련되는 법령의 정비 및 행정제도의 연구
3. 교통경찰공무원에 대한 교육 및 지도
4. 도로교통시설의 관리
5. 자동차운전면허의 관리
6. 도로교통사고의 예방을 위한 홍보·지도 및 단속
7. 도로교통사고조사의 지도
8. 고속도로순찰대의 운영 및 지도

5) 경비국장은 치안감 또는 경무관으로 보하며 다음 사항을 분장한다.
1. 경비에 관한 계획의 수립 및 지도
2. 경찰부대의 운영·지도 및 감독

3. 청원경찰의 운영 및 지도
4. 민방위업무의 협조에 관한 사항
5. 안전관리·재난상황 및 위기상황 관리기관과의 연계체계 구축·운영
6. 경찰작전·경찰전시훈련 및 비상계획에 관한 계획의 수립·지도
7. 중요시설의 방호 및 지도
8. 예비군의 무기 및 탄약 관리의 지도
9. 대테러 예방 및 진압대책의 수립·지도
10. 의무경찰의 복무 및 교육훈련
11. 의무경찰의 인사 및 정원의 관리
12. 경호 및 요인보호계획의 수립·지도
13. 경찰항공기의 관리·운영 및 항공요원의 교육훈련
14. 경찰업무수행과 관련된 항공지원업무

6) 정보국장은 치안감 또는 경무관으로 보하며 정보국장 밑에 정보심의관을 둔다. 정보심의관은 경무관으로 보하며 기획정보업무의 조정에 관하여 국장을 보좌한다. 정보국장은 다음 사항을 분장한다.

1. 치안정보업무에 관한 기획·지도 및 조정
2. 정치·경제·노동·사회·학원·종교·문화 등 제분야에 관한 치안정보의 수집·종합·분석·작성 및 배포
3. 정책정보의 수집·종합·분석·작성 및 배포
4. 집회·시위 등 집단사태의 관리에 관한 지도 및 조정
5. 신원조사 및 기록관리

7) 보안국장은 치안감 또는 경무관으로 보하며 다음 사항을 분장한다.

1. 보안경찰업무에 관한 기획 및 교육
2. 보안관찰에 관한 업무지도
3. 북한이탈 주민관리 및 경호안전대책 업무
4. 간첩 등 보안사범에 대한 수사의 지도·조정

5. 보안관련 정보의 수집 및 분석
6. 남북교류와 관련되는 보안경찰업무
7. 간첩 등 중요방첩수사에 관한 업무
8. 중요좌익사범의 수사에 관한 업무

8) 외사국장은 치안감 또는 경무관으로 보하며 다음 사항을 분장한다.
1. 외사경찰업무에 관한 기획·지도 및 조정
2. 재외국민 및 외국인에 관련된 신원조사
3. 외국경찰기관과의 교류·협력
4. 국제형사경찰기구에 관련되는 업무
5. 외사정보의 수집·분석 및 관리
6. 외국인 또는 외국인과 관련된 간첩의 검거 및 범죄의 수사지도
7. 외사보안업무의 지도·조정
8. 국제공항 및 국제해항의 보안활동에 관한 계획 및 지도

(3) 부속기관

경찰청 부속기관으로 경찰대학, 경찰인재개발원, 중앙경찰학교, 경찰수사연수원, 경찰병원이 설치되어 있다. 종전에는 해양경찰청도 경찰조직의 일부로 되어 있었으나 1996년 8월 8일 「정부조직법」 개정에 따라 해양수산부의 산하기관으로 편입되었다. 이후 2014. 4. 16. 세월호 사건으로 국민들의 안전에 대한 요구가 커지자, 2014. 11. 19. 「정부조직법」 개정을 통해 해양경찰청은 새롭게 신설된 국민안전처 산하 해양경비안전본부로 개편되었다가, 2017. 7. 26. 「정부조직법」 개정을 통해 해양수산부 산하 해양경찰청으로 독립하였다. 이 밖에 직제상으로는 행정안전부에 속하면서 경찰수사의 중추적 역할을 담당하는 국립과학수사연구원이 있다.

2) 지방경찰

(1) 조직구조

국가경찰은 전국 특별시·광역시·도별로 지방경찰청을 설치하고 각 지방경찰청 산하에 경찰서, 지구대 및 파출소를 설치하여 운영하는 지방조직을 갖추고 있다.

서울지방경찰청은 2담당관 7부 20과(112 종합상황실 포함), 부산지방경찰청은 직할대와 3부 2담당관, 13과(112 종합상황실 포함)로 편성되어 있다. 경기남부지방경찰청의 경우 지방경찰청장 아래 1차장 2담당관(청문감사담당관, 홍보담당관)을 두고 있으며, 차장 소속으로 3부 16과(112 종합상황실 포함)로 조직되어 있다. 경기북부지방경찰청은 지방경찰청장 아래 1차장 3담당관(청문감사담당관, 홍보담당관, 정보화장비담당관)을 두고 있으며, 차장 소속으로 8과를 두고 있다. 인천지방경찰청은 직할대와 3담당관 3부 1실 10과(112 종합상황실 포함), 대전지방경찰청은 2담당관 2부 10과(112 종합상황실 포함), 대구지방경찰청은 2담당관 2부 10과(112 종합상황실 포함), 울산지방경찰청은 2담당관 2부 10과(112 종합상황실 포함), 광주지방경찰청은 2담당관 2부 10과(112 종합상황실 포함)로 조직되어 있다. 경남지방경찰청은 2담당관 2부 11과(112 종합상황실 포함), 경북지방경찰청은 2담당관 2부 9과 1실(112 종합상황실 포함), 전남지방경찰청은 2담당관 2부 10과(112 종합상황실 포함)로, 전북지방경찰청은 2담당관 2부 10과(112 종합상황실 포함), 충남지방경찰청은 2담당관 2부 10과 1실(112 종합상황실 포함), 충북지방경찰청은 직할대에 2담당관 2부 9과 1실(112 종합상황실 포함), 강원지방경찰청은 2담당관 2부장 10과(112 종합상황실 포함)로 편성되어 담당지역의 치안사무를 처리한다(자치경찰제로 운영 중인 제주지방경찰청은 3담당관 9과 1실(112 종합상황실 포함)로 편성되어 있다). 2017년 7월 현재 전국에 17개 지방경찰청과 254개의 경찰서 및 518개의 지구대와 1,491개의 파출소가 설치되어 있다.

서울지방경찰청장과 경기남부지방경찰청장, 부산지방경찰청장, 인천지방경찰청장은 치안정감으로 보하고 있으며, 나머지 13개 지방경찰청장은 치안감으로 보하고 있다. 서울지방경찰청과 인천, 제주지방경찰청, 경기남부·북부지방경찰청에는 각 1명씩 차장을 두고 있다. 서울지방경찰청과 경기남부·북부지방경찰청의 차장은 치안감으로 보하고 있으며, 강원, 충북, 전북지방경찰청의 차장은 경무관으로 보하고 있다. 그 외 부산, 대구, 대전, 광주, 울산, 충남, 강원, 충북, 전북, 전남, 경북, 경남지방경찰청은 별도로 차장을 두지 않고, 3부장(부산) 또는 2부장(대구, 대전, 광주, 울산, 충남, 충북, 전남, 전북, 경북, 경남)을 두고 있으며, 부장은 경무관으로 보하고 있다. 또 제주지방경찰청의 경우에는 부장을 두지 않고 있다.

위에서 보는 바와 같이 현재 경찰은 국민들의 안전욕구 증가에 따른 치안수요 증가에 부응하기 위해 기존의 1차장 체제로 되어 있던 지방경찰청의 조직구조를 2~3부의 체제로 개편을 꾀하고 있다. 이러한 조직개편은 국민의 안전욕구 충족뿐 아니라 타 정부기관과의 형평성 도모에도 긍정적 영향을 미칠 것으로 보이며, 조직 내부적으로는 경찰조직의 고질적 문제의 하나라 할 수 있는 계급적체를 해소하는 데에도 기여할 것이다.

(2) 경찰서

경찰서의 사무를 분장하기 위하여 경찰서에 일반적으로 청문감사관과 5과(경무과·생활안전과·수사과·경비교통과 및 정보보안과)를 두고 있다. 다만, 「경찰청과 그 소속기관 직제 시행규칙」 별표 3(생활안전과와 여성청소년과를 두는 경찰서표)의 경찰서에는 생활안전과를 갈음하여 112종합상황실·생활안전과 및 여성청소년과를 두고, 별표 3의2의 경찰서에는 생활안전과를 갈음하여 생활안전과와 여성청소년과를 두며, 별표 3의3의 경찰서에는 수사과를 갈음하여 수사과와 형사과를 두고, 별표 4의 경찰서에는 경비교통과를 갈음하여 교통과와 경비과를 두며, 별표 5의 경찰서에는 정보보안과를 갈음하여 정보과와 보안과를 두고, 별표 6의 경찰서에는 5과를 갈음하여 4과(경무과·생활안전교통과·수사과 및 정보보안과)를 두며, 별표 6의2의 경찰서에는 청문감사관과 경무과를 갈음하여 경무과를 두고, 별표 6의3의 경찰서에는 수사과를 갈음하여 수사1과와 수사2과를 둔다.

전국의 250개 경찰서를 「경찰청과 그 소속기관 직제 시행규칙」 제50조 제3항 별표 7의 경찰서 등급구분에 따라 1급지·2급지·3급지로 등급을 구분하여 운영하는 체제를 갖추고 있다. 1급지 경찰서의 과장·청문감사관 및 112종합실장은 경정으로 보하고, 2급지 및 3급지 경찰서의 과장 및 청문감사관은 경정 또는 경감으로 보한다.

전국의 경찰서마다 경찰서장 소속하에 경찰발전위원회가 설치되어 경찰서의 행정발전에 기여하는 역할을 담당하고 있다. 경찰발전위원회는 경찰관서장이 위촉하는 10인 이상 30인 이내의 위원으로 구성되며 위원들은 3개의 분과위원회(행정분과, 선도분과, 청문분과)로 나뉘어 경찰서 행정의 발전에 필요한 활동을 한다. 경찰발전위원회 위원은 경찰발전을 위하여 학식과 경험이 풍부하고 덕망 있는 교육자, 변호사, 시민단체 대표 등 주민의 사표가 되는 관할 지역사회의 지도층 인사 중에서 위촉한다. 다만, 선출직 정치인(국회의원, 자치단체장·의원 등) 및 정당인(당원, 선거운동 종사자 등), 경찰업무 수행과 이해관계가 있는 자(유흥업소 등의 운영자·종사자 및 관여자)는 위원으로 위촉할 수 없다. 경찰발전위원회 운영에 관한 사항은 「경찰발전위원회 운영규칙」(경찰청예규 제537호, 2018. 5. 23. 일부개정)에 규정되어 있다.

3. 제주특별자치경찰단과 특별사법경찰

1) 제주특별자치경찰단

(1) 출범과정

2005년 5월 20일 제주특별자치도 기본구상에 제주에 자치경찰제도를 도입할 것을 밝힘에 따라 정부와 제주도에서 입법추진되어 2006년 3월 11일 제주자치경찰제 시행을 위한 세부실행계획 확정 및 동년 6월 30일 제주자치경찰제 시행과 관련된 법률(6개 법률)이 국회 통과되어 동년 7월 1일에 제주특별자치도 및 제주자치경찰이 출범되었다. 2012년 1월 9일에는 통합 자치경찰단이 출범되었다(1단, 4과, 1지역대, 1센터, 11담당).

(2) 조직기구

제주특별자치경찰단의 조직기구는 〈그림 2-3〉과 같이 경찰정책관, 교통생

〈그림 2-3〉 제주특별자치도 자치경찰단 조직도

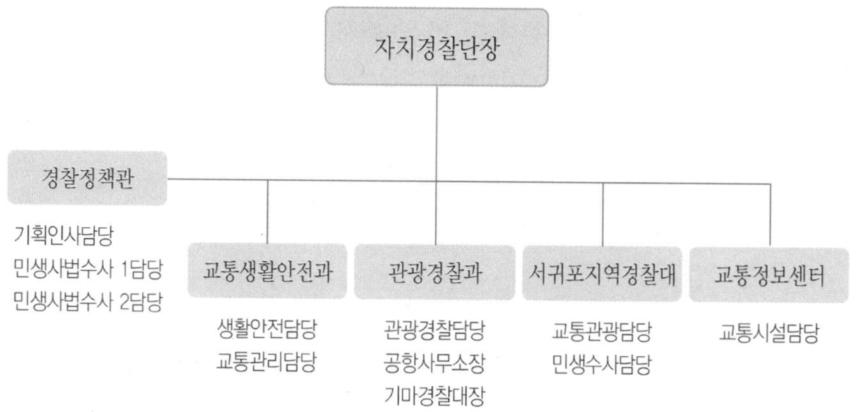

※자료: 제주특별자치도 자치경찰단 홈페이지(http://jmp.jeju.go.kr/), 2018. 7. 검색.

활안전과, 관광경찰과, 서귀포지역경찰대, 교통정보센터로 구분되어진다.

경찰정책관은 자치경찰행정의 종합 기획 조정, 자치경찰활동 목표 수립 및 활동상황, 도의회 및 도지사 지시사항에 관한 사항, 치안행정위원회 운영, 자치경찰인사위원회 운영, 자치경찰 제도개선 과제 발굴 추진, 자치경찰공무원 교육훈련계획 수립 추진, 국가경찰과의 업무협약 체결 추진, 국가경찰과 응원 협력체제 유지에 관한 사항, 자치경찰 인력·장비 운용계획 수립 및 운영, 무기고 및 유무선 통신망 관리, 자치경찰단 운영홍보, 대외협력추진, 기마대 의전, 축제·행사지원 계획수립, 어린이교통공원 조성 및 운영에 관한 사항 등의 업무를 담당한다.

서귀포지역경찰대는 주민생활안전사무 종합기획·조정, 주민참여 방범활동의 지원·지도, 아동·청소년·노인·여성 등 사회적 약자보호 및 가정·학교폭력 등의 예방, 주민의 일상생활과 관련된 사회질서 유지 및 그 위반행위의 지도단속, 교통안전 및 교통소통에 관한 사항, 교통법규위반 지도단속업무, 주민참여 지역교통활동의 지원 및 지도, 안전사고·재해재난 주민보호, 공공시설 및 지역행사장 등의 지역경비에 관한 사항, 주민봉사대 운영 관련 업무, 행사 전담 교통관리, 세연교, 성산항 치안활동, 주·정차 단속관련 업무 지도·관리 및 민원업무, 각종 기초질서 위반사범 지도단속 등의 업무를 담당한다.

교통정보센터는 첨단교통관리, ITS센터 운영 및 광역화에 관한 사항, 교통안전시설 유지관리에 관한 종합계획, 버스·택시 승차대 시설 종합계획, 교통신호기 설치·관리 및 유료도로 관리자에 대한 지시 사무, 교통과학장비 설치 및 유지·관리, 교통방송국 설치지원에 관한 사항, BIS(버스정보화) 및 CNS(차량항법장치) 사업에 관한 사항 등의 업무를 담당한다.[34]

2) 특별사법경찰

특별사법경찰제도[35]는 일제시대 1924년 5월 31일 「조선총독부령」 제33호로 제정되어 1944년 7월 1일 「조선총독부령」 제374호로 개정된 「사법경찰관리의 직무를 행할 자 및 그 직무의 범위」, 그 이후 1956년 1월 「사법경찰관리의 직무를 행할 자와 그 직무범위에 관한 법률」의 제정과 함께 80년 이상 존치하여 온 제도이다.

2000년대 이후 특별사법경찰제도는 2000년 4월 20일 법무부 검찰2과와 대검찰청의 주관으로 「사법경찰관리직무집행법」 제5조에 따라 「특별사법경찰관리 지명절차등에관한지침」을 마련하여 2000년 6월부터 시행 중이다. 이는 2003년 12월 24일 1차 개정한 바 있으며, 일반사법경찰의 「사법경찰관리 집무규칙」의 준용 대신 2004년 4월 「특별사법경찰관리 집무규칙」을 제정·운영하고 있다.

(1) 특별사법경찰의 개념

특별사법경찰(Special Judicial Police Officer)은 「형사소송법」 제197조[36]에 의해 고도의 전문화된 기능, 지역, 특수 업무에 대해 전문성이 없는 일반사법경찰리가 직무를 수행하기 어렵기 때문에 전문적 지식에 정통한 행정공무원에게 사법경찰권을 부여하여 수사활동을 하도록 한 제도이다.[37] 즉, 오늘날 고도로 전문화·기술화되고 있는 특별형법범(행정범)에 대한 수사에는 상당한 행정적 지식

---

34) 제주자치경찰단(http://jmp.jeju.go.kr/).

35) 최응렬, 「법제연구원 워크숍 자료집」, 2012.

36) 형사소송법 제197조(특별사법경찰관리) 삼림, 해사, 전매, 세무, 군수사기관 기타 특별한 사항에 관하여 사법경찰관리의 직무를 행할 자와 그 직무의 범위는 법률로써 정한다.

37) 이재상, 「형사소송법」(서울: 박영사, 2000).

이 필요하므로 특별사법경찰을 두어 전문성을 갖춘 공무원에게 사법경찰권을 부여하고 소관 업무와 관련된 특수행정 분야의 범죄수사를 담당하게 하는 것이다. 이러한 특별사법경찰제도는 사회의 전문화·다양화에 따라 범죄의 내용이 전문화·기동화되면서 그 범죄와 밀접한 관계가 있는 전문적 지식을 갖춘 행정 공무원에게 수사를 맡기는 것이 효과적이라는 이유로 점차 확대되었으며, 현대 사회에서 특별사법경찰은 사법경찰의 또 다른 형태로 중요하게 자리매김되어 있다.

현재 우리나라에서 범죄에 대한 수사기능을 담당하는 기관은 검찰, 경찰(수사경찰), 특별사법경찰, 제주자치경찰단의 특별사법경찰 등 실질적으로는 다양하게 존재하고 있다. 범죄의 유형과 영역이 다양해짐에 따라 효과적이고 탄력적으로 대응하는 수사기관의 전문적이고 다양한 변화를 수용하는 것은 법치국가에서 요구되는 원칙을 기준으로 특별사법경찰도 수사의 주체가 될 수 있는 제도의 합목적성을 고려한 것이라 할 수가 있다.

본래적 의미에서 경찰력을 국가의 물리력으로 이해할 때, 특별사법경찰은 2차 세계대전 이후 진행된 탈경찰화의 하나로 볼 수 있다. 즉, 경찰기관이 수행하던 기능을 조직적으로 다양한 행정기관에 분배시킨 것이 특별사법경찰이다.

(2) 특별사법경찰의 종류

① 법률상 당연직 특별사법경찰

교도소(소년교도소, 구치소 또는 그 지소), 소년원(소년분류심사원), 보호감호소(치료감호소)의 장, 출입국관리공무원(4-9급), 지방산림관리청 등에서 산림보호 단속 전담자로 검사장에게 보고한 임업주사·주사보·서기, 근로기준법에 의한 근로감독관, 20톤 이상 해선의 선장, 항공기의 기장·선원 근로감독관, 국가정보원장의 지명을 받은 직원 등이 이에 해당한다.

② 지방검찰청의 검사장 지명에 의한 특별사법경찰

「사법경찰관리의 직무를 수행할 자와 그 직무범위에 관한 법률」 제5조에 의해 소속 관서장의 제청에 의하여 그 근무지를 관할하는 지방검찰청검사장이 지명한 사법경찰관리는 교도소, 구치소, 소년교도소, 보호·치료감호소, 산림보호, 식품·의약품, 등대, 철도공안, 소방, 문화재보호, 계량검사, 공원관리, 관세, 어업감독, 광산보안, 국가보훈, 공중위생, 환경, 전기통신, 컴퓨터프로그램보호, 차량운행, 관광지도, 청소년보호, 원산지표시(농수산, 무역), 외화획득용 원자재 수입, 농약·비료, 하천감시, 가축·식물방역, 자동차정비, 지방노동청 근로감독(8- 9급), 군용물·군사기밀(군사법경찰관리), 대통령 경호원 등이 이에 해당하며, 특별사법경찰관은 4-7급, 특별사법경찰리는 8-9급에 해당하는 공무원을 의미한다.

③ 제주자치경찰단의 특별사법경찰

「사법경찰관리의 직무를 수행할 자와 그 직무범위에 관한 법률」 제10조의 자치경찰공무원[38)]은 「제주특별자치도 설치 및 국제자유도시 조성을 위한 특별법」에 따라 제주특별자치도의 관할구역에서 발생하는 범죄 가운데 산림보호 및 국유림경영, 식품단속, 의약품단속, 문화재 보호, 공원관리, 어업감독, 공중위생 단속, 환경범죄단속, 차량운행제한 단속 및 도로시설관리, 관광지도, 청소년보호 업무, 농·수산물원산지·유전자변형 농수산물표시, 대외무역법상 원산지표시단속, 하천감시, 가축방역·검역, 무등록자동차정비업, 자동차무단방치, 강제보험 미가입 자동차운행단속, 농약 및 비료단속 등의 범죄에 관하여 사법경찰관리의 직무를 수행하도록 규정되어 있다.

제주자치경찰단 특별사법경찰과의 업무를 살펴보면, 특정 영역에서의 특별사법경찰관리 직무를 수행하고, 유관기관 합동단속 및 민원사항 처리, 관광객 보호 및 관광저해사범 단속, 「자동차손해배상 보장법」·「자동차관리법」 위반사범 수사, 관광·환경 등 특별사법경찰관리 직무관련 압수수색·조사·송치 등 사법절차 수행, 공항 외국인 검색 업무 지원 근무, 무사증 이탈자 적발 인계·인수, 공항 각종 기초질서 위반사범 지도·단속 등의 업무를 수행하고 있다.[39)]

현재 일반사법경찰기능에 대한 일반수권규정은 존재하지 않아 자치경찰에

38) 제주자치경찰단의 자치경찰은 자치총경·자치경정·자치경감·자치경위가 사법경찰관의 직무를 수행하고, 자치경사·자치경장·자치순경은 사법경찰리의 직무를 수행한다.

39) 제주자치경찰단, 제주자치경찰단 내부자료, 2012.

는 사법경찰기능이 부여되지 않고, 제주특별자치도에만 특정 영역에 한정적으로 인정하고 있다. 만약 자치경찰제도를 전국적으로 실시한다면 지방경찰청, 경찰서의 조직을 광역시·도나 시·군·구에 경찰기능 자체를 이관하는 것이고, 특별사법경찰은 지방정부에서 자치경찰제를 부분적으로 실시하는 것을 의미한다. 아울러 자치경찰제도를 도입한다면 특별사법경찰기능에 교통, 방범, 경비 분야를 자치경찰기능으로 추가하게 되며, 이는 수사기능이 아닌 치안기능이 들어오는 것이고, 실제 제주특별자치도에서의 범죄에 대한 생활안전기능은 국가경찰 소관으로 되어 있다.

(3) 특별사법경찰의 업무

일반적으로 대륙법계 국가에서의 경찰은 행정경찰과 사법경찰로 구분하여 기능을 수행한다. 행정경찰은 공공의 안녕과 질서유지를 위해 국가통치권에 근거한 권력적 작용이기 때문에 경찰행정법규를 적용받지만, 사법경찰은 범죄의 수사, 범인체포 등 형사법을 적용받게 된다. 즉, 사법경찰의 작용은 행정작용과 구분되는 사법작용의 일부가 경찰에 위탁된 것으로 파악되어 실질적 경찰이 아닌 형식적 경찰로 간주된다.[40]

행정경찰은 다시 권력을 수단으로 하는 경찰과 비권력적 경찰로 나눌 수 있다. 권력을 수단으로 하는 경찰은 사회공공의 안녕과 질서유지를 위해 국민에게 특정한 의무를 부과하거나(경찰하명), 일반적으로 금지된 자연적 자유를 허용하거나(경찰허가), 사전에 의무를 부과해서는 경찰목적을 달성할 수 없는 경우에 직접 개인의 신체·재산 또는 가택에 실력을 가하여 경찰상 필요한 상태를 실현하거나(경찰상 즉시강제), 경찰목적을 위해 부과한 의무를 거부하는 경우에 경찰벌을 과하는 경찰작용을 일컫는다. 그러나 비권력적 경찰은 명령이나 강제수단과는 거리가 있는 계몽·지도·봉사활동을 수행하게 된다. 또한, 경찰기관에 의한 권력작용은 치안경찰(혹은 보안경찰)로, 그리고 다른 행정기관에 의한 권력작용은 행정경찰(산림경찰, 어업경찰, 보건경찰 등)로 구분하기도 한다. 일반적으로 말하는 경찰기관의 위험방지활동과 그 밖에 다른 국가기관의 위험방지활동을

40) 홍정선, 「경찰행정법」, 제2판(서울: 박영사, 2010), 31쪽.

구분할 때 이러한 분류를 적용한다. 전자와 후자를 각각 일반경찰과 특별경찰로 부르기도 하고, 후자를 일컬어 협의의 행정경찰로 부르기도 한다.[41)]

특별사법경찰은 각 부처에 종사하는 일반직 공무원 중에서 지방검찰청 검사장의 지명을 받고,[42)] 특정 범위 내에서 단속계획과 소관 업무 관련 단속과 조사, 수사, 송치업무 등을 담당하며, 직무범위 내에서 일반사법경찰과 동등한 권한을 가지고 있다.

지방검찰청 검사장에 의해 지명된 특별사법경찰은 범죄에 대한 수사권을 가지고 「형사소송법」에 규정된 수사와 관련된 일반사법경찰활동을 할 수가 있다. 그러므로 일반사건 수사절차, 피의자출석 불응 시 처리절차, 긴급체포 처리절차, 사전영장에 의한 구속사건 처리절차를 실질적으로 수행하게 된다. 「특별사법경찰관리 집무규칙」상의 일반적인 수사업무를 살펴보면, 범죄와 관련된 수사사무, 특정범죄정보, 직무범위 외의 범죄발생, 단속계획, 범죄통계, 범죄인지보고를 실시해야 한다. 아울러 범죄사건 관련자의 출석요구, 피의자신문조서, 참고인 진술, 수사과정 기록 및 영상녹화, 영장신청 및 통지, 긴급체포·현행범체포, 검시조서, 고소사건처리, 증거보전, 실황조사, 압수조서, 통신제한조치, 검찰송치업무, 법정증언준비, 각종 수사서류 작성 및 보존 등의 업무를 담당하게 된다.

특별사법경찰은 한정된 직무의 범위에서 구체적이고 개별적인 경찰권 발동의 규정을 구비하고 있어 일반사법경찰은 보충적·종국적으로 권한을 행사하여야 하는 경우도 있다. 배타적 수사관할의 규정이 없는 경우라도 일반경찰이 사건을 인지한 경우에 사안별로 판단하여 담당 특별사법경찰에게 사건을 이첩할 수 있어야 한다. 개별 행정영역에 대한 경찰법상의 위험·위해가 발생하는 경우에는 일반경찰이라도 특별사법경찰에 인계하여야 하고, 특별사법경찰도 법률에 부여된 특별사법경찰의 권한 외의 것이라면 일반경찰에게 인계해서 범죄의 수

41) 이황우·조병인·최응렬, 앞의 책, 13-14쪽.

42) 특별사법경찰 지명절차: 특별사법경찰 소속관서 장의 지명제청서 제출〈지명(갱신)제청서, 인사기록요약서〉→지방검찰청 검사장 또는 지청장(범죄경력조회, 적격여부 판단 후 의견서 작성)→특별사법경찰관리 지명심의회 심의(위원장은 부장검사, 위원은 검사 및 5급 이상 검찰공무원 4명)→검사장(지명 및 결과통보 관할구역이 2개 이상의 경우 모든 관할 지검에 통보)→지명제청 관서장.

사를 원활하게 진행해야 한다. 경찰법상의 위험·위해 방지의 상당 부분은 일반경찰도 수행해야 하는 것이고, 법률에 의해 부여된 권한 밖의 것에 대해 수사권이 없으므로, 당연히 일반사법경찰에게 고발하여야 한다. 사건의 성격에 따라 어떠한 기관에서도 권한을 행사하거나 아무도 권한을 행사하지 않을 때에는 검사의 수사지휘를 통해 종국적으로 사건을 해결해야만 한다.[43)]

〈표 2-6〉 특별사법경찰 업무분야

분야	근거법령	비고
가축방역·검역	▪「가축전염병예방법」 제3조, 제19조, 제20조	- 가축전염병 예방
계량단속	▪「계량에 관한 법률」 제32조, 제34조, 제36조	- 계량기 제작업의 등록 등 위반
공원관리	▪「자연공원법」 제34조	- 자연공원에서 발생하는 현행범
공중위생단속	▪「공중위생관리법」 제9조, 제15조	- 위생지도 개선명령 등 위반
관광지도	▪「관광진흥법」 제35조, 제36조, 제37조	- 사업등록위반, 유원시설 업위반 등
농·수산물 원산지, 유전자변형 농수산물 표시	▪「농수산물 품질관리법」 제58조, 제102조	- 농수산물원산지 표시 등 위반
농약·비료단속	▪「농약관리법」 제24조, 제25조 ▪「비료관리법」 제18조	- 불법농약판매업
대외무역법상 원산지 표시단속	▪「대외무역법」 제23조, 제48조	- 원산지 표시 등 위반
무등록자동차정비업 자동차 무단방치 강제보험 미가입자	▪「자동차손해배상 보장법」 제7조, 제38조2항, 제42조 내지 제45조, 동법시행령 제28조 내지 제30조, 동법시행규칙 제11조 내지	- 의무보험가입 위반 자동차방치 등

43) 이근우, "특별사법경찰제의 체계적 통일성을 위한 기초연구", 「안암법학」 제35호, 2011, 183-213쪽.

자동차운행단속	제13조 ■「자동차관리법」 제26조, 제81조, 제85조 내지 제88조, 동법시행령 제6조, 제21조, 제22조, 동법시행규칙 제24조, 제158조 내지 제160조 등	
문화재보호	■「문화재보호법」 제90조~제101조	- 문화재보호법 위반 등
산림보호·국유림 경영	■「산지관리법」 제25조, 제27조, 제31조, 제57조, 동법시행령 제53조 등 ■「산림자원의 조성 및 관리에 관한 법률」 제19조, 제21조, 제36조, 제73조, 제74조 등	- 채석허가(7만㎡~10만㎡): 시장 - 채석허가(7만㎡ 미만): 구청장 - 산림, 임산물과 그 수렵에 관한 범죄, 임목벌채, 임산물 채취 등
소방에 관한 업무	■「소방기본법」 제50조 내지 제57조 ■「소방시설 설치·유지 및 안전관리에 관한 법률」 제48조, 제52조 ■「소방시설공사업법」 제35조 내지 제39조 ■「위험물안전관리법」 제33조 내지 제38조 ■「다중이용업소의 안전관리에 관한 특별법」 제23조, 제24조 등	- 소방자동차 운행 방해 등
식품단속	■「식품위생법」 제15조 내지 제23조, 제77조	- 식품위생관리
어업감독	■「수산업법」, 「어장관리법」 등(수산관계법령위반행위에 대한 행정처분의 기준과 절차에 관한 규칙에서 정한 수산관계법령)	- 수산업법, 어장관리법 위반 등
의약품단속	■「약사법」 제69조, 제70조, 동법시행규칙 제88조 ■「마약류 관리에 관한 법률」 제41조, 「의료기기법」 제24조, 제28조	- 약국, 의료기관 시설, 의약품 보고 및 검사
차량운행제한 단속 및 도로시설관리	■「도로법」 제38조, 제45조, 제49조, 제52조, 제58조, 제59조, 제62조, 제64조	- 접도구역내 지형질변경, 공작물 설치 등 위반, 과적운행 단속

청소년보호업무	▪「청소년 보호법」 제28조 내지 제31조	- 청소년유해매체물, 유해약물, 유해업소 고용 등 위반
하천감시	▪「하천법」 제33조, 제38조, 제46조, 제47조, 제50조, 제69조 내지 제71조 등. 제82조 동법시행령 제57조	- 불법 하천부속물 점용, 유사사용, 토지점용 등
환경관계 단속	▪「수질 및 수생태계 보전에 관한 법률」,「대기환경보전법」,「유해화학물질관리법」,「토양환경보전법」,「소음·진동관리법」 등	- 환경보전위반 등

경 / 찰 / 조 / 직 / 론

제 3 편

경찰기획 및 정책결정

제 1 장

경찰조직의 기획

제1절 경찰기획의 의의 및 본질

기획(planning)은 미래 지향적이고 사전적 관리 기능이다. 조직은 다양한 결정을 내리고 행동을 취해야 할 때를 대비하기 위해 기획을 한다. 기획이 성공을 보장해 주는 것은 아니지만, 급박하고 상충되는 문제가 발생했을 때 입게 되는 피해를 최소화 해준다.[1] 스탈링(G. Starling)이 언급하듯, "기획의 핵심은 미래의 기회 또는 위협을 이해하고 현재의 결정으로 그 기회를 살리거나 위협을 제거하는 것이다." 간단히 말해서, 기획은 미래에 대한 대비를 통해 조직의 목표달성 가능성을 높여 준다. 효과적인 기획은 특히 경찰조직에 있어 중요하다. 왜냐하면 경찰 기획은 지역사회에서 시민의 생명과 재산을 보호하고 질서를 유지하는데 핵심적인 부분이기 때문이다.[2]

따라서 경찰관 개개인의 관심과 기대, 경찰과 지역사회와의 관계, 그리고 다른 형사사법기관 및 관련 기관과의 복잡한 상호작용 속에서 경찰조직이 성장·발전해 나가기 위해서는 무엇보다도 기획이 중요시된다.

1) G. W. Cordner & K. E. Scarborough, *Police Administration*, 7th ed.(New Providence, New Jersey: Matthew Bender & Company, Inc., 2010), p. 148.

2) G. Starling, *Managing the Public Sector*(Boston, Massachusetts: Thompson Wordsworth, 2010).

1. 경찰기획의 개념

기획이라는 용어는 일반적으로 널리 사용되고 있지만 그 의미 내용이 포괄적이기 때문에 그 개념을 정의함에 있어서 학자들 간에 다양한 의견이 존재한다.

드로어(Y. Dror)는 기획이란 "최적의 수단으로 목표를 달성하기 위하여 미래의 행동을 위한 체계적 결정들을 미리 준비하는 과정"이라고 정의했고,[3] 뉴먼(W. H. Newman)은 기획(Planning)이란 "무엇을 할 것인가를 사전에 결정하는 것"이라고 정의했다.[4] 또한 귤릭(L. Gulick)은 기획이란 "사업을 위해 설정된 목적을 달성하기 위하여 수행되어야 할 방법을 짜내는 것"으로 정의했으며,[5] 쿤츠와 오도넬(H. Koontz & C. O'Donnell)의 경우는 기획이란 "여러 가지 대안 중에서 목표·예산·절차·사업계획 등을 선택하는 관리자의 기능"으로 정의했다.[6]

즉, 기획이란 특정목표를 달성하기 위하여 누가, 언제, 어떠한 방법으로, 어느 정도의 예산으로 어떤 활동을 하는가를 결정하는 것을 말한다. 기획은 행정조직·관리·평가·조정에 선행해서 이루어져야 할 목표·정책·절차·과업 등을 고찰하고 규정하며 준비하는 것이므로 행정과정을 사전에 설계하는 것이라 할 수 있다.

행정학계에서도 완전히 합의가 이루어진 것은 아니지만 일반적인 통설은 계획하는 과정을 기획이라고 보는 입장이다. 이는 plan을 계획으로, planning을 기획으로 번역하여 사용하는 셈이다. 즉, 기획은 계획을 수립·집행하는 과정이며, 계획은 기획을 통해 산출(output)되는 결과(end-result)라는 것이다. 결국 기획은 절차와 과정을 의미하는 반면에, 계획은 대체로 문서화된 활동목표와 수단을 가리킨다고 할 수 있다. 또한 같은 계획이면서 수준이 다른 개념으로 프로그램(program)과 프로젝트(project)가 있다. 프로그램은 흔히 사업계획으로 번역되며 농어민 소득

---

3) Y. Dror, *Ventures in Policy Science: Concepts and Applications*(New York: American Elsevier, 1971).

4) W. H. Newman, *Administrative Action: The Techniques of Organization and Management*, 2nd ed.(Upper Saddle River, New Jersey: Prentice-Hall, 1963).

5) L. Gulick & L. Urwick, *Papers on the Science of Administration*(New York: Institute of Public Administration, 1937), p. 13.

6) K. Harold & O. D. Cyril, *Principles of Management: An Analysis of Managerial Functions*(New York: McGraw-Hill, 1969).

증대사업, 낙동강유역개발사업 등 비교적 대단위의 복합적인 것으로 사용된다. 한편 프로젝트는 세부사업계획 또는 단위사업계획으로서 댐이나 공장을 건설하는 사업의 수준에서 수립되는 계획이라고 볼 수 있다. 따라서 이들은 계획의 하위개념이라고 볼 수 있는데 이렇게 구분하지 않고 모두 계획이라고 부르는 경우도 가끔 있다.[7)]

2. 경찰기획의 중요성

기획은 경찰조직 내에서 규율로서 기능한다. 왜냐하면 기획은 지속적이며 부서 내의 모든 활동에 대한 기초를 형성하기 때문이다. 규율로서 기능하는 기획 수립을 제대로 활용하고 따르지 않으면 문제가 발생하거나 비효율적인 결과를 초래한다. 그러므로 기획은 경쟁력 있는 조직운영을 위한 불가결한 요소이다. 쿠쉬만(R. Cushman)은 좋은 기획에서 기인한 조직에 긍정적 영향을 미치는 속성을 다수 밝혀냈고, 이는 〈표 3-1〉에 나와 있다. 분명 이 여섯 가지 이점은 부서의

〈표 3-1〉 경찰기획의 이점

- 문제 분석 개선: 기획은 경찰 행정관들이 의사결정을 개선하는 데 필요한 데이터와 분석을 생산한다.
- 협력과 조직력 개선: 기획은 다양한 경찰 팀간, 그리고 경찰과 기타 민간, 사회, 정부기관간 협력과 조직력을 높이는 메커니즘을 제공한다.
- 명확한 목표, 목적, 우선순위: 기획은 목표의 명확한 표현을 가능하게 하며 목표, 목적, 임무, 활동을 의미 있게 연결해 준다.
- 효율적인 자원 배분: 기획은 자원 배분 결정을 위한 체계를 제공한다. 기획을 통해 경찰의 목적과 목표 달성을 위한 자원 활용에 대한 우선순위 결정을 단순화할 수 있다.
- 개선된 프로그램과 서비스: 기획은 문제 해결의 실마리를 제공하며, 목적과 목표 형성을 쉽게 만들고, 대체 프로그램과 절차를 평가하고 비교하는 방법을 제시한다.
- 역량 및 자질 강화: 기획은 조직 차원의 역량을 집중하며 조직구성원에게 업무에 대한 새로운 지식과 정보를 제공한다.

7) 김신복, 「발전기획론」, 수정증보판(서울: 박영사, 1999), 3쪽.

업무를 크게 개선할 수 있다.[8]

3. 기획의 본질(속성)

린치(R. G. Lynch)는 경찰기획을 "체계(system)"와 "위기(risk)"라는 두 가지 관점을 중심으로 설명하고 있다.[9]

"체계(system)"에 대한 관점은 목적, 안정성, 완전성이라는 세 가지 요소로 구성된다.

목적(purpose)이란 기획자가 부서의 목표와 목적을 기획절차에 얼마나 잘 반영하느냐를 말한다. 기획은 목표 달성을 보장하기 위해 주요 목표와 실행 우선순위를 지정해야 한다.

안정성(stability)이란 부서활동의 적절한 배치를 말한다. 이 배치는 활동의 실행뿐 아니라 새로운 문제에 대한 대응 방식에도 적용된다. 부서가 새로운 활동을 하면 변화가 발생하고, 이런 변화는 조직에 일정 수준의 불안정성을 가져온다. 이런 불안정성은 부서 목표의 타당성 여부와 관계없이 발생하므로 관리자는 불안정성을 최대한 낮추는 방향으로 기획해야 한다.

마지막으로, 완전성(entirety)이란 기획이 부서 전체를 아우르는 것이어야 한다는 것을 말한다. 변화를 감행할 때 관리자들은 "모든 작용에는 동일한 양의 반작용이 따른다"는 뉴턴(I. Newton)을 떠올려야 한다. 관리자의 관점에서 이는 부서의 한 단계 또는 부분에 일어난 변화가 부서의 다른 부분에 파급효과를 가져오거나 외부효과가 발생할 가능성이 있다는 것을 뜻한다. 조직을 고려하는 것은 당연하고, 부서 내부의 인간적·사회적 체계와 함께 외부 환경요소 또한 모두 고려해야 한다.

"위기(risk)"에 대한 관점은 혁신과 기회에 대한 관리자의 태도를 의미한다. 관리자가 새로운 기회를 접하거나 전통에서 탈피하려 할 때 위기가 발생한다.

---

8) R. Cushman & J. M. Wynne, *Criminal Justice Planning for Local Governments*(Washington, D. C.: National Institute of Law Enforcement and Criminal Justice, 1980).

9) R. G. Lynch, *The Police Manager*, 3rd ed.(Cincinnati, Ohio: Anderson, 1998).

기획 시 신중하게 변화를 고려하면 위기가 감소한다. 이 경우 기획이 오류와 프로그램 실패 가능성을 줄여주기 때문이다. 관리자는 어느 정도의 위기를 감수할 준비가 되어 있어야 한다. 그렇지 않다면 현상유지에만 매달리게 되고 부서가 고통을 겪게 된다. 그러나 관리자가 지나치게 변화에만 치중하는 경우에는 매일 업무수행에 변화를 적용해야 하기 때문에 관리자와 부서의 역량이 분산될 수 있다. 그러므로 적당한 위기의 수준을 지키는 일은 굉장히 어렵다. 관리자는 관련 위기와 변화에 대한 적절한 결정을 내릴 수 있어야 한다.[10)]

한편 Dror는 기획에 관한 개념을 토대로 기획의 본질적 속성을 다음과 같이 제시하고 있다.[11)]

첫째, 기획은 미래지향적인 활동이라는 것이다. 기획은 과거의 경험과 현실 분석을 토대로 하되 장래의 행동방안을 강구하는 것이 핵심적 활동이다. 이것은 기획의 가장 중요한 특성 중의 하나이며 미래예측(forecasting)과 불확실성(uncertainty)의 요인이 기획의 모든 과정에 영향을 미친다. 이와 같이 기획은 불확실한 미래를 그 대상으로 하기 때문에 예측과 판단 등에 있어서 고도의 전문성을 요구한다.

둘째, 기획은 목표달성을 지향한다는 것이다. 즉, 기획은 일단 설정된 목표를 달성하기 위한 방법과 전략을 제시하는 것이다.

셋째, 기획은 행동지향적 활동이라는 것이다. 즉, 기획은 바람직한 목표를 달성하기 위하여 장래의 행동방안을 설계하고 그것을 실현하려는 노력이다. 따라서 기획은 행동을 전제로 한다는 의미에서 단순한 조사·연구나 지식의 탐구와 구별된다. 그러나 기획은 행동지향적이지만 행동 그 자체는 아니다.

넷째, 기획은 최적수단을 탐색하는 의사결정과정이다. 즉, 기획은 대체 가능한 여러 대안 중에서 최적의 수단을 선택하는 과정이다. 따라서 기획(planning)은 절차적 과정이란 의미에서 기획의 최종산물인 계획(plan)과 구별된다.

다섯째, 기획은 계속적 준비과정이다. 기획은 조직이 집행할 일련의 결정

---

10) L. K. Gaines & J. L. Worrall, *Police Administration*, 3rd ed.(New York: Delmar Cengage Learning, 2012), p. 384.

11) Y. Dror, *op. cit.*, pp. 106-108.

즉, 계획을 준비하는 과정이며 집행 그 자체는 아니다. 따라서 동일기관이 기획기능과 집행기능을 담당한다 할지라도 양자는 본질적으로 다른 것이다.

제2절 경찰기획의 과정 및 단계

1. 경찰기획의 과정

기획과정은 대체로 단계별로 구분하고 있지만 밀접한 관련을 가진 연속적 과정으로 이루어지고 있다. 그러나 기획의 핵심적 내용을 어떻게 보느냐에 따라 기획의 과정은 광의와 협의의 과정으로 구분된다.[12)]

기획을 광의로 보면 계획을 수립하여 그것을 시행하고 그 결과를 평가하여 계획에 반영하는 하나의 순환과정으로 보는 것이다. 이런 의미에서 기획은 동태적·계속적 과정이라고 보는 것이다. 이와 같은 광의의 기획과정은 가치형성(value formation), 수단규명(mean identification), 실현화(effectuation)의 세 단계로 구분된다. 가치형성이란 미래를 예측하여 선택 가능한 범위를 규명하고 바람직한 상태를 목표로 제시하는 단계이다. 수단규명의 단계에서는 설정된 목표를 달성하기 위한 수단을 모색하고 각 대안의 효과와 실현가능성을 비교하여 최종적인 결정을 하게 된다. 그리고 실현화의 단계에서는 계획을 실질적으로 집행하는 것으로서 여기에서는 집행과정에 대한 지속적인 검토와 수정 및 시정조치가 이루어진다. 이처럼 광의의 기획과정은 계획의 수립, 집행은 물론 평가와 환류(feedback)까지를 포괄함으로써 행정의 일반적 과정과 동일한 맥락으로 간주된다.

이에 비하여 협의의 기획과정은 광의의 기획과정에서 제시한 세 가지 단계 중 계획수립의 단계에만 국한하여 기획을 규정하는 입장이다. 여기에서는 광의의 기획과정에 비하여 상대적으로 기획의 속성을 구체화하고 있는 협의의 기획과정을 중심으로 그 구체적 내용을 살펴보고자 한다.[13)]

---

12) 김신복, 앞의 책, 128-129쪽.

13) 위의 책, 131-146쪽; 이황우, 「경찰행정학」, 제5판(파주: 법문사, 2012), 446-447쪽.

1) 목표의 설정

장래에 달성하고자 하는 목표를 가능한 한 구체적·양적으로 명확하게 제시하는 과정이다. 보통 설정된 목표는 상위목표(superordinate goals)와 하위목표(subordinate goals)로 나눌 수 있다. 상위목표는 경찰조직이 달성하고자 하는 궁극적 목표이며, 하위목표는 이를 달성하기 위한 보다 세분화된 목표라고 할 수 있다.[14)]

한편 설정된 목표가 계획의 수립·집행 및 평가의 제 과정에서 실효성 있는 지침 또는 준거로서 기능하기 위해서는 몇 가지 요건을 구비해야 한다.

첫째, 표방된 목표(stated goal)와 실제목표(real goal) 사이에 괴리가 없어야 한다.

둘째, 계획목표는 해결해야 할 구조적인 문제나 지향하는 미래상태에 비추어 타당성이 있어야 한다. 목표와 수단의 연쇄관계에서 하위목표가 최종목표에 인과적으로 연결되지 못하는 경우 현실 타당성을 잃게 된다.

셋째, 계획목표들 사이에는 내적 일관성(internal consistency)을 견지하여야 한다. 즉, 종적 측면에서는 상위목표과 하위목표간 내용적 연쇄관계가 있어야 하며, 횡적 측면에서는 다른 목표들과 상충되지 않도록 전체적인 기본정책방향에 비추어 일관성이 유지되어야 한다.

넷째, 계획목표는 구체적이고 실제적이어야 한다. 즉, 계획목표는 실제로 집행의 지침이 되는 동시에 그 성과를 객관적으로 평가하는 준거가 될 수 있도록 측정 가능한 단위로 제시되어야 한다. 이를 위해서는 계획목표를 계속해서 하위목표로 세분화하고 조작적으로 규정한 다음 계량적인 척도나 지표로 연결시키는 작업이 필요하다.

다섯째, 계획목표는 인적·물적 자원 등 여러 가지 제약조건에 비추어 실현가능한 것이어야 한다. 즉, 계획목표가 당초부터 지나치게 이상적이거나 허구적으로 설정되면 기획과정 자체가 부질없는 낭비요소가 될 가능성이 있기 때문에

14) Richard N. Holden, *Modern Police Management,* 2nd ed.(Englewood Cliffs, New Jersey: Prentice-Hall, 1994), pp. 121-122.

계획목표는 추진체제의 능력 등 여러 가지 제약조건 등을 고려하여 실현가능성 있게 설정되어야 한다.

2) 상황의 분석

계획목표가 설정되면 그 다음 단계로 현재 및 미래의 상황을 분석하여야 한다. 현재상황에 대한 분석은 달성하고자 하는 미래상황에 비추어 현재의 여건이 어느 정도인가를 측정하는 것이다. 따라서 상황분석을 통해서 필수적으로 규명되어야 할 것은 현재의 문제점, 예상되는 문제점 및 목표달성의 장애요인 등이다.

한편, 상황분석은 관련 정보 및 자료의 수집, 미래에 대한 추정, 그리고 상황변동의 관련요인에 대한 규명 등의 순서에 의하여 추진되는 것이 바람직하다.

3) 기획전제의 설정

기획전제(planning premises)란 계획을 수립하는 과정에서 토대로 삼아야 할 기본적인 예측(forecast) 또는 가정(assumption)을 의미한다. 즉, 계획추진에 결정적인 영향을 미칠 것으로 예상되지만 최고정책결정자로서도 통제가 거의 불가능한 요소들의 전개에 대하여 미리 예측하거나 전망을 하고, 그것이 불가능하면 가정을 세워서 기획의 전제조건으로 삼아야 하는 것이다. 예를 들면, 치안정책을 수립하는 경우 실업률, 인구증가(감소)율, 경제성장률 등 기존의 연구에서 범죄에 영향을 미치는 것으로 나타난 여러 요인들의 변화에 대해 일정한 전제를 필요로 한다.

이와 같은 기획전제는 통제의 정도를 기준으로 통제가 불가능한 변인(uncontrollable variable)에 관한 기획전제와 제한된 범위 내에서 통제가 가능한 변인(controllable variable)에 관한 기획전제 등 크게 두 가지로 나눌 수 있다. 예를 들면, 범죄에 대한 대응책을 계획하는 데 있어서 실업률, 이혼율 등은 경찰이 통제할 수 없는 변인이지만, 범죄율, 검거율, 범죄피해 두려움 등은 어느 정도 통제가 가능한 변인이라고 할 수 있겠다.[15)]

---

15) 순찰을 강화하여 범죄발생률과 범죄피해 두려움을 낮춘다거나 특정 범죄에 대한 집중단속을

한편, 기획전제를 효과적으로 설정하기 위해서는 다음과 같은 점을 충분히 고려하여야 한다.

첫째, 기획에 중대한 영향을 미치는 변인들에 대해서는 빠짐없이 전제가 설정되었는가?

둘째, 각 변인에 관한 전제는 발생가능성 즉, 확률이 가장 높은 상태를 전망 또는 가정하였는가?

셋째, 각 변인에 관한 전제는 예측치 못한 불의의 상황까지도 고려하고 있는가?

넷째, 기획전제를 설정함에 있어서는 이용 가능한 정보와 예측들이 충분히 수집·분석되었는가?

그러나 이와 같은 요건들이 충분히 고려되어 합리적으로 설정된 기획전제라 할지라도 실제 미래는 전혀 예기치 않게 전개되는 경우가 있기 때문에 계획내용도 수정·보완되지 않으면 안 된다. 기획전제가 무너질 가능성이 크거나 그에 따른 파급효과가 클 것으로 전망되는 경우에는 미리 그에 대비한 상황적응계획을 수립해 두는 것이 바람직하다. 군대에서 작성하는 비상계획이 그 대표적인 예이다.

4) 대안의 탐색과 평가

목표의 설정, 상황의 분석, 기획전제의 설정이 이루어지면 다음 단계에서는 대안을 상정하고 그것을 비교·평가하여야 한다. 특정목표를 달성하기 위한 수단은 대부분 복수의 대안으로 존재하며, 유일무이한 방안 밖에 없는 경우는 거의 없다. 따라서 대안의 탐색시에는 최선의 대안을 찾도록 노력해야 하며, 그러기 위해서는 선택 가능한 대안들이 모두 포함될 수 있도록 충분히 고려되어야 한다.

일반적으로 대안의 도출은 자신의 경험과 타인의 사례를 원천으로 하는 것이 보편적이다. 그러나 사회여건은 계속해서 변화하고 있어서 과거의 경험이나 선례모방에는 한계가 있을 수밖에 없다. 따라서 보다 창의적이고 분석적인 탐색을 통하여 독창성 있는 대안을 추출할 필요가 있다.

통해 검거율을 높일 수 있다.

한편, 도출된 대안들은 여러 가지 관점에서 상호 비교·평가가 이루어지고, 결과적으로 대안간 우열이 파악되어야 한다. 대안을 비교·평가하는 방법으로는 비용-편익분석(cost-benefit analysis)과 비용-효과분석(cost-effectiveness analysis)이 가장 일반적으로 활용된다. 비용-편익분석은 편익의 현재가치가 비용의 현재가치보다 크거나 편익을 비용으로 나눈 비율이 1보다 크면 우수한 대안이라 할 수 있다. 비용-편익분석은 투입과 산출을 화폐로 환산할 수 있는 경제분야의 투자배분이나 사업계획평가에만 적용되어 왔으나 최근에는 정부의 규제, 범죄예방, 교통사고 예방정책을 비교·평가하는 데도 이용되고 있다. 비용-효과분석에서 효과의 개념은 목표달성도의 의미로서 비계량적인 측면까지를 포함하며, 비용-효과분석은 추구하는 목표가 동일한 대안들을 비교·평가하는 데 유용한 방법이다.[16]

5) 최종안의 선택

기획과정의 마지막 단계는 대안의 평가결과를 토대로 최선의 대안을 선택하는 것이다. 최종안의 선택은 정책을 결정하는 작업이라고 할 수 있다. 관련자들의 이해관계와 결정자가 믿고 있는 가치의 우선순위가 결정에 영향을 미친다. 최종선택과정에서는 이러한 이해관계나 우선순위간의 갈등을 조정해야 하는 과제가 있다. 그 밖에도 최종안을 선택하기에 앞서 상황예측에 대한 재검토, 신뢰할 수 없는 자료의 배제, 불완전한 자료의 보완 등 기획과정을 처음부터 점검하는 작업도 최종안의 선택시 하자를 줄이기 위해 중요하다.

일단 최선의 대안을 선택하고 난 다음에는 그것이 과연 합리적인 결정인지를 검증하는 과정이 필요하다. 이러한 검증과정을 거치는 것은 기획전제의 타당성 여부의 재확인, 선택된 대안의 실현가능성의 검토, 이해관계자나 전문가의 지지와 동의를 확보하기 위해 필요한 것이다. 그리고 대안을 검증하는 방법으로는 여론탐색, 전문가의 논평을 구하는 것, 시험적으로 실시하고 평가해 보는 정책실험(policy experiment) 등이 있다.[17] 예를 들면, 2010년 10월 12일 경찰청은

16) 강욱·김석범·백창현, 「경찰경무론」(용인: 경찰대학, 2012), 21-23쪽.
17) 위의 책, 23-24쪽.

각 지방경찰청 담당자를 대상으로 하여 치안맞춤형 유연근무제[18] 도입을 위해 설명회를 가졌고, 전국의 지방경찰청 생활안전계장 및 경찰서 생활안전계장, 지구대와 파출소를 대상으로 10월 14일 화상회의를 개최하여 시범운영 동참을 설명하였으며, 2010년 10월 22일부터 29일까지 시범운영 관서로 선정된 13개 지역경찰관서를 대상으로 권역별 현장설명회를 개최하여 세부 시범운영계획을 논의하는 등 새로운 제도 도입을 준비하였다. 또한 시범운영과 협의를 통해 개발된 근무체계는 경찰청과 지방경찰청 담당자가 수정 및 보완하여 최종안을 마련하였다.[19]

6) 계획의 집행과 평가

보통 좁은 의미의 기획과정은 최종안의 선택과정에서 일단락된다. 계획의 집행과 평가는 기획과정을 보다 넓은 의미로 이해할 때 포함되는 단계로서 수립된 계획을 집행하고 그 결과를 평가하여 환류시키는 일련의 순환과정이 모두 포함되는 것이다.

우선 계획의 집행시 중요하게 논의되어야 할 것은 집행과정에 대한 철저한 점검이다. 점검은 계획에 제시된 목표와 구체적인 사항들이 차질 없이 집행되고 있는가를 파악하는 작업으로 계획의 효율적인 집행을 위하여 매우 중요하다. 이러한 점검을 위한 기법들은 관리과학(management science)의 발달에 힘입어 다양하게 개발·활용되고 있는데, 그 대표적인 것이 PERT(Program Evaluation and Review Technique)로서 사업계획의 평가 및 심사기법이라고 할 수 있다. PERT는 사업계획을 집행하는 과정에서 작업의 지연, 중단 및 충돌을 최소한으로 줄이고 사업 전반에 걸친 점검과 조정을 효율적으로 실시함으로써 소요시간과 경비를 절약하려는 관리전략이다.

계획의 집행이 완료되면 이에 대한 총괄적인 평가(overall evaluation)가 이루

---

18) 치안맞춤형 유연근무제란 치안수요에 맞춰 근무를 탄력적으로 조정하고 지역경찰이 본인의 여건 등을 고려하여 자신의 근무를 선택하도록 하는 지역경찰 근무체계이다(최응렬·박경민·송봉규, "지역경찰의 근무체계 개선방안에 관한 연구: 치안맞춤형 유연근무제 도입을 중심으로", 「한국공안행정학회보」, 통권 제42호, 2011, 295쪽).

19) 위의 논문, 314-315쪽.

어져야 하며, 이것은 사후적·포괄적 성격을 갖는다. 그리고 이러한 총괄평가의 결과는 차기의 기획과정에 환류되어 유용한 정보로 활용되어야 한다.

2. 경찰기획의 단계

기획은 경찰기관의 모든 수준에서 이루어진다. 경찰서장의 입장에서 기획은 어느 지역의 문제가 최우선순위가 되어야 하는지를 고려하는 반면에, 형사과장의 입장에서의 기획은 부하 형사들에게 사건을 어떻게 배분할지 또는 사건을 다른 부서로 넘김으로써 어떻게 하면 팀의 업무량을 조정할지가 될 것이다. 이렇듯 모든 구성원이 기획을 수립하며, 그 차이는 기획의 종류가 어떤 것인지, 이런 기획이 부서 전체의 조직에 어떻게 적용되는지에 달려 있다.

기본적으로 경찰기관에 적용될 수 있는 기획에는 두 가지의 체계가 존재한다.

첫째, 모든 기획이 각 조직에 있어 동일하게 일어나는 것이 아니라 다른 수준의 부서에서는 다른 종류의 기획이 이루어진다는 것이다. 즉, 경찰청의 경무국에서 수립하는 기획과 경찰서의 경무과에서 수립하는 기획에는 차이가 있다는 것이다.

둘째, 하급 부서의 기획은 상급 부서의 기획에 영향을 받을 수밖에 없다는 것이다. 서장 수준의 기획은 광범위한 반면, 팀의 기획은 구체적이며 관리자들

〈그림 3-1〉 경찰기획 절차

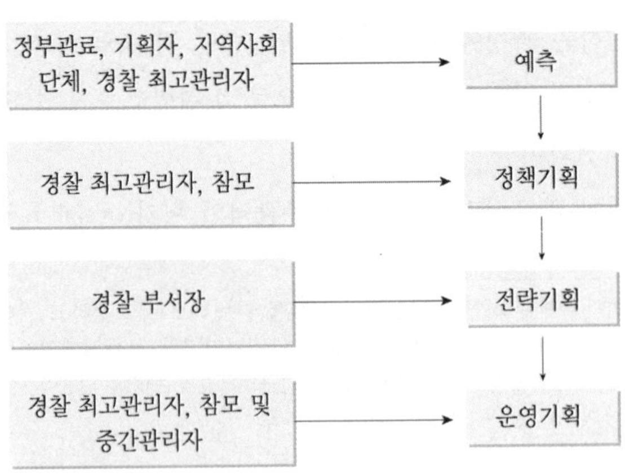

의 기획과 목적에 영향을 받는다.

〈그림 3-1〉은 경찰기획의 절차를 나타내고 있다.

그림에서 볼 수 있듯이 기획에는 예측, 정책기획, 전략기획, 운영기획이라는 네 단계가 있다.

1) 예 측

기획의 최고단계인 예측은 사회 동향을 연구·분석하고 경찰 부서와 관련된 미래 정세를 살펴보는 것을 말한다. 예측은 주변 상황을 예상하여 미래의 불확실성을 줄이려는 노력이다. 예측은 구체적이지는 않지만 경찰 기획자로 하여금 미래 상황에 맞게 부서를 준비시킬 수 있게 해 준다. 예측은 부서의 위기를 감소시키고 안정성을 유지하려는 단계이다.

예측은 과거와 현재의 데이터를 비교·분석하고 미래 동향을 추정할 수 있는 기획부서의 임무이다. 기획부서는 기관 내 부서 및 각 부서의 활동, 사회 전반적 동향 등에 대한 데이터를 수집하고 축적한다. 수집된 데이터는 범죄발생 빈도와 형태, 시민의 요청과 항의에 대한 정보, 대응시간, 체포율, 제공된 서비스, 범죄 척결과 경찰에 대한 시민 만족도 등의 경찰통계를 포함한다.

이러한 데이터는 첫째 부서가 주변 환경에 얼마나 잘 대응하고 있는지, 둘째 시간을 두고 데이터를 관찰함으로써 활동 패턴이 어떻게 그려지는지에 대한 정보를 제공한다. 만약 미래 활동 패턴이 현재와 판이하게 다르다면 관리자는 인사, 조직, 프로그램의 변화를 통해 부서의 미래 상황에 대한 대응을 개선시킬 수 있도록 결정을 내려야 한다.

사회동향 데이터는 경찰서비스 수요에 영향을 주는 지역사회 및 주변 환경 변화에 대한 정보로 구성된다. 무수한 정치적·경제적·사회적 데이터 및 정보를 고려해야 한다.

관할구역에 정치적 변화가 나타날 경우 경찰 부서에는 새로운 지시 또는 요구가 발생할 수 있다. 경제 동향은 경찰에 대한 요구에 영향을 미칠 것이다. 실업률 증가는 범죄문제와 질서유지활동을 증가시킬 수 있다. 예산 삭감은 경찰 부서의 예산에 영향을 미쳐 축소하거나 폐지할 프로그램에 대한 발 빠른 결정을 요구할 수 있다. 반대로, 경제성장은 새로운 프로그램과 경찰에 대한 새로운 요구를 창출할 수 있다. 사회적 변화는 보통 경찰에 대한 대중의 기대 변화를 수반한다. 최근 수년 간 대중은 경찰이 지역사회 치안 유지, 가정폭력, 아동 납치 및 학대, 아동 성폭력, 국내 테러리즘 등 주요 치안이슈에 대해 더 효과적으로 대응할 것을 요구해 왔다. 사회의 관심사가 변화하고 옮겨짐에 따라 경찰 부서의 노력과 방향성 역시 변화해야 한다. 따라서 경찰 기획자는 정보를 수집하고 분석하기 위해 정부 각 부처와 지역사회의 관계자들과 긴밀한 협력을 유지해야 한다.

〈표 3-2〉는 사회변화가 경찰에 미칠 수 있는 영향을 몇 가지 열거하고 있다.

〈표 3-2〉 사회변화가 경찰에 미치는 영향

사회변화	영 향
쇼핑몰 신설	-교통체증, 교통사고, 경찰의 교통지도 필요
고등학교 신설	-학교 주변과 통학로에서 교통법규 위반 및 학교폭력 등 소년범죄 증가
지역에 주택건설 증가	-순찰 강화 필요, 교통 체증, 미성년자 범죄, 신고전화 증가
도심지에 몇몇 상점 폐점	-부랑자, 무질서, 미성년자 범죄 증가
바 또는 나이트클럽 신설	-교통문제 및 교통법규위반 증가, 무질서와 폭력행위 증가

2) 정책기획

정책기획은 예측의 산물이다. 예측이 데이터와 정보의 획득인 반면, 정책기획은 획득한 정보를 활용하는 첫 번째 단계이다. 기획자가 정보를 수집하여 분석하면, 부서의 담당자가 부서에 미칠 영향의 중대성을 판단한다. 정책기획은 예측에 기초하여 부서의 미래역할을 결정하려는 노력이다. 경찰관리자들은 부서의 강점과 약점, 사회적 데이터 예측, 범죄율 및 동향을 관찰하고 목표와 목적을 수립한다. 정책기획 절차는 〈그림 3-2〉에 나와 있다.

정책기획에서 의사결정 절차는 합의에 의해 이루어진다. 부서 내외의 개인이 부서에서 다루어야 한다고 생각하는 문제에 대한 정보와 의견, 그리고 문제들의 우선순위에 대한 판단을 제시한다. 이 결정은 가치판단이다. 경찰관은

〈그림 3-2〉 정책기획 절차

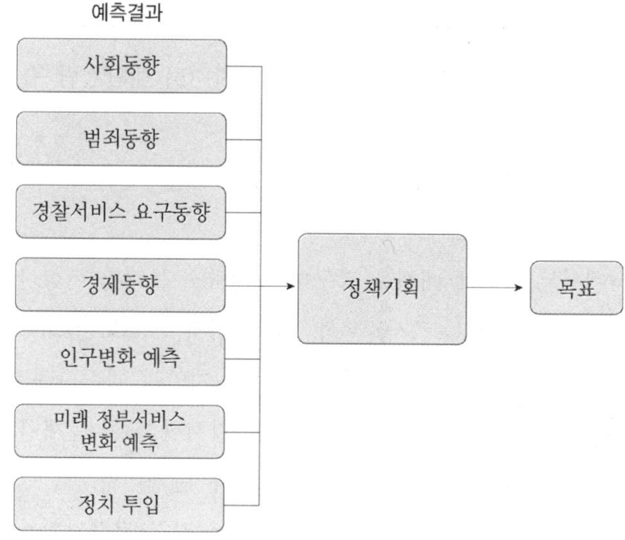

부서, 지역사회, 특정 문제에 대해 잘 아는 개인들을 정책기획 절차에 포함시킨다.

정책기획 절차는 경찰 부서의 수많은 영역에 걸친 다양한 목표를 산출해 낼 수 있다. 많은 경찰 부서의 전략기획은 다양한 형태의 목표를 보인다.

3) 전략기획

전략기획은 강령적이며 부서가 어떻게 정책목표와 목적을 성취해야 할지를 결정한다. 전략기획은 부서의 관리자, 기획부서, 하위부서 지휘관들에 의해 이루어진다. 이들에게는 주어진 목표를 달성하기 위한 최선의 방법을 택하는 것이 요구된다.

전략기획은 프로그램 기획과 긴급대책 기획이라는 두 가지 형태로 이루어진다. 프로그램 기획은 부서가 정책목표를 위해 지속적으로 실행하는 계획이다. 긴급대책기획은 부서가 중요사건이 발생했을 때 실행하기 위해 수립하는 계획이다. 두 형태 모두 인력 배치, 조직 변화, 임무 할당에 관련된 의사결정을 필요로 한다. 그러나 긴급대책 기획이 문제가 발생했을 경우 실행하기 위해 수립되는 반면, 보통 프로그램 기획은 바로 실행하기 위해 수립된다.

전략기획은 보통 네 단계의 기획 절차를 기반으로 한 포괄적 전략기획 모델을 따른다. 이는 (1) 문제 인지, (2) 대안전략 인지, (3) 대안전략 평가, (4) 실행전략 선택으로 이루어진다.

(1) 문제인지

경찰 부서에서는 사전에 대책을 강구하여 전략적 문제가 비상사태로 악화되기 전에 이를 인지해야 한다. 조사, 분석, 대응, 평가의 SARA(Scanning, Analysis, Response, Assessment) 문제해결 모델은 지역사회 치안과 관련하여 부서와 경찰관들이 주변에서 일어나는 문제들을 살필 것을 지시한다.[20] 문제인지는 경찰부서가 지역사회에 효율적으로 서비스하는 첫 번째 단계이다.

웹스터와 코너스(B. Webster & E. F. Connors)는 경찰 전략기획자가 문제인지에 활용해야 할 몇 가지 방법론을 제시한다. 이는 〈표 3-3〉에서 볼 수 있다.[21]

기요(D. Guyot)는 일단 문제가 인지되고 난 후 문제를 더 잘 이해하기 위한

〈표 3-3〉 전략기획을 위한 정보 출처

1. 경찰관 관찰 및 경험
2. 민원 제기
3. 범죄분석
4. 경찰보고서
5. 신고전화 분석
6. 범죄지도 제작
7. 지역사회단체로부터의 정보
8. 시민 및 지역사회 설문

20) L. K. Gaines & V. E. Kappeler, *Community Policing*(Saint Louis, Missouri: American Elsevier, 2012).

21) B. Webster & E. F. Connors, "Police Methods for Identifying Community Problems", *Community Policing: A Contemporary Perspective*, 2nd ed.(Cincinnati, Ohio: Anderson, 1999), pp. 183-204.

세 가지 유용한 단계를 언급하고 있다.[22)]

첫째, 기획사안과 관련된 사람들의 의견을 듣고 관련 기록 및 정보를 조사함으로써 문제를 구체화하는 단계이다. 이를 통해 문제 또는 기획에 대한 완전한 이해가 가능해진다. 둘째, 문제 또는 기획사안에 대해 명확히 기술하는 단계이다. 명확하지 못한 기술은 중간관리자에게 제대로 된 지침을 하달하지 못하고, 그들이 실행할 수 있는 최적의 업무계획을 수립하는 데 지장을 초래하기 때문이다. 이 단계에서는 문제가 명확히 정의되고 기획에 관여한 모든 구성원이 정의된 문제에 대해 완벽히 이해할 것에 대해 보장한다. 명확한 기술을 통해 문제가 적절히 정의되면 기획에 참여하는 모든 구성원이 문제를 완전히 이해할 수 있다. 마지막으로는 문제의 다양한 원인을 찾아내는 단계이다. 원인을 포함한 문제의 모든 면을 이해하고 고려하는 것이 중요하다. 이 세 단계를 통해 기획사안에 대해 더 잘 이해할 수 있고, 부서는 사전에 효율적으로 문제에 대해 대응해 나갈 수 있게 된다.

전략기획 문제가 명확해지면 다음 단계는 문제에 대응할 대안을 인지하고 평가하는 단계이다. 목표를 달성하는 데에는 많은 대안들이 존재한다. 전략기획은 이러한 대안들을 인지하고 그 상대적 효과를 평가하고, 어느 것을 실행할지 결정하는 활동을 포함한다. 이 일의 열쇠는 가능한 한 많은 대안을 인지하고 평가하는 것이다. 대안을 많이 인지하면 할수록 효과적인 대안이 선택되어 실행될 가능성이 커진다.

(2) 대안전략 인지

대안전략은 일련의 기획회의를 통해 인지된다. 문제가 구체화되고 나면 목표를 달성하기 위해 활용 가능한 대안을 찾아 나서게 된다. 회의에서는 누구나 자유롭게 진행에 관한 의견을 내놓을 수 있어야 한다.

허직과 코드너(J. K. Hudzik & G. W. Cordner)는 대안 창출과 관련된 활동으로 검토, 탐색, 구상의 세 단계를 제시한다. 검토는 당면한 문제해결을 위해 현재와

22) D. Guyot, "Planning Begins with Problem Identification", *Journal of Police Science and Administration*, Vol. 5, 1977, pp. 324-336.

과거의 조직제도 및 활동 중 활용할 만한 것이 있는지 조사하는 일을 말한다.[23] 행정적으로는 새로운 대안전략을 수립하는 것보다 현재의 제도를 활용하는 것이 훨씬 쉽다. 그러나 현재의 전략이 문제 또는 사안을 완전히 다룰 수 없을 경우에는 새로운 전략을 구상해야 한다. 부서의 문제를 다루고 해결하는 데 적당한 전략이 없다면 새로운 대안 탐색이 시작된다. 탐색은 부서 범주를 넘어설 수도 있다. 기획자는 다른 부서가 어떻게 문제에 접근하는지 관찰하거나, 정부 부서에 자문을 구하거나, 경찰연구 결과를 통해 타당한 대체 조치를 수립한다. 받아들일 만한 대안이 발견되지 않는 경우 기획부서는 새로운 대안을 구상하게 된다.

(3) 대안전략 평가

전략을 인지하고 나면 두 단계에서 평가해야 한다. 첫째, 전략의 실행가능성, 수용가능성, 적합성을 검토해야 한다. 실행가능성의 경우, "부서에서 전략을 실행할 수 있는가? 프로그램 실행을 위한 자원과 역량을 보유하고 있는가?", 수용가능성의 경우, "전략이 공동체와 정부에서 수용할 만한가?", 마지막으로 적합성의 경우는 "전략을 통해 목표를 달성할 수 있는가?"를 검토해야 한다.

전략평가의 두 번째 단계는 전략을 실행할 경우 산출될 수 있는 결과를 알아내고 예상하는 운영분석이다. 기획자는 전략의 실행단계를 모두 열거하고, 각각의 단계에서 어떤 일이 일어날지 분석한다. 전략이 어떻게 실행되고 여러 팀과 사람들이 어떤 영향을 받는지에 대한 흐름도가 만들어진다. 업무 활동과 성과에 대한 기준이 정해지고, 가능한 결과가 추정되며, 최종적으로 이 정보가 조직목표와 목적, 필요와 비교된다. 이 절차는 전략의 이론적 실행이며, 경찰 최고 관리자에게 전략의 최종적 수용가능성에 대한 정보를 제공한다.

(4) 실행전략 선택

전략들을 평가하고 각각의 전략 성과와 관련된 데이터가 구축되고 나면 관

---

23) J. K. Hudzik & G. W. Cordner, *Planning in Criminal Justice Organizations and Systems*(New York: Macmillan, 1983).

리자는 부서 참모진과 함께 실행할 전략을 선택한다. 여기서 선택된 전략이 실행된다. 실행의 실제는 부서장의 몫이다. 이러면서 부서장은 운영기획에도 참여하게 된다.

4) 운영기획

운영기획은 부서장에 의해 이루어진다. 그 절차는 기획부서 및 중간관리자에 의해 편성된다. 운영기획은 부서 업무를 구체적으로 할당하는 것이다. 이 단계에서는 기획자에게 전략기획 단계에서 생산된 모든 프로그램 정보가 제공되고, 이 정보는 기획자의 활동지침이 된다. 기본적으로 제공된 정보는 개인업무 할당에 대한 기준이 된다. 이 기준은 일반적 방향성과 팀에 대한 요구를 전달한다. 운영기획자는 인력 배치, 업무 일정, 임무 할당, 장비 수요와 관련하여 세부사항을 완성해야 한다. 중간관리자는 프로그램 변화 및 새로운 프로그램이 현행 프로그램 및 부서 활동에 미칠 영향에 대해 가장 잘 알고 있으므로 이 일에 가장 적합하다. 또한 이들은 또한 특정 프로그램 구성요소의 업무 역량에 대해서도 잘 알고 있다.

운영기획은 경찰관으로 하여금 일정 수준의 운영 통제권을 행사할 수 있게 한다. 프로그램이 실행되고 나면, 관리자는 구체적 임무를 할당할 뿐만 아니라 임무가 지시대로 수행되는지를 확인해야 한다. 운영기획만이 특정 임무를 통제할 정도의 세부사항을 제공한다. 운영기획이 제공되지 않는다면 경찰관과 부서는 어떤 역할을 해야 하는지 명확히 이해하지 못할 것이다. 많은 경찰 프로그램이 프로그램 명확성의 저하나 통제활동 부족으로 실패한다. 경찰관리자는 구성원들이 역할을 제대로 수행하고 있다고 추정해서는 안 되며, 반드시 활동을 감독해야 한다.

요약하자면, 경찰기획은 예측, 정책기획, 전략기획, 운영기획의 네 가지 단계로 이루어진다. 각각의 단계는 경찰기관이 최대의 성공을 거두기 위해 반드시 수행되어야 한다. 한 두 단계만 수행해서는 충분하지 않으며, 기획절차의 모든 단계에 주의를 기울여야 한다.

제3절 기획의 한계

기획은 경찰행정의 운영과 관련하여 여러 가지 긍정적인 기여를 한다. 그러나 기획을 수립하고 추진하는 데 있어서 여러 가지 현실적인 장애에 직면하게 된다.

경찰이 기획의 수립 및 추진과정에서 현실적으로 직면하게 될 제약요인 몇 가지를 제시하면 다음과 같다.[24]

1. 미래예측의 한계

미래는 본질적으로 불확실하고 가변적이다. 마찬가지로 경찰행정의 미래도 불확실하고 변화무쌍하다. 따라서 불확실한 미래를 사전에 정확하게 예측한다는 것은 쉬운 일이 아니다. 이와 같이 기획의 토대가 되는 미래예측 자체가 불확실하기 때문에 이에 근거하여 수립된 기획은 그 타당성이나 합리성을 기하기 어려운 경우도 많다.

2. 자료 및 정보의 부족

미래에 관한 정확한 예측과 합리적인 기획의 수립을 위해서는 관련 분야의 통계자료와 연구결과, 그리고 관련 요인들에 관한 정보가 많이 축적되어 있어야 한다. 그러나 현실적으로 체계적으로 수집·정리된 자료와 정보가 충분하지 않고, 구비된 자료나 정보의 신뢰성도 크지 않은 것이 일반적이다. 이러한 현상은 경찰분야에 있어서도 동일하여 미래예측이나 기획수립이 경찰관들의 상식적인 수준이나 직관에 의존하는 경향이 많다. 더욱이 수집·활용된 자료나 정보는 개인의 서류철에 사장되거나 비밀로 분류되어 공개되지 않은 사례가 많아서 체계적 관리나 정보공유를 더욱 어렵게 한다. 이와 같이 체계적인 자료나 정보의 수

---

24) 강욱·김석범·백창현, 앞의 책, 25-26쪽; 김충남, 「경찰학개론」, 제2판(서울: 박영사, 2002), 228-231쪽.

집 및 관리가 미흡하기 때문에 미래예측이 어렵게 되고, 결과적으로 합리적이고 타당성 있는 기획이 수립되지 못하는 것이다.

3. 정치적 인식 및 행정적 지원의 미흡

기획이 성공적으로 추진되기 위해서는 최고관리층이 기획의 중요성에 대하여 인식하고 있어야 할 뿐만 아니라 기획을 집행하기 위한 행정적·재정적 지원이 뒤따라야 한다. 그러나 현실적으로는 기획에 대한 인식과 지원이 미흡하고, 정치적 목적을 위해 기획과정에 부당하게 간섭을 하는 사례도 적지 않다.

4. 기획가의 능력부족

경찰기획이 체계적으로 통합되고, 높은 실현가능성을 확보하기 위해서는 각 전문분야의 지식은 물론 기획의 과정 및 기법에 관한 소양을 갖춘 전문기획가가 있어야 한다. 그러나 기획의 중요성에 대한 인식이 낮아 기획가를 양성·훈련하는 시스템이 없고, 더욱이 교육을 받은 사람은 기획업무를 기피하는 현상도 나타나고 있다. 또한 기획담당 경찰관은 기획에 관한 전문가적 식견보다는 승진이라든가 다른 이유 때문에 기획부서에 배치되거나 기획임무가 주어지기도 한다.[25] 따라서 기획부서는 경찰관보다는 민간전문가들로 구성하는 것이 효과적일 수 있다.[26]

5. 예산 및 관리제도의 비효율성

기획이 효율적으로 수립되어 집행되려면 적절한 예산지원과 관리능력이 수반되어야 한다. 그러나 실제적으로는 투자재원의 제약, 예산지출의 지연, 예산

---

25) 이황우, 앞의 책, 442쪽.

26) J. J. Fyfe, J. R. Greene, W. F. Walsh & O. W. Wilson, *Police Administration*, 5th ed.(New York: McGraw-Hill, 1997), p. 217.

기구와 기획기구 간의 갈등 등 여러 가지 원인으로 인하여 효율적 예산지원이 이루어지지 못한다. 또한 기획의 집행, 평가 및 통제를 담당하는 관리 면에서도 기술 및 인력의 부족, 복잡한 절차, 부서 간의 갈등 등으로 인하여 기획이 제대로 실현되지 못하는 경우가 많다. 이와 같이 집행수단과 제도의 비효율성으로 인하여 타당한 기획이 수립되더라도 성공적 실천을 기대하기 어려운 경우가 많다.

6. 시간과 비용의 제약

정밀한 자료의 분석과 다양한 대안의 검토를 거쳐 기획을 수립하자면 충분한 시간적 여유와 예산지원이 수반되어야 한다. 그러나 급격한 상황변화와 최고관리자의 빈번한 교체 속에서 기획이 수립되는 까닭에 합리성과 타당성을 확보하지 못하는 경우가 많다. 더욱이 단기간에 기획을 수립하여 조속한 가시적 성과를 내고 싶은 조바심으로 인하여 부적절한 기획이 수립되고 일과성 집행으로 끝나는 사례도 적지 않다.

제 2 장

경찰정책결정

정책결정을 적절하고 합리적으로 한다는 것은 결코 쉬운 일이 아니다. 최근 들어 공공행정영역이 확대되고, 해결해야 하는 문제들이 사회의 각 분야에 복합적으로 연계되어 있어 문제해결에 어려움이 더해지고 있다. 또한 다양한 의견을 가진 사람들의 의견표명이 정책의 결정과정에 반영되어 하나의 정책결정을 하는 데에도 많은 사항들을 고려해야만 하는 상황에 놓이게 되었다.

제1절 정책의 의의 및 구성요소

1. 정책의 개념과 특징

1) 정책의 개념

정책학이 본격적으로 연구되기 시작한 1970년대 초 이후에 출간된 저서나 논문을 중심으로 정책의 개념을 살펴보면 다음과 같다. 이스턴(D. Easton)은 정책을 "전체 사회를 위해서 가치를 권위적으로 배분하는 것"으로 정의하였으며,

라스웰(H. Lasswel)은 정책을 "문제해결 및 변화유도를 위한 활동"이라고 정의하고 있다.[1] 또한 드로어(Y. Dror)는 "정책기관에 의하여 결정된 미래의 행동지침"이라고 정의하고 있다.[2]

국내의 학자로 유훈은 "각종의 정치적·행정적 과정을 통하여 권위 있게 결정된 공적 목표(public goal)"라고 정의하고 있으며,[3] 정정길은 "바람직한 사회상태를 이룩하려는 정책목표와 이를 달성하기 위한 정책수단에 대하여 권위있는 정부기관이 공식적으로 결정한 기본방침"이라고 정의하고 있다.[4]

앞에서 기술된 학자들의 정책에 대한 정의를 바탕으로 경찰정책의 개념을 살펴보면, 경찰정책이란 치안기능을 달성하기 위해서 경찰기관에 의하여 권위 있게 결정된 기본방침을 의미한다고 할 수 있다. 이런 경찰정책은 민간 부문 조직의 '정책'과 구별되는 정부가 결정하여 집행하는 공공정책을 의미한다.

2) 정책의 특징

정책의 주요 특징은 다음과 같다.

(1) 기본방침

정책은 정책문제를 해결하기 위해 정부가 결정하고 시행하는 기본적 행동방침으로 거시적이고 총체적이며 근본적인 성격을 가진다.

(2) 목표지향성

정책은 반드시 목표를 가지고 있으며 바람직한 목표 상태를 지향하는 일련의 노력을 말한다. 즉, 목표의 규정은 정책의 불가결한 구성요소이다. 목표가 때로는 모호할 수도 있고, 목표가 사후적으로 설정되거나 수정되기도 하지만 목표 없는 정책이란 존재할 수 없다.

---

1) 박동균, 「정책학입문」(대구: 홍익출판사, 1999), 13쪽.
2) Y. Dror, *Ventures in Policy Science: Concepts and Applications*(New York: American Elsevier, 1971).
3) 유훈, 「정책학원론」(서울: 법문사, 1986), 38쪽.
4) 정정길, 「정책학원론」(서울: 대명출판사, 2002), 52쪽.

(3) 행동지향성

정책은 실현될 것을 전제로 한다. 정책이란 수단·산출·효과와 관련된 사항들을 포괄하는 개념으로, 정책을 실천하는 과정에서 정책수립시 기대하는 산출과 효과가 나지 않는다고 해서 이것이 정책이 아니라고는 할 수 없다.

(4) 복잡한 과정의 산물

정책은 많은 참여자와 여러 가지 절차 등 복잡한 과정을 통해 만들어진다. 정책과정에는 조직 내·외부의 여러 관계와 절차, 다양한 의사결정사항 등이 반영된다. 이러한 과정에는 정치적인 상황도 영향을 미치며, 복잡한 과정으로 인해 합리성과 비합리성, 확실성과 불확실성이 혼재한다.

(5) 목표와 수단의 다양성

정책의 목표와 목표를 달성하기 위한 수단은 매우 다양하다. 정책이 규정하는 행동방침에는 적극적인 것도 있고 소극적인 것도 있으며, 그 행위 양식이 작위적일 수도 부작위적일 수도 있다.

(6) 가치배분의 변화

정책은 그 영향을 받는 정책대상들에게 가치배분의 변화를 일으킨다. 이런 변화 가운데 중요한 것이 이익·손실의 배분 또는 재배분이다. 정책대상자들은 정책을 통해 이익을 받는 수혜자와 손해를 보는 희생자(비용부담자)로 구분해 볼 수 있다.

(7) 공식성

정책결정과 집행은 권한이 있는 정부(국가기관)에 의해 공식적으로 이루어지며, 이러한 권한은 법에 기초를 하고 있다. 따라서 정책은 법적 권한에 입각한 결정이기 때문에 국민들에게 영향을 미치며 강제력을 지니는 경우가 많다.[5]

---

5) 노화준, 「정책학원론」(서울: 박영사, 2012), 15쪽.

2. 정책의 구성요소

정책의 구성요소에는 정책목표, 정책수단, 정책결정 주체, 정책대상, 정책산출, 정책성과 및 정책영향 등이 있다. 이 중에서 정책목표와 정책수단이 가장 핵심적인 요소이다. 보통 정책목표, 정책수단과 정책대상을 합하여 정책의 3대 구성요소라고 하고, 정책결정 주체를 포함할 경우에는 정책의 4대 구성요소라고 한다.6)

1) 정책목표

정책목표(policy goal)는 정책을 통해서 달성하려는 미래의 바람직한 방향을 의미한다. 즉, 특정한 방향에 도달하기 위한 집단적인 일련의 활동을 의미하는 것으로 정책 달성을 통해 얻으려고 하는 목표는 미래지향적인 결과를 내포한다. 이러한 정책목표는 적극적 목표와 소극적 목표, 의도된 목표와 의도되지 않은 목표, 공표된 목표와 부차적 목표 등으로 구분되기도 한다.

2) 정책수단

정책수단은 정책목표 달성을 위한 수단을 의미한다. 즉, 정책의 실질적 내용으로서 역할을 하는 가장 중요한 정책의 구성요소이다. 이런 정책수단은 문제해결을 위해 동원되는 자원과 이를 통해 제공되는 서비스의 효과성을 높이고 각종 사회문제의 해결을 목적으로 한다.

정책수단의 평가기준으로는 능률성과 공평성이 있다. 능률성은 치안서비스 프로그램의 형성 및 구체화를 통해 가치를 배분하는 활동을 의미하며, 공평성은 자원의 배분 방식에 관한 수단적 이념으로 산술적 평등과 비례적 평등, 기회의 평등이 있다. 각 정책수단들은 이런 여러 가지 평가기준을 만족시켜야 한다.

정책수단의 종류로는 실질적 정책수단과 실행적 정책수단이 있다. 실질적 정책수단은 상위목표에 대한 정책수단이며, 한편으로는 하위수단인 실행적 정

6) 최응렬, 「경찰행정학」(서울: 경찰공제회, 2006), 87-88쪽.

책수단의 목표가 된다. 실행적 정책수단은 실질적 정책수단을 실현시키기 위해 필요한 정책수단을 의미한다.

3) 정책결정 주체

다양한 검토를 통해 정책을 결정하고, 이를 공식적으로 공표하는 권위있는 정부기관을 의미한다.

4) 정책대상

정책대상은 정책의 적용을 받는 집단이나 사람을 의미한다. 정책대상에는 다양한 집단이 존재하는데, 대표적으로는 정책의 혜택을 받는 수혜집단과 정책에 의해 희생을 당하는 희생집단으로 나누어진다.

일반적으로는 정책내용 속에 수혜집단을 명백히 밝혀 집행자가 임의대로 선정하지 못하도록 하고 있지만, 정책목표를 달성함으로써 얻게 되는 효과를 향유할 수 있는 자들이 광범위할 경우에는 정책 속에 명시하지 않는 경우도 많다.

5) 정책산출, 정책성과 및 정책영향

정책산출(policy outputs)은 정책집행으로 나타난 일차적이며, 가장 단기적 결과이다. 예를 들면 경찰의 일제 단속으로 검거된 범법자의 수 등을 말한다. 그리고 정책성과(policy outcomes)는 정책대상에게 일어난 변화를 말하며, 정책산출보다는 계량화가 곤란한 다소 장기적 효과이다. 예를 들면 최근 몇 년간 경찰의 지속적인 노력으로 범죄 발생건수의 감소 등이다. 정책영향(policy impacts)은 가장 장기적인 효과로서 정책집행으로 사회에 나타난 전체적인 변화를 말한다. 범죄의 경우 질서의식의 회복과 치안상태의 호전 등이다.

3. 정책의 유형

정책의 유형은 학자들마다 견해가 상이하고 다양하므로 단정적으로 규정짓기는 어렵지만, 다음과 같이 오석홍과 이종수·윤영진 외의 견해로 구분하여 살

펴보고자 한다.[7]

1) 오석홍의 견해

(1) 실질적·절차적 분류

정책의 내용 또는 대상영역을 기준으로 하는 실질적 분류와 누가 어떻게 행동할 것인가를 기준으로 하는 절차적 분류가 있다. 로위(T. J. Lowi)는 정책의 영향이나 효과를 기준으로 분배정책, 규제정책, 재분배정책, 구성정책 등 네 가지로 실질적 분류를 하였다.

(2) 기간별 분류

기간을 기준으로 장기(10년 이상)·중기(3-5년)·단기(1년 내외)의 정책으로 구분하기도 한다.

(3) 기관별 분류

정책과정을 주도하는 기관을 기준으로 국회가 결정하는 정책과 행정부가 결정하는 정책으로 나누기도 한다.

(4) 유형성·상징성에 의한 분류

유형적 정책과 상징적 정책으로 구분하기도 한다. 전자는 가시적인 이익 또는 불이익을 주는 정책이며, 후자는 실질적이 아닌 상징적 이익 또는 불이익을 주는 정책이다.

(5) 공급하는 재화·용역에 의한 분류

분할가능한 민간재를 제공하는 정책과 분할 불가능한 공공재를 제공하는 정책으로 구분하기도 한다.

---

7) 오석홍, 「행정학」, 제5판(서울: 박영사, 2011), 670쪽; 이종수·윤영진 외, 「새행정학」(서울: 대영문화사, 2012), 215-217쪽.

(6) 투입별 분류

정부가 환경으로부터 받아들이는 투입을 기준으로 자원획득을 위한 정책, 지지획득을 위한 정책, 그리고 요구투입에 대응하는 정책으로 구분하기도 한다.

(7) 보수성·진보성에 의한 분류

보수적 정책과 진보적 정책을 구별하기도 한다. 전자는 기존질서의 보존 또는 자연스러운 점진적 변동을 지지하는 정책이다. 후자는 기존질서의 적극적 변동을 추구하는 정책이다.

(8) 적극성·소극성에 의한 분류

쇄신적 목표를 추구하는 적극적 정책과 사후적·시정적 목표를 추구하는 소극적 정책을 구별하기도 한다.

2) 이종수·윤영진 외 견해

(1) 직제와 기능에 따른 분류

정부조직과 그 기관에서 하는 일에 따라 분류하는 것으로 대표적으로 문화정책, 경제정책, 교통정책, 교육정책, 통일정책, 외교정책의 형태로 분류한다.

(2) 정책의 성격에 따른 분류

정책의 성격에 따른 분류는 특히 학자들마다 견해가 다양하다. 알몬드와 파월(G. A. Almond & G. B. Powell, Jr.)은 분배정책, 규제정책, 추출정책, 상징정책으로 구분하고 있고, Lowi는 분배정책, 규제정책, 재분배정책, 구성정책으로 구분하고 있으며, 리플리와 프랭클린(R. B. Ripley & G. A. Franklin)은 분배정책, 재분배정책, 경쟁적 규제정책 그리고 보호적 규제정책으로 구분하였다. 또한 살리스버리(R. H. Salisbury)는 규제정책의 유형에 자율규제정책을 추가하고 있고, 잉그램과 슈나이더(H. Ingram & A. Schneider)는 정책산출의 최종사용자에 착안하여 혜택집단을 위한 정책, 경쟁자집단을 위한 정책, 의존자집단을 위한 정책, 그

리고 일탈자집단을 위한 정책으로 구분하고 있다.[8)]

이들의 다양한 구분기준을 바탕으로 대표적으로 언급되는 정책의 성격에 따른 분류로 분배정책, 규제정책, 재분배정책, 구성정책, 추출정책, 상징정책을 소개하고자 한다.

첫째, 분배정책은 특정한 개인, 기업체, 조직, 지역사회에 공공서비스와 편익을 배분하는 것으로 '나눠먹기식 다툼(pork-barrel politics)'이라고 불리기도 한다. 제공되는 재원은 정부의 공금 즉, 예산이며 수혜자는 다수의 국민이다. 다수가 수혜자이므로 정책집행의 순응성을 확보하기 용이하다.

둘째, 규제정책은 특정한 개인, 기업체, 조직의 행동이나 재량권에 제재나 통제 및 제한을 가하는 것으로 환경오염과 관련된 규제, 독과점 규제, 공공요금 규제, 기업 활동 규제 등을 예로 들 수 있다. Repley & Franklin은 규제정책을 경쟁적 규제정책과 보호적 규제정책으로 구분하는데, 전자는 다수의 경쟁자 가운데 특정한 개인이나 집단에 권리나 서비스를 제공할 것을 결정하는 정책으로 인·허가, 면허, 특허 등이 이에 해당한다. 후자는 다수의 일반국민들을 보호하기 위해 개인들의 행위를 제한하는 정책으로 최저임금제, 공정거래법 등이 대표적이다.

셋째, 재분배정책은 재산이나 권력, 그리고 권리를 많이 소유하고 있는 집단에서 그렇지 못한 집단으로 이전시키는 정책을 의미한다. 재분배정책은 계층간 소득격차를 완화해 평등한 사회로의 이행을 목적으로 한다.

넷째, 구성정책은 정부기관의 신설이나 변경, 선거구 조정, 경찰공무원의 합리적 보수 조정 등과 같이 정치체제의 구조와 운영에 관련된 정책을 말한다.

---

8) G. A. Almond & G. B. Powell, *Comparative Politics*, 3rd ed.(London, England: Little Brown, 1980), pp. 129-130; T. J. Lowi, "American Business, Public Policy Case Studies, and Political Theory", *World Politics*, Vol. 16, 1964, pp. 677-715; T. J. Lowi, "Four Systems of Politics, and Choice", *Public Administration Review*, Vol. 32, 1972, pp. 298-310; R. B. Ripley & G. A. Franklin, *Policy Implementation and Bureaucracy*(Homewood, Illinois: Dorsey Press, 1986), pp. 74-79; R. H. Salisbury, "The Analysis of Public Policy: A Search for Theories and Roles", *Political Science and Public Policy*(Cambridgeshire, England: Markham, 1968), pp. 151-175; H. Ingram & A. Schneider, "Constructing Citizenship", *Public Policy for Democracy* (Washington, D.C.: Brookings Institutions, 1993), pp. 68-94; 오석홍, 앞의 책, 461-462쪽; 유민봉, 「한국행정학」(서울: 박영사, 2012), 222-224쪽.

다섯째, 추출정책은 조세, 병역, 물자 수용, 노력 동원 등과 관련된 정책을 의미한다. 국방을 위해 병역의무를 부과한다든지, 치안질서 확보를 위해 유능한 경찰관을 채용하는 것은 여기에 해당한다.

여섯째, 상징정책은 88서울올림픽 경기, 2002 한·일 월드컵 경기, 남대문 복원과 같이 국민 전체의 자긍심을 높이기 위한 정책을 말한다. 경찰의 날 행사도 이에 해당한다.

제2절 정책결정

1. 정책결정의 개념과 특징

정책결정은 학자마다 강조하는 바에 따라 각자 내리는 정의에 조금씩 차이를 보이고 있다. 카이든(G. E. Caiden)은 사회적 문제를 공적으로 해결하는 일반적 방향을 결정하는 것이라고 보았고, Dror는 공익을 추구하거나 또는 공공문제 해결을 위해 가장 합리적이고 바람직한 정부의 대안을 선택하고 결정하는 일련의 복합적이고 역동적인 과정이라고 정의하고 있다.[9]

다시 말하자면, 정책결정은 정부를 포함한 관련 참여자가 문제해결이나 정책목표달성을 위해 일련의 개발된 행동방안들 중 실현가능한 최적의 대안을 선택·결정하는 행위이다.

정책결정은 문재해결이나 목표달성을 위해 여러 대안 중에서 바람직한 하나의 대안을 선택한다는 점에서 의사결정과 본질적 차이는 없다. 그러나 정책결정은 행위자가 정부이며, 그 목적이 공익의 추구라는 점에서 행위자와 목적 면에서 더 포괄적인 의사결정보다 범위가 제한적이라는 차이가 있다. 그 차이점의 특징을 정리하면 다음과 같다.

첫째, 정책결정의 주체는 정부이기 때문에 공적 목적과 정치성을 띠고 있

9) G. E. Caiden, *Public Administration*, 2nd ed.(Pacific Palisades, California: Palisades, 1982); Y. Dror, *Public Policy-Making Reexamined*(San Francisco, California: Chandler, 1968).

다. 이 점에서 개인, 조직, 사회 등 모든 단위에서 이루어질 수 있는 일반적인 의사결정과는 차이를 보인다.

둘째, 정책결정은 공공의 이익을 추구한다. 또한 국가발전과 사회 안녕 등 폭넓은 사회적 관심이 집중되는 문제를 해결하기 위한 것이다. 그리고 다양하고 복잡한 이해관계나 자원배분문제 등을 다룬다. 이러한 사안의 공공성이 일반적인 의사결정과는 다른 부분이다.

셋째, 정책결정은 본래 사안을 해결하기 위한 최적의 대안을 선택하는 것이다. 그러나 실제 정책결정에서의 대안선택은 그 나라의 정치적 이해관계 및 행정역량에 의하여 좌우된다. 이는 최적의 대안을 선택하는 데 한계가 된다.

넷째, 정책결정은 객관적인 합리성만을 추구하는 것이 아니다. 다양한 이해관계자의 참여와 개입으로 인해 힘의 원리가 작용하는 복잡한 역동적 과정을 거친다.

2. 정책결정의 참여자

정책결정의 참여자란 정책을 최종적으로 결정하는 사람만을 의미하는 것이 아니고, 하나의 정책을 구상하고 연구하는 과정에 참여하는 모든 사람을 의미한다. 정책결정 참여자에는 고위공무원, 정무직 공무원, 행정수반, 대통령, 정당·국회, 전문가, 이익단체, 일반시민 등이 있다. 이 중 입법부, 사법부, 행정부를 공식적 참여자로 분류하고, 그 외 이익단체, 전문가, 일반시민은 비공식적 참여자로 분류할 수 있다.

1) 공식적 참여자

(1) 국 회

국회는 헌법에서 부여된 입법의 권한을 통해 정책을 결정한다. 그리고 예산심의, 결산심의, 국정조사와 국정감사 등 헌법상 부여된 행정부 견제기능을 바탕으로 정책과정에 참여하고 정치적 영향력을 발휘해 정책과정을 통제한다.

(2) 법원, 헌법재판소

사법부는 정책결정에 적극적으로 참여하는 것은 아니다. 하지만 판결과 결정, 법해석 등을 통해 정책결정에 간접적인 영향을 미친다.

특히, 헌법재판소의 경우 위헌법률심판 등을 통해 법률의 유·무효를 결정할 수 있어 행정수도 이전 등 쟁점이 되는 정치적 사안의 결정에 대해 직접적인 개입을 하기도 한다.

(3) 대통령, 행정부

대통령제를 채택하고 있는 우리나라의 경우 행정부의 수반인 대통령과 행정 각 부처가 정책결정에 중요한 참여자가 된다. 법률에서 위임한 권한 내에서 명령과 규칙을 제정하여 정책결정에 관여한다.

2) 비공식적 참여자

(1) 정 당

정당은 국회에 소속된 의원들이 입법을 하는 과정에서 정강과 당규를 통해 정책결정에 간접적 또는 직접적으로 관여한다. 또 대통령과 행정부에 대한 지지나 견제를 통해 정책의 집행 여부 자체나 정책의 방향성을 결정하는 데 영향을 미치고 정책집행을 추진하는 데 협력하거나 반대하는 등의 역할을 한다.

(2) 비정부조직

비정부조직(NGO)은 시민의 자발적 참여에 의해 결성되는 민간단체이며, 공익추구를 목적으로 비영리 활동을 한다.[10] 정책의 결정과정에서 첨예하게 대립하는 이익단체간의 입장을 중재하기도 하고 설립된 목적에 따라 정책의 입안을 촉구하거나 반대하는 등 정책결정에 시민참여를 매개하는 역할을 한다.

(3) 이익집단

이익집단은 그 구성원들의 이익을 증진시키기 위해 구성된 것이다. 이익집

---

10) 오석홍, 앞의 책, 471쪽.

단은 구성원들의 이익에 도움이 되는 정책을 추진하고 불이익이 되는 정책을 막기 위해 노력한다.

21세기 들어 사회는 점점 더 다양화·전문화되어 가고 있다. 이에 따라 정부의 정책결정시 과거보다 비공식적 참여자의 역할이 증대되고 있다. 특히, 이익집단(interest group)의 역할이 중요해지고 있다. 우리사회가 다원화 사회로 변해 갈수록 정책결정에 있어서 이익집단의 존재는 더욱 중요한 의미를 갖게 될 것이다. 이익집단은 정권교체를 목적으로 하지 않고 구성원의 이익을 대변한다는 점에서 정권교체를 위해 존재하는 정당과 구별되고, 공익추구를 목적으로 하는 비정부조직과도 구별된다.

3. 정책결정의 이론모형

오늘날 정책결정에 관한 연구를 하는 데는 여러 학문 분야의 다양한 이론과 개념이 광범위하게 활용되고 있다. 정책결정을 위한 이론모형은 매우 다양하고 특성도 다르다.[11]

1) 산출지향적 정책결정모형과 과정지향적 정책결정모형

산출지향적 정책결정모형은 정책결정의 산출·결과의 분석에 중점을 두는 모형으로서 처방적 성격이 강하며, 보다 나은 정책형성을 위하여 정책내용 내지 정책결정방법의 개선에 목적을 두고 있다. 합리모형, 만족모형, 점증모형, 혼합주사모형, 최적모형 등이 이에 속하고, 행정학자들이 주로 다루고 있다. 반면에 과정지향적 정책결정모형은 참여자중심모형으로서 공공정책의 결정과정을 누가 주도하는가를 분석하는 데 중점을 두며, 처방적 성격보다는 기술적 성격을 특징으로 한다. 엘리트모형, 집단모형, 체제모형, 제도모형, 쓰레기통모형, 흐름·창모형 등이 이에 속하고, 주로 정치학자들에 의해 연구된다.[12]

산출지향적 정책결정모형을 상술하면 아래와 같다.

---

11) 위의 책, 485쪽.

12) 김규정, 「신판 행정학원론」(서울: 법문사, 1999), 201쪽.

(1) 합리모형(Rational Model)

① 개 념

합리모형은 정책결정의 고전적 접근방법으로 인간과 조직의 합리성, 완전한 정보환경, 합리적 경제인 등을 전제로 합리적 의사결정 행동을 모형화한 것이다.[13] 이 모형은 문제해결을 위한 모든 대안이 탐색되며, 탐색된 모든 대안은 일정 기준에 따라 평가·비교되고 이러한 단계를 통해 최적안을 선택하는 단계로 진행된다.[14]

② 전제조건

합리모형을 정책결정에 적용하는 데에는 ㉠ 전체 사회가치의 가중치가 정해지고, ㉡ 대안의 결과를 정확하게 알 수 있는 예측능력이 존재하고, ㉢ 비용·편익비율을 계산할 수 있는 지적 능력이 있고, ㉣ 정책결정이 합리적으로 이루어지는 정책결정체제가 있어야 한다.[15]

③ 특 징

합리모형은 ㉠ 결정단계의 순차적 진행, ㉡ 명확한 목표, ㉢ 대안의 포괄적 탐색과 체계적 분석, ㉣ 최적대안 선택의 4가지 특징을 지니고 있다.[16]

결정단계의 순차적 진행은 문제의 발견과 진단, 대안의 탐색과 평가, 대안의 선택 등 각 단계들이 서로 구별되며 순차적으로 진행된다는 것을 의미한다. 명확한 목표는 목표의 단일불변을 의미한다. 중요한 점은 목표와 대안(수단)은 구별된다는 것인데, 대안(수단)의 선택에 기준을 제시하는 목표는 대안선택을 위한 분석을 진행하기 전에 명확하게 확인된다. 대안의 포괄적 탐색과 체계적 분석은 문제해결에 기여할 가능성이 있는 대안들을 포괄적으로 탐색하고 그에 관련된 요인들을 포괄적으로 분석하는 것을 말한다. 마지막으로 최적대안의 선택은 미리 정해진 기준에 따라 최적의 대안을 선택한다. 이 경우 대안을 분석·선

---

13) 이종수·윤영진 외, 앞의 책, 377쪽.
14) 민진, 「조직관리론」, 제4판(서울: 대영문화사, 2012), 340쪽.
15) 최응렬, 앞의 책, 91쪽.
16) 오석홍, 「조직이론」, 제7판(서울: 박영사, 2011), 519쪽.

택하는 데 개입될 가능성이 있는 비합리적 요인은 통제된다.

④ 한 계

합리모형은 합리적 최적대안이 현실적으로 채택될 가능성의 여부에 관계없이 이러한 선택이 이루어지도록 노력하는 데 중점을 두고 있기 때문에 보다 나은 정책형성에 기여할 수 있어서 정책분석에 매우 유용한 도구가 된다.[17] 그러나, 지나치게 이상적이고 규범적인 전제와 내용들이 포함되어 의사결정상황에 부합되지 않는 경우가 많다는 점에서 ㉠ 인간의 인지적 한계, ㉡ 문제의 복잡성, ㉢ 미래 상황의 불확실성과 변동가능성, ㉣ 적절한 정보의 결여 등과 같은 한계를 지니고 있다.[18]

⑤ 효 용

합리모형은 다양한 가치와 이해관계를 조화시켜야 하며, 정치적 타협이 배제되기 어려운 행정 분야에서 이를 적용하기에는 문제점이 많으나 다음과 같은 효용이 인정되어야 할 것이다.

첫째, 합리모형은 합리적 최적 대안이 선택될 가능성 여부에 관계없이 이러한 선택이 이루어지도록 노력하는 데 중점을 두고 있으며, 보다 나은 정책형성에 기여할 수 있다.

둘째, 합리성에 대한 저해요인을 밝히는 데 도움을 주므로 정책분석목적에 매우 유용하다.

셋째, 객관적이며 계량적인 분석을 토대로 하기에 대안의 선택결과에 대해 과학적이며 객관적 평가를 가능케 한다.

넷째, 정책의 지지자·반대자 간의 상호작용이 거의 없고 정책결정체제의 투입이 매우 빈약한 발전도상국(개발도상국)에서는 엘리트가 국가발전사업을 추진할 수밖에 없으므로 합리모형을 과소평가할 수 없다.

---

17) 최응렬, 앞의 책, 91쪽.

18) 오석홍, 앞의 책, 519쪽.

(2) 만족모형(Satisfying Model)

① 의 의

만족모형은 사이먼(H. A. Simon)과 마치(J. G. March)가 주로 주장하는 행태론적 의사결정 모형으로 의사결정자의 사회심리적 측면을 중요시하는 현실적·실증적 이론이다. 만족모형은 현실의 정책결정자가 한정된 능력만을 가지고 있다는 것을 기본전제로 하며,[19] 사이먼(H. A. Simon)은 이러한 정책결정자의 한정된 능력에 대해 제한된 합리성(bounded rationality)을 제시하였다.[20]

② 특색 및 내용

이 모형은 합리성을 제한하는 요인과 조직내의 결정자의 심리적 측면을 중요시한 현실적·실증적 이론이라는 것이 특색이며, 의사결정은 만족스러운 대안의 탐색과정이라고 가정한다. 제한된 합리성을 핵심으로 하는 만족모형에서는 인간이 완전한 합리성이 아니라 주관적 합리성만을 추구할 수 있을 뿐이며, 대안의 선택도 최적대안이 아니라 주관적으로 만족스러운 대안을 선택한다는 것이다. 만족화 기준에 의한 대안의 선택으로 의사결정은 좀더 단순화되어 현실적인 정책결정자의 능력으로서도 가능하게 된다.[21]

③ 비 판

이 모형은 대안선택에 있어서 결정자의 주관적 판단이 지나치게 개입되기 쉽다. 대안선택에 있어서 만족의 기준을 주어진 상황으로 설정하고 있으나 그 기준이 가진 객관적인 만족화의 척도가 없다는 것이다. 따라서 만족화의 기준을 결정하는 여러 변수를 어떻게 통제할 것인가가 문제가 된다. 또한 만족모형은 개인적·심리적 차원의 모형이며 개인 만족의 총합이 반드시 조직 전체의 만족은 아니며, 특정인의 만족은 타인의 불만을 가져올 수 있다는 점을 설명해 주지

---

19) J. G. March & H. A. Simon, *Organizations*(New York: Wiely, 1993); 김규정, 앞의 책, 204-205쪽.

20) H. A. Simon, "A Behavioral Model of Rational Choice", *The Quarterly Journal of Economics*, Vol. 69 No. 3, 1955, pp. 99-118; 조철옥, 「개정판 경찰학개론」, 제2판(서울: 대영문화사, 2008), 264쪽.

21) 최응렬, 앞의 책, 92쪽.

못하고 있다.[22)]

(3) 점증모형(Incremental Model)

① 점증모형의 개념

린드블룸(C. E. Lindblom)과 윌다브스키(A. Wildavsky)가 제창한 이 모형은 정책결정의 현실적이고 실증적인 모형이다. 이 모형은 정책결정시 대안선택이 종래의 정책이나 결정의 점진적·부분적·순차적 수정 내지 약간의 향상으로 이루어지며, 이러한 일련의 과정을 '그럭저럭 헤쳐 나가는(muddling through) 과정'으로 보고 있다.[23)] 또한, 점증모형은 민주정치의 원리로서 평가되는 정치적 다원주의 입장을 취하며 이상적·경제적 합리성보다 사회적·정치적 합리성을 중요시한다.[24)]

② 적용요건

점증모형이 효과적으로 적용되기 위해서는 ㉠ 사회집단 사이에 상호조절이 원활하게 이루어지고, ㉡ 다원적 정치·사회구조가 유지될 수 있으며, ㉢ 행정체제에 대한 투입기능이 활발하고, ㉣ 정부관료제가 국가발전을 주도할 필요성이 절실하지 않아야 할 것이다. 따라서 점증적 정책결정이 오랜 세월에 걸쳐 제도화되어온 영미제국과 사정이 다른 우리의 행정현실에서는 적합하다고 보기 어려우나 적용가능성이 전혀 없는 것은 아니다.[25)]

③ 특 징

점증모형은 3가지 특징을 지니고 있으며, 각 특징들은 다음과 같다.[26)]

㉠ 목표·수단 구별의 모호성

점증모형은 목표 또는 실현해야 할 가치의 선정과 목표실현에 필요한 행동

---

22) 위의 책, 92-93쪽.

23) C. E. Lindblom, "The Science of Muddling Though", *Public Administration Review*, Vol. 19 No. 1, 1959, pp. 79-88; 이창원·최창현, 「새 조직론」, 제2판(서울: 대영문화사, 2011), 403쪽.

24) 김규정, 앞의 책, 206-209쪽; 이황우, 「경찰행정학」, 제5판(파주: 법문사, 2012), 452-453쪽.

25) 최응렬, 앞의 책, 93쪽.

26) 오석홍, 앞의 책, 524-525쪽.

의 분석이 상호 긴밀하게 얽혀 있다는 점에서 양자를 구별하기 어렵다.

㉡ 합의사항으로서의 대안선택기준

점증모형은 달성해야 할 목표에 대해 합의가 없거나 어떤 정책이 목표달성을 위해 가장 적정한 것인가에 대해 합의가 없는 경우에도 어떤 정책(대안선택)을 선택해야만 한다는 점에서 합의가 성립될 수 있는 특징을 지니고 있다. 이러한 특징은 목표에 대한 합의가 없으면 수단에 대한 평가기준이 없다는 한계가 있는 합리모형과 대조된다.

㉢ 분석의 단순화

인간은 지적 능력이 제한되어 있고 정보습득도 제한되어 있기 때문에 문제와 대안에 대한 분석의 단순화가 필요하다. 점증모형은 정책결정의 단순화를 위해 고려요인을 의식적이고 체계적으로 축소하지만 복잡한 문제에 합리모형을 무리하게 적용할 때에는 고려요인의 불가피한 누락이 일어날 수밖에 없는 특징이 있다.

(4) 혼합주사모형(Mixed Scanning Model)

① 의 의

에치오니(A. Etzioni)가 주장한 혼합주사모형은 정책결정의 성격을 나누어 합리모형과 점증모형을 혼용함으로써 합리적인 결정을 위해 등장한 모형이다. 다시 말하면 결정을 기본적인 결정과 세부적인 결정으로 나누고 근본적인 결정에는 합리모형을 적용하며 기본적인 결정의 범위 내에서 점증주의 모형을 통하여 세부적 결정을 한다는 것이다.[27] 즉, 이 모형에서는 모든 정책결정이 동일한 성질을 가진 것이 아니라 결정에는 기본적인 결정과 세부적인 결정이 있다고 전제하고 있다. 따라서 혼합주사모형은 기본적인 방향의 설정과 같은 것은 합리모형의 방법을 택하나 기본적 방향이 설정된 후의 세부적인 문제의 결정은 점증모형의 입장을 취해 깊이 있는 검토를 하는 것이 보다 현실적이라고 하는 것이다.[28]

---

27) A. Etzioni, "Mixed-Scanning: A 'Third' Approach to Decision-Making", *Public Administration Review*, Vol. 27 No. 5, 1967, pp. 385-392.

28) 김규정, 앞의 책, 209-211쪽; 이황우, 앞의 책, 453쪽.

이런 혼합 방식을 사용하면 세부적 결정에서의 점증주의는 합리모형의 비현실적 측면을 극복하며 기본적 결정에서의 합리주의는 점증모형의 보수적 편견을 보완하는 장점을 동시에 가질 수 있다.[29)]

② 특 징

이 모형은 기본적 결정과 세부적 결정을 구분하고 기본적 결정에 대해서는 합리모형을, 세부적 결정은 점증적 결정을 적용하였다. 즉, 주요한 정책결정이 이루어져야 할 경우에는 포괄적인 관찰을 통하여 합리적인 대안을 탐색함으로써 기본적 결정을 내리고 그러한 기본적 결정을 토대로 점증적 결정이 가능하게 된다는 것이다. 그러나 무엇보다도 Etzioni의 큰 공헌은 합리모형과 점증모형의 약점을 극복하는 데 중요한 역할을 했다는 점에 있다.

③ 비 판

혼합주사모형의 대표적인 비판은 이론적 독자성이 없고 절충혼합모형의 성격을 띠고 있으며 독립된 모형으로 보기에는 어렵다는 것이다. 결국, 합리모형과 점증모형의 단점을 근본적으로는 극복하지 못함으로써 현실적으로 정책결정이 기본적 결정과 세부적 결정 간에 신축성 있게 적용되기 어렵다.[30)]

(5) 최적모형(Optimal Model)

① 의 의

최적모형은 경제적 합리성과 아울러 직관·판단력·창의력과 같은 초합리적인 요인을 고려하는 의사결정 모형으로 기본적으로 점증모형에 불만을 표시하면서 특히 과거에 선례가 없는 문제이거나 매우 중요한 문제의 해결을 위한 비정형적 결정시에는 경제적·합리적 측면 이외에 이러한 초합리성을 중요시해야 한다는 정책결정모형이다. Dror는 넓은 의미의 정책결정 단계를 크게 세 가지로 나누고 초정책결정(meta-policymaking) 단계, 정책결정(policymaking) 단계, 정책결정후속(post-policymaking) 단계를 잘 진행하면 최적수준까지 이를 수 있다고

29) 이창원·최창현, 앞의 책, 404쪽.

30) 행정학교재편찬회, 「행정학 제대로 알기」(서울: 백산출판사, 2003), 105-108쪽.

보았다.[31] 이러한 단계를 바탕으로 최적모형에서는 단순히 현실적으로 이루어지는 결정만을 연구할 것이 아니라 넓은 의미의 정책결정 속에 정책집행과정에서 환류되는 정보에 따라 정책내용을 수정하는 것 즉, 재정책결정을 포함시키고 있다. 또, 환류과정을 통해서 단기적으로는 정책결정체제의 개선이 가능하고 장기적으로는 정책결정 능력이 최적 수준까지 향상될 수 있다고 강조하고 있다.

Dror는 정책결정상의 문제를 합리적 모형과 점증주의 모형 중에서 어느 것 하나를 선택하는 문제로 설명하는 것은 커다란 위험을 초래하므로 현실에 적합하면서 개선을 도모하는 모형 즉, 현실주의와 이상주의를 결합시키는 모형이 절실히 요구된다고 보고 Etzioni와 마찬가지로 합리적 모형과 점증주의 모형을 종합하였다. 그러나 이 모형은 단순합계적 혼합이 아니라 합리성과 초합리성을 동시에 고려하는 최적치(optimality) 중심의 규범적 최적모형을 제시하고 있다는 점에서 Etzioni와는 다르다.[32]

② 특 징

최적모형의 특징은 첫째, 계량적 모형이 아닌 질적 모형이다. 즉, 최적모형에서 언급하고 있는 최적치란 동원 가능한 투입물(feasible input)과 약정된 산출물(stipulated output)간의 관계를 나타내는 것이기 때문에 경제학적 개념의 계량적 최적치를 발견할 수 없다는 것이다. 둘째, 초합리성을 강조하고 있다. 전체적이고 동태적인 정책결정 과정의 질적 절정화를 기하기 위해서는 정책결정자 개개인의 지적인 합리성만을 유일한 정책결정의 투입 요소로 할 수는 없고 직관·판단·창의와 같은 초합리적 요인(extrarational factors)을 보다 더 중요시해야 한다고 하였다. 셋째, 최적모형은 경제적 합리성의 원칙을 바탕으로 하고 있다. 정책결정체제 전체가 어떻게 합리적으로 운영되어 이른바 최적화(optimization)를 기하느냐에 관심을 기울인다. 여기서 최적화란 정책결정 체제로부터의 정책산출(policy output)과 정책결과(policy outcome)가 그 체제에 투입된 것 즉, 정책결정에 필요한 지식·자원 등의 여러 요소들보다 큰 상태를 의미한다. 이러한 점

---

31) Y. Dror, *Public Policy-Making Reexamined*(Piscataway, New Jersey: Transaction Publishers, 1968), pp. 154-196; 이창원·최창현, 앞의 책, 404쪽.

32) 오일영, 「스포츠 조직관리론」(서울: 대한미디어, 1999), 249쪽.

에서 최적모형은 근본적으로 경제적 합리성에 기초하고 있다. 넷째, 결정능력의 향상을 위하여 정책집행의 평가와 환류작용에도 중점을 두고 있다.[33)]

③ 비 판

최적모형은 가치의 존재를 중시하고 직관·판단력·창의력과 같은 개념을 도입함으로써 합리적 모형을 한층 더 체계적으로 발전시키는 데 큰 공헌을 했다고 할 수 있다. 또한 사회적 변동상황에서의 혁신적 정책결정이 거시적으로 정당화될 수 있는 이론적 근거를 제시해 주었다는 점도 간과할 수 없다.

하지만 초합리성의 본질과 구체적인 달성방법이 명확하지 않고, 기본적으로 경제적 합리성을 지향하고 있으므로 정책결정의 사회적 과정에 대한 고찰이 불충분하며, 여전히 합리적 모형의 틀 속에 있다는 비판을 받고 있다.[34)]

2) 규범적·이상적 접근방법과 현실적·실증적 접근방법

정책결정에 작용하는 경제적 합리성을 강조하는 공공선택모형(public choice model)·관리과학, 체제분석 등의 규범적·이상적 접근방법과 정치적 합리성을 강조하는 점증모형·만족모형 등의 현실적·실증적 접근방법이다.

3) 합리모형과 인지모형

인간의 지적 능력에 의한 합리적 의사결정이 따라야 할 논리·절차를 밝히는 데 중점을 두는 합리모형과 이와 대립되는 시각에서 사이버네틱스모형(cybernetics model)과 심리학의 인지과정에 관한 이론을 내포하는 인지모형(cognitive model)이다. 인지모형은 인간능력의 한계 때문에 합리적 의사결정이 이루어질 수 없다는 실증적 측면을 강조한다.[35)]

4) 정부기관의 의사결정모형

앨리슨(G. T. Allison)은 1971년 「의사결정의 본질(Essence of Decision)」이란

---

33) 김규정, 앞의 책, 211-212쪽; 오일영, 앞의 책, 249쪽.

34) 김규정, 앞의 책, 212쪽.

35) 위의 책, 202쪽.

저서에서 1962년 10월 16일에서 10월 28일까지 13일간 쿠바 미사일 위기에 따른 미국 정부의 의사결정과정을 설명하고, 정부기관의 의사결정에 관한 모형으로서 합리모형(Model Ⅰ), 조직과정모형(Model Ⅱ), 관료정치모형(Model Ⅲ)을 들고 있다.[36] 이것은 1962년 미국을 공격하기 위해 쿠바가 소련 미사일을 수입하려고 했을 때 미국의 케네디(J. F. Kennedy) 대통령이 '왜 해상봉쇄라는 대안을 채택할 수밖에 없었는가' 하는 과정을 보다 체계적으로 설명하기 위한 이론모형이다. Allison은 기존의 여러 이론들을 정리하여 집단적 의사결정이 집단의 특성에 좌우됨을 밝히고 이를 세 가지 모형으로 정립하였다. 즉, Allison의 의사결정모형은 집단의 특성(응집성이나 권력성 등)에 따라 적용될 의사결정모형이 달라져야 한다는 시각에서 출발하고 있다. 이들 모형을 구분하는 중요한 기준은 ㉠ 조정과 잘 통제된 조직관, ㉡ 최고관리층에의 권력 집중, ㉢ 개인목표보다는 전체목표에 치중, ㉣ 목표의 강한 공유도 및 정책결정의 일관성, ㉤ 잘 정비된 명령체계, ㉥ 구성원의 강한 응집성 등이다.[37] 정부의 정책결정과정에 집단의 응집성이 아주 강하게 형성된 경우와 그렇지 못한 경우를 나누어 가장 강한 쪽으로부터 Model Ⅰ과 Model Ⅱ로 규정하고, 전혀 없는 경우를 Model Ⅲ으로 각각 규정하였다. Allison 모형과 마찬가지로 쿠바의 미사일 위기 처리에 관한 Kennedy 정부의 결정과정을 분석한 모형으로 Anderson 모형이 있는데, 이는 중요한 국가정책결정에서는 경쟁적인 목표나 대안을 제시하여 탐색하는 것이 아니라 논의과정에서 반대제기를 통하여 목표를 발견하게 되며 결정자는 문제해결을 기대하지 않는 대안을 선택하는 경우가 많다고 지적한 정책결정 모형이다. 즉, 최적 또는 만족할 만한 대안도 성공할 확률이 적으면 선택하지 않으며, 문제해결기준은 문제를 악화시킬 확률이 많은가라는 기준보다 덜 중요하다는 것이다.

(1) Model Ⅰ(합리모형: Rational Actor Model 또는 Classical Model)

이 모형은 개인적 차원의 합리적 결정을 설명하는 합리모형의 논리를 집단

---

36) 정철현, 「행정의사결정론」(서울: 다산출판사, 2001), 91쪽.
37) 최응렬, 앞의 책, 97쪽.

적으로 결정되는 국가정책·정부정책의 경우에 적용한 것으로 구성원의 응집성, 정책의 일관성 등이 아주 높은 경우이다. 이는 정책결정주체인 정부를 잘 조정된 유기체로 보고 정책결정자의 완전한 합리성과 하급구성원과의 관계가 가장 높은 응집성으로 형성되어 있음을 전제한 경우이다. 이 Model Ⅰ에 의하면 의사결정에 참여하는 모든 사람은 국가 전체의 이익을 위해 행동하며, 개인의 이기심은 작용하지 않는다고 한다. Allison은 해상봉쇄[38]라는 미국 정부의 정책결정이 이루어지기까지 합리모형의 적용과정을 ㉠ 문제가 무엇인지 문제의 파악, ㉡ 대안에는 어떠한 것들이 있는지 대안의 모색, ㉢ 각 대안의 전략적 편익과 비용은 무엇인지 대안의 비용편익 계산, ㉣ 국가목표 달성에 얼마나 기여하는지 국가목표의 기여도, ㉤ 국제사회의 압력은 어느 정도인지 외교적 판단 , ㉥ 모든 대안과 결과의 득실에 대한 정보를 바탕으로 최선의 대안을 선택하는 단계로 설명하였다.[39]

이와 같은 이상적 행동에 대한 기대는 고전주의 경제학에서 말하는 완전경쟁시장에서 행동하는 소비자와 생산자들의 합리적 의사결정 능력을 전제로 하고 있는 것이며, 축구 등의 단체 운동경기에서 개인득점이나 인기에 몰입하지 않고 오직 팀플레이에만 집중하여 플레이하는 선수의 행동과 유사한 행동이라 할 수 있다.

이상과 같은 합리적 정책결정은 다양한 외적 변수가 작용하는 현실에 있어서는 존재하기 어려우며, 오히려 국가 전체의 운명에 관계되는 치명적인 문제에 대한 정책 등 외교·국방정책에 대한 설명에 부분적으로 적용된다고 볼 수 있으며, 조직 전체의 성격이 강한 모형이다.

(2) Model Ⅱ(조직과정모형: Organizational Process Model)

Allison은 조직체가 인체의 유기체와 같을 수는 없다고 보고 오히려 국가 또는 정부는 단일한 결정주체가 아니라 반독립적인 하부조직들의 이완된 연결집

---

38) 소련은 1962년 미사일기지를 쿠바에 설치하려고 하였다. 쿠바는 지리적으로 미국과 가장 가까운 거리에 있어 쿠바에 미사일 기지가 설치되면 미국에 큰 군사적 위협요소가 된다. 이를 막기 위해 케네디 대통령은 소련의 어떤 배도 쿠바로 들어가지 못하게 전쟁의 위험을 무릅쓰고 해상봉쇄를 단행하였다.

39) 정철현, 앞의 책, 92쪽.

합체로서 이들 하부조직들은 어느 정도 자율성을 지니고 저마다 독립적으로 정책결정을 한다고 보았다. 같은 문제가 발생하더라도 조직에 따라 문제해결을 위해 각각 다른 방법으로 접근하는 것이다. 예를 들면, 쿠바 미사일 위기의 문제해결을 위해 국무성에서는 외교적 노력을 경주할 것을 주장한 반면, 국방부에서는 힘의 논리로 대항할 것을 주장하였다.[40]

정부가 반독립적인 하부조직들로 구성되어 있기 때문에 하부조직들은 서로 상이한 목표들을 지니고 정책결정에 임하게 된다. 서로 다른 목표들을 지닌 하부조직들이 참여하여 정책을 결정하려면 이들간의 갈등은 불가피하며 많은 경우 주도적인 하부조직의 주장대로 정책이 결정되지만 이해대립이 심한 경우 타협이 불가피해진다.

그런데 행정의사결정의 대부분은 표준운영절차(Standard Operating Procedure: SOP)에 의해 이루어진다. 표준운영절차란 특정문제를 특정조직경로를 따라 의사결정되는 것으로 정해져 있는 경우를 말한다. 표준운영절차에 의하면 어떤 문제가 발생했을 때 조직 내부에서 이를 해결하기 위한 대안 등을 모색하는 공무원과 문제해결을 위한 대안을 선택하는 상급자의 라인이 정해져 있다.[41]

(3) Model Ⅲ(관료정치모형: Governmental or Bureaucratic Politics Model)

정부의 정책결정은 참여자들간의 갈등과 타협에 의하여 이루어진 것으로서 다원론자의 주장과 관련되며, 정부의 정책결정을 결국 정치적 활동으로 보는 관점이 관료정치모형이다. 이 경우는 구성원 사이에 응집성이 약한 집단이 하나의 문제를 놓고 의사결정을 하는 경우이므로 목표가 각각 다르며, 이로 인하여 조직 전체의 목표와 자기 개인의 목표가 혼합된 상태로 되어 개인들 간의 이해가 충돌되거나 갈등이 심화되어 개별적인 행동을 하거나 연합하기도 하는 현상을 볼 수 있다. 그래서 결국은 대통령을 포함한 각료급과 고위정책결정자들이 상이한 목표를 지니고 서로 정치적 게임(political game)을 하여 그 결과로서 정책이 결정된다고 보는 것이다. Allison은 쿠바 미사일 위기 문제를 해결하기 위한 대

40) 위의 책, 93쪽.
41) 김규정, 앞의 책, 216쪽.

안으로서의 해상봉쇄라는 강공책이 바로 대통령과 고위관료 그리고 정치가들간의 정치적 게임에 의해 결정되었다고 주장한다.42)

4. 정책결정의 영향요인

니그로와 니그로(F. A. Nigro & L. G. Nigro)는 정책결정 과정에서 관리자에게 영향을 미치는 몇 가지 요소를 밝혀냈다.43)

1) 외부압력

외부압력은 정책결정권자를 제약하는 조건이다. 법률이 근무 여건, 부서 내 임명 및 진급 등에 대한 경찰관리자의 정책결정을 제한하는 경우가 종종 있다. 정치인과 기타 정부기관장이 부서 운영과 경찰관 업무와 관련하여 압력을 행사하기도 한다. 사회적, 정치적, 경제적 조건은 수용가능성과 실행가능성 측면에서 정책결정권자를 빈번히 제한한다. 이런 외부압력은 지속적으로 작용하기 때문에 성공적인 경찰관리자는 중재, 협상, 교섭을 통해 부서와 공동체에 최선의 절충안을 도출해 내야 한다.

2) 매몰비용

매몰비용(sunk cost)은 이미 투입되어 현행 절차 또는 업무 정책에 변화를 가할 수 없게 만드는 요소이다. 예를 들어 실패한 것으로 평가된 범죄예방 프로그램이라 하더라도, 이미 그 프로그램에 수십억의 사업비가 투입된 후라면 사업을 중지하고 새로운 전략을 세우는 것은 몹시 힘든 선택일 것이다.

이런 매몰비용은 단순히 예산의 문제에만 해당되는 것이 아니라 사업수행에 투입된 사람들의 노력도 포함된다.

---

42) 합리모형을 적용하면 왜 해상봉쇄를 해야 하는가에 대한 이유를 중심으로 그 득실을 계산해야 하고, 조직과정모형을 적용하면 해상봉쇄라는 해결책이 어느 조직의 어떤 산출물의 결과인가에 관심을 두어야 한다. 정철현, 앞의 책, 94쪽.

43) F. A. Nigro & L. G. Nigro, *Modern Public Administration*, 5th ed.(New York: Harper & Row, 1980).

그러므로 경찰관리자는 매몰비용이 발생하지 않도록 해야 한다. 하지만 매몰비용에 대한 비판 때문에 사업을 교체할 필요성이 있는데도 불구하고 계속해 나간다면 더 큰 문제가 발생할 수 있으므로 이런 경우에는 부서와 지역사회가 최대의 이익을 얻을 수 있는 결정을 내려야 한다. 또 이런 결정은 매몰비용의 최소화를 위해서 신속하게 이루어져야 한다.

3) 성격특성

성격특성은 정책결정권자의 성격을 말한다. 모든 사람은 특이성격, 편향성, 격한 감정을 가지고 있다. 중요한 것은 이러한 성격특성이 판단에 영향을 미쳐서는 안 된다는 것이다. 경찰관리자는 문제 또는 사안을 해결하는 데 최선의 결정을 내리기 위해 문제, 상황, 관련된 사람들을 이성적으로 분석할 수 있어야 한다.

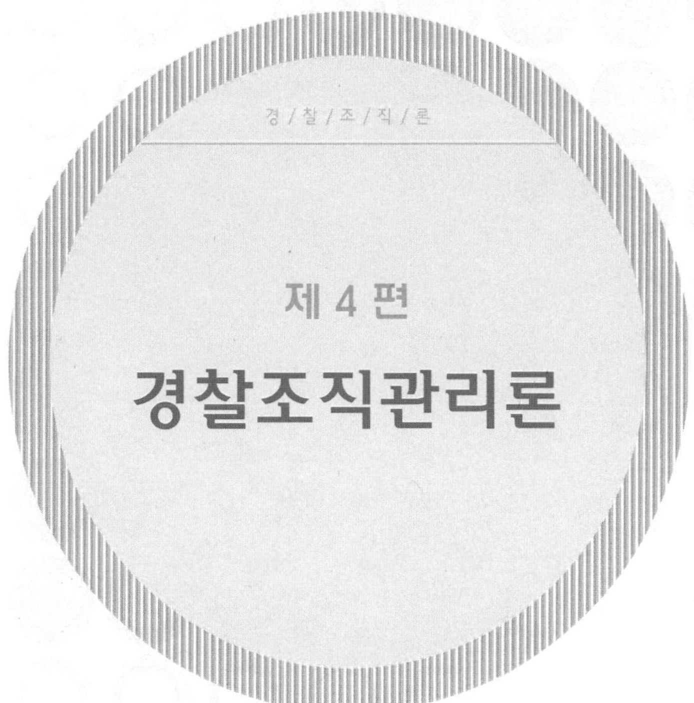

제 4 편

경찰조직관리론

제 1 장

조직과 개인

제1절 조직과 개인의 관계

개인은 조직의 기본적인 구성요소이다. 개인들은 조직 내에서 상호작용하며 서로에게 영향을 준다. 개인은 조직 내에서 의사전달을 하고 정보를 전달하며 직무를 수행한다. 이러한 활동으로 개인은 조직을 통해 자아실현을 하고, 조직은 개인을 통해 조직목표를 달성한다. 조직에서 의사결정을 하고 리더십을 발휘하는 것도 또한 개인이다. 그러므로 조직현상을 이해하기 위해 조직 내에서 활동하는 개인행동을 파악하는 것은 기본이라 할 수 있다.

조직의 환경도 개인의 행동에 영향을 미친다. 조직에서 개인은 역할에 따라 태도를 형성하고 행동한다. 조직에서 개인행동에 영향을 주는 상호의존적인 변수들은 너무 많아서 사실상 모두를 이해하는 것은 불가능하다. 조직이 개인행동에 미치는 영향요인 가운데 다음의 다섯 가지를 중점적으로 고찰하기로 한다.

1. 태도(Attitude)

워든(R. E. Worden)[1]에 따르면 "신념, 감정 그리고 어떤 목적에 관한 행동 성향들의 무리"를 태도라고 정의하였다. 태도에는 이상, 가치관, 감정, 생각, 사고, 개념, 느낌, 신념, 추측이 포함된다.

태도는 개인들의 지각, 행동 등에 영향을 미친다. 서로 다른 태도를 가지고 있는 사람들은 그들과 연관된 사람들의 생각에 영향을 미칠 것이다. 또한, 사람들은 태도에 따라 관련되어져 있는 활동들과 사건들을 다르게 평가할 수 있다. 사람들이 행동하는 방법은 자신의 태도에 의해 영향을 받지만, 행동은 많은 다른 요인들에 의해 영향을 받게 된다. 그러므로 모든 행동이 태도와 직접적인 관계를 나타내는 것은 아니다.

태도와 행동 사이의 직접적인 관계를 나타내는 대표적인 예로는 편견(태도)과 차별(행동)을 들 수 있다. 우리는 사회집단에 대해 선입견이나 편견을 가지고 있다. 사람들은 그들이 속해 있는 조직을 기초로 각각 태도를 형성하는 경향이 있다.

조직 내에서 형성되는 태도에 영향을 미치는 주요요인에는 직무와 권력이 있다. 직무를 수행하는 방법이나 권력에 대한 반응 등이 태도에 영향을 미친다. 예를 들어 좋은 성과를 위해 직무를 즐겁게 수행해야 한다는 태도를 갖는 사람도 있는 반면에 직무를 오직 결과를 달성하기 위한 수단으로 생각하는 사람도 있어 직무에 대한 태도가 서로 다를 수 있다. 또한, 조직에서 권력의 사용이 합법하다고 받아들이는 사람이 있는 반면에, 어떤 사람들은 직장상사의 권력을 수용하지 못하는 것처럼 권력에 대한 태도가 다를 수 있다. 이러한 개인적 태도의 차이에도 불구하고 개인들은 조직의 구성원으로 활동한다.

개인들의 태도가 다른 이유는 가족, 성별, 나이, 경제·사회적 지위, 교육, 지능, 거주지 등과 같은 요인들에 의해 영향을 받기 때문이다. 심지어 가족들 사이에서도 유사한 태도를 갖고 있을 것이라고 예상하지만 태도는 분명히 차이가 나타나고, 이를 쉽게 구별할 수 있다.

---

1) R. E. Worden, "Police Officers' Belief Systems: A Framework for Analysis", *Managing Police Personnel*(Cincinnati, Ohio: Anderson, 1996), p. 139.

개인들은 보통 다른 사람들에게 그들의 태도를 정당화시키기 위해 합리적이고 자세하게 설명한다. 심지어 사람들은 유사한 태도를 가지고 있는 다른 사람들과 어울리는 경향이 있다. 이러한 과정을 통해 개인들은 그들 자신의 태도를 강화시킨다.

전통적 견해에 따르면 행동변화는 태도가 변화되었을 때 발생한다. 그러나 태도를 변화시키는 것은 매우 어렵다. 그래서 일부 행동변화에 대한 현대적 견해는 대체로 행동변화에 있어 태도를 변화시키는 것을 건너뛰고, 행동과 보상 사이의 관계에 집중한다. 이는 보상과 처벌을 통해 행동을 변화시킬 수 있다고 가정한 것이다. 그러나 행동변화에 대한 가장 합리적인 방법은 보상보다는 개인의 태도를 변화시키는 것이다. 개인의 태도는 조직의 목표와 목적을 달성하는 데 있어 걸림돌이 될 수도 있기 때문이다.

경찰교육훈련 중 태도를 변화시키는 데 사용하는 가장 흔한 방법이 감수성 훈련이다. 감수성 훈련은 인간관계의 개선이나 리더십을 양성하는 교육훈련방법이다. 감수성 훈련은 자신의 태도를 알아볼 수 있는 기회를 제공하고, 문화적 다양성이나 문화적 인식에 대한 교육을 통해 다른 사람들의 태도에 대한 정보를 제공해 준다. 이를 통해 인간관계의 개선과 태도변화를 이루려는 것이다.

다음으로 경찰관의 태도를 변화시키는 것은 선임자의 태도이다. 신임 경찰관들은 선임 경찰관들로부터 인정받기를 원한다. 그렇기 때문에 신임 경찰관들은 직무수행에 있어 선임자의 태도를 받아들이는 경향이 있다. 이로 인해 신임 경찰관의 태도는 짧은 기간 동안 변화하게 된다. 그러므로 선임 경찰관들은 신임 경찰관의 태도가 부정적인 것보다 긍정적으로 변화될 수 있도록 관리해 주어야 한다.

2. 역할(Roles)

영화에서 배우들은 자신의 배역에 부합하는 행동특성들을 갖고 있다. 마찬가지로 모든 인간은 역할이 필요하다고 생각되면 그에 맞는 행동을 한다. 개인들은 동시에 많은 역할을 수행한다. 그리고 그 역할에 필요한 행동을 하게 된다. 예를 들어 한 여성이 엄마, 아내, 딸, 경찰관 등의 역할을 할 수도 있다.

각각의 역할은 개인이 인지하는 방법에 따라 행동에 영향을 미친다. 다시 말해 사람들이 같은 역할을 하는 방법에도 크게 차이가 날 수 있다. 예를 들어 일부 어머니들은 본인의 역할을 전업주부로 인지하여 집에서 가정을 돌보지만, 어떤 어머니들은 집 밖에서 일을 하는 것을 역할로 인지하여 직업을 갖는 경우도 있다. 경찰관들이 자신의 경찰 역할을 어떻게 보느냐에 따라 그들의 행동 역시 달라진다. 경찰의 역할을 범죄자와 싸우는 사람으로 보는 경찰관들은 규칙과 법률을 철저히 준수하려고 하며, 그들 자신의 역할을 법집행이라고 생각한다. 그들은 체계적이고 철저한 법의 적용이 질서 있는 지역사회를 조성할 것이라고 생각한다. 반면에 경찰의 역할을 지역사회 봉사자로 보는 경찰관들은 서비스 제공, 시민과의 협력, 갈등 해결을 강조하고, 권력의 사용을 피하려는 경향이 있다. 그러므로 경찰관리자들은 이러한 역할들을 서로 조화시켜야 한다. 관리자는 부서와 지역사회를 고려하여 가장 적절한 경찰역할의 개념을 강화시키고 분명히 표현해야 한다.

또한, 역할을 수행하는 방식은 다른 사람이 그 역할을 어떻게 인지하느냐에 따라서도 달라진다. 다른 사람이 인지하는 역할과 본인이 인지하는 역할에 차이가 생기면 갈등을 초래할 수 있다. 이는 적절한 절충을 통해 해결할 수 있다. 절충된 역할 변화는 태도와 행동의 변화와 관련된다.

3. 자아개념(Self-Concept)

조직에서의 개인행동에 또 다른 영향을 미치는 것이 자아개념이다. 자아개념은 자기 자신에 대한 태도, 능력, 느낌 등에 대한 견해를 의미한다. 사람들의 자아개념은 다른 사람들과의 상호작용을 통해 형성된다. 즉, 사람들은 다른 사람들이 반응하는 방법을 보고 배워서 자아개념을 형성한다. 따라서 개인들이 가지고 있는 자아개념은 다른 사람이 자신에게 어떻게 행동하느냐에 따라 영향을 받는다.

신중하게 다른 사람의 행동을 관찰하고 분석함으로써 한 사람은 다른 사람으로부터 더 좋은 반응을 얻기 위해 무엇을 해야 하는지를 배운다. 이러한 과정에서 개인은 이상적인 자아와 현실적인 자아를 비교하여 이상적인 자아개념을 형성한다.

대부분 경찰을 지원하는 사람들은 경찰역할에 대한 그들의 생각이 자아개념과 일치하거나 경찰관이 되는 것이 그들의 이상적인 자아개념의 요소와 일치하기 때문에 경찰조직에 들어간다. 개인의 직업선택에 대한 만족은 이러한 생각과 개인의 역량에 따라 달라진다. 예를 들어 명령적이고 권위적인 행동을 선호하는 사람은 경찰조직이 그런 행동을 할 기회가 많은 것으로 알고 선택할 수 있다. 이러한 사람은 자신이 인지한 대로 역할을 수행할 것이다. 그러나 경찰업무 특성이 자신의 예상과는 다르다고 밝혀지면 좌절할 수도 있다. 반면 다른 사람은 경찰이라는 직업이 남을 돕는 직업이라고 생각하여 경찰에 들어올 수 있다. 그들의 이상적인 자아개념은 봉사와 관용이라는 개념을 포함하고 있기 때문이다. 이러한 사람들은 그들의 업무과정에서 수행한 선한 행동들이 사람들의 생활을 개선시키지 못한다면, 또는 도움을 받는 사람이 고마워하지 않는다면 쉽게 좌절할 수 있다. 이러한 예는 경찰직업에 대한 자아개념과 관련하여 발생할 수 있는 문제들을 분명히 보여준다.

경찰관리자는 조직구성원이 전문적으로 발전할 수 있도록 도와주며, 그들의 행동을 이해하는 데 좋은 위치에 있다. 그러므로 경찰관리자는 조직구성원들이 이상적인 자아개념을 달성할 수 있도록 도와주는 것이 중요하다. 이를 위해 조직구성원의 진행상황에 관한 정보를 그들에게 신중하게 제공해야 한다. 그리고 합리적이며 정당한 자아개념을 확립하기 위해 가능한 모든 방법으로 그들에게 힘을 북돋아 줌으로써, 경찰관리자는 더 나은 근무성적과 전체 조직에 대한 높은 생산성을 보장받을 수 있다.

4. 지각(Perception)

지각은 인지된 상황을 자기 스스로 이해하고 주관적으로 판단하는 것을 말한다.[2] 개인들은 감각기관에 의해 수집된 정보를 통해 사물이나 장소, 사람이라

2) 민진, 「조직관리론」, 제4판(서울: 대영출판사, 2012), 175쪽.

는 것을 알게 된다. 이러한 지각은 개인의 감각기관 능력, 학습, 태도, 역할, 자아개념, 성격, 기타 사회적 배경 등의 영향을 받아 개인마다 달라진다.

개인들의 감각기관 능력이 다양하여 수집된 정보에 차이가 있다. 예를 들어 우수한 시력을 가진 사람에 의해 수집된 정보는 좋지 못한 시력을 가진 사람에 의해 수집된 것과는 다르다. 이런 정보를 다시 주관적으로 판단하기 때문에 이 두 사람의 행동은 지각에 의해 서로 달라진다.

지각의 일부는 감각기관에 의해 기계적으로 수행된다. 예를 들어 눈으로 사물이나 사람, 색깔, 동작을 보고 기계적으로 바로 지각한다. 이러한 지각은 상당히 간단한 학습을 기반으로 한다. 예를 들어 직사각형의 나무로 만든 뚜껑과 네 개의 나무로 만든 수직다리를 보고 학습한 결과로 테이블이라는 물체를 지각한다. 그러므로 학습된 내용에 따라 지각은 달라질 수 있다.

지각은 기계적으로 수행되거나 학습과정이 조합되어 동일한 상황을 해석하는 방법이 서로 달라져 다양해진다. 이러한 두 가지 과정 외에도 태도, 역할, 자아개념의 영향을 받아 지각은 달라진다. 예를 들어 경찰관들은 마약중독자를 범죄자로 여기지만 의사는 환자라고 여길 것이다.

경찰관리자는 조직구성원들의 다양한 지각들을 효과적으로 관리해야 한다. 그러기 위해서는 다른 사람들의 지각을 이해하는 것이 중요하다. 같은 상황에서 지각하는 방법이 다를 수 있다는 가능성을 생각하고 행동해야 한다. 사람들은 자신이 가지고 있는 지각이 다른 사람의 행동을 이해하는 데 방해할 수 있다는 것을 인지해야 한다. 왜냐하면 사람들은 자신과 같은 방법으로 다른 사람들도 정확하게 인지하고 행동해야 한다고 생각하는 경향이 있기 때문이다. 그러므로 경찰관리자는 다양한 지각이 구성원들 사이에서 행동의 차이의 주된 원인이 된다는 것을 이해해야만 한다.

5. 의사전달(Communication)

다른 사람의 태도, 역할, 자아개념 그리고 지각은 주로 의사전달을 통해서 알게 된다. 개인들은 서로 다른 의사전달과정을 통해 조직행동을 배운다. 잘못된 의사전달이나 의사전달의 차이로 인해 조직적인 문제가 발생할 수도 있다.

의사전달은 단순하게 정보가 교환되는 방식을 의미한다. 의사전달에는 언어와 비언어적인 방법이 있다. 언어적인 의사전달은 말을 기본으로 하고, 문서와 구두에 의한 방법으로도 할 수 있다. 대조적으로 비언어적인 의사전달은 어떠한 말도 사용하지 않고도 할 수 있다. 몸짓, 얼굴표정, 신체언어는 비언어적인 의사전달의 대표적인 예이다.

비언어적인 의사전달을 받아들일 수 있는 능력은 특히 훌륭한 관찰력에 의해 결정된다. 의도한 메시지를 이해하기 위해 예리한 관찰력을 가질 필요는 없지만 우수한 관찰력을 가진 사람과 비언어적인 의사전달의 중요성을 이해하는 사람은 이것을 재빠르게 이해하거나 정확하게 해석하는 데 많이 능숙하다.

메시지가 언어적 또는 비언어적이든 수신자가 정확하게 해석할 수 없다면 인식된 정보는 일반적으로 쓸모가 없다. 이러한 의사전달을 해석하는 데 지각이 필요하고 정확하게 정보를 받아들여 결정하기 위해서 태도, 역할, 자아 개념이 갖춰져 있어야 한다. 같은 메시지를 받아도 다르게 지각할 수 있으며, 잘못된 지각은 조직에서의 의사전달문제를 야기하는 주된 원인이 된다.

경찰관리자의 의사전달은 대부분 서면 또는 구두와 같은 언어적인 방법을 통해서 이루어진다. 경찰관리자는 관리의 수단으로 많은 다른 사람들로부터 정보를 받고 상급자와 하급자에게 정보를 전달한다. 일반적으로 서면으로 된 메시지는 더 신중하고 영구적이라는 장점을 가지고 있다. 반면 구두에 의한 메시지는 빠르고 즉시 피드백을 할 수 있다는 장점이 있다.

경찰관리자는 이러한 의사전달을 통한 상호작용을 하는 데 대부분의 시간을 보낸다. 관리자의 성과는 분명히 상호작용에서의 성과와 관련되어 있다. 잘못된 의사전달은 개인의 잘못된 행동을 야기할 수 있다. 드러커(P. Drucker)[3]는 "관리의 효과는 말하기와 쓰기 능력에 있어서 듣고 말하는 관리자의 능력에 좌우된다"라고 말하고 있다. 다른 사람에게 자신의 생각을 전달하는 기술뿐만 아니라 다른 사람의 생각까지 알아내는 것도 필요로 한다. 경찰관리자는 효과적으로 의사를 전달하는 사람이 될 필요가 있다.

---

3) P. F. Drucker, *The Practice of Management*(New York: Harper & Brothers, 1954), p. 346.

제2절 동기부여이론

동기란 "어떤 일이나 행동을 일으키게 하는 계기"로서 조직을 성공적으로 관리하기 위해서는 조직의 구성원들이 동기를 가질 수 있도록 하는 것이 중요하다. 이렇게 동기를 부여하는 것은 그 중요성만큼 복잡한 현상이다.

동기부여는 일반적으로 "직장에서 들이는 노력의 정도, 방향 그리고 지속력을 결정하는 개인의 힘"이라고 정의될 수 있으며, 몇 가지 요소를 포함한다.[4]

첫 번째로 동기부여는 개인의 가치와 성격의 일부로서 개인 내부의 힘이며, 개인이 가지고 있는 추진력을 의미한다. 두 번째는 동기부여에는 몇 가지 단계가 있다는 것이다. 어떤 경찰관은 다른 경찰관보다 높은 의욕과 책임감을 가질 수 있다. 마지막으로 동기부여는 생산적인 태도나 생산적인 업무를 유지하는 것에 관련된다. 리더는 그들의 부하직원이 목적을 이루기 위해 끊임없이 일하도록 유도해야 한다. 이렇게 하기 위해서는 리더는 동기부여 이론을 이해해야만 한다.

경찰관이 어떻게 동기부여가 되는지를 설명하는 이론에는 내용이론과 과정이론이 있다. 내용이론은 동기를 유발하는 요인과 관련된 것으로 인간관계, 내적인 의지 등에 초점을 맞춘다. 내용이론은 부하직원의 동기는 상사가 그들의 내적 필요를 얼마만큼 충족시키는지에 달려 있다고 설명한다. 반면 과정이론은 동기부여와 행동을 강화의 과정을 통해 설명한다. 과정이론에서는 보상체계가 부하직원의 행동을 결정짓는다고 주장한다.

셔머혼(J. Schermerhorn), 헌트(J. Hunt) 그리고 오스본(R. Osborn)은 내용이론과 과정이론이 서로 상호배타적인 이론이 아니며 동기부여를 설명하는 포괄적인 이론으로 융화될 수 있다고 주장한다. 왜냐하면 내용이론은 직업만족을 설명하는 것과 직접적으로 연관되어 있고, 과정이론은 성과와 들이는 노력에 대한 설명을 더 정확하게 할 수 있기 때문이다.[5]

---

4) J. R. Schermerhorn, *Management*(New York: Wiley, 2008), pp. 284-285.

5) J. R. Schermerhorn, J. Hunt & R. Osborn, *Basic Organizational Behavior*(New York: Wiley, 1998), pp. 102-103.

1. 내용이론

내용이론은 사람들이 각자 다른 내적 욕구를 가지고 있고 이러한 욕구를 일을 통해 충족시키려고 한다는 것에 전제를 둔다. 그러므로 경찰부서가 경찰관의 필요를 고려하고 그들의 내적 욕구를 만족시킬 기회를 제공하는 것은 매우 중요하다.

내용이론은 동기를 유발하는 내용(요인)이 무엇인지를 설명하는 이론으로 그 대표적인 이론들은 다음과 같다.

1) Maslow의 욕구단계이론

최초의 동기부여 내용이론들 중 하나는 매슬로우(A. H. Maslow)의 욕구계층이론이다. 매슬로우는 개인의 욕구에는 단계가 있으며 낮은 단계의 욕구부터 고차원의 욕구로 발전한다고 가정했다.

Maslow에 의하면 다음 단계의 욕구가 활성화되기 전에 반드시 낮은 단계의 욕구가 부분적으로나마 충족되어야 한다고 한다. 그러므로 동시에 하나 이상의 욕구가 느껴질 수 있다. 낮은 단계의 욕구가 충족되면 개인에게 동기를 부여할 수 없으며, 그 개인은 다음 단계의 욕구로 이동한다. 높은 단계의 욕구일수록 욕구를 충족시키는 것이 매우 어려워진다. 그렇기 때문에 어떤 사람들은 특정한 단계의 욕구에서 머무르는 반면 어떤 사람들은 다음 단계의 욕구로 발전시켜 나아간다. 어떤 사람들은 특정한 욕구의 단계에서 머무르는 것에 만족하며 더 고차원적인 욕구로 나아가는 것을 시도하지 않는다.

(1) 욕구 5단계

① 생리적 욕구

가장 기본적인 욕구는 의식주의 욕구와 같은 생리적인 욕구(physiological needs)이다. 생리적인 욕구의 만족을 위해 사람들은 각자의 수입으로 필요한 것을 구매하기 때문에 이는 급여와 관련되어 있다. 그러므로 경찰청은 경찰관들에게 이런 생리적인 욕구를 충족시키기에 충분한 급여를 지급해야만 한다. 그렇지 않으면 경찰관의 이직률이 높아지고 경찰관들이 다른 수입원에 경찰직무보다 더 관심을 가지게 될 수 있다.

우리나라는 경찰관이 다른 직업을 가질 수 없도록 하고 있지만 미국의 경우에는 이를 허용하고 있다. 이로 인해 미국의 경찰관들 중에는 부업(moonlighting)을 하는 많은 경찰관들이 있다. 만약 경찰관의 급여가 만족스럽지 못하다면 경찰관들은 더욱 부업에 치중을 하게 될 것이고, 이는 경찰관으로서의 역할에 부정적인 영향을 미칠 수도 있다.

② 안전욕구

안전욕구(safety needs)는 의식적 또는 무의식적으로 지속성을 보장받으려는 욕구이다. 사람들은 대부분 그들의 생리적인 욕구가 미래에도 계속 충족될 수 있도록 보장받기를 원한다. 사람들이 직업을 선택함에 있어 경찰을 선택하는 것도 직업적 안정성에 대한 욕구가 반영된 것이라고 볼 수 있다. 이러한 사항은 사회 전체적으로 실직률이 높은 기간에 더욱 극명하게 드러난다. 경찰관이 되기를 원하는 사람들은 항상 이 사회가 경찰을 필요로 할 것이라는 것을 알고 있기 때문에 경찰이라는 직업이 미래가 안정적으로 보장된 직업이라고 생각한다.

직업의 안정성에 대한 욕구는 경찰이란 직업을 그만두는 것을 어렵게 한다. 반면 신체적인 안전에 대한 욕구는 어떤 사람들에게는 경찰의 직무를 갖는 것에 있어 장애물로 작용한다. 그들은 경찰의 직무가 너무 위험하다고 인지하기 때문에 더 안전한 직업을 찾는다. 그러나 경찰청이 방어기술과 무기에 대한 충분한 교육을 시켜주고 긴급상황에 신뢰할 만한 지원을 제공하며, 질 좋은 기자재를 제공한다면 어떤 사람들에게 있어서는 신체적인 안전에 대한 욕구가 채워질 수도 있다.

③ 사회적 욕구

생리적 욕구와 안전의 욕구가 충족되면 사회적 욕구(social needs)가 개인의 동기부여에 중요한 요소로 작용된다. 사람은 사회적 존재이기 때문에 다른 사람들과 소통하고 교제해야 한다. 경찰청에 소속되는 것은 이러한 측면에서 사회적 욕구를 크게 만족시킬 수 있다. 각 부서를 비롯해 경찰청 내의 동호회 모임에 소속되고 그 안에서 다른 사람들과 소통하기 때문이다.

어떤 그룹에 속하는 것은 몇 가지 욕구를 충족시킨다. 동료애를 제공받기도 하며, 불만과 낮은 업무 능률을 야기할 수 있는 소외감을 불식시켜 준다. 조직은 종종 개인적인 문제를 해결할 때 도움을 주기도 한다. 사회적 조직 혹은 동료조직은 관리자로부터 경찰관을 보호해 주기도 한다. 조직구성원 사이에 생기는 유대관계는 위기나 어려운 상황에서 그들을 돕는다. 사회적 욕구는 때로는 지루하고 때로는 위험할 수 있는 경찰의 치안유지활동에 있어서 매우 중요하다.

④ 존경의 욕구

사람들은 다른 사람들에게 어느 정도 인정을 받기 원한다. 존경 혹은 인정은 위엄과 권력의 두 가지의 형태로 나타난다. 참여형 관리는 부하직원의 존경의 욕구를 높인다. 부하직원들이 그들을 중요하다고 느껴 위엄을 가지며, 그들의 앞날을 어느 정도 통제할 수 있기 때문에 권력이 있다고 느낀다. 권력은 다른 사람 혹은 누군가의 환경을 제어하거나 영향을 주는 것을 의미한다. 권력은 승진을 원하는 개인에게 있어 가장 큰 원동력(동기)으로 작용할 것이다.

관리자는 경찰관에게 강한 동기를 유발하기 위해서 반드시 이 존경의 욕구를 충족시키기 위한 여러 방안을 발전시켜야 한다. 업무에 대해 적절하게 인정받았다고 느끼는 경찰관은 극히 드물다. 이는 경찰청에서 우수한 성과에 대한 인정을 하지 않았기 때문일 가능성이 크다. 관리자들은 우수한 성과를 즉시 인정할 필요가 있다. 이러한 인정은 경찰관의 존경의 욕구(esteem needs)를 충족시킬 뿐만 아니라 우수한 성과를 위한 좋은 행동을 강화시킬 것이다.

⑤ 자아실현의 욕구

Maslow의 가장 높은 욕구의 종류는 자아실현의 욕구(self-actualization needs)이다. 이는 자신의 인생에서 최선을 다하는 욕구를 의미한다. 자기충족, 자기달성, 자기성취라고도 할 수 있다. Maslow는 대부분의 사람이 낮은 단계의 욕구에서 머무르며 이 최종 욕구를 충족시키는 사람은 매우 드물다고 했다. 전통적인 경찰조직의 경찰관에게 있어 자아실현은 매우 특별한 직책으로의 승진이나 사격술과 같은 특별한 능력의 계발로 충족될 수 있다. 참여형 관리 스타일을 채택한 부서에서는 능숙하고 책임감 있는 경찰관에게 임무와 그 임무를 수행할 수 있는 지위가 주어졌을 때 자아실현이 일어날 수 있다.

(2) 한 계

욕구단계이론은 인간의 기본적인 욕구를 계층적 시각으로 파악해 분류하고 그들간의 관계를 설명함으로써 인간의 행동을 유발하는 동기를 이해하고 구성원 개인의 문제를 해결할 수 있도록 하는 기준을 제시했다는 점에서 높은 평가를 받고 있으나, 다음과 같은 한계점을 남기기도 하였다.[6]

첫째, 다섯 가지 욕구의 계층이 항상 고정적인 것은 아니라는 것이다. 즉, 사람에 따라 욕구의 우선순위가 달라질 수 있다는 것이다.

둘째, 하나의 행동이 하나의 욕구에 의해서만 유발된다고 볼 수 없다는 것이다. 즉, 여러 가지 욕구가 복합적으로 작용해 하나의 행동을 야기할 수 있다는 것이다.

셋째, 인간의 욕구발로가 단계적으로 전진만 하는 것이 아니라는 점을 간과했다는 것이다. 즉, 욕구가 좌절될 경우에 후진적 진행(퇴보)을 할 수도 있다는 점을 인정하지 않고 있다.

넷째, 욕구란 지속적으로 충족시켜야 하는 것이기에 욕구가 한 번 충족되었다고 해서 그것이 사라지거나 동기유발에 무관한 것은 아니고 여전히 동기를 유발하는 요소로서 존재한다는 점이다.

다섯째, 인간의 행동은 오직 욕구충족을 위해서만 행해지는 것은 아니라는 점이다. 인간은 습관적으로 행동할 수도 있으므로 행동 하나하나를 욕구와 연결지을 수는 없다.

2) Alderfer의 ERG이론

ERG이론은 앨더퍼(C. Alderfer)가 주장한 이론으로 Maslow의 욕구단계이론의 한계점을 보완하면서 등장했다. Alderfer는 만약 어떤 개인이 이와 같은 욕구좌절을 경험했다면 더 낮은 단계의 욕구를 충족시키는 것에 관심을 돌린다고 주

6) 오석홍, 「행정학」, 제5판(서울: 박영사, 2011), 670쪽.

장한다.[7] 이렇게 각자 다른 욕구의 패턴은 리더의 업무를 더 복잡하게 만들고 리더는 다양한 사람들을 위해 다양한 보상체계를 발전시켜야 한다.

Alderfer는 욕구단계를 존재욕구(existance needs), 관계욕구(relatedness needs), 성장욕구(growth needs)의 세 가지로 범주화하였다.

존재욕구는 자신의 존재를 위한 욕구로 주로 생리적이고 물리적인 욕구로서 Maslow의 생리적 욕구나 안전욕구에 해당되며, 관계욕구는 사람들과의 관계와 관련된 욕구로 Maslow의 사회적 욕구나 존경의 욕구에 해당된다. 마지막으로 성장욕구는 개인의 성장과 관련된 욕구로 존경의 욕구와 자아실현 욕구가 여기에 해당된다.

Alderfer의 이론과 Maslow의 이론은 이런 욕구의 분류 이외에도 다음과 같은 차이를 보인다.[8]

먼저 Maslow는 하나의 욕구에 의해서 행동이 유발된다고 보았지만 Alderfer는 두 가지 이상의 욕구가 복합적으로 작용해 하나의 행동을 유발할 수도 있다고 보았다. 다음으로 Maslow는 욕구가 단계별로 실현(만족-진행 접근법)된다고 보았지만, Alderfer는 상향적인 진행뿐만이 아니라 욕구좌절 등으로 인한 후퇴(좌절-퇴행 접근법)도 가능하다고 보았다.

3) Herzberg의 욕구충족 2요인이론

허즈버그(F. Herzberg)는 조직구성원에게 불만족을 주는 요인인 위생요인(hygiene)과 만족을 주는 요인인 동기요인(motivators)이 상호 독립적으로 존재한다고 주장했다.[9] Herzberg는 어떤 것이 노동자들을 만족시키고 불만족시키는지 찾아내기 위해 그들을 인터뷰함으로써 이 두 요인을 찾게 되었다. 기본적으로 Herzberg는 불만족은 주로 환경과 관련이 있고, 만족은 직무와 조직구성원 등과 관련이 있다는 것을 발견했다.

이러한 발견은 경찰관에게도 적용될 수 있다. 그들은 지나친 감독, 부당하

7) C. Alderfer & P. Clayton, *Existence, Relatedness and Growth : Human Needs in Organizational Settings*(New York: Free Press, 1972).

8) 오석홍, 「조직이론」, 제7판(서울: 박영사, 2011), 158쪽.

9) F. Herzberg, *Work and the Nature of Man*(New York: World, 1966).

다고 느껴지는 방침, 급여 차등, 치안유지활동의 상태와 같은 위생요인 즉, 작업 환경에 자주 불만을 가진다. 반면 경찰이라는 직업과 경찰관으로서 느끼는 성취감은 만족을 느낄 수 있게 해준다.

Herzberg의 위생요인으로는 기관의 정책과 행정, 관리감독, 작업조건, 급여, 동료와 상급자와의 관계, 직위, 안전이 포함되며, 동기요인으로는 개인의 성취, 인정, 책임감, 성장, 그리고 직업 그 자체가 포함된다.

Herzberg에게 있어 만족은 불만족의 반대가 아니다. 직업 만족도(동기부여)와 불만족(위생)은 다른 측면이다. 그렇기 때문에 두 요인 모두 작업 환경에 있어 고려되어야 한다. 예를 들어 봉급, 혜택, 용품, 상관과의 관계와 같은 위생요인에 있어 완벽한 경찰관은 직업에 대해 불만족하지는 않을 것이다. 하지만 그들이 만족한다고 해서 필연적으로 좋은 성과를 내도록 동기부여가 된다는 것은 아니다. 경찰관들에게 동기부여를 하기 위해서는 관리자가 경찰관에게 책임감과 성취감 등을 심어줄 수 있어야 한다. 만약 부서가 경찰관들에게 그들의 직무 수행에 있어 자율성을 주고 존경의 욕구를 충족시키기 위해 여러 정책을 펴나가지만 급여와 기타 복지가 기준 이하라면 경찰관은 동기부여는 되겠지만 직업에 불만족감을 느낄 것이다. 불만족하더라도 이 경찰관들은 직무 자체에서 만족감을 느끼기 때문에 많은 경찰업무를 훌륭히 해낼 것이다. 그러나 반복되는 일상적인 업무는 그들이 느끼는 직업에 대한 불만족으로 인해 주목을 끌지 못하게 될 것이다. 허즈버그는 관리자가 경찰관들이 갖고 있는 위생과 동기부여에 대한 욕구를 둘 다 인지하고 그것들을 충족시킬 수 있도록 기회를 주어야 한다고 주장했다.

4) McGregor의 X · Y이론

맥그리거(D. McGregor)는 Maslow의 욕구계층이론을 바탕으로 인간모형을 두 가지로 구분하고, 이들에 대한 상반된 인간관리전략을 제시하였다. 전통적 관리전략을 정당화시켜 주는 인간관을 X이론이라고 하며, X이론은 Maslow의 욕구단계 중 하위욕구를 중요시한다. 반면 인간의 성장적 측면에 관심을 둔 관리전략을 Y이론이라고 하고 Maslow의 욕구단계 중 비교적 상위욕구를 중요시

한다.[10)]

X이론의 주요 가정은 보통 사람들은 일을 싫어하고 게으르며, 야망이 없고 책임지기를 싫어하며, 안전을 추구하고 변화나 변동에 저항적이라고 본다. 또한, 사람들은 본래적으로 자기중심적이며 조직의 필요에 대해서 무관심하며, 생리적 욕구 또는 안전의 욕구에 자극을 주는 금전적 보상이나 제재 등 외재적 유인에 반응하는 수동적이고 피동적인 존재라는 것을 전제로 하고 있다.[11)]

X이론에 근거한 동기부여 전략은 기본적으로 인간의 하급욕구에 대응하는 교환형 관리전략이다. 즉, 조직구성원들은 오로지 경제적 욕구를 추구하므로 이에 부합하는 경제적 보상체계가 확립되어야 하며, 관리자는 구성원들의 동기부여를 위해 적극적으로 개입하여야 한다. 또한 구성원들이 자기중심적이며 책임지기 싫어하는 성향을 가지고 있으므로 엄격한 감독과 구체적인 통제체제, 강제와 위협, 상부책임제도의 강화, 권위주의적 리더십, 공식적 조직의 집권화 등 강력한 접근방법이 필요하다.[12)]

Y이론의 주요가정은 인간은 본성적으로 일을 싫어하는 것이 아니며 일을 위한 노력은 자연스러우며, 일의 성취에 기여할 수 있도록 자율규제(self-control)를 할 수 있다는 것이다. 또한 인간의 직무수행 동기는 긍지와 존경에 대한 욕구, 자아실현적 욕구 등 고급욕구의 충족에 의해 유발되며, 적극적으로 책임을 지고 일을 맡기를 원하며, 조직구성원들은 조직상의 문제해결에서 상상력과 창의력을 발휘할 수 있다는 점이다.[13)]

Y이론에 근거한 동기부여 전략은 인간의 상급욕구에 대응하는 전략으로, 조직구성원의 자발적 근무의욕과 동기가 유발될 수 있도록 유인하고, 인간의 잠재력이 능동적으로 발휘될 수 있는 여건을 조성하는 것이다. 일방적 명령, 지시에 의존하는 것이 아니라 조직구성원이 스스로의 노력을 통해 조직의 성공을 이

---

10) D. M. McGregor, "Adventures in Thought and Action", *Proceedings of the Fifth Anniversary Convention of the School of Industrial Management*(Cambridge, Massachusetts: MIT Press, 1957).

11) 오석홍, 「행정학」, 제5판(서울: 박영사 2011), 672쪽.

12) 이달곤 외, 「테마행정학」(서울: 법우사, 2012), 594쪽.

13) 오석홍, 앞의 책, 673쪽.

끌도록 함으로써 그들 자신의 목적을 가장 잘 달성할 수 있도록 하는 민주적 리더십, 비공식조직의 활용, 권한의 위임, 자기평가제도 등이 필요하다.[14]

5) McClelland의 성취동기이론

맥클랜드(D. McClelland)는 개인의 욕구는 시간이 흐름에 따라 경험으로 습득하게 되는 것이며, 조직적 환경에 속해 있는 개인에게 있어 중요한 세 가지 동기 또는 욕구를 밝혀냈다.[15]

첫째는 성취동기로 이는 성공을 향한 욕구로 어떤 사람들은 성공과 실패를 가르는 기준을 두고 성공을 향해 나아가는 내적인 힘에 의해 움직인다고 보았다. 둘째는 권력동기로 어떤 사람의 환경을 제어하고 싶은 욕구를 의미한다. 즉, 어떤 사람들은 결정을 내리고 다른 사람들이 자신이 내린 결정에 따라주길 바라는 내적인 욕구를 갖고 있다고 보았다. 마지막은 친교동기로 이는 다른 사람들과 친근하고 밀접한 관계를 맺고 유지하고 싶어하는 사회적 욕구이다.

McClelland는 권력동기와 친교동기가 관리의 성공과 밀접하게 관련되어 있다고 본다. 성공적인 관리자는 권력을 위한 욕구가 더 크고 친교에 대한 욕구는 작다. 이런 유형의 사람은 어떤 상황에 책임을 지고 싶어하며, 자신의 결정이 일으킬 사회적 영향에 지나친 신경을 쓰지 않고 행동으로 옮긴다. 그러나 권력동기가 친교동기를 지배하면 관리자는 조직과 직원의 성공이 아닌 자신의 성공에만 집중하는 독재자가 되어버리기도 한다.

McClelland의 이론은 경찰관리에 있어 시사하는 바가 있다. 관리자는 성취욕구가 강한 사람들을 분류하여 그들의 속성에 맞게 부서를 배치해야 할 것이다. 어떤 직책은 성취욕구가 강한 사람이 어울리는 반면, 어떤 직책은 친교욕구가 강한 사람을 필요로 한다. 관리자는 위기 상황 중 부서의 문제가 되는 부분을 담당할 사람, 새로운 프로그램이 개발되고 이행되는 과정을 책임질 사람이 성취욕구가 강한 사람이 되도록 해야 할 것이다. 내적으로 동기부여가 된 사람은

14) 이달곤 외, 앞의 책, 594-595쪽.

15) D. McClelland, *The Achieving Society*(Princeton, New Jersey: Van Nostrand Co., 1964), pp. 238-239.

책임감 있고 성실하게 임무가 성공적으로 완수될 수 있도록 노력할 것이다. Schermerhorn은 성취욕구가 강한 사람에게 책임감과 달성할 만한 목표, 그리고 성과에 대한 피드백을 주도록 조언하고 있다. 달성할 수 있는 기회가 주어지면 그들은 생산성과 목표달성에 있어 큰 진전을 이룰 수 있을 것이라고 보았다.[16)]

McClelland의 성공적인 관리자상은 목표에 집중하고 주어진 임무를 완수하기 위해 필요한 것을 하는 성취욕구가 강한 관리자이다. 대부분의 경우 목표의 달성은 업무조직의 강한 동기부여 없이는 불가능하다. 그러므로 성취욕구가 강한 관리자는 효과적으로 일을 하기 위해 부하직원의 자원을 최대로 활용할 수 있어야 한다. 이를 위해 관리자는 목표달성을 주시하는 것은 물론 업무조직 내의 다른 욕구인 귀속의 욕구를 채워줄 수 있어야 한다.

6) Likert의 관리체제이론

리커트(R. Likert)는 관리체제를 부하 구성원들의 참여도를 기준으로 4가지로 분류하고 있다. 네 가지 체제는 착취적·권위적 체제, 온정적·권위적 체제, 상담자적 체제, 참여적 체제이며, 이를 체제1, 체제2, 체제3, 체제4로 명명하였다.[17)] 체제1과 체제2는 권위주의 형태를 띠고 있으며 X이론에 상응하는 관리체계인 반면, 체제3과 체제4는 인간관계론적 인간관과 Y이론에 접근하는 관리체계로 볼 수 있다.[18)]

Likert는 4가지 관리체제 중 체제4가 관리자에게는 완전한 신뢰를 가져오고, 구성원들의 참여를 촉진시키며 조직의 효과성을 높일 수 있는 방법이라고 주장했다.

7) Argyris의 미성숙-성숙이론

아지리스(C. Argyris)는 조직이 개인에 미치는 영향을 연구하면서 인간은 미성숙상태로부터 성숙상태로 변화한다고 주장하며 미성숙·성숙이론을 개발했다.[19)]

---

16) J. R. Schermerhorn, *op. cit.*, p. 288.

17) R. Likert, *The Human Organization: Its Management and Value*(New York: McGraw-Hill, 1967), pp. 3-10.

18) 오석홍, 앞의 책, 658-659쪽.

19) 이달곤 외, 앞의 책, 597쪽.

Argyris는 사람이 미성숙상태에서 성숙단계로 발전하려면 다음과 같은 7가지의 변화단계를 거쳐야 한다고 한다.[20]

수동성에서 능동성으로, 의존성에서 독립성으로, 한정된 행동능력에서 다양한 행동능력으로, 변덕스럽고 피상적인 관심에서 깊고 강한 관심으로, 단기적인 안목에서 장기적인 안목으로, 예속적인 지위에서 대등하거나 우월한 지위로, 자아의식의 결여에서 자아의 의식과 통제상태로 변화해야 한다고 했다.

2. 과정이론

내용이론은 무엇이 조직 구성원들의 동기를 유발하는지를 설명하며 동기유발내용에 초점을 맞추는 동기부여이론이다. 반면에, 과정이론은 어떤 과정을 거쳐서 동기가 유발되는지를 설명하며 동기부여 과정에 초점을 맞춘 동기부여이론이다. 즉, 과정이론은 동기요인과 그것이 어떻게 직무성과로 이어지는지에 대한 과정을 설명한다.[21] 과정이론의 대표적인 이론들은 공정성이론과 기대이론이 있다.

1) 공정성이론

애덤스(J. S. Adams)는 개인이 인지하는 공정성으로 그 사람의 행동을 설명하려 했다.[22] 공정성에 대한 인식은 다른 사람의 노력과 보상에 비교하여 그 사람의 상대적인 노력과 상대적인 보상에 달려 있다. 이는 경찰관들이 그들이 절대적인 액수를 얼마를 버는지보다 그들의 동료, 부하직원, 상관에 비교했을 때 얼마를 버는지에 더 관심을 가진다는 의미이다.

불공정성은 다양한 방법으로 존재한다. 예를 들어 지구대에서 순찰업무에 배정된 경찰관이 수사과에서 범죄수사를 담당하는 경찰관과 자신의 직위, 업무 등을 비교했을 때 작업조건과 배정된 업무가 불공정하다고 느낄 수 있다. 다른 예

---

20) 오석홍, 앞의 책, 675쪽.

21) 유민봉, 「한국행정학」, 제4판(서울: 박영사, 2012), 418쪽.

22) J. S. Adams, "Toward an Understanding of Inequity", *Journal of Abnormal and Social Psychology*, 1963, pp. 422-436.

로는 같은 부서 내에서 경찰관이 본인의 직위와 그들의 상급자의 직위를 비교했을 때를 예로 들 수 있다. 순찰경찰관이 자신의 상관이 너무 많은 시간을 차안에서 보내고 순찰업무에 할애하는 시간은 거의 없다고 가정해 보자. 그 순찰경찰관은 본인보다 상관을 생산적이지 못하거나 책임감이 없다고 판단하여 조직에 있어서 상관의 공헌도가 자신의 공헌도보다 낮고 불공정하다고 느낄 것이다. 이러한 상관이 자신과 비교하여 높은 급여를 받으면 좌절하거나 부정적으로 변할 수 있다.

경찰에서 발생할 수 있는 다른 불공정의 경우는 얼마나 특수한 임무가 부여되는지, 휴가를 얼마나 받는지, 동등한 계급에서 받는 업무의 양과 질이 얼마나 다른지 등이 있다. 경찰관은 그들의 생산성을 줄이거나 노력을 줄이는 등의 방법으로 다른 사람에 비해 상대적으로 불공정하다고 생각하는 부분에서 스스로 보상을 받고자 한다. 반면, 다른 경찰관들이 받는 보상을 얻기 위해 더 노력할 수도 있다. 하지만 이러한 노력은 원하는 보상이 이루어지지 않으면 곧 중단된다.

경찰관리자는 실제로 존재하거나 경찰관들에 의해 인지되는 불공정성이 경찰의 동기부여 과정에서 중요한 역할을 한다는 것을 알아야 한다. 각 경찰관들의 사기는 불공정성에 의해 수시로 영향을 받는다. 그러므로 경찰관리자는 경찰부서 내에서 인지되는 불공정성의 영향을 줄이기 위해 다음과 같은 세 가지 방법을 취할 수 있다.

첫 번째 방법은 업무량의 공정한 분배이다. 같은 계급에 있는 사람들이라도 다른 사람에 비해 임무와 책임을 덜 맡을 수 있다. 이런 경우는 인사이동이나 부하직원에게 임무를 할당하는 상사에 의해 발생할 수 있다. 그러므로 관리자는 업무가 동등하게 분배될 수 있도록 수시로 업무량을 파악해야 할 것이다. 부서에 방침, 각각의 인력과 책임을 기록한 내용이 있다면 조직 내의 활동을 더 면밀히 관찰하고 통제할 수 있어 업무량이 불공정하게 분배되는 것을 막을 수 있을 것이다. 그러나 이런 방침은 효과적인 경찰조직에 꼭 필요한 정교한 관리기술과 구성원들의 재량을 제한하기 때문에 주의하여 사용되어야 한다.

두 번째 방법은 올바른 인사이동 프로그램을 실시하는 것이다. 경찰조직 내에서 인지되는 불공정성의 대부분은 한 팀의 구성원이 다른 팀의 활동을 이해하지 못하는 데에서 기인한다. 예를 들어 순찰경찰관은 수사관들이 순찰경찰관의 사건을 “훔치기”만 할 뿐 제대로 된 일을 하지 않는다고 비판한다. 사실은 많은 순찰담당 경찰관은 수사관의 업무를 이해하지 못하며, 수사팀의 내부적인 활동이 이런 비판과 불공정성의 원인이 된다. 그렇기 때문에 경찰관으로서의 직장생활 도중 한 개인이 여러 다양한 업무를 수행해 보는 기회를 갖는 것이 중요하다. 이런 순환근무는 경찰관들이 각 팀의 역할과 활동을 명확하게 이해하고 팀간의 오해와 갈등을 해소하는 데 도움을 줄 것이다.

세 번째 방법은 효과적인 관리감독을 통해서 이룰 수 있다. 관리자는 경찰관이 가지고 있는 동기의 문제와 그에 따른 해결책을 제시해야 하는 책임이 있다. 경찰관과 문제 논의를 위한 면담을 실시할 때 관리자는 상담이론과 상담기술을 잘 이해하고 있어야 한다. 관리자의 성공은 문제를 올바른 관점에서 바라볼 수 있도록 경찰관을 얼마나 잘 도울 수 있는지에 달려 있다. 관리자는 경찰관이 다른 사람들의 활동과 팀 내 기여도를 인식하여 불공정성을 불식시킬 수 있도록 도와야 한다.

불공정성의 문제는 사실 실재하는 불공정성보다는 직원들의 인식에서 기인하는 것이 더 많기 때문에 단순히 현재 상황을 있는 그대로 전달하는 것보다는 직원들의 이해도를 높이는 것이 더 중요하다. 좋은 관리감독은 좋은 동기부여의 핵심요소이다.

2) 기대이론

기대이론은 업무 환경의 결과로 동기를 이해한다는 점에서 공정성이론과 비슷하다. 공정성이론은 개인이 그들의 업무와 보상을 다른 사람과 비교하여 측정할 때 공정하다고 느껴지면 동기부여가 된다는 이론이다. 반면, 기대이론은 보상이 충분하다고 느껴질 때 개인의 동기가 유발된다는 이론이다. 기대이론에 따르면 사람들은 어떤 일에 대한 보상이 자신이 들인 노력보다 같거나 더 클 때 충분하다고 느낀다.

브룸(V. H. Vroom)의 기대이론은 전형적인 기대이론의 예로 선구적인 연구이다.

Vroom은 직원이 가지고 있는 기대(expectancy), 수단(instrumentality), 유의성(valence)의 세 가지 요소에 의해 동기부여에 영향을 받는다고 정의한다.

기대는 그 노력이 받아들일 만한 수준의 성과를 낼 것이라고 믿는 개인의 신념 혹은 기대를 의미한다. 하지만 이 기대는 항상 성취되지 않는다. 예를 들어 수사관은 어떤 사건을 조사하는 데 몇 시간을 들였지만 해결하지 못하게 될 수도 있다. 이런 경우 수사관의 업무는 원하는 결과에 도달하지 못했고, 그는 좌절하거나 의욕이 떨어질 것이다.

수단은 일정한 수준의 성과를 달성하면 보상이 주어질 것이라고 믿는 정도를 의미한다. 즉, 수사관이 오래된 미제 사건이나 사회적으로 이슈를 받게 되는 사건을 해결하게 되면 보상을 받을 것이라고 믿는 정도를 의미한다.

마지막으로 유의성이란 개인이 원하는 특정한 보상에 대한 인식의 강도를 의미한다. 즉, 경찰관이 수사를 하게 되어 받게 되는 보상이 포상금이라고 가정해보자. 하지만 이 경찰관이 돈보다는 승진을 더 필요로 했다면 이 경우 유의성은 없게 되는 것이다.

Vroom의 기대이론에서는 개인의 노력이 성과를 가져올 것이라고 기대하고, 실제 성과가 본인이 원하는 결과를 반드시 가져올 것이라고 기대할수록 동기가 강하게 작용된다고 보고 있다.

포터와 롤러(L. W. Porter & E. E. Lawler)는 전통적인 기대이론을 수정·발전시켜 만족이 직무성취의 성과를 가져오는 것이 아니라 직무성취의 수준이 직무만족의 원인이 될 수 있다는 관점에서 기대이론을 정립했다.[23]

즉, 노력을 하면 성과를 얻을 수 있고, 성과를 거두면 보상을 받게 되고 이를 통해 만족하게 될 것이라는 가정을 전제하고 있다. 직무성취와 거기에 결부된 보상에 부여하는 가치 그리고 어떤 노력이 보상을 가져다 줄 것이라는 기대가 직무수행노력을 좌우한다. 노력에 의한 직무성취는 개인에게 만족을 줄 수 있는데 직무성취가 만족을 주는 힘은 거기에 결부되는 내재적 및 외재적 보상에 의해 강화된다.[24]

---

23) L. W. Porter & E. E. Lawler, *Managerial Attitudes and Performance*(Homewood, Illinois: Irwin-Dorsey, 1968).

24) 오석홍, 앞의 책, 677쪽.

제3절 스트레스 및 시간관리

1. 스트레스

1) 개 념

흔히 스트레스라고 하면 부정적인 측면을 떠올리기 쉬운데 실제로는 스트레스에 의한 영향이 긍정적일 수도 있고 부정적일 수도 있다. 스트레스가 긍정적이든 부정적이든 변화로부터 기인하는데 변화는 인간의 삶에 있어서 필연적인 부분이므로 결국 모든 사람들은 정도의 차이만 있을 뿐 어쩔 수 없이 스트레스를 경험할 수밖에 없다.[25]

특히, 경찰관은 업무적 특수성으로 인하여 스트레스에 더욱 쉽게 노출되는 경향을 보인다. 예를 들면 직무특성요인과 그에 따른 외부적 평가 등에 따라 활동에 많은 제약을 받기도 하고 경찰임무 수행상 긴장을 주는 상황에 자주 노출되어 스트레스를 많이 받고 있다.

스트레스란 내·외적 자극에 대한 신체의 반응이라고 볼 수 있지만, 스트레스에 대한 견해는 학문적 관점에 따라 다양하게 나타난다.[26] 경찰관의 스트레스가 조직에 미치는 영향을 알아보기 위해서는 무엇이 스트레스이며, 그 스트레스에 우리는 어떻게 반응하고 효과적으로 대처해야 하는지를 명확히 알아야 할 필요가 있다.

먼저 스트레스의 개념에 대해서 살펴보면, 스트레스의 어원은 '팽팽하게 죄다'라는 의미의 라틴어인 'stringer'로 알려져 있다. 17세기에는 스트레스라는 단어가 '환경적인 어려움', '경제적인 곤란', '고생이나 역경' 등의 의미로 사용되다가 학문적으로 사용되기 시작한 것은 18세기에 이르러 물리학 분야에서였다. 20

25) J. W. Owoyele, "Relationship Between Stress Management Skills and Undergraduate Students' Academic Achievement in Two Nigerian Universities", *An International Multi-Disciplinary Journal*, Vol. 3 No. 3, 2009, p. 430.

26) C. J. Rees & D. Redfern, "Recognising the Perceived Causes of Stress a Training and Development Perspective", *Industrial and Commercial Training*(West Yorkshire, England: MCB University Press, 2000), Vol. 32 No. 4, p. 120.

세기에 들어와서는 셀리에(H. Selye)가 처음으로 '스트레스 학설[27]'을 발표하면서 본격적으로 의학적 규명을 시도하였다. 그는 스트레스를 신체에 가해지는 여러 상해 및 자극에 대하여 체내에서 일어나는 非특이적인 생물반응으로 정의하였다.[28]

이후 R. D. Caplan, S. Cobb, J. R. P. French, R. Harrison, S. R. Pinneau,[29] R. L. Kahn, D. M. Wolfe, R. P. Quinn, J. D. Snoek, R. A. Rosenthal,[30] R. S. Lazarus[31] and J. E. McGrath[32]는 스트레스가 단순히 일련의 사건 또는 특정의 정신적 상태만을 의미하는 것은 아니라고 하였다. 즉, 개인의 기술과 능력이 조직규정에 부적합하여 조직이 제공하는 직무환경과 개인의 욕구가 불일치할 때 스트레스를 일으키게 된다고 보았다.

또한 샤프(S. Sharp)는 스트레스를 위협 또는 스트레스원에 대한 생명체의 비특이적 반응으로 정의하며, 이 반응은 스트레스원에 노출되게 되었을 때 나타난 결과로써 광범위한 생리적 반응을 가져오게 한다고 보았다.[33]

환경적 자극으로서 스트레스의 개념을 파악하고자 했던 홈즈와 라헤(T. H. Holmes & R. H. Rahe)는 1967년에 5,000건의 의료기록을 분석하여 43가지 스트레스 척도를 개발하였다.[34] 이 연구를 통해 스트레스란 일상적인 생활사건과 관련된 자극(배우자의 죽음, 이혼 등)이라 정의하고 있으며, 긍정적이든 부정적이든

27) 스트레스 학설은 일반적 적응증후군(general adaptation syndrome)이라고 불리운다. 다생체에 스트레스로 일어나는 비특이적 생물 반응을 말하며 스트레스로 생체 내에서 일어나는 반응 3단계(경고반응기, 저항기, 소진기)로 구분하고 있다.

28) H. Selye, *The Stress of Life*(New York: McGraw-Hill, 1984).

29) R. D. Caplan, *Job Demands and Worker Health: Main Effects and Occupational Differences*(Ann Arbor, Michigan: University of Michigan, 1980).

30) R. L. Kahn, *Occupational Stress: Studies in Role Conflict and Ambiguity*(Malabar, Florida: Krieger, 1981).

31) R. S. Lazarus, *Psychological Stress and the Coping Process*(New York: McGraw-Hill, 1966); H. W. Krohne, "Stress and Coping Theories", 2002, p. 3.

32) J. E. McGrath, "Stress and Behavior in Organizations", *Handbook of Industrial and Organizational Psychology*, Vol. 3, 1976, pp. 1351-1395.

33) S. Sharp, "Understanding Stress in the ICU Setting", *British Journal of Nursing*, Vol. 5 No. 6, 1996, pp. 369-373.

34) T. H. Holmes & R. H. Rahe, "The Social Readjustment Rating Scale", *Journal of Psychosomatic Research*, Vol. 11 No. 2, 1967, pp. 213-218.

일상 생활사건들은 그 자체의 변화의 정도에 따라 스트레스를 발생시킨다고 보았다. 즉, 일상생활의 변화가 클 때 그에 따른 스트레스도 강하다는 것이다.

라자러스(R. S. Lazarus)는 스트레스를 자극과 반응으로 보던 관점을 인지적 측면을 강조하면서 변화시켰다. 즉, 외부로부터의 위협을 지각하는 것에서부터 거기에 반응하는 것까지의 모든 과정을 스트레스로 보았다. 그리고 Lazarus는 스트레스에 대한 대처에 특히 중점을 두고 연구하였는데 이를 개인의 적응력을 감소시키는 스트레스에 대한 인지적·행동적 반응으로서, 이 스트레스를 해소해 가려는 적응적 노력으로 정의하고 있고, 구체적 대처 유형으로 '문제 중심적 대처'와 '정서 중심적 대처'로 구분하여 그 대처 방식의 유형별 차이를 설명하고 있다.[35)]

결국 스트레스란 일반적으로 개인과 내·외적 환경간의 상호작용으로서 인간 개체에 육체적·정신적 자극이 가해졌을 때 그 생체가 나타내는 반응으로 흔히 부정적인 면을 강조하고 있다.

2) 유 형

스트레스의 개념이 다양한 만큼 관련된 유형 또한 학자들에 따라 다양하게 구분되고 있다. 대표적인 스트레스의 유형을 살펴보면 다음과 같다.

씨워드(B. Seaward), 페이스(C. Faith), 니콜슨(A. C. Nicholson)은 스트레스가 미치는 영향에 따라 유익한 스트레스(eustress), 중립적 스트레스(neustress), 유해한 스트레스(distress)의 세 가지 유형으로 구분하고, 유해한 스트레스는 다시 스트레스의 지속기간에 따라 급성 스트레스와 만성 스트레스로 구분하고 있다.[36)]

---

35) R. S. Lazarus & S. Folkman, *Stress, Appraisal, and Coping*(New York: Springer, 1984); A. Monat & R. S. Lazarus, *Stress and Coping: An Anthology*(New York: Columbia University Press, 1991), pp. 54-76.

36) B. Seaward, *Managing Stress: Principles and Strategies for Health and Well-Being*(Sudbury, Massachusetts: Jones & Bartlett, 2011), pp. 2-5; C. Faith, "Stress Management Group Counseling for Homeless Women: A Summary and Evaluation of Literature", *Graduate Journal of Counseling Psychology*, Vol. 1 No. 2, 2009, p. 2; A. C. Nicholson, "Stress in Hispanic Women Enrolled in Selected Medical Schools in Texas", Texas A&M University, 2004, p. 232.

유익한 스트레스는 신체에 좋은 영향을 미치는 스트레스로서 한 개인이 흥미를 느끼는 상황이나 환경에서 발생한다. 중립적 스트레스는 한 개인에게 유익하거나 유해한 영향을 미치지 않는 상황에서 발생한다. 유해한 스트레스는 신체에 부정적 영향을 끼치는 스트레스로서 일반적으로 사용되고 있는 스트레스와 동의어로 사용된다. 유해한 스트레스 중에서도 급성 스트레스는 그 상황이 격렬하고 지속기간이 짧은 반면, 만성 스트레스는 상대적으로 격렬하지 않으며, 장기간에 걸쳐 지속되는 스트레스를 의미한다.

라자러스와 폴크만(R. S. Lazarus & S. Folkman)은 스트레스의 유형을 자극으로서의 스트레스, 반응으로서의 스트레스, 자극과 반응의 상호작용으로서의 스트레스[37)]라는 세 가지 유형으로 구분하였다.[38)]

그리고 블로나(R. Blonna)는 자극으로서의 스트레스, 반응으로서의 스트레스, 자극과 반응의 상호작용으로서의 스트레스, 총체론적 현상으로서의 스트레스라는 네 가지 유형으로 구분하였다.[39)] 구체적인 내용을 살펴보면 첫째, 자극으로서의 스트레스 개념은 외부적인 환경조건에서부터 내부적인 신경학적 특성에서 야기되는 스트레스 상황에 이르기까지 다양한 자극을 포함한다. 둘째, 반응으로서의 스트레스 개념은 스트레스를 감정적 긴장으로 파악한다. 셋째, 개인과 환경과의 상호작용 혹은 자극과 반응의 개념으로서의 스트레스란 개인과 환경간의 부적절한 관계에서 스트레스가 발생되는 것으로 본다. 넷째, 총체론적 현상으로서 스트레스 개념은 스트레스를 개인적·잠재적 스트레스 원천과 사회적·물리적·감정적·지적·정신적·환경적 복지 등을 포괄하는 대규모 체계의 한

---

37) 상호작용으로서의 스트레스란 환경 사건(자극)이나 개인의 반응이 아니라 상황에 대한 개인의 지각으로 정의된다. 다시 말해 스트레스란 개인과 환경과의 역동적인 관계로써 개인이 상황을 어떻게 평가하는가에 따라 스트레스 반응이 달라진다는 것이다. 이때 평가는 일차평가(primary appraisal)와 이차평가(secondary appraisal)로 이루어지는데, 일차평가는 그 상황이 자신에게 해로운 것이냐 이로운 것이냐의 상황 자체의 평가를 말한다. 그리고 이차평가는 일차평가된 상황이 통제할 수 있는 것인가 대처할 수 있는 것인가에 대한 자신의 능력과 자원에 대한 평가이다. 만약 자신에게 닥친 스트레스 상황이 부정적이고 위협적인 상황이라 할지라도 자신이 그것을 대처할 능력이나 자원을 가지고 있다고 스스로 판단한다면 스트레스 반응이 발생하지 않는 것이다.

38) R. S. Lazarus & S. Folkman, *op. cit.*, pp. 11-20.

39) R. Blonna, *Coping with Stress in a Changing World*, 3rd ed.(New York: McGraw-Hill, 2005).

부분으로 파악하려고 한다.

보스(P. Boss)는 스트레스의 유형을 크게 다섯 가지로 분류하고 있다.[40] 첫째, 내적 스트레스와 외적 스트레스이다. 내적 스트레스는 경찰조직 내의 구성원들이 업무 중 당하는 상해 및 사망 사건들로 인하여 발생하는 반면, 외적 스트레스는 타 조직과의 지지부진한 업무협조, 태풍 등의 자연재해와 같이 조직 외부에서 비롯되는 사건들을 말한다. 둘째는 규범적 스트레스와 비규범적 스트레스이다. 규범적 스트레스는 입직, 승진, 퇴직, 교육 등 경찰조직의 생활주기에서 예측이 가능한 사건들인 반면, 비규범적 스트레스는 예기치 못한 사건이나 동료의 죽음 등 조직구성원에게 급작스러운 불행이 되는 사건들을 포함한다. 셋째, 모호한 스트레스와 명확한 스트레스이다. 모호한 스트레스는 무슨 일이 언제, 누구에게, 어떻게 얼마나 오랫동안 발생할 것인지에 대해서 확신할 수 없는 사건을 말하고, 그 반대의 경우는 명확한 스트레스라고 한다. 일반적으로 사건이 일어날지 여부를 알지 못할 때 사고, 감정, 행동에서 갈등과 혼란이 초래되고 무력감에 빠지기가 쉽다. 넷째, 자발적 스트레스와 비자발적 스트레스이다. 자발적 스트레스는 경찰조직 생활 중 계획한 육아휴직, 타 부서로의 전입·전출 등 조직구성원이 원해서 선택적으로 발생된 사건인 반면, 비자발적 스트레스는 실직, 징계 등 자신의 의지와 관계없이 일어난 사건들을 포함한다. 다섯째, 만성적 스트레스와 급성적 스트레스이다. 만성적 스트레스는 근무시간의 불규칙으로 인한 피로도 상승, 업무시간 이후 잦은 회식으로 인한 숙취 등 장기간 지속되는 스트레스 상황인 반면, 급성적 스트레스는 근무 중 입게 되는 골절상, 승진 및 임용의 실패 등 심각한 영향을 미치지만, 단기간 지속되는 사건을 말한다. 여섯째는 단독 스트레스와 누적된 스트레스이다. 단독 스트레스란 그 사건 이외에는 다른 스트레스 유발 사건이 발생하지 않아서 비교적 쉽게 대처할 수 있는 사건인 반면 누적된 스트레스는 선행된 스트레스 사건이 미처 해결되지 않은 상태에서 또다른 사건이 잇달아 발생함으로써 여러 개의 스트레스 유발 사건들이 누적된 상태를 말한다.

이황우에 의하면 스트레스를 외적 스트레스, 내적 스트레스, 개인적 스트레

40) P. Boss, *Family Stress Management*(Thousand Oaks, California: SAGE Publications, 2001).

스, 업무상 스트레스로 분류하고 있다.[41] 첫째, 외적 스트레스는 실제적 두려움과 위험으로 인한 스트레스를 의미하며, 총기사건, 자동차 추적과 같은 위험상황에 직면했을 때의 반응을 말한다. 실제로 2014년 경찰청 자료를 살펴보면 최근 5년간(2009~2013년) 순직자는 69명, 공상자는 9,995명이다. 주요 발생원인으로는 순직은 질병(60.87%), 교통사고(27.54%), 안전사고(10.14%), 피습(1.45%) 순이었고, 공상은 안전사고(42.41%), 피습(29.00%), 교통사고(26.22%), 질병(2.36%) 순으로 나타났다. 2011년도의 경우를 예로 들면, 순직은 11명, 공상은 1,867명으로 순직은 감소하였으나, 공상은 해마다 증가하고 있는 상황으로 근무강도와 근무내용별 스트레스가 심각함을 알 수 있다. 둘째, 내적 스트레스는 경찰조직이 준 군대적인 성격을 지니고 있기 때문에 나타나는 스트레스를 의미하며, 계속되는 순찰구역의 변화에 대한 적응, 불규칙한 업무시간과 휴일, 경찰관에게 부과된 엄격된 규칙 등으로 인하여 야기된다. 셋째, 개인적 스트레스는 경찰조직에 속해 있는 경찰관 상호간의 성격과 의사소통과정에서 나타나는 스트레스를 의미하며, 동료 경찰관들과 함께 업무를 수행하면서 야기되는 갈등 및 마찰이 이에 해당된다. 넷째, 업무상 스트레스는 업무수행 도중에 직면하는 스트레스를 의미하며, 마약중독자를 상대하는 경우, 일반주민들이 위험상황에 직면하게 되는 경우, 업무수행 도중에 언제든지 범죄가 발생할 수 있는 가능성 등으로 인하여 야기된다.

3) 유발요인

스트레스 유발요인은 앞서 언급한 스트레스의 개념을 어떻게 정의하느냐에 따라 학자들마다 다양하게 나타난다. 대체로 조직 내적으로는 직무와 관련되는 것과 조직 외적으로는 환경적인 것과 관련하여 발생되는 것을 총칭하여 스트레스 유발요인이라 한다. 이러한 요인에 의해 유발되는 스트레스는 조직구성원들의 행동양식과 직무태도에 영향을 미치기 때문에 관리자들은 스트레스의 중요성을 인지하고 있어야 하며, 스트레스 반응이 일어나면 그 환경과 개인의 특성을 파악해야 한다.

---

41) 이황우, 「경찰행정학」, 제5판(파주: 법문사, 2012), 370-371쪽.

스트레스 유발요인과 관련된 선행연구를 살펴보면 다음과 같다.

맥그래스(J. E. McGrath)는 직무스트레스 유발요인을 과업, 역할, 행동상황, 물리적 상황, 사회적 상황요인 등으로 구분하고 있다.[42] 스티어스(R. M. Steers)는 역할모호성이나 역할갈등 및 역할과소와 같은 조직적 요인, 특성이나 성격, 생활변화속도, 능력·요건과 같은 개인적 요인, 상사와 동료 및 배우자와의 관계 등과 같은 사회적 지원요인 등으로 구분하고 있다.[43] 이러한 요인으로 인하여 Stress, 즉 직업적 스트레스는 직원들에게 심리적·생리학적 영향을 미치고 주요 퇴직원인이 되며, 스트레스를 경험한 직원들에 의하여 다른 직원들의 안전까지 위협받는다고 지적하였다.[44] 루탄스(F. Luthans)는 조직외부 요인, 조직 요인, 집단 요인, 개인 요인으로 구분하였고, 특히 집단 차원에서의 스트레스원은 불명확한 역할, 참여와 자원의 낮은 수준, 집단내 및 집단간 갈등, 집단 지도력에 대한 불일치, 상호 불량한 관계, 응집력의 결여, 경영관리자의 행동, 직무 인정, 업무의 과중, 혼란함, 반복적 작업, 업적에 대한 부적절한 피드백 등이라고 보았다.[45] 크로스(W. H. Kroes)는 스트레스 요인을 공통적 요인과 경찰 고유의 요인으로 구분하였다. 특히, 경찰 고유의 요인으로는 범법자들을 효과적으로 처리하는 데 대한 업무적 압박 및 대부분 경찰관들이 불공정하다고 인식하고 있는 법규상 역할 규제와 같은 법 집행 환경과 관련된 부분을 언급하였다.[46] 펄린(L. I. Pearlin)은 개인의 삶에 있어서 겪게 되는 각종 사건과 나이, 성별, 인종과 민족성, 직업적 상황에서 발생가능한 역할문제로 구분하고 있다.[47]

---

42) J. E. McGrath, "Stress and Behavior in Organization", *Handbook of Industrial and Organizational Psychology*(Chicago, Illinois: Rand Mcnally College, 1978).

43) R. M. Steers, *Introduction to Organizational Behavior*(Glenview, Illinois: Scott Foresman, 1981), p. 345.

44) R. Jayashree, "Stress Management with Special Reference to Public Sector Bank Employees in Chennai", *International Journal of Enterprise and Innovation Management Studies*, Vol. 1 No. 3, 2010, p. 34.

45) F. Luthans, *Organizational Behavior*(New York: McGraw-Hill, 2010), p. 400.

46) W. H. Kroes, *Society's Victims, the Police: An Analysis of Job Stress in Policing*(Springfield, Illinois: Charles C. Thomas, 1985); W. H. Kroes & J. Hurrell, *Job Stress and the Police Officer: Identifying Stress Reduction Techniques*(Washington, D.C.: Government Printing Office, 1975).

47) L. I. Pearlin, "The Sociological Study of Stress", *Journal of Health and Social Behavior*, Vol.

이 밖에 알브레히트(K. Albrecht)는 신체적 요인, 사회적 요인, 정서적 요인[48]으로 매터슨과 이반세비치(M. Matteson & J. Ivancevich)는 개인적·조직적·환경적 차원[49]으로 구분하여 스트레스 유발요인을 구분하고 있다.

위와 같은 스트레스의 요인을 바탕으로 경찰조직에 접목시켜 스트레스 유발요인을 살펴보면 다음과 같다.[50]

첫째, 조직 외적인 요인으로 정치권과 검사가 경찰에 대하여 공격적 태도를 지니게 된다든지, 대중매체에서 경찰에 대하여 왜곡된 보도를 하여 스트레스를 받게 될 여지가 있다. 이러한 결과로 업무의 능률저하를 가져오거나 경찰관은 국민에게 봉사하는 것에 대한 회의감을 가질 수 있다.

둘째, 조직 내적인 요인으로 각종 교육훈련이 불충분하고, 경제적 측면의 혜택이 부족하며, 3교대 근무 및 야간근무로 인한 불규칙한 업무환경 때문에 야기되는 경우가 많다.

셋째, 개인적 요인으로 자신의 직업이 경찰관이기 때문에 각종 활동이 제약되며, 지역사회에서 자신에 대하여 기대하는 바가 너무 많기 때문에 야기된다.

넷째, 업무상 요인으로 경찰업무로 인하여 위험하고 불확실한 상황에 항시 직면하고, 이러한 상황에서 필연적으로 발생하는 각종 비극적 상황에 자주 직면하게 되며, 많은 업무를 수행하기 때문에 야기된다.

4) 영 향

(1) 경찰관 자신에게 미치는 영향

스트레스에 지나치게 오랫동안 노출되면 신체적 증상을 일으킬 수 있고, 많은 질병들을 유발하거나 악화시킬 수 있다. 스트레스 증상들은 사람마다 다양하

---

30 No. 3, 1989, pp. 241-256.

48) K. Albrecht, *Stress and The Manager: Making It Work For You*(New York: Simon & Schuster, 1986), p. 147.

49) M. Matteson & J. Ivancevich, *Controlling Work Stress: Effective Human Sesource and Management Strategies*(San Francisco, California: Jossey-Bass, 1987); M. Matteson & J. Ivancevich, *Organizational Behavior and Management*, 5th ed.(New York: McGraw-Hill, 1999).

50) 이황우, 앞의 책, 371-372쪽.

게 나타나는데 일반적으로 신체적 증상과 정서적 증상으로 나눌 수 있다. 전자는 두통, 불면, 피로감, 목과 어깨의 결림, 요통과 흉통, 식욕의 변화, 소화불량, 변비나 설사, 입과 목이 마르고 가슴이 두근거리고 떨리는 등의 신체 증상으로 나타난다. 후자는 불안, 우울, 신경과민, 자존감 저하, 불안정감, 분노, 좌절감, 공격성, 죄책감 등의 정서 증상이다. 스트레스에 의한 다양한 신체적, 심리적, 행동적 증상들은 다시 스트레스를 증가시키고 증가된 스트레스는 또다시 증상을 악화시키게 되는 스트레스의 악순환을 일으키게 된다.

스트레스로 인해 유발되거나 그 경과에 영향을 받는 질병은 상당히 많다.51)

① 스트레스로 인한 우울증, 불안장애, 신경증과 같은 다양한 정신장애
② 소화성 궤양, 궤양성 대장염, 과민성 대장 증후군과 같은 소화기계 장애
③ 기관지 천식, 과호흡 증후군과 같은 호흡기계 장애
④ 갑상선 기능항진증, 당뇨병, 월경전 불쾌장애와 같은 내분비계 장애
⑤ 고혈압, 관상동맥질환, 부정맥, 울혈성 심부전증, 혈관운동성 실신과 같은 심혈관계 장애
⑥ 두통과 요통 같은 다양한 통증 장애, 소양증, 두드러기 같은 피부질환

따라서 스트레스는 사실상 거의 모든 신체기관에 영향을 끼친다. 뇌와 면역계는 밀접한 영향을 갖고 있으며 스트레스는 생체 면역계에도 영향을 미친다. 만성적인 스트레스하에서는 면역성 감소와 비례하여 각종 감염이나 암 발생이 증가한다.

결국 과도한 스트레스를 받을 확률이 높은 경찰관은 스트레스로 인하여 위와 같은 질병에 쉽게 노출될 여지가 있다.

실제로 경찰관들은 항상 위험에 노출되어 있고 매일 발생하는 업무관련 스트레스에 직면하고 있다. 게다가 경찰관의 업무시간과 부적절한 생활조건은 그들의 건강에 큰 영향을 미치고 있는 것이다. 경찰관들은 대부분 업무시간과 생활환경 때문에 매우 비합리적인 식사습관을 갖고 있다. 헌터(R. E. Hunter) 외는

51) 박정현, "스트레스와 질병 스트레스 관리", *News & Information for Chemical Engineers*, 제29권 제4호, 2008, 468-469쪽.

업무상 패스트푸드 음식의 섭취와 운동부족으로 비만과 또 다른 신체적 질병을 가져오게 된다고 하였고 스트레스와 함께 이들 건강 문제들은 생명을 위협하는 질병으로까지 발전할 수 있다고 경고하였다.[52] 최응렬·박주상은 교대근무 경찰공무원의 수면장애, 피로 및 직무스트레스의 관계를 살펴보았는데 연구대상자들은 비교적 높은 수면장애를 보였고 피로도 매우 높은 위험도를 보인다고 하였다. 구체적으로는 교대근무 경찰공무원의 일반적 특성에 따른 수면장애, 피로 및 직무스트레스의 차이를 살펴본 결과 수면장애는 연령이 높을수록, 학력은 낮을수록, 근무지역은 대도시일수록, 근무연한이 길수록 수면장애가 높은 것으로 나타났다.[53]

(2) 경찰관 가족에게 미치는 영향

경찰업무는 경찰관뿐만 아니라 가족과 주변인들에게도 영향을 미친다. 경찰업무는 개인과 관련된 가족들에게 영향을 미치고 마음의 상처를 주기도 한다. 경찰관 아내들의 10~20%는 남편의 직업에 대해 불만을 갖고 있으며 심지어 경찰직을 그만둘 것을 기대하기도 한다. 또한 자주 바뀌는 순찰업무는 생일·기념일과 같은 가족 행사나 휴일의 계획을 방해하기도 하고, 교대근무는 경찰관들의 배우자가 다른 직업을 갖도록 하는 데에도 장애가 된다.

다음과 같은 경찰업무와 관련된 수많은 스트레스 문제는 경찰 가족의 붕괴에 기여하는 요인이 되고 있다.

① 근무형태로 인한 가족간 갈등 심화

교대근무로 자녀 양육, 휴일이나 중요 가족행사에 불참하게 되고, 신체적 문제를 야기하여 결국에는 가족간에 갈등이 심화될 우려가 크다.

---

52) R. E. Hunter, T. Baker & P. D. Mayhall, *Police-Community Relations and the Administration of Justice*, 7th ed.(Upper Saddle River, New Jersey: Pearson Prentice Hall, 2008), pp. 170-171.

53) 최응렬·박주상, "교대근무 경찰공무원의 수면장애, 피로 및 직무스트레스의 관계에 관한 연구", 「경찰학논총」, 제5권 제1호, 2010, 43-44쪽.

② 예측 불가능한 업무환경

경찰의 업무는 계속된 위기상황과 긴급출동에 직면하게 되는데, 이로 인하여 죽음이나 부상에 대한 두려움을 증진시키고, 경우에 따라서는 상황 대처방식에 대하여 조직 내에서 조사를 받는 경우도 있다. 이로 인하여 경찰관의 가족들은 불안감과 긴장감에 항상 노출되어 있다.

③ 업무와 관련된 개인적 변화

경찰관은 많은 비극적인 사건을 목격하게 되는 경우가 많다. 최근에 경찰관에 대한 외상후 스트레스 장애(PTSD: Post-Traumatic Stress Disorder)에 대한 관심이 높아진 것도 이와 관련된 스트레스를 적절히 관리하고자 하는 취지에서이다. 그러나 적절히 관리되지 않은 스트레스는 경찰관의 인성과 적성에 부정적 변화를 야기하여 결국 가족 전체에도 영향을 미치게 된다.[54]

2. 시간관리

1) 시간의 속성

조직운영에 있어서 핵심적인 자원인 조직구성원은 각자가 독특한 특징을 지니고 있다. 특히, 개인의 성격과 능력, 그리고 문화적 배경의 차이는 조직 내에서 개인행동의 상이함을 초래하는 중요한 원인 중의 하나일 것이다. 이러한 개인행동의 차이를 이해하고 이를 조직성과에 연결시키려는 시도는 효과적인 조직운영에 있어서 중요한 과제이다.

특히, 조직운영과 관련된 다양한 요소들 중에서 시간이라는 변수의 특성은 누구에게나 동일하게 하루 24시간씩 주어진다는 점에서 성격이나 문화에 비해 개인, 집단 그리고 조직에 따라 변수 자체의 차이가 대단히 적기 때문에 조직의 효과성 검증과 관련된 다양한 연구들에서 변수로써 사용되곤 한다. 즉, 개인의 관리능력 여하에 따라서 그 가치가 달라진다는 의미가 될 것이다. 어떤 행동에 시간을 보내게 되면 자연히 다른 행동에 사용할 수 있는 시간이 줄어들기 때문

54) 이황우, 앞의 책, 370쪽.

에 시간자원은 욕구나 목표의 수행과 관련이 깊다. 그 동안 시간에 대해서는 작업시간의 단축, 교대근무제 등 다양하게 연구가 이루어졌다.

특히, 경찰조직의 대표적 특성인 관료제, 계층화적 특성으로 경찰청을 중심으로 지방경찰청, 경찰서, 지구대 및 파출소 단위의 형태로 구성되어 있으며, 그 단위별로 수행되어야 하는 역할이 정해져 있다. 또한 범죄가 광역화·다양화되면서 경찰업무가 증대되면서 경찰관 1인당 담당해야 되는 업무가 증가하고 중복되는 현상이 빈번하게 발생하고 있다. 이렇듯 정해진 자원과 인원으로 국민의 생명과 재산의 보호라는 경찰조직의 목표를 달성하기 위해서는 적재적소에 인원과 장비를 배치시키는 것도 중요하지만, 같은 시간에 더 많은 일을 처리하고, 결과적으로 조직의 목표를 달성하는 데 있어서 각각의 업무를 어떤 모습으로 처리하는가가 더욱 중요시되고 있다.

하지만 개인의 행동을 시간이라는 관점에서 살펴본다는 것은 결코 간단한 작업이 아닐 것이다. 왜냐하면 개인행동에 영향을 미치는 환경적 요인 즉, 사회문화, 가족 그리고 사회계급 등과 심리적 요인인 개인의 성격, 욕구 그리고 동기 등 무수히 많은 요소들이 시간과 관련되어 있고 상호 작용할 것이기 때문이다.

그로스, 크랜달과 놀(I. H. Gross, E. W. Crandall & M. J. Knoll)은 시간을 인적 자원, 물적 자원, 심리적 자원으로 분류하였고,[55] 라이스와 터커(A. S. Rice & S. M. Turker)는 시간을 생활시간이라는 개념으로 구분하고자 하였는데 크게 노동시간과 비노동시간으로 나누고, 노동시간에는 수입노동, 가사노동, 자원노동시간을, 비노동시간에는 수면, 자유시간, 여가시간을 포함시켰다.[56] 펠드만과 호믹(L. P. Feldman & J. Hormik)은 노동과 노동 이외의 비노동으로 분류하고, 후자에는 필수적인 일, 가사노동, 여가를 포함시켜 가사노동을 노동이 아닌 일로 분류하였다.[57]

---

55) I. H. Gross & E. W. Crandall & M. J. Knoll, *Management for Modern Families*, 4th ed.(Englewood Cliffs, New Jersey: Prentice Hall, 1980).

56) A. S. Rice & S. M. Tucker, *Family Life Management*, 6th ed.(New York: Macmillan, 1986), pp. 273-280.

57) L. P. Feldman & J. Hormik, "The Use of Time: An Intergrated Conceptual Model", *Journal of Consumer Research*, Vol. 7, 1981.

흔히 시간은 인적 자본의 구성요소로 보고 있다. 시간을 물적 자원으로 보지 않는 주된 이유는 시간은 축적할 수 없다는 것이다. 시간은 누구에게나 공평하게 주어지며 그것을 활용하는 사람에 따라 그 가치는 크게 달라진다. 또한 시간은 자연적으로 흘러가 소멸되기 때문에 시간을 지연시키거나 저축할 수도 없고 쓰지 않아도 없어진다.

시간은 모든 개인에게 공통적인 자원이며, 일정하게 또 지속적으로 주어진다는 점에서 우리에게 여러 가지 가능성을 제공한다. 그럼에도 불구하고 매일 새로운 시간이 공급되기 때문에 자원으로서 시간의 중요성과 관리의 필요성이 간과되는 경우도 있다. 이러한 제한적인 시간을 효과적으로 균형있게 배분하고 관리하기 위해서 구체적인 시간관리 행동이 필요하고, 여러 가지 역할 중에서 일의 중요도에 따라 시간을 적절하게 사용할 수 있도록 조절할 능력이 요구된다.

현재까지 시간관리라는 개념이 사회 전반적으로 소개만 되어 있고, 일부 기업 등의 사적 조직에서만 적용이 되고 있을 뿐, 경찰조직에서 시간관리를 강조하고 있지는 않다. 따라서 특정 교육훈련 프로그램, 경찰조직의 전반적인 분위기, 각종 성과평가제도 등에 있어서 시간관리의 개념 및 그 적용이 실질적으로 이루어진다면 경찰공무원 개개인의 자아실현이라는 차원을 넘어 국민의 생명과 재산을 보호한다는 경찰목표의 달성에도 높은 효율성을 기대할 수 있을 것이다.[58)]

2) 시간관리 및 시간관리 행동의 개념

브리튼과 테서(B. K. Britton & A. Tesser), 홀과 허쉬(B. L. Hall & D. E. Hursch), 마칸(T. H. Macan)은 시간관리는 시간을 양적으로 관리하기보다는 질적으로 관리하는 데에 따라 그 효율성을 가늠할 수 있고, 시간관리 행동은 개인의 능력을 극대화시킬 수 있다고 하여 그 중요성을 강조하였다.[59)]

---

58) 신성철 · 조현빈, "경찰공무원의 시간관리행동 유형화에 관한 연구", 「한국공안행정학회보」, 제42권, 2011, 102-103쪽.

59) B. K. Britton & A. Tesser, "Effects of Time-Management Practice on College Grades", *Journal of Educational Psychology*, Vol. 83 No. 3, 1991, pp. 405-410; B. L. Hall & D. E.

시간관리에 대한 개념은 접근방식에 따라 조금씩 차이를 보이고 있다.

자이버트(L. J. Seiwert)에 의하면 시간관리란 시간을 가장 효율적인 형태로 사용하고, 자신의 인생에 긴장과 이완을 주는 올바른 기술을 일상생활에서 효과적으로 계속 실천하는 것으로 정의하였고, 시간관리의 행동적인 측면을 강조하였다.[60] 그리고 유성은은 시간관리는 넓은 의미로 보면 주어진 모든 시간을 최선을 다해 활용하여 최대의 효과를 거두는 것이라 하였으며 좁은 의미에서는 효과적인 행동을 하기 위해 시간을 잘 조직하는 것이라 하여 시간을 광의와 협의로 나누어 정의하였다. 또한 시간관리는 동시에 일어나는 자원사용과 집단의 자원사용을 조정하는 것을 의미한다고 보았다.[61] 두경자는 시간관리란 인간의 행복과 질적 삶은 창조적인 사고를 통해 발전하고 달성될 수 있으므로 정보화시대의 시간관리는 양보다 질 위주의 관리방법이 요구되고 또한 정보화 시대에서는 각종 첨단기술이 시간자원과 결합하면서 시간 단축이라는 효과를 산출하기 때문에 단순한 시간절약보다는 가치창조를 할 수 있는 시간사용이 중요하다고 말하면서 시간관리에 효율, 효과, 안정의 개념이 적용된다고 하였다.[62] 이기영·김외숙은 시간관리를 관리행동의 4가지 기능으로 보고 계획, 수행, 산출 및 피드백의 과정에 따라 자신이 원하는 생활목표를 달성하기 위하여 시간을 합목적적으로 사용하는 방법을 개발하고 습관화하는 것이라고 정의하고 있다.[63] 채화영은 시간관리를 개인의 가치에 부합하는 삶을 위해서 시간자원을 배분하고 조정하며, 시간자원 속에서 삶에 긴장과 이완을 주는 행동을 의식적으로 행하는 것이라고 하였다.[64]

이렇듯 시간관리를 보는 시각은 다양하지만 공통적으로 효율성과 실천이라

Hursch, "An Evaluation of the Effects of a Time Management Training Program on Work Efficiency", *Journal of Organizational Behavior Management*, Vol. 3 No. 4, 1982, pp. 73-96; T. H. Macan, "Time Management: Test of a Process Model", *Journal of Applied Psychology*, Vol. 79 No. 3, 1994, pp. 381-391.

60) L. J. Seiwert, *Time is Money : Save it*(London, England: Kogan Page, 1991).

61) 유성은, 「시간관리와 자아실현」(서울: 생활지혜사, 2000).

62) 두경자, "시간자원관리 방안에 관한 소고", 「사회과학연구」, 제13권, 2000, 30-31쪽.

63) 이기영·김외숙, 「가사노동과 시간관리」(서울: 한국방송통신대학교출판부, 2002).

64) 채화영, "직장인의 시간관리행동과 시간관리만족도 연구", 「한국가족자원경영학회지」, 제9권 제3호, 2005, 33쪽.

는 행동을 강조하고 있다. 디콘과 파이어보우(R. E. Deacon & F. M. Firebaugh)는 의사결정을 위한 이론적 틀로 체계 모델(systems model)을 제시하고 있는데, 이는 시간관리를 자원관리의 한 부분으로 볼 수 있는 이론적 근거로써 시간관리 행동은 자원관리의 과정에 포함될 수 있다. 여기서 과정은 투입(input), 생산(throughput), 산출(output)의 세 단계를 거치게 되는데 이중 생산은 투입으로부터 산출로 가는 중간단계(물질, 에너지, 정보 등을 변환시키는 단계)로서 어떠한 과정을 거치는가에 따라 산출이 달라질 수 있는 중요한 단계이다.[65)]

시간관리는 일반적으로 시간관리 행동과 구별없이 사용된다. 하지만 엄밀하게 살펴본다면 시간관리가 시간자원을 배분, 조정, 계획, 수행, 평가하는 총체적인 과정이라고 한다면 시간관리 행동은 시간관리의 하위개념으로서 실제로 시간자원을 어떻게 사용하고 있는가에 대한 행동적 측면이 강조된 개념이라고 하겠다. 즉, 시간관리행동은 자신의 가치관과 외부환경에 영향을 받아 시간을 사용하는 긍정적 혹은 부정적으로 양식화된 행동이라고 정의할 수 있다.[66)]

65) R. E. Deacon & F. M. Firebaugh, *Home management context and concepts*(Boston, Massachusetts: Houghton Mifflin Company, 1975); R. E. Deacon & F. M. Firebaugh, *Family Resource Management: Principles and Applications*(Boston: Allyn and Bacon, 1988).

66) 채화영, 앞의 논문, 33쪽.

제 2 장
경찰리더십

제1절 경찰리더십의 의의 및 주요요소

1. 리더십의 개념

리더십이라는 단어는 여러 가지 의미를 가지고 있다. 때때로 리더십이란 하급자들에게 무엇을 해야 하는지를 알려주는 것이라고 생각하거나 혹은 하급자들과 조직내부에서 잘 어울리는 것이라고 여겨지기도 한다. 그러나 이러한 편협한 시각에서 리더십을 바라본다면, 조직의 성과를 달성하기란 쉽지 않을 것이다. 리더십을 좀 더 정확하게 정의하자면, "조직원들 또는 그 조직을 지도하고, 또 그들에게 목표를 달성할 수 있도록 일정한 영향을 미치도록 하는 과정"이라고 할 수 있다.[1)]

모든 집단이나 조직은 그들을 효율적으로 기능하게 만들어 줄 수 있는 능력 있는 리더와 그에 맞는 효과적인 리더십을 요구한다. 리더십은 단순히 리더의 위치에 있는 모든 사람에게서 자동적으로 나오는 것이 아니라 학습을 통해 습득

1) L. K. Gaines & J. L. Worrall, *Police Administration*, 3rd ed.(Clifton Park, New York: Delmar Cengage, 2012), p. 152.

할 수도 있고, 능력 개발을 통해 보다 더 효과적으로 개발될 수 있는 일종의 과학이다.[2] 리더십의 정의를 정리하면 〈표 4-1〉과 같다.

리더십 연구의 대표적 학자인 번즈(J. M. Burns)에 따르면, 리더십은 조직원

〈표 4-1〉 리더십의 정의

저자	리더십의 정의
R. M. Stogdill	-리더가 조직의 공유된 목표를 향하여 구성원들의 활동을 이끌어가는 행동
D. Katz & R. L. Kahn	-기계적으로 조직의 일상적 명령을 수행하는 것 이상의 결과를 가져올 수 있게 하는 영향력
H. Koontz & C. O'Donnel	-조직 성원들이 공동 목표를 달성하려는 방향으로 기꺼이 따라오도록 영향력을 행사하는 과정
G. Jago	-강제성을 띠지 않는 영향력 행사과정으로 구성원들에게 방향을 제시하고 활동을 조정하는 것. 성공적으로 영향력을 행사하는 사람들이 갖는 특성
D. Hersey & K. Blanchard	-주어진 상황에서 개인이나 조직의 목표 달성을 위한 활동에 영향을 미치는 과정
B. M. Bass	-상황이나 조직구성원들의 인식과 기대를 구조화, 또는 재구조화하기 위해서 구성원들 간에 교류하는 과정
B. Nanus	-비전의 제시를 통하여 추종자들의 자발적 몰입을 유인하고 그들에게 활력을 줌으로써 조직을 혁신하여 보다 큰 잠재력을 갖는 새로운 조직형태로 변형시키는 과정
R. G. Lord & K. T. Maher	-특정 개인이 다른 사람들에 의해서 리더라고 인정받는(또는 지각되는) 과정
S. R. Covey	-사람들이 자신의 가치와 잠재능력을 볼 수 있도록 분명하게 알려주는 것
G. Yukl	-무엇을 해야 할 필요가 있으며 어떻게 하면 그것을 효과적으로 할 수 있는지를 다른 사람들이 이해하고 동의하도록 영향력을 행사하는 과정, 그리고 공유목표를 달성하기 위해 개인과 조직 전체의 노력을 촉진하는 과정
오석홍	-일정한 상황 하에서 목표성취를 위해 개인이나 집단의 활동에 영향을 미치는 과정
유민봉	-조직의 미션이나 비전을 달성하기 위하여 리더와 하급자의 동태적인 상호관계에 의해 형성되는 영향력
L. K. Gains & J. L. Worrall	-조직원들 또는 그 조직을 지도하고, 또 그들에게 목표를 달성할 수 있도록 일정한 영향력을 미치는 과정

※ 자료: 백기복, 「리더십리뷰: 이론과 실제」(서울: 창민사, 2005), 16쪽; 최병순, 「군리더십」(서울: 북코리아, 2010), 22쪽의 재구성.

2) 유민봉, 「한국행정학」, 제4판(서울: 박영사, 2012), 280쪽.

들로 하여금 조직의 가치 및 동기와 같은 특정한 목적을 위해 행동하도록 유도하는 것으로 정의된다.[3)]

하우스(R. J. House) 외는 리더십을 조직의 목표를 보다 효과적으로 달성할 수 있도록 조직구성원들에게 동기를 부여하고, 영향력을 미칠 수 있는 개인적 능력[4)]으로 정의내리고 있다.

또한 데이비스(K. Davis)는 리더십에 대해 조직구성원으로 하여금 정해진 목적을 열성적으로 수행할 수 있도록 설득하는 능력으로 정의하였다.[5)]

한편, 헌터(J. C. Hunter)는 “리더십의 주역은 리더가 아니라 추종자이며 리더의 영향력도 추종자에 대한 영향력에서 간접적이고 가치적인 영향력으로 변화하고 있다. 또한 보상의 개념도 외적 보상이 아니라 내적 보상이며, 사고방식의 개념도 리더에 대한 의존이 아니라 추종자가 스스로 주체적으로 생각하는 것으로 변화하고 있다”고 강조하였다. 이는 리더십의 실체에 대한 인식의 근본적인 변화의 필요성을 강조한 것이라고 할 수 있다.[6)]

2. 경찰리더십의 주요요소

리더십은 세 가지 주요요소로 구성되는데 사람, 권력 그리고 영향력이다.[7)]

1) 사람과 리더십

사람은 리더십의 발휘과정 전반에 걸쳐 개입한다. 왜냐하면 리더십은 리더와 추종자 간의 상호작용이기 때문이다.

---

3) J. M. Burns, *Leadership*(New York: Harper & Row, 1978), p. 697.

4) R. J. House, P. J. Hanges, S. A. Ruiz-Quintanilla, P. W. Dorfman, M. Javidan, M. W. Dickson & V. Gupta, “Cultural Influences on Leadership and Organizations: Project GLOBE”, *Advances in Global Leadership*, 1999, pp. 171-233.

5) J. W. Newstrom & K. Davis, *Human Behavior at Work*, 6th ed.(New York: McGraw-Hill, 1981), p. 124.

6) J. C. Hunter, *The World's Most Powerful Leadership Principle: How to Become a Servant Leader*(New York: Random House, 2004).

7) L. K. Gaines & J. L. Worrall, *op. cit.*, p. 152.

구체적으로 살펴보면 먼저 리더십이 발휘되는 대상이 되는 조직의 하급자나 추종자를 들 수 있다. 부서의 규모에 따라서 상대적으로 하급자의 인원이 많거나 적을 수는 있지만, 두 경우 모두 리더로부터 영향력을 받는 것은 동일하다.

한편, 리더 역시 성공하기 위해서는 사람들에게 영향을 미치려고 노력해야 한다. 이러한 노력은 조직의 목적을 달성하고 과업을 수행하기 위해 하급자를 관리·감독하는 것을 말한다. 예를 들어, 경찰부서가 적시에 민원에 대응하는 것이 임무라고 할 때, 경찰리더는 이러한 목적을 달성하기 위해 하급자들에게 동기부여를 하고, 과업 달성에 적합한 조직체계를 만들어야 한다.

이처럼 리더와 추종자 그리고 이들을 둘러싼 영향력의 관계를 리더십과정으로 볼 때 리더십에서 사람은 중요한 구성요소가 된다.

2) 권력과 리더십

리더십은 또 권력의 배분을 포함한 개념이다. 권력은 타인을 통제하고 영향력을 미치게끔 하는 능력이다. 권력과 권한은 명령체계를 통해 계층조직에 배분된다. 고위직 경찰관들은 더욱 큰 권력과 권한을 가지기 마련이다. 리더들은 다양한 방면으로 권력을 얻을 수 있는데, 특히 강제, 보상, 적법절차, 전문성 및 관계능력 등을 바탕으로 권력을 얻을 수 있다. 비록 조직원 집단 역시 권력을 일정부분 가지고 있지만, 대체로 리더에 종속되어 그들로부터 영향을 받게 된다.

3) 영향력과 리더십

리더들은 하급자들의 태도와 행동에 대해 영향력을 발휘하게 된다. 영향력에 대해서는, 버나드(C. I. Barnard)가 연구한 이른바 무관심 영역(zone of indifference)을 살펴봄으로써 이해를 도울 수 있다. 무관심 영역은 하급자들이 명령, 규율 또는 정책에 대해 전혀 전념하지 못하는 상태를 일컫는다. Barnard가 주장한 바에 따르면, 리더는 다음과 같은 세 가지 지침을 제시할 수 있다.[8)]

---

8) C. I. Barnard, *The Functions of the Executive*(Cambridge, Massachusetts: Harvard University Press, 1968), pp. 165-171.

(1) 수용 가능한 지침

이러한 지침들은 의문의 여지없이 받아들여진다. 일반적으로 이것들은 해당 직무의 일부분으로 인식된다.

(2) 의문소지가 있는 지침

순찰경찰관이 하급 경찰관에게 순찰 중 특정 지점에 머물러 있을 것을 요구하는 경우, 이 경우 관련 상황이 정확히 설명되지 않는 한 해당 경찰관은 반드시 그 지침에 대해 의문을 제기할 것이다.

(3) 수용가능 영역을 완전히 벗어난 지침

이런 지침들은 수용이 어려울 것이다. 형사팀장이 수사를 담당하는 형사에게 교통업무를 지시하는 경우를 그 예로 들 수 있다.

리더들의 지침이 의문스럽거나 완전히 수용가능 영역을 벗어난 경우, 이러한 지침들은 곧 무관심의 영역으로 떨어지게 된다. 이러한 사태가 발생하면, 경찰정책이나 명령은 제대로 된 영향력을 가지기 어렵게 된다.

3. 경찰리더십의 유형

1) Likert의 리더십 시스템

리커트(R. Likert)의 조직관리시스템은 여러 조직이론들 간의 차이점을 개념화하기 좋은 수단이다.[9] Likert는 다양한 리더들이 보여주는 리더십의 유형을 찾기 위해 수많은 기업들을 조사하였다. 주로 성공적인 리더들을 찾고, 또 그 이유를 찾는 데 관심을 가졌다. 여기에서는 착취적 권위형 리더십, 온정적 권위형 리더십, 상담자적 리더십, 그리고 참여적 리더십 등 총 4가지의 리더십 유형이 논의된다.

(1) 착취적 권위형 리더십(Exploitive-Authoritarian Leadership)

착취적 권위형 리더는 하급자를 신뢰하지 않는다. 또 하급자는 의사결정과

9) R. Likert, *The Human Organization*(New York: McGraw-Hill, 1967).

정에 아무런 영향력을 행사하지 못한다. 정책은 오직 최상위층에 의해 결정되고 명령계통으로 하달될 뿐이다. 상급자와 하급자 상호간 소통이 없다. 간혹 소통이 있는 경우에도 대체적으로 부정적이고 지시 일변도이다. 상급자들은 하급자에게 겁을 주거나 위협하고 처벌함으로써 억지로 동기를 부여하려 한다. 이로 인해 하급자들은 좌절에 빠지고, 비공식적 조직을 만들어 자신을 보호하려 하고, 비상식적 정책에 대해서는 반대하려 한다. 착취적 권위형 리더십은 동기부여를 위축시킴으로써, 경찰관들의 생산성이 낮은 수준에 머물게 만든다.

이러한 유형의 리더십은 경찰활동에 있어 분명 부적절한 리더십 형태라 할 것이다. 왜냐하면, 경찰관의 업무는 종류에 따라 각각 다르게 통제되어야 하고, 또 경찰관들이 범죄를 진압하거나 민원에 대응하는 과정에서 상당한 수준의 재량권이 행사되어야 하기 때문이다. 원칙적으로 착취적 권위형 리더십에 있어 일선에 있는 경찰감독자들은 경찰관에 대해 면밀하게 감독권을 행사해야 하지만, 여러 가지 상황적 이유로 인해 그러지 못하는 것이 일반적 현상이다.

(2) 온정적 권위형 리더십(Benevolent-Authoritarian Leadership)

온정적 권위형 리더십은 착취적 권위형 리더십보다 다소 긍정적인 측면이 있다. 대부분의 정책들이 상위계층에서 만들어지고 명령계통으로 전달되는 것은 비슷하다. 그러나 중간관리자나 감독자들이 하급자의 문제에 직접 귀를 기울이기도 한다. 감독자와 하급자 사이에 소통이 상대적으로 많은 것도 다른 점이다. 다만, 상급자들이 자주 듣기는 하지만 그렇다고 모든 결정사항에 관여하는 것은 아니다. 하급자들은 여전히 경계하고 불신하면서 상급자들을 주시하고 있다. 그럼에도 하급자들이 조직 전체의 목표 자체를 부정하는 것은 아니다. 실제적인 결정 과정에 있어 관여하는 정도가 낮아서 다소 좌절감을 느끼기는 하나, 심각한 수준은 아니다.

이러한 유형의 리더십은 전통적인 경찰조직에서 자주 볼 수 있으며, 동기부여에 문제점이 발생하는 경우 대체로 리더십 탓으로 돌리게 된다. 경찰관들은 주로 이러한 환경 하에서 일을 하기 때문에 대체로 주어진 임무를 수행하는 데에는 집중하지만, 그 이외의 업무에 대해서는 자발적으로 하려 하지 않는다. 이는 결국 상급자의 격려가 부족하고 하급자들이 상급자와의 분쟁에 휘말리기를 꺼려하기 때문이다. 그로 인해 성취에 대한 외부적 독려는 공적 경찰조직 운영의 핵심적 부분임에도 불구하고 부족한 것이 현실이다.

(3) 상담자적 리더십(Consutative Leadership)

상담자적 리더십 내에서 상급자와 일선 경찰관의 관계는 상대적으로 긍정적인데, 이는 문제와 그에 대한 해결방안들이 자유롭게 논의될 수 있기 때문이다. 하급자들은 의사결정 과정에서 직접 의견을 내고 관여함으로써 동기부여를 받는다. 적극적인 보상이 강조되고, 극단적인 경우에 한해 처벌 역시 용인된다.

(4) 참여적 리더십(Participative Leadership)

참여적 리더십은 하급자가 전술적 결정에서뿐만 아니라 정책의 형성 과정에서도 직접 관여할 것을 강조한다. 이는 소위 팀 어프로치(team approach) 방식을 말하는 것으로, 모든 구성원들이 조직의 목표와 활동전략, 전술 등에 관여하게 된다. 이는 경찰관들이 소속 부서가 하는 업무에 대해 직접적으로 관여하게 된다는 것을 의미한다. 위트(J. H. Witte) 외의 연구결과에 따르면, 각 부서별로 경찰관들은 모두 참여적 관리시스템의 적용을 선호하고 있으나, 행정부서에 있는 경찰관들은 적당한 수준의 참여도를 선호하였다.[10] 샤퍼(J. Schafer)의 연구결과에 따르면, 참여적 리더십의 경우 높은 수준의 동기부여, 그리고 직무몰입도로 귀결되게 된다.[11] 따라서 참여도가 높아질수록 생산성 수준 역시 높아지게 된다. 프리델(L. Fridell)의 연구에 따르면, 의사결정과정에 참여하게 됨으로써 하급직원들의 직무몰입도를 더욱 높이게 되며, 특히 부서활동을 비롯한 지역사회 경찰활동에 대한 몰입도도 높아지게 된다.[12]

---

10) J. H. Witte, L. F. Travis, R. H. Langworthy, "Participatory Management in Law Enforcement: Police Officer, Supervisor, and Administrator Perceptions", *American Journal of Police*, Vol. 9 No. 4, 1990, pp. 1-24.

11) J. Schafer, "Developing Effective Leadership in Policing: Perils, Pitfalls, and Paths Forward", *Policing: An International Journal of Police Strategies and Management*, Vol. 32 No. 2, 2009, pp. 238-260.

12) L. Fridell, "The Defining Characteristics of Community Policing", in G. R. Murphy, C. Wexler, H. J. Davis and M. R. Plotkin, *Community Policing: The Past, Present, and*

경찰서장은 가능한 이 리더십 전략을 사용해야 하지만, 유념해야 할 것은 이러한 전략이 항상 유효한 것은 아니라는 점이다. 시민들은 정치적 시스템을 이용하여 경찰목표의 수립과정에 일정한 의견을 제기할 권리가 있다. 그런데, 적절한 경찰목표에 대해 경찰과 시민 간 의견이 일치하지 않을 수 있다. 경찰서장이 해야 할 일은 시민들의 의견이 잘 반영되고 있는지 확인하고 경찰인력으로 하여금 시민지향적 정책을 수용하도록 잘 관리하는 것이다. 일선 경찰관들은 대부분의 사건에 있어 정책결정에 관여할 기회를 부여받으며 이러한 기회는 다양한 루트를 통해 제공될 수 있다. 이러한 장치들을 마련하는 것이 참여적 리더십의 일환이다.

2) Downs의 관료제적 리더십(Bureaucratic Leadership) 유형

Likert의 리더십 유형을 좀 더 살펴보면, 엄밀히 말해 리더십은 권한의 문제이고 하급자의 의사결정 과정에 대한 참여 문제라는 결론에 이르게 된다. 다운스(A. Downs)는 관료조직을 연구하여 조직 내에서의 리더의 노력과 방향설정에 기반을 둔 리더십의 유형을 제시하였다.[13] 그가 구분한 네 가지 유형은 야심가, 상황유지자, 광신도 그리고 변론가 유형이다.

야심가(climer)형은 과감하고 일반적으로 자신의 경력을 발전시키기 위해 수단과 방법을 가리지 않는 사람이다. 이런 리더는 자신을 위해 스폰서들을 적극적으로 유치한다. 상관으로부터 주목받기 위해 주된 업무 이외의 일들에 대해서도 나서서 맡기를 자처하며, 적극적으로 하급자들을 희생시킨다. 자신을 발전시키기 위해 수단과 방법을 가리지 않는다. 대부분의 경찰부서에서 이러한 유형의 리더들이 있는데, 그들은 쉴 새 없이 자신의 발전을 위해 몰두하게 된다.

상황유지자(conserver)형은 본질적으로 현 상태 유지를 선호하는 관료적인 리더이다. 이들은 조직 내의 일정한 자리에서 일하고 있으며, 그 자리와 연관된 임무와 정책을 철저히 이해함으로써 안주하게 된다. 그들은 안주하는 경향이 있으며, 좀처럼 발전을 추구하지 않는다. 변화와 혁신을 거부하는데 상당한 에너

Future(Washington, D.C.: Police Executive Forum, 2004), pp. 3-12.

13) A. Downs, *Inside Bureaucracy*(New York: Harper Collins, 1967).

지를 소비한다. 이러한 리더들은 보통 고령인 경우가 많으며, 전통적인 관료주의자가 되어간다.

광신도(zealot)형은 미션을 부여받은 조직지향적인 구성원들이다. 대체적으로 관심사가 좁으며, 이러한 관심사에 상당한 에너지를 쏟는다. 그들은 종종 본분을 망각하고, 지나치게 혁신적인 일에 몰두하기도 하며, 때로는 이를 고집하다가 상대방을 적대시하기도 한다. 이러한 리더들은 경찰조직에서는 특히 전문화된 부서로 배치되어 그들의 길을 찾아나가는 경우가 많다.

변론가(advocate)형은 자신이 속한 부서의 관심사에만 집중하는 리더 유형이다. 다른 부서의 사람들을 접할 때에도 오직 자기 부서와 관련된 일에만 관심을 가지고 좀처럼 대의를 위해 타협하지 않는다. 광신도형 만큼이나 열정적이긴 하나, 이슈에 관심을 가지기보다는 자신의 영역에만 몰두하게 된다. 이러한 리더들이 경찰부서에 있게 되면 다른 부서와 불협화음을 일으키게 되고, 종종 다른 부서 구성원들과 대립, 갈등하기도 한다.

제2절 경찰리더십 관련 이론

1. 리더십이론의 흐름

1) 특성이론(Trait Theory)

(1) 특성이론의 개념

바람직한 리더는 어떻게 되는 것일까? 이러한 질문을 받을 때 사람들은 대개 성공한 리더는 바람직한 특성이나 자질(예를 들어 지성, 자신감, 공정함, 카리스마, 정직성, 공감능력 및 적극성) 등을 갖추고 있을 것이라고 생각하는 경우가 많다. 일반적으로 효과적인 리더가 되는 요건으로서 수백 가지의 특성들을 거론할 수 있다. 이러한 리더십의 특성에 대해 연구한 이론을 리더십의 특성이론 또는 자질론이라고 한다.[14] 특성이론은 위인의 신화(Great Man Myth)를 받아들이고

14) L. K. Gaines & J. L. Worrall, *op. cit.*, pp. 155-156.

있다고 볼 수 있다.

(2) 특성이론의 내용

반 와트(M. Van Wart)의 연구에 따르면, 다음과 같이 모든 리더가 지녀야 하는 효율적인 특성 목록이 있음을 알 수 있다.15)

첫째, 리더가 하급자나 동료, 상급자와 효율적으로 소통하기 위해서는 소통과 사교 스킬이 필요하다. 리더십이 구성되는 과정의 대부분은 타인과의 관계로 이루어진다.

둘째, 리더는 다른 사람들에게 영향력을 미칠 수 있는 능력이 있어야 한다. 하급자로부터 관심을 얻어내야 하고, 높은 업무완성도를 이끌어내기 위해 동기부여를 해야 한다.

셋째, 리더는 분석능력을 갖추어야 한다. 당면한 문제를 직시하고, 효율적인 해결책을 제시해야 한다. 다양한 문제상황을 접하게 되므로 이를 해결하기 위해 리더는 더욱 더 광범위한 측면에서 분석능력을 갖추어야 한다.

넷째, 리더는 기능적으로 우수해야 한다. 오늘날 기능적 부분은 어떤 조직에서든 핵심적인 영역이다. 정보화 시대에서 리더는 기술적 데이터나 정보를 획득·사용할 수 있는 능력을 갖춰야 한다. 범죄수사나 과학수사 기법이 지속적으로 발전함에 따라 경찰 상급자나 리더들은 하급자로 하여금 범죄를 효율적으로 수사할 수 있도록 하기 위해, 이와 같은 기능적 부분들을 잘 이해할 필요성이 커졌다.

다섯째, 바람직한 리더라면 끊임없이 학습해야 한다. 과학수사, 세부적 정책, 정보기술, 그리고 다른 분야의 관리기능은 지속적으로 바뀌고 있다. 따라서 훌륭한 리더는 지속적으로 변화하는 경찰 각 분야에 대해 잘 이해하고 있어야 한다.

(3) 특성이론의 문제점

히트(M. Hitt) 외는 리더십의 특성이론에는 여러 가지 문제점이 있다고 밝

15) M. Van Wart & P. Suino, *Leadership in Public Organizations: An Introduction*(New York: M. E. Sharpe, 2008), p. 217.

혔다.[16]

첫째, 특성목록이 조직이나 집단의 임무를 달성하기 위해 사용되기는 하지만 방법론적으로 정확한 것은 아니다. 단지 리더가 지닌 특성만으로는 바람직한 리더십을 만들어내기에는 제약이 따른다.

둘째, 이 특성목록은 매우 다양한 속성을 포함하기 때문에 이를 모두 충족시키기가 어렵다. 설령 성공하기 위한 리더의 특성 중 몇 가지 특성을 동시에 갖춘 리더가 존재할지라도 모든 특성을 두루 갖춘 리더는 찾기 어렵다. 반대로 이미 성공한 리더라고 해서 특성이론에서 언급하는 특성들을 모두 갖춘 것은 아니라는 한계를 지적할 수 있다.

셋째, 특성이론이 상황에 따른 리더십을 모두 설명해 주지는 못한다. 어떤 리더라도 잘 할 수 있는 상황이 있고 또 곤란한 상황이 있을 수 있다. 각 상황에 필요한 리더십 특성을 확인하여 그 상황에 적합한 리더십을 발휘하는 데에는 한계가 있다. 다시 말하자면, 특성은 리더에게 내재된 고유한 것이기 때문에 임의적으로 상황에 따라 변화시키기 힘들다.

그럼에도 불구하고 특성이론에 관심을 기울여야 하는 이유는 리더들의 리더십이 발휘되어야 하는 행위에 접근하는 방식을 연구함으로써 리더십을 이해하는 것을 더욱 쉽게 만들어 주기 때문이다.

2) 행태이론(Behavioral Theory)

(1) 행태이론의 개념

행태이론(behavioral theories)은 특성이론에서 언급된 지성, 정직성, 공평함 등 눈에 보이지 않는 리더의 속성보다 실제로 관찰 가능한 행태를 연구하고 리더십행태와 추종자들이 보이는 반응간의 관계를 규명하려는 이론을 말한다.[17]

---

16) M. A. Hitt & C. Miller & A. Colella, *Organizational Behavior: A Strategic Approach*(New York: Wiley, 2006), p. 281.

17) 오석홍, 「조직이론」(서울: 박영사, 2009), 553쪽.

(2) Two-Factor 이론

미시간 대학과 오하이오 주립대학에서 각각 진행된 연구에 따르면, 리더의 행동에는 두 가지 측면이 있다고 한다. 과업지향성과 관계지향성이 그것이다.

과업지향이라 함은 잘 짜인 조직 패턴을 수립함에 있어 리더와 하급자 간의 관계를 구조화함으로써 조직의 목표를 강조하는 리더의 행동양식을 일컫는다. 한편, 관계지향이라 함은 리더와 하급자 사이에 친근감, 상호신뢰, 온정 그리고 상호 존중관계를 강조하는 리더의 행동양식을 말한다. 연구자들은 양자가 완전히 다른 차원의 이론이라고 한다. 리더의 행동은 이 두 가지 측면의 복합체로 설명될 수 있을 것이다. 리더십이 잘 발휘되려면 양쪽 이론 모두가 중요하다. 상급자와 하급자 사이에 상호 긍정적인 관계가 있어야 할 뿐만 아니라 상급자는 하급자가 특정한 조직목표를 달성할 수 있도록 인도해야 한다.

(3) Blake와 Mouton의 관리격자이론(Managerial Grid)

블레이크와 모우튼(R. Blake & J. Mouton)은 미시간 주와 오하이오 주에서 실시한 연구에서 확인된 이차원적 이론을 격자표에 구조화하였다.[18] 격자표는 과업지향도와 관계지향도에 따라 단합형(팀제형) 리더, 과업형 리더, 친목형(인기형) 리더, 무관심형 리더로 나뉜다. 리더는 4가지 구역 중 하나에 해당하거나 그 중간에 위치할 수 있고, 이는 결국 리더십이나 리더의 행동에 달려 있는 것이다. 이는 〈표 4-2〉에서 확인할 수 있다.

Blake와 Mouton의 연구결과에 따르면, 가장 효과적인 리더는 단합형(팀제형) 리더(team leader)이다. 이러한 리더들은 격자의 우상단 부분에 위치하며, 과업과 관계에 있어서 공히 높은 수준의 관리를 보여준다. 이러한 리더들은 구성원의 몰입을 유도하여 과업을 달성해 나간다. 경찰조직에서는 경찰관 또는 리더가 공통의 목표를 통해 상호 의존하는 관계에 있게 되며, 이런 과정을 통해 진정한 권한이 설 수 있는 신뢰와 존중의 관계가 수립되는 것이다. 팀제형 리더는 리더십의 전형을 보여주는 것으로 이러한 유형의 경찰관리자는 최고의 결과를 이끌어 낸다.

---

18) R. Blake & J. Mouton, *The Managerial Grid*(Houston, Texas: Gulf, 1964).

〈표 4-2〉 관리격자모형

관계지향도									
높음 9	1,9	친목형 리더						단합형 리더	9,9
8									
7									
6									
5					5,5	절충형 리더			
4									
3									
2									
낮음 1	1,1	무관심형 리더						과업형 리더	9,1
	1	2	3	4	5	6	7	8	9
	낮음				과업지향도				높음

과업형 리더(task leader)는 격자의 우하단 부분에 위치하는 리더들로서 권위, 순응도 및 과업에 과도하게 집착하다 보니 하급자들의 요구사항을 종종 경시하게 된다. Likert의 분류에 따르면 이러한 유형의 리더는 착취-권위형 또는 온정적 권위형 리더에 해당한다. 과업형 리더는 인간적인 배려 부분이 업무의 효율성에 최소한으로 영향을 미치는 방식으로 업무환경이 형성되도록 유도한다. 이러한 리더들은 사람이 아닌 일 자체를 매우 중요한 요소로 보고 있다. 이러한 태도 때문에 하급자들과 동기부여의 측면에서 문제가 자주 발생한다. 때에 따라서는 이런 리더들이 단기과제에 있어 강점을 보일 수는 있지만, 장기적인 관점에서는 극복 곤란한 문제들을 경험할 수도 있다.

친목형 리더(country club leader)는 격자의 좌상단 부분에 위치한 자들로서 조직의 목적보다는 하급자들과의 관계에 주로 관심을 가지고 있다. 이러한 유형의 리더들은 조직 내 관계를 만족스럽게 하고자 하는 경찰관들의 요청에 큰 관심을 가지고 있다. 업무나 조직의 목표는 인기형의 리더에게는 관심사가 아니다. 그런데, 이런 유형의 리더들은 하급자들의 사사로운 느낌이나 요청에 얽매여 조직의 과업을 수행하는 데 어려움을 겪기도 한다. 친목형 리더가 하급자에 대해 아무리 신경을 쓴다고 하더라도 조직의 목표가 달성되지 않는다면 하급자들의 동기부여에 문제점이 발생할 수 있다.

무관심형 리더(impoverished leader)는 Downs의 상황유지자 유형에 해당하며, 격자의 좌하단부에 해당한다. 그들은 조직의 목표나 사람에 대해 큰 관심을 가지지 않는다. 조직에서 문제를 일으키지 않기 위해 주어진 일만 최소한의 노력으로 할 뿐이다. 어떤 경찰관들은 주어진 일, 또는 해야 하는 일에만 시간을 할애할 뿐이다. 즉, 이들은 의사결정을 하지 않고 문제 상황으로부터 벗어나 있거나, 조직에서 두각을 보이기 위해 대부분의 시간을 보내게 된다. 분명히, 이러한 유형의 리더가 재직하는 한 이루어질 수 있는 것이 거의 없다. 무관심형 리더 하에서는 하급자가 아무런 지시를 받지 못함으로 인해 좌절에 빠지게 됨으로써 동기부여의 문제가 발생하게 된다.

절충형 리더(middle-of-the-road leader)는 격자의 중간에 위치한 자들로서 하급자에 대한 관심과 조직의 목적에 대한 관심을 절반씩 갖는 유형이다.

대부분의 경찰관리자들은 위 격자의 가운데 정도에 위치하게 된다. 그러나 Blake와 Mouton의 주장에 따르면, 어떤 리더든 하급자에 대한 관심, 그리고 생산성에 대한 관심 양자를 모두 강조하게 되고, 또 양자 사이에서 균형을 맞추기 위해 노력한다고 한다.

3) 상황이론(Contingency Theory)

(1) 효과적인 리더십에 대한 상황이론적 접근

앞에서 살펴본 리더십의 특성이론 및 행태이론은 리더십의 역할에 대한 이해를 용이하게 해 주었다. 그러나 이러한 이론들만으로는 부족한 것이 있다. 그

것은 그 이론들이 모두 환경의 영향이나 리더의 행동에 대한 외부적 요소에 대해서는 고려하고 있지 않다는 점이다. 그리고 이 이론들의 문제점은 리더십의 역할에 대해 유일최선의 방법만을 도출해 내고 있다는 점이다. 경찰관리자가 하급자와 그 임무에 대해서 걱정해야 한다고 주장하는 것은 너무 단순하기까지 하다. 사실, 수많은 외부적 요인들이 리더의 능력, 그리고 리더의 유형에 영향을 미친다. 다시 말하면, 리더십은 수많은 요인에 의존하고, 이러한 요인들은 리더십 유형을 선택함에 있어 반드시 고려되어야 한다는 것이다.

상황이론에는 두 가지 이론이 제시된다. 피들러(F. E. Fiedler)의 리더십 유형과 업무환경 모델 그리고 하우스와 미첼(R. J. House & T. R. Mitchell)의 경로-목표이론이 그것이다.

① Fiedler의 리더십 유형과 업무환경 모델(Work Situation Model)

리더십에 대한 상황적 접근을 한 최초의 모델은 Fiedler의 모델이다.[19] 그의 주장에 따르면, 업무 부서의 성공이나 효과성은 결국 상황에 대한 요구와 리더의 관리 유형에 달려 있다고 한다. Fiedler의 이론이 흥미로운 것은 상황적 요구에 맞추기 위해 리더십의 유형을 쉽게 바꿀 수 없다는 점이다. 개인의 성격적 요소가 상황에 대한 행위적 대응을 제한하게 된다. 예를 들어, 리더가 하나의 상황에서 하급자를 우선시하다가 또 다른 상황에서는 권위적 또는 과업지향적인 유형으로 바뀔 수는 없는 것이다. Fiedler의 주장에 따르면 훌륭한 리더는 자신의 한계 내에서 상황을 본인이 가진 리더십에 맞게 조정할 수 있는 사람이다. 강력한 리더는 약한 리더와 달리 상황을 관리할 것이다. 양자는 잠재적으로는 구조를 리더십 기술에 맞춤으로써 동일한 결과를 얻을 수는 있을 것이다. 다른 리더십 이론과 달리 Fiedler는 적용되는 리더십의 유형보다는 변화하는 구조나 문제에 집중하였다.

Fiedler에 의하면 리더십은 인간관계를 소홀히 하는 과업 지향적 리더와 업무장소에서 타인에 대한 고려를 중시하는 인간관계 지향적 리더로 구성된다고

---

19) F. E. Fiedler, "The Contingency Model and the Dynamics of the Leadership Process", *Advances in Experimental Social Psychology*, Vol. 11, 1978, pp. 60-112.

한다. 리더십은 세 가지 요소에 의해 결정된다고 한다. 리더-조직 관계, 과업 구조 그리고 리더의 권력이다.

첫째, 리더-조직의 관계는 가장 중요한 요소이다. 리더가 업무 조직과 좋은 관계를 유지한다면 권력과 권한에 의존하는 비중이 낮아질 것이다.

둘째, 과업구조가 그 다음으로 중요한 요소이다. 과업의 목표가 분명히 제시되어 조직 구성원 모두가 요청되는 바를 명확히 알 수 있다면, 그 리더는 조직 목표에 대한 하급자들의 수용적 반응을 얻어내는 데 큰 어려움이 없을 것이다. 반면 과업의 목표에 대한 요청이 명확하지 않다면 업무조직의 구성원들의 역할이 불분명해지게 된다. 이로 인해 구성원들 사이에 불화가 쉽게 생길 것이고, 리더의 권한에 대한 의문이 제기되기 쉽다.

셋째, 리더십의 마지막 요소는 리더의 권력이다. 리더는 다양한 단계의 권력을 가지게 된다. 강력한 리더들은 설사 업무의 모호성이나 업무조직과의 관계에 문제가 생길 경우에도 이를 잘 대처할 능력이 있다.

일선 현장에서는 다양한 상황들이 발생할 수 있다. Fiedler의 모델에 따르면 과업 지향적 리더십이 적당한 상황이 있고, 유사하게 관계 지향적인 리더십이 적당한 상황도 있을 것이다. 예를 들어, 과업 지향적 리더십의 경우 내근부서에서 적합할 수 있다. 내근부서의 업무는 구조적이고 그 결과 역시 보고서나 보고서 작업을 다룬다는 관점에서 매우 명확하다. 반면, 관계 지향적 리더십의 경우 외근부서에 더 적합할 수 있다. 왜냐하면 지구대와 파출소 등에 근무하는 일선 경찰관의 경우 그 업무가 구조화되어 있지 않고, 각각의 경찰관들에게 상당한 정도의 재량이 주어지기 때문이다.

② House & Mitchell의 경로-목표 이론(Path-Goal Theory)

House & Mitchell의 경로-목표 이론이 또 하나의 상황적 접근이론이라 할 수 있다. 이 이론은 브룸(V. H. Vroom)의 기대이론에 근거하고 있다. 위 이론은 두 가지 가정을 제시하고 있다.[20]

---

20) R. J. House & T. R. Mitchell, “Path-Goal Theory of Leadership”, *Journal of Contemporary Business*, Vol. 3 No. 4, 1974, pp. 81-97.

첫 번째 가정은 하급자들은 리더의 행동이 본인들의 요구를 충족시킴에 있어 유용할 때 비로소 그 행동을 받아들이고 동기부여를 받는다는 것이다.

두 번째 가정은 하급자들이 생산적일 때 리더들은 하급자들에게 안내, 지원 및 보상 등을 해 줌으로써 그들의 요구사항 등을 충족시켜 준다는 것이다.

모든 하급자들은 그들 나름의 요청사항을 가지고 있으며, 이것들이 적당한 방식으로 충족될 경우에 업무적으로 동기부여를 받는다고 생각한다. 예를 들어 젊은 직원들의 경우 인정에 대한 욕구가 강하다. 상사들이 이러한 젊은 직원들의 성과를 인식하여 널리 알려준다면 그들은 분명 동기부여가 될 것이다. 고령의 경찰관이라면 외근부서에서 내근부서로 부서를 옮기기를 바랄 것이고, 그러한 기회가 주어진다면 더욱 동기부여가 될 것이다. 반면 아무런 보상이 없거나 부족하다면 동기부여가 되기 어려울 것이다. 다시 말해 이 이론에서 리더는 하급자들을 위해 진로를 모색하고 안내해 주는 역할을 한다.

상황이론가들은 대체로 리더가 현실적인 재량권을 행사해야 한다고 주장하고 있다. 리더는 주어진 상황과 하급자들을 다룰 줄 알아야 한다. 모든 상황에 맞는 리더십이라는 것은 존재할 수 없다. 리더십은 한 가지 유형을 고집하는 것이 아니라 상황에 따라 다양한 유형의 리더십을 선택해야 하는 것이다.

상황에 따른 리더십 유형에는 다음 네 가지를 들 수 있다.

㉮ 지시(Directive)

하급자에게 지시를 하였을 때 특히 어떤 것을 기대하고 있는지에 대해 알게 하여야 한다. 예를 들어, 리더가 교통사고 현장으로 경찰관을 보내거나 곤경에 처한 사람의 연락을 받고 경찰을 파견하는 경우이다.

㉯ 지원(Supportive)

리더는 하급자에게 친근하게 다가가야 한다. 또 리더는 하급자에게 관심을 가져야 하며 곤경에 처해 있을 때 도움을 주어야 한다.

㉰ 참여(Participative)

리더는 건의를 하는 하급자와 상담을 하면서 그러한 건의를 의사결정 과정에서 반영한다. 예를 들어 아파트 단지에서 마약거래가 되고 있는 상황에서 순찰경찰관이 추가인력 투입을 요청해 올 경우가 이에 해당한다.

㉣ 성취 지향(Achievement-oriented)

리더는 도전적인 목표를 설정하고, 하급자가 그 목표를 달성할 수 있도록 유도해야 한다.

특정한 조건하에서 이러한 리더십 유형이 적절할 때가 있다. 그리고 리더는 하급자들의 동기부여를 위해 모든 유형의 리더십을 활용할 수 있다. 따라서 리더십 행위는 하급자들의 특성(하급자들의 특별한 요청과 동기) 그리고 환경(전체적인 상황)에 따라 바뀌어야 한다. 즉, 리더들은 자신의 리더십 유형을 주어진 상황에 맞추어야 할 뿐만 아니라 하급자가 어떤 사람이냐에 따라서도 다른 유형의 리더십을 보여줄 수 있어야 한다.

(2) 경찰리더십의 결정요소

리더십에 대해 상황이론적 접근을 한 스토너와 프리먼(J. A. Stoner & R. E. Freeman)은 경찰리더십과 관련하여 다음과 같은 리더십 결정요소를 고안해 냈다.[21]

① 리더의 성격, 경력 및 기대

리더는 역사를 통해 상황적 맥락에 접근한다. 어떤 리더들은 다양한 경험을 가지고 있지만, 어떤 이들은 그렇지 못하다. 어떤 리더들은 하급자들에 대한 동기부여에 적합한 성격을 지니고 있다. 또 어떤 리더들은 상당히 성취 지향적이고, 조직과 하급자들에 대해 높은 수준의 기대를 가지기도 한다. 다시 말하자면, 리더의 개인적 측면을 종합한 부분이 조직을 이끌고 또 성공하는 데 있어 가장 실질적인 영향을 미치게 된다는 것이다.

---

21) J. A. Stoner & R. E. Freeman, *Management*, 5th ed.(Upper Saddle River, New Jersey: Prentice Hall, 1992), pp. 469-470.

② 상급자의 기대

모든 리더들은 상급자의 요구와 기대라는 것에 얽매여 있다. 중간관리자 및 감독자는(리더는) 지휘체계상 상관의 명령이나 지시에 대해 책임을 져야 한다. 상관들은 대체로 하급자들에게 업무적인 요구사항을 지시한다. 연구결과에 따르면 하급자들은 일정 부분 상관의 리더십 유형에 영향을 받는다고 한다.

③ 직무 요청사항

어떤 과업이나 직무는 그것들의 복잡성이나 중요도 때문에 면밀한 감독이 필요한 경우가 있음에 반해, 단순한 과업의 경우 하급자들에게 상당한 정도의 재량을 부여하고 있다. 직무유형은 분명히 리더십 유형에 영향을 미친다.

④ 하급자의 특징

하급자의 교육훈련 경력과 직무기대치가 리더십 유형을 어느 정도 결정하는 경우가 있다. 교육훈련 수준이 높은 하급자가 있다면 지시가 덜 필요하겠지만, 그렇지 않은 하급자라면 세밀하고 구체적인 지시를 해야 할 필요가 있다.

⑤ 동료의 기대

경찰조직은 수많은 부서로 나뉘어 있고, 이러한 조직은 반드시 협업체제로 일을 하게 된다. 더욱이, 각 리더들은 다른 부서 리더들에 대해 일정한 기대를 하게 되고, 이러한 기대로 인해 리더들이 할 수 있는 것과 그 방식에 제한이 따르게 된다.

⑥ 부서 내 문화

조직의 환경은 리더십에 있어 중요한 역할을 한다. 조직의 문화는 조직 구성원이 할 수 있는 일들에 대해 기대치를 부여하기도 하고, 제한을 가하기도 한다. 리더십은 이러한 문화적·정치적 요소 때문에 상당부분 제약을 받는다.

(3) 상황적 리더십의 적용

상황적 접근은 리더십과 동기부여 이론의 많은 부분을 통합하고 있다. 리더는 하급자의 요청사항에 관심을 기울일 필요가 있고, 업무환경과 응분의 보상을 통하여 하급자로 하여금 만족감을 느끼게 하여야 한다. 리더는 또한 모든 사람들에 대해 동등하게 처우하여야 한다. 경찰관들로 하여금 자신들이 조직의 필수적인 자원이라는 생각을 하게끔 동등하게 개별적인 관심을 보여주어야 한다.

리더는 자신의 상관이 보이는 리더십유형에 따라 행동하는 경향이 있다. 또 과거에 행동했던 그대로 반복하는 경향이 있다. 권위적이고 지시위주의 리더십이 참여적인 분위기의 리더십으로 바뀌기는 쉽지 않다. 결국 리더십 행태는 하룻밤에 바뀌는 것이 아니다.

지시위주의 리더는 시위를 진압하는 부서의 경우 적당할 수 있다. 성취지향적인 리더의 경우 계획부서에 소속되는 것이 적당하다. 경찰관서는 리더들의 잠재적 리더십에 기초하여 관련위치에 맞는 적당한 사람을 선택하는 방식에 대해서 고려해야 한다.

이상의 리더십 연구의 접근방법을 표로 정리하면 〈표 4-3〉과 같다.

〈표 4-3〉 리더십 연구 접근방법

구분	연구모형	강조점
특성이론 1930-1950년대	개인적 자질→리더·非리더 구별	-리더와 非리더를 구별할 수 있는 특성·특징이 분명히 존재
행태이론 1950-1960년대	리더의 행태→성과, 조직구성원, 유지	-리더와 하급자의 관계를 중심으로 리더의 행태 유형을 집중연구
상황이론 1970년 이후	리더의 행위→성과, 만족, 기타 기준에 관련된 변수 상황요인→과업성격, 조직구조	-리더의 유효성은 그의 유형뿐만 아니라 리더십 환경을 이루는 상황에 의해서도 결정. 상황에는 리더나 하급자들의 특성, 과업성격, 조직구조, 강화의 유형 등이 포함

※ 자료: 백기복, 「리더십의 이해」(서울: 창민사, 2009), 185쪽.

2. 최근의 리더십이론

1) 카리스마적 리더십(Charismatic Leadership)

(1) 카리스마적 리더십의 개념

카리스마적 리더십이론은 리더 개인의 비범한 성격과 탁월한 능력을 바탕으로 구성원들의 열정적인 지원과 충성, 자발적인 헌신을 끌어내는 리더십이다.

카리스마적 리더십을 지닌 리더는 평범한 타인과는 구별되는 체격, 건강, 영감, 비전, 지능, 성격 또는 능력을 가지고 있어야 한다. 이러한 독특하고 뛰어난 자질을 바탕으로 추종자들의 존경과 신뢰, 충성, 헌신을 이끌어내는 사람이 카리스마적 리더이다.

(2) 카리스마적 리더십의 행동요건

카리스마적 리더십을 발휘하기 위한 행동요건은 다음과 같다.[22]

① 발전된 미래를 향한 긍정적인 조직의 비전 제시

② 조직의 비전과 과업 달성을 위해 바치는 자기헌신과 열정

③ 비전의 구체적 실현에 대한 자신감

④ 비전 실현을 위한 도전

⑤ 과업달성을 위한 하급자들에 대한 동기부여 노력

⑥ 하급자들에 대한 신뢰와 책임의식 부여

⑦ 하급자들의 자기계발 지원

⑧ 하급자들에 대한 격려와 긍정적인 평가

2) 거래적 리더십(Transactional Leadership)

거래적 리더십은 하급자들을 인도하는 하나의 방법론이다.

셔머혼(J. Schermerhorn) 외에 따르면 거래적 리더십은 리더들이 추종자들의 관심을 넓히고 고조시키는 가운데 조성된다고 한다. 거래적 리더는 상황에 맞는

22) 오석홍, 앞의 책, 577쪽.

보상, 적극적인 관리와 소극적인 관리, 자유방임적 기술 등을 다양하게 사용하면서 하급자와 지속적으로 거래를 한다.[23)]

배스(B. M. Bass)에 따르면, 거래적 리더십은 두 가지 핵심요소로 이뤄진다고 한다.[24)]

첫 번째 핵심요소는 하급자들이 보상과 업무의 본질을 이해하고 있다는 것이다. 즉, 하급자들이 상급자가 기대하는 것을 이해하고, 기대에 충족했을 때 나오는 혜택을 이해하고 있는 것이다.

두 번째 핵심요소는 예외관리 시스템이다. 이것은 상관이 모든 측면을 관리하는 것이 아니라 중요한 부분에 한해서만 집중적으로 관리하는 것이다.

3) 변혁적 리더십(Transformational Leadership)

(1) 개 념

거래적 리더십의 한 형태로서 변혁적 리더십이 있다. 거래적 리더십이 하급자들에 대해 동기를 부여하고, 목표달성을 용이하게끔 하는 이론이라면, 변혁적 리더십은 지시를 변화시키는 과정이라 할 수 있다. 따라서 변혁적 리더십은 경찰관리자가 하급자들이 각자의 관심사들을 넓히고 조직을 새로운 방향으로 이끌어 나가도록 유도하는 리더십이라 할 수 있다. 지역사회 경찰활동을 시행하거나 국토안보 개념을 채택·실행하는 과정에서 유용한 접근방식일 수 있다. 여기서 중요한 것은 카리스마이다. 카리스마 있는 리더는 비전을 제시함으로써 조직을 활성화시킨다. 이 경우 하급자는 상급자에 대해 열광하게 되고, 새로운 목표를 달성하기 위한 상태가 된다. 변혁적 리더십은 조직을 좀 더 효과적인 체제로 바뀌게 하는 데 유용한 리더십이다. 변혁적 리더십에 대한 여러 학자들의 정의는 〈표 4-4〉에서 확인할 수 있다.

---

23) J. R. Schermerhorn, J. G. Hunt & R. N. Osborn, *Organizational Behavior*(New York: Wiley, 2006), pp. 313-314.

24) B. M. Bass, “Leadership: Good, Better, Best”, *Organizational Dynamics*, Vol. 13 No. 3, 1985, pp. 26-40.

〈표 4-4〉 변혁적 리더십의 개념 정의

학자	변혁적 리더십의 개념 정의
J. M. Burns	- 구성원들의 흥미를 진작시키거나 확대시키고 조직 내 목표나 사명감을 받아들이고 지각하게 하여 이기주의를 초월한 조직이익을 추구하게 하는 자
B. M. Bass	- 구성원들에게 영감을 심어주거나, 구성원 개개인의 성취 욕구를 고취시켜 주며, 문제해결에 대한 새로운 방법을 제시하고 개인적 노력을 고양시키는 자
J. M. Kouzes & B. Z. Posner	- 과정을 변화시키고 행동을 고취시키며 문제해결의 방법을 제시하고 감정을 자극하는 자

※ 자료: 김재득, 「리더십」(서울: 대영문화사, 2008), 120쪽.

Schermerhorn의 연구에 따르면 변혁적 리더십의 핵심은 다음과 같다.[25)]

① 비전(Vision)

지시에 대한 명확한 인식, 다른 구성원에 대한 전파, 그리고 하급자들의 열망수준을 고양시키는 것이다.

② 카리스마(Charisma)

하급자와 소통하고 그들로 하여금 조직의 목표로 나아가게끔 유도하는 능력이다.

③ 상징주의(Symbolism)

특별한 보상을 해주고, 우수한 활동, 두드러진 업적에 대해서는 인정하고 이를 축하해 주는 것이다.

④ 권한부여(Empowerment)

곤란한 업무를 나눠주고, 또 타인의 발전을 도모하는 것이다.

⑤ 지적인 자극(Intellectual stimulation)

하급자들이 문제상황에 대해 고민하고, 창조적인 해결책을 내놓을 수 있는

25) J. R. Schermerhorn, *Management*(New York: Wiley, 2011), pp. 274-275.

분위기를 조성하는 것이다.

⑥ 진실성(Integrity)

조직의 구성원들에게 열린 자세로 진실하게 다가가고, 높은 수준의 윤리성을 유지하는 것이다.

이러한 특징을 보유한 리더는 조직을 바꿀 수 있다. 일반적으로 새로 임명된 경찰서장은 이러한 변혁적 리더가 되어야 한다.

(2) 거래적 리더와 변혁적 리더의 비교

거래적 리더는 ① 보상에 관심을 가지며, ② 예외에 의한 관리에 치중하고, ③ 책임과 결정을 기피한다. 한편 변혁적 리더는 ① 카리스마, ② 영감(inspiration), ③ 지적 자극, ④ 개인적 배려에 치중하며 거래적 리더에 비하여 조직 구성원의 낮은 이직률, 높은 생산성, 높은 직원만족도와 관련성이 높다.

4) 서번트 리더십(Servant Leadership)

서번트 리더십은 전혀 상반되는 두 개념인 서번트와 리더십의 합성어이다. 서번트 리더십은 하급자를 주인과 같이 섬기는 관계 확립을 통해 훌륭한 리더십이 형성되며 리더의 권력은 행사하는 것이 아니라 하급자들을 통해 형성되는 것이라고 본다. 이러한 접근은 리더의 역할을 하급자들을 위한 희생과 봉사로 인식함으로써 기존의 리더와 추종자에 대한 관점을 획기적으로 변화시키고 있다.[26]

서번트 리더십을 처음으로 소개한 그린리프(R. K. Greenleaf)는 "서번트 리더십은 상대방을 위한 봉사에 초점을 두고 종업원, 고객 및 지역사회를 우선으로 여기며 그들의 욕구를 만족시키기 위해 헌신하는 리더십"이라고 정의하였다.[27] 이는 모든 사람은 다른 사람을 배려하고 존중하며 봉사하고 헌신하는 서번트의

---

26) J. C. Hunter, 김광수 옮김, 「서번트 리더십」(서울: 시대의 창, 2006), 99-127쪽.

27) R. K. Greenleaf, *The Servant as Leader*(Westfield, Indiana: Robert K. Greenleaf Center, 2008).

천성을 가지고 있지만 천성이 사회 환경에 의해 퇴색되고, 리더는 지시하고 명령하는 사람이라는 왜곡된 리더관을 갖게 되기 때문에 서번트 리더는 자신이 서번트라는 생각에서 출발하게 되고 다른 사람의 섬김을 받고 싶어 하는 욕구를 확인하는 순간에 먼저 배려하게 된다는 것이다.

슈워츠(R. M. Schwartz)에 의하면 서번트 리더는 새로운 리더십의 핵심으로 조직과 구성원의 목표가 균형을 이루는 가운데 구성원 각자를 팀 리더의 일부로 봄으로써 자율성과 공동체 의식, 주인의식을 갖도록 내재적인 의미를 부여한다. 그리고 이들은 지시보다는 조언과 대화를 중요한 관리도구로 사용하기 때문에 서번트 리더십이 발휘되는 조직은 구성원의 일체화와 공감대 형성을 통하여 조직의 목표를 달성하게 된다고 하였다.[28)]

Spears는 Greenleaf의 이론에 기초하여 서번트 리더십은 모든 인간의 존엄성과 가치에 대한 믿음에서 출발하며 리더의 권위는 추종자로부터 기인한다는 민주적인 원칙에 입각한 리더십이라고 표현하였다.[29)]

5) 슈퍼 리더십(Super Leadership)

슈퍼 리더십은 1980년 이후 미국 기업들의 국제경쟁력 하락을 극복하고 경영혁신방안을 위해 분석한 결과 교육수준이 월등히 높은 신세대의 근로자들이 구세대의 나이든 근로자들보다 작업효율이 떨어지는 것을 보고, 이들을 효율적으로 관리하기 위한 방안으로 1989년 Manz & Sims, Jr.에 의해 제시된 이론이다.

슈퍼 리더십에서 '슈퍼(super)'의 개념은 전통적 리더십에서의 막강한 힘과 권력의 통제를 뜻하는 것이 아닌 구성원들 스스로 자신들을 지휘하게 만드는 리더십으로 이는 리더 자신뿐만 아니라 구성원들의 잠재능력을 최대한 이끌어 내는 것을 의미한다.

---

28) R. M. Schwartz, *Servant Leaders of the People of God*(Mahwah, New Jersey: Paulist Press, 1990).

29) L. C. Spears, *Reflections On Leadership: How Robert K. Greenleaf's Theory of Servant-Leadership Influenced Today's Top Management Thinkers*(San Francisco, California: Wiley, 1995).

Manz & Sims, Jr.가 제시한 7가지 슈퍼 리더십 행동전략은 다음과 같다.[30]

첫 번째는 자기관찰이다.

두 번째는 자기관찰을 바탕으로 한 목표설정이다.

세 번째는 스스로 더 잘 할 수 있다는 기대를 갖고 자기를 격려하는 것이다.

네 번째는 자기비판과 반성을 통해 성취에 대한 긍정적인 생각에 집중하는 것이다.

다섯 번째는 중요한 과업을 수행하기 전에 마음 속으로 미리 생각하고 연습하는 것이다.

여섯 번째는 과업수행 후 스스로에게 내적 보상을 주는 것이다.

일곱 번째는 건설적이고 긍정적인 사고이다.

특히, 리더의 신뢰감 표출은 구성원의 능력 향상에 영향을 주고, 긍정적이며 생산적인 사고를 가능케 하며, 스스로를 리드하도록 만드는 중요한 요소이다. 따라서 구성원에 대한 리더의 적극적인 지원과 격려는 필수적인 요소이다.

30) C. Manz & P. Sims, 김남현 옮김, 「슈퍼 리더십」(서울: 경문사, 2002); 백기복, 「이슈리더십」(서울: 창민사, 2000).

제 3 장
의사전달 및 갈등관리

제1절 의사전달

경찰조직은 국민의 생명이나 재산 보호는 물론이고 사회공공의 안녕과 질서의 유지라는 목표를 향하여 노력하고 있는 동태적인 집단이다. 이러한 경찰조직의 특성상 무엇보다도 경찰의사전달이 중요하다. 체계적이고 효과적인 경찰의사전달 없이는 정책결정이나 그 집행과정이 정확하게 수행될 수 없기 때문에 경찰기관의 내부에서 효과적인 의사전달통로를 유지하는 것이 절대적으로 필요하다. 실제로 경찰기관의 내부에서 중요한 의사전달통로가 결핍되면 구성원들 사이에 혼란을 일으키게 되고 결과적으로 경찰조직의 활동은 효율성을 발휘할 수 없게 된다.

따라서 경찰의사전달은 특히 정책결정을 포함한 모든 의사결정에 있어서 그 내용과 방법에 중요한 영향을 미치는 요인으로 파악되고 있다. 경찰의사전달에서는 경찰의사전달의 개념, 경찰의사전달의 유형, 경찰의사전달의 모델(Johari Window), 경찰의사전달의 장애요인과 효과적인 경찰의사전달 방안을 살펴보고자 한다.

1. 경찰의사전달의 개념

경찰의사전달은 '경찰조직 내의 정보교환을 주요한 목적으로 몇 가지 단계를 수반하는 과정'이라 할 수 있다. 이때 의사전달은 '2인 혹은 더 많은 사람들 사이의 사실·생각·의견·감정의 교환(정보의 교환)'으로 정의되기도 하고, '각 집단의 기능과 관심을 이해하기 위한 조직 내부의 다양한 기능적 집단의 능력(조직 구성원들 사이의 이해의 공유)'으로 정의되기도 하며, '조직 내부의 개인이나 집단 사이에서 언어·문서·상징·메시지를 이용한 의견교환(특정한 조직환경에서 사용되고 있는 상징과 그 의미)'으로 정의되기도 한다.[1)]

2. 경찰의사전달의 유형

전통적 관료조직은 공식적인 의사전달을 중요시하였다. 반면에 진취적인 조직은 비공식적인 의사전달을 강조한다. 경찰기관은 일반적으로 관료적인 모형을 따르기 때문에 명령, 지시, 훈령, 보고 등 공식적인 의사전달을 신뢰하는 경향이 있다. 비공식적 의사전달만을 사용하고 있는 관료조직은 없으며, 진취적인 조직에서도 비공식적인 의사전달에만 의존할 수는 없다.

다른 사회집단과 마찬가지로 전통적 관료조직도 불가피하게 그들의 계층 속에서 어느 정도 비공식적이고 개인적인 의사전달을 하게 된다. 우리 경찰조직에서는 업무의 특성상 공식적 의사전달과 비공식적 의사전달의 균형 있는 혼합을 추구하고 양자를 상황에 맞게 선택하는 것이 중요하다 할 것이다.

1) 공식적 의사전달과 비공식적 의사전달

(1) 공식적 의사전달

공식적 의사전달은 주로 언제·어디서·어떻게 그리고 누구에 의해서 행해져야 하는 것을 조직도나 조직규칙에 정해 놓음으로써 권위주의적인 정책과 절차를 통하여 경찰기관의 활동과 직원을 통제하기 위한 수단으로 활용된다. 공식

1) 최응렬, 「경찰행정학」(서울: 경찰공제회, 2006), 174-175쪽.

적 의사전달이란 언제나 조직 내에서 업무와 관련하여 규칙적인 체계 혹은 통로에 의해서 의사가 전달되는 것을 말한다. 공식적 의사전달은 비인간적이고 정형적이며, 업무와 직접적인 연관을 갖고 있기 때문에 대부분의 경우 문서로 행해진다.

① 공식적 의사전달의 장점

첫째, 조직의 업무체계나 계층에서 오는 권위를 바탕으로 하는 의사전달이기 때문에 보다 더 구속력이 있고 그래서 보다 더 복종하게 되는 경향이 있다.

둘째, 의사전달의 내용이 확실하고 문서로 되어 있기 때문에 정확하고 오해의 소지가 적다.

셋째, 대부분 문서로 되어 있기 때문에 항상 증거가 드러나 있고, 보존할 수 있다.

넷째, 사무적이기 때문에 공식적 의사전달은 보낸 자와 받은 자의 책임 소재가 확실하다.

다섯째, 비공식적인 대화·토의 또는 논쟁에 소비하게 될 시간과 노력을 절약한다.

여섯째, 의사전달의 주제가 민감하거나 곤란할 때 당사자 사이에 마주 대하는 접촉의 난처함을 피할 수 있다.

② 공식적 의사전달의 단점

첫째, 경찰서장이나 감독자에게 결재를 받도록 하며, 그 절차가 너무 엄격하고 융통성이 부족하고 공식적으로 전달할 수 있는 기관 내부의 정보에는 한계가 있다.

둘째, 일반적으로 표현에 있어 고전적 형태인 관료적 용어를 사용하고 있어서 때로는 의사전달 내용을 정확하게 이해하기 어렵고 의사전달의 진정한 의미가 훼손될 우려가 있다.

셋째, 대부분의 경우 의사전달 내용에 숨어있는 전달자의 의도나 이유를 확인할 수 없어서 피전달자에게 의심과 불만이 생길 수 있다.

넷째, 직원의 노력, 자료보관과 전달을 위한 사본의 비용 그리고 전달의 시간으로 말미암아 비용이 많이 든다.

다섯째, 비인간적인 면이 많고 의사전달과정이 사무적이기 때문에 피전달자의 동기부여에 곤란을 겪는다.

여섯째, 수령자와 비수령자로 직원을 분리하므로 불화가 생길 수 있다.

(2) 비공식적 의사전달

비공식적 의사전달은 공식적인 지위나 계급과는 별도로 친분, 상호 신뢰 혹은 인간관계에서 비롯된 의사전달을 말한다. 비공식적 의사전달에는 개인적인 지시나 보고, 소문, 풍문 등이 포함된다. 비공식적 의사전달은 공식적 의사전달에 비해 인간적이고 사적이며 융통성이 있고 가변적이다.[2] 비공식적 의사전달은 의사전달 과정에서 왜곡의 소지가 많고 책임의 소재가 모호하다는 등 부정적인 측면이 있다. 하지만 비공식적 의사전달은 어떤 기관이든 구성원들 간의 인간적인 상호작용과 구성원들의 자발적인 지원 없이는 조직의 목표를 효과적으로 달성할 수 없다는 점에서 공식적 의사전달만큼이나 중요하다. 비공식적 의사전달은 대부분 말로써 이루어지는 경우가 많다.

① 비공식적 의사전달의 장점

첫째, 공식적 의사전달에 비해 덜 사무적이고 조직구성원들을 덜 두려워하게 한다. 그러므로 비웃음이나 처벌의 공포에서 벗어나 새로운 아이디어와 계획의 흐름을 증대시킬 수 있다.

둘째, 딱딱하고 관료적인 논리보다는 참여자의 열성과 열의를 고취시키므로 인간적이다.

셋째, 대부분 말로 함으로써 조직 문제에 숨어 있는 중요성을 토의하고 탐색하는 것을 가능하게 한다.

넷째, 부서에서 왜 그것을 하고 있는가를 근무자에게 설명하는 데 편리한 방법이 될 수 있다. 이것은 자유스럽고 한층 신중한 토론의 분위기를 조성하는 데 도움이 된다.

---

2) 민진, 「조직관리론」, 제4판(서울: 대영문화사, 2012), 390쪽.

다섯째, 풍문을 명확히 밝히거나 답변하기 어려운 질문에 응답함으로써 공식적 환경에서 문제가 될 수 있는 뜬소문을 방지할 수 있다.

여섯째, 조직구성원들이 공유하고 있는 관심과 흥미를 발견함으로써 구성원들을 결합시킬 수 있고 우정의 마음을 길러줄 수 있다.

일곱째, 직원과 상관 사이에 부드러운 관계를 촉진시킬 수 있고 그래서 상호이해와 관심에 바탕을 둔 협력을 증진시킬 수 있다.

② 비공식적 의사전달의 단점

비공식적 의사전달은 모든 조직의 문제점을 해결하는 데 긍정적인 역할만 하는 것은 아니다. 비공식적 의사전달을 반대하는 사람은 다음과 같은 주장을 하고 있다.[3)]

첫째, 너무 막연해서 체계적으로 정의하거나 적용하기 어렵다.

둘째, 부정확한 정보와 중요한 부분이 빠져 있는 정보가 유포될 수 있다. 극단적으로는 본래적·사실적 그리고 신뢰할 수 있었던 정보가 왜곡된 정보로 될 수 있다.

셋째, 비밀로 분류된 정보를 무분별하게 폭로시킬 수 있다.

넷째, 너무 자주 감동시키거나 또는 그 의미를 왜곡시키거나 변경시킬 수 있는 감정으로 가득 차 있다.

다섯째, 말로써 하기 때문에 질문이 있을 때에 명백히 하기 어렵다.

여섯째, 참여자만이 그것을 긍정적으로 인정하기 때문에 비공식적 의사전달의 사회적 가치는 의심스럽다.

(3) 공식적·비공식적 의사전달의 적절한 혼합

경찰의 의사전달과정에서 사용되는 방법은 대부분 공식적 의사전달과 비공식적 의사전달이 적절히 혼합되어 있다. 이러한 혼합에 정해진 공식이 있는 것은 아니지만 적절한 혼합은 조직구성원 간의 의사전달과정을 보다 효과적으로

3) H. A. Simon, D. W. Smithburg & V. A. Thompson, *Public Administration*(New York: Transaction, 1950), pp. 218-259.

만들어준다.

공식적 의사전달은 공식적 업무에 한정될 수 있으며 확실하고 신뢰할 수 있는 방법으로 나타난다. 비공식적 의사전달은 직원들에게 용기를 북돋우게 하거나 업무에 대한 흥미를 계속 지니게 하고 태도를 개선시키고 부서에 대한 헌신을 하게 하기도 한다. 따라서 공식적인 의사전달을 기본으로 이를 보완할 수 있는 비공식적 의사전달방법을 적절히 혼합하는 것이 조직의 목표달성과 발전을 위해 바람직할 것이다.

2) 하향적 · 상향적 · 수평적 의사전달

(1) 하향적 의사전달

하향적 의사전달은 조직의 계층구조를 따라 조직의 상층부에서 하층부로 또는 상급자로부터 하급자에게로 내려가면서 의사전달이 이루어지는 것을 말한다. 이 의사전달은 조직의 목표를 달성하기 위하여 특정한 업무의 지침과 절차 또는 관행에 관한 정보를 제공하기 위한 것이다. 이러한 하향적 의사전달을 상의하달이라고 부르기도 하며, 다른 유형에 비해 가장 빈도가 많은 의사전달 유형이다. 이러한 의사전달은 문서나 언어로써 이루어진다. 그리고 일반적으로 조직의 구성원에게 업무지시와 조직원의 소양을 높이기 위한 정보전달방법으로 명령 · 지시 · 훈령 · 각서 · 규칙 · 규정 · 고시 · 게시 · 편람 · 방송 및 기타 등의 방법을 이용한다.[4)]

(2) 상향적 의사전달

상향적 의사전달이란 조직의 하위층에서 상위층으로 전달되는 의사전달방법을 말한다. 상향적 의사전달은 하급자의 보고나 의견제시 · 건의 · 태도 · 고충 등 그 내용은 매우 광범위하다. 상향적 의사전달 방식을 하의상달이라고 부르며, 이러한 상향적 의사전달은 조직에서 상하급자간에 쌍방적 의사전달을 가능케 하고 하향적 의사전달의 오류를 시정할 수 있다는 장점이 있다. 하지만 하급

---

4) H. A. Wilensky, *Organizational Intelligence: Knowledge & Policy in Governent and Industry* (New York: Basic Books, 1967).

자들이 상급자의 질책을 두려워하거나 상급자의 귀를 즐겁게 하기 위해 중요한 부정적 정보는 제외하고 상급자의 입맛에 맞는 정보만 전달하는 여과효과가 발생하여 의사전달의 정확성이 훼손될 우려가 있다는 단점이 있다.[5)]

상향식 의사전달 방법 중에서 가장 대표적이고 중요한 위치를 차지하고 있는 것이 보고와 결재이다. 보고는 명령 또는 권한의 위임에 대응하여 하부로부터 상부로 올라가는 정보의 전달방법이다. 결재는 업무상의 의사결정의 형식으로서 하위계층에서 의사결정이나 사업계획을 세워 상사의 의사결정을 돕는 형태의 의사전달방법을 말한다.

하향적 의사전달이 지시적이고 명령적인 성격을 갖는 데 비하여, 상향적 의사전달은 비지시적이고 참여적 성격을 갖는다.

(3) 수평적(횡적) 의사전달

수평적 의사전달이란 일명 횡적 의사전달이라고도 하며, 조직 내의 동일선상의 계층이나 직접적으로 상하 관계가 아닌 사람 사이에 이루어지는 의사전달을 말한다. 수평적 관계에 관한 가장 일반적인 경우는 한 기관으로부터 다른 기관으로 경유하는 경우가 빈번하며, 기관의 내부관계에 한정되는 것은 아니다. 수평적 의사전달의 방법에는 협조·통지·회람·각서·위원회·회의제도 등이 있다.

협조제도는 어떤 업무를 실행하기 전에 그 업무와 관련된 동일선상의 조직계층이나 개인에게 의견을 제시하고 상호간의 협의로써 업무를 조율하는 것을 말한다.

회람이란 일명 협조전이라고 한다. 이는 의사전달내용을 회람용지에 기재하여 이용하는 것으로 수평적 지위에 있는 관계인은 읽어본 후 서명을 하도록 하여 의사전달을 하는 것이다. 이때 의견을 달리 할 때에는 회의나 위원회를 소집하여 이에 대한 반론이나 의견을 제시하여 시정을 촉구할 수 있는 의사전달제도이다.

각서라 함은 의사전달내용을 비망록 등을 이용하여 간단하게 기재하여 동료 또는 동일수준의 계층에 의사전달을 하는 방안으로 통지제도와 비슷한 방법

5) J. D. Thompson, *Organization in Action*(New York: McGraw-Hill, 1967).

을 말한다.

수평적 의사전달은 행정조직의 규모가 확대되고 여러 기능이 고도로 분화됨에 따라 더욱 필요해지고 있다. 그 이유는 조직의 규모가 확대되고 복잡해짐에 따라 각 구성원 및 부서 간 갈등을 관리하고 조정 활동을 강화하는 것이 조직목표 달성에 필수적인 요소가 되었는데 여기에 수평적 의사전달이 효과적이기 때문이다.[6]

(4) 대각적 의사전달

대각적 의사전달은 조직구조상 동일한 계층 또는 동일한 명령계층에도 속하지 아니한 조직 간의 의사소통이다. 대각적 의사전달의 예로는 참모기관과 계선기관 간, 상시 기구와 임시 기구 간, 국내 기구와 외국 주재 기구 간의 의사전달을 들 수 있다. 대각적 의사전달은 최근에 특히 효과적인 의사전달이 요구되는 전술적인 상황에서 반복과 지연을 피하고자 하는 진취적인 지도자에 의하여 경찰에 소개되었다.

대각적 의사전달은 권한이 다른 수준에 있거나 다른 지휘관 아래에 있는 경찰관 사이에서 일어난다. 그래서 대각적 의사전달은 범죄현장에 있는 순경과 경찰특공대를 담당하고 있는 경위 혹은 살인사건을 담당하고 있는 형사반장 사이에서도 일어날 수 있고, 파출소에 있는 경사와 본부의 내근부서 혹은 법률담당관 사이의 의사전달, 외국 주재관 경찰관과 국내 경찰청 근무 경찰관 간의 의사전달도 포함한다.

(5) 원형적 의사전달

원형적 의사전달은 경찰의사전달 유형 가운데 가장 최근에 개발된 것이다. 이것은 협의에 의한 의사전달의 형태로서 특히 참모나 중간관리층에 있는 사람들 사이에서 일어나는 것이다. 원형적 의사전달에 있어서 선발된 경찰관들은 최근의 사건을 논의하기 위하여 또는 그러한 사건과 관련하여 부서의 정책과 절차를 발전시키거나 혹은 변경시키기 위하여 경찰책임자와 만나도록 소집된다. 원

6) 이창원·최창현, 「새조직론」(서울: 대영문화사, 2011), 368쪽.

형적 의사전달에 있어서는 모든 계층으로부터 회의에 참석하는 사람에 이르기까지 대표자로서 초청되는 것이 보통이고 제안된 정책의 변경에 대해서 찬성 혹은 반대를 말할 수 있다.

3) 일방적 의사전달과 쌍방적 의사전달

의사전달은 전달자와 수신자 간 환류의 존재 여부에 따라 일방적 의사전달과 쌍방적 의사전달로 구분할 수 있다.

일방적 의사전달은 환류가 존재하지 않는 방식으로서 지시, 명령, 보고와 같은 형태를 띤다. 쌍방적 의사전달은 의사전달과정에 환류가 존재하는 것으로 일방적 의사전달보다 시간이 오래 걸리고 때때로 의사전달과 환류의 과정에서 감정적 문제가 발생하기도 한다.[7)]

3. 경찰의사전달의 모델-Johari Window

1) Johari Window 모델의 개념과 주요 영역

루프트와 잉햄(Joseph Luft & Harrington Ingham)은 자신들의 이름으로 명명한 의사전달 모델을 고안해 냈는데, 그것이 바로 'Johari Window 모델'이다. 이것은 경찰관리자가 자신의 의사전달 기술 또는 관리기술을 평가할 수 있는 가장 간단하고 유용한 모델 중 하나로 평가되고 있다.[8)]

Johari Window 모델은 관리자와 다른 사람에 의하여 얻어진 지식 또는 정보의 범위를 의미하는 4가지 영역으로 이루어져 있다. 이것은 노출(exposure)과 환류(feedback)라는 두 개의 기본적 의사전달 측면을 갖고 있다. 노출 영역은 정보를 전달하려는 관리자의 능력이며, 환류 영역은 타인으로부터 정보를 받으려는 관리자의 능력이다. Johari Window 모델에 있어서의 각각의 영역은 〈표 4-5〉와 같다.[9)]

---

7) 민진, 앞의 책, 391-392쪽.

8) H. Wallace, C. Roberson & C. Steckler, *Fundamentals of Police Administration*(Upper Saddle River, New Jersey: Prentice Hall, 1995), p. 73.

9) 이황우, 「경찰행정학」, 제5판(파주: 법문사, 2012), 225-228쪽.

〈표 4-5〉 Johari Window 모델

환류 영역 / 노출 영역	자신(관리자)이 알고 있음	자신(관리자)이 알지 못함
타인이 알고 있음	Ⅰ영역 (공공영역)	Ⅱ영역 (보이지 않는 영역)
타인이 알지 못함	Ⅲ영역 (숨겨진 영역)	Ⅳ영역 (미지영역)

※ 자료: 이황우, 「경찰행정학」, 제5판(파주: 법문사, 2012), 226쪽.

(1) Ⅰ영역(공공 영역 또는 투기장 영역)

이 영역은 '공공영역(public area)' 혹은 '자유영역(free area)'이라 일컬어진다. 이는 다른 사람과 정보를 자유롭게 나누고 받도록 한 관리자의 의사전달 능력의 일부분이다. 이러한 능력은 조직에 있어서 성공적인 대인 관계의 열쇠이다. 그래서 이 영역이 다른 영역보다 넓을수록 상관과 부하를 다루는 데 더 유능한 관리자가 될 수 있다. 궁극적으로 이 영역을 넓히는 것이 이 이론의 골자이다.

(2) Ⅱ영역(보이지 않는 영역 또는 맹점영역)

이 영역은 '보이지 않는 영역(blind area)'으로 상관, 동료, 부하 등 다른 사람은 알고 있지만 관리자 자신은 알지 못하는 정보들을 의미한다. 관료제 하에서는 개인들의 지식이나 정보가 권력이 된다는 태도를 취한다. 이 영역이 넓어질수록 관리자에게 숨겨지는 정보는 많아지게 된다. 그렇게 되면 경찰관리자는 합리적이고 타당한 결정을 내리기 곤란한 경우가 많이 발생할 것이다.

(3) Ⅲ영역(숨겨진 영역 또는 외관영역)

이 영역은 '숨겨진 영역(hidden area)'으로 경찰관리자가 정보를 사적으로 소유하는 영역이다. 많은 사람들은 의식적이든 무의식적이든 일정한 정보가 다른 사람에게 알려지지 않도록 하려는 경향이 있다. 이러한 정보는 개인적인 습관이나 전문지식과 관련이 있다. 그러나 관리자가 자유롭고 정직한 지식의 상호교환을 차단하는 등 정보를 억제할 때에는 문제가 발생할 수 있다.

(4) Ⅳ영역(미지영역)

이 영역은 '미지영역(unknown area)'으로 경찰관리자뿐만 아니라 부하나 상관 모두에게 알려지지 않은 정보들을 의미한다. 원활하고 효과적인 의사전달을 통하여 공공영역이 커지게 되면 미지영역은 줄어든다.

2) Johari Window 모델에 따른 유형

Johari Window 모델은 노출과 환류의 과정과 관련된 의사전달 양식의 4가지 기본유형을 설정하고 있다. 이것이 어떻게 기능하는지 이해하기 위해 관리자의 유형과 각각의 유형을 연결시켜 살펴보기로 한다.[10)]

(1) A유형

이 유형의 경찰관리자에게는 환류나 노출이 매우 적다. 이러한 유형으로 정형화된 경찰관리자는 부하나 상관과 의사전달을 잘 하지 않는다. 그러므로 대부분의 사람들은 결정 과정에서 물러나고 결정으로 인한 위험 부담을 회피하려는 성향을 가지게 된다. 즉, 개인들은 효과적인 기능 발휘보다는 자기 방어에 더욱 집중하게 되는 것이다. 결국 이 유형의 경찰관리자는 미지영역에 의하여 지배된다.

(2) B유형

이 유형의 경찰관리자는 부하에게 정보를 전달하는 것이 아니라 그들로부터 어떤 상호작용과 환류를 받으려 한다. 또한 부하를 믿지 않고 자신의 생존을 위해 부하로부터 정보를 받으려고만 한다. 그리고 지속적으로 다른 사람의 의견이나 사상을 물으면서 정작 자신의 의견을 남에게 드러내기를 주저한다. 결국 이 유형의 경찰관리자는 숨겨진 영역을 갖게 된다.

---

10) H. Wallace, C. Roberson & C. Steckler, *op. cit.*, pp. 74-75.

(3) C유형

이 유형의 경찰관리자는 계속해서 자신을 표현하면서도 타인으로부터 환류를 받는 것을 거절함을 특징으로 한다. 즉, 환류는 감소하고 노출은 증가하는 것이다. 이 유형의 경찰관리자는 자아가 너무 커서 그가 올바른 대답을 하고 있다고 믿으며, 부하에 대한 그의 권위와 우월성을 강조하려 애쓴다. 그래서 부하들은 관리자가 자신의 의견을 가치 없는 것으로 여기거나 바람직한 환류는 관리자의 믿음이나 지위에 순응하는 정보라고 생각하게 된다. 결국 이 유형의 경찰관리자는 보이지 않는 영역을 가지게 된다.

(4) D유형

이 유형의 경찰관리자는 상관과 부하로부터 똑같이 환류를 통한 의사전달의 개방 노선을 강조하여 뛰어난 지도자로 평가받는다. 불행히도 많은 경찰관들은 이러한 유형의 경찰관리자와 관계하는 데에 익숙하지 않으며, 처음에는 이런 의사전달 기술을 불신하기도 한다. 이 유형의 경찰관리자는 자유영역을 가지게 된다.

가장 유능한 경찰관리자는 D유형이라는 것은 명백하다. 이들의 관계는 신뢰, 개방된 의사전달 통로, 상관·동료·부하와의 솔직함을 특징으로 한다. 의사전달의 개방된 노선은 이런 유형의 경찰관리자와 상호 작용하는 모든 관계자들로부터 양질의 업무를 가져오게 된다.

Johari Window 모델은 상대방과 흉금을 털어놓고 자아개방이나 의사소통을 하는 것으로 자질과 대인관계 방식에 관한 일정한 원리를 설명하는 추상적 개념이다. 그 원리는 어떤 관계에서도 적용될 수 있지만, 특히 법집행기관에 적용될 수 있다. 이것의 역동성을 연구하고 이해함으로써 더욱 효과적인 법집행관리자가 될 수 있을 것이다.

<경찰의 Johari Window 연구사례>

김상호의 연구결과에 따르면 Johari Window 모형에 따른 우리나라 경찰공무원들의 의사전달 유형은 A유형(Type A)으로 나타났다. 대구지방경찰청 소속 9개 경찰서의 256명의 경찰관(경무, 생활안전, 수사부서 근무 경찰관)을 대상으로 설문조사하여 분석한 결과에 따르면 우리나라 경찰공무원들의 의사전달 유형은 타인과의 의사전달이 미비하고 조직 효율성보다는 자기방어에만 관심이 많은 A유형에 속하는 것으로 나타났다.

※ 자료: 김상호, "경찰의사전달 실태에 관한 연구 : Johari Window 모형을 중심으로", 「한국공안행정학회보」, 제22호, 2006, 229-258쪽.

4. 경찰의사전달의 장애요인

의사전달이 공식적이든 비공식적이든, 그리고 수직적·수평적·대각적 혹은 원형적이든 간에 그 의미가 왜곡될 수 있고 효과를 상실하게 하는 장애요인을 접할 수 있다. 그래서 전달자와 피전달자 모두가 의사전달과정을 이해하고 그것을 효과적으로 할 수 있도록 모든 가능한 노력을 기울일 책임이 있다.

효과적인 의사전달을 방해하는 장애요인은 전달자에 의해 만들어진 장애, 피전달자에 의해 만들어진 장애, 조직 특성에 의한 장애, 환류의 장애 등 4가지로 분류할 수 있다.[11]

1) 전달자에 의해 만들어진 장애

(1) 용어상의 장애

용어상의 장애는 피전달자를 고려하지 않고 전달자만이 잘 알고 있는 어휘와 숙어를 사용할 때 나타난다. 다의(多義)적 단어나 고도의 전문적 용어는 서투른 문법이나 문장 구조와 마찬가지로 의사전달과정에서 커다란 혼란을 일으킬 수 있다.

---

11) C. R. Swanson & L. Territo, *Police Administration*(New York: Macmillan, 1983), p. 132; N. F. lannone, *Supervision of Police Personnel*, 4th ed.(Upper Saddle River, New Jersey: Prentice Hall, 1987), pp. 107-114; P. M. Whisenand & F. Ferguson, *Police Organization and Management*(Palisades, California: Goodyear, 1976), p. 298.

(2) 부적절한 암시

어떤 전달자가 높은 감상적·주관적 뜻을 암시하는 말을 사용하게 되면 피전달자에게 오해를 일으킬 수도 있다. 예를 들면 집회·시위를 담당하는 경비부서 경찰관이 '군중(crowd)'이라는 단어를 사용하지 않고 '폭도(mob)'라는 단어를 사용하는 것을 들 수 있다.

(3) 언어의 불명료성 및 서투른 발언

말에 의한 의사전달에 있어서 서투른 대화의 습관은 커다란 장애를 가져올 수 있다. 예를 들면 전달자가 피전달자에게 분명하고 확실하게 말하는 것이 아니라 잘 이해할 수 없을 정도로 너무 서투르게 전달내용을 중얼거리거나 똑똑하지 않게 발음하는 것 등을 들 수 있다. 이런 경우 피전달자는 지령에 대한 반복설명을 하도록 요구하여야 하나 이것마저 주저함으로써 이러한 장애는 더욱 가중될 수 있는 것이다.

(4) 나쁜 태도

의사전달에 있어서는 내용뿐만 아니라 메시지를 전달하는 사람의 태도 또한 반영된다. 그들이 메시지를 전달할 때 어떤 전달자는 거만하거나 요령 없는 언어나 말투를 사용한다. 이것은 피전달자에게 영향을 주어 메시지가 못쓰게 되거나 메시지의 내용을 무시하게 되는 결과로 이어질 수도 있는 것이다.

2) 피전달자에 의해 만들어진 장애

(1) 상관에 대한 부정적 태도

많은 피전달자, 특히 부서의 가장 낮은 계층에 있는 사람은 상관의 명령에 대하여 부정적인 견해를 갖고 있는 경우가 많다. 부서에서 보다 높은 계급으로부터 하달되는 의사전달은 특히 그 명령의 양이 많고 그 내용이 사소한 것이었을 때 피전달자인 부하들에 의해 의심과 비웃음을 받을 수도 있다.

(2) 청취의 실패

피전달자가 청취하는 것을 실패하게 되면 비타협적인 태도가 생겨나고 전달자와의 개인적인 문제나 원만하지 못한 관계가 증가될 수 있다. 주의력이 산만하여 잘 청취하지 않는 피전달자는 효과적인 의사전달을 받기가 어려운 것이다.

(3) 적당한 훈련의 부족

과학적이고 체계적인 훈련이 부족한 피전달자 역시 의사전달에 문제가 발생할 수 있다. 신임 경찰관의 경우 경찰 음어, 이론과 실무와의 차이, 경찰만의 독특한 문화 등을 잘 이해하지 못하여 의사전달에 어려움을 겪을 수도 있는 것이다.

(4) 심리적 선입견

피전달자는 과거의 경험, 현재의 필요성, 미래의 기대감 등에 비추어 전달받은 메시지를 해석하는 경향이 있다. 바꾸어 말하면 피전달자는 그들 자신의 견해에 빠져서 전달받은 메시지를 잘못 해석하거나 왜곡하는 경우가 있는 것이다.

3) 조직의 특성에 의한 장애

(1) 경찰환경

군대조직 환경과 비슷한 경찰조직 대부분의 부서는 공식적인 의사전달을 지나치게 강조하는 면이 있으며, 순종적·강제적 접근방법을 결부시킴으로써 피전달자들에게 불쾌감을 불러일으키고, 상의하달(上意下達)식 의사전달이 범람하고, 환류를 억제하기 위해 피전달자에게 강한 압력을 행사하는 것과 같은 문제점들을 야기할 수 있다.

(2) 조직규모

경찰 부서의 규모가 크면 클수록 직원들 사이에 효과적인 의사전달체제를 유지하기가 어려워진다. 많은 계층적 조직에 의하여 직접적 의사전달이 어렵고 의사전달과정이 복잡해지면 의사전달 흐름의 신속성과 정확성은 심각하게 방해를 받게 될 것이다.

(3) 여과장치

여과장치는 한 조직계층에서 다른 조직계층으로 의사가 전달될 때에 의사전달내용이 왜곡되거나 희석되는 것을 의미한다. 여과장치는 피전달자의 성향이 그들의 상황과 주로 관련 있는 의사전달의 일부분에 대하여 초점을 맞추고 그 밖의 것을 무시하거나 왜곡시키는 데서 생겨난다.

(4) 의사전달통로의 과중

한 부서에 너무 많은 메시지를 동시에 전달하게 되면 의사전달의 장애가 발생할 수 있다. 이것은 한 경찰관이 불필요한 정보를 과도하게 취급하게 만들고 이로 인하여 필요한 정보를 놓치게 되어 심각한 지연과 방해의 원인이 될 수 있다.

(5) 경찰간부의 리더십

관서장이나 부서장 등 경찰간부가 의사전달과정에서 자신의 역할을 오해한다면 이 역시 의사전달의 중대한 장애요인이 될 수 있다. 어떤 경찰간부는 적절한 정보전달을 억제하거나 불필요하게 많은 정보를 기밀사항으로 분류하여 의사전달을 막는다. 그러한 기밀사항이 너무 많은 부서에서는 직원들이 의사전달을 잘 하지 않거나 자신의 이익을 위해 그것을 다른 곳에 팔아넘길 가능성도 있다.

4) 환류의 장애

의사전달을 했을 때에는 그 의사가 제대로 전달되었는지, 이해되었는지 그리고 받아들여졌는지의 여부를 판단할 수 있는 어떤 수단을 반드시 가지게 된다. 의사전달과정의 특정 메시지는 피전달자의 반응에 의하여 환류된다. 환류는 피전달자가 의사전달의 수령을 단순하게 인정했을 때 최소한도로 된다. 그것은 피전달자가 의사전달을 이해했을 때, 의사전달에 지지를 표시했을 때, 그것에 의견 혹은 이유를 제시했을 때에 최선의 것이 된다. 경찰조직 내에서 발생할 수 있는 효과적인 환류에 대한 공통적 장애는 다음과 같다.

(1) 목적지에 이르는 데 실패

한꺼번에 많은 의사전달은 다수의 경찰관들을 복잡한 미로에 빠져들게 한다. 이것은 여러 가지 의사전달이 한 명의 피전달자에게 동시에 이루어질 때 발생하며 의사전달과정에서 장애요인이 된다.

(2) 환류에 대한 거절

평상시 의사전달에 응답해야 할 피전달자가 이를 거절하는 일이 일어난다면 내적인 불화와 분쟁이 발생하게 된다. 이러한 상황 아래에서는 피전달자는 보통 흥미를 잃어버리게 되고 친절하게 응답을 하는 경우가 드물다.

(3) 의사전달의 내용을 이해하는 데 실패

피전달자가 의사전달의 내용을 이해하는 데 실패할 경우에 보통은 비공식적 접촉을 통하여(믿을 만한 감독자와의 토의나 동료의 자문 등에 의하여) 메시지를 명백히 이해할 수 있을 때까지 그들은 당황하게 될지도 모르고 오히려 응답을 회피하는 것이 바람직하다고 생각할 수도 있다.

(4) 전달된 의사에 대한 무비판

환류의 실패는 특정 정책을 비판하거나 반대하는 것이 상관에게 반감을 사게 될지도 모른다는 피전달자의 인식에서 잘 일어난다. 왜냐하면 비판적으로 반응하여 반감을 사는 것보다는 무반응·무응답 등으로 실질적 응답을 회피하는 것이 보다 안전하고 현명한 태도라고 생각하기 때문이다.

5. 효과적인 경찰의사전달 방안

경찰기관에서의 효과적인 의사전달 강화방안으로는 여러 가지가 있으나 특히 중요한 것은 다음과 같다.

1) 경찰환경의 고려

경찰의사전달은 전달자 및 피전달자를 둘러싸고 있는 주위 환경에 따라서 그 효과가 크게 달라질 수 있으므로 경찰이 직면하고 있는 환경에 대한 고려가 필요하다.

2) 명령보다는 요청 또는 암시의 강조

가능한 한 경찰의사전달은 명령보다는 요청 혹은 암시로써 이루어져야 한다. 이러한 형태는 지나치게 민감한 피전달자에게 도움이 될 수 있다. 전달자의 권위적인 명령보다는 요청 또는 암시가 피전달자의 긍정적 반응을 유도할 수 있는 것이다.

3) 적극적인 요청

적극적으로 요청하는 것은 언제나 권장된다. 만일 피전달자가 요청 혹은 암시 속에 담겨진 이유를 이해하게 된다면 긍정적이고 적극적인 반응을 할 수 있을 것이다.

4) 위협의 회피

효과적인 의사전달을 위해서는 전달자가 피전달자를 위협해서는 안 된다. 위협은 피전달자를 당황하게 하고 혼란을 야기하며 전달자에 대한 원한과 적대감의 원인이 될 수도 있다.

5) 존경의 표시

상대방에게 불쾌감을 줄 수 있는 불경스러운 언행은 효과적인 의사전달을 위태롭게 하는 것이다. 의사전달과정에 참여하는 모두가 존경스러운 언행을 사용할 때 보다 효과적인 의사전달이 이루어질 수 있다.

6) 비위를 맞추려는 의사전달의 회피

상대방의 비위를 맞추려는 의사전달은 지양해야 한다. 왜냐하면 그것은 전달자에 대한 동료들의 신뢰와 존경심을 떨어뜨리기 때문이다.

7) 신중한 명령사용

피전달자가 이미 내린 명령을 수행하지 못하게 되어 그 사용이 긴급하거나 중대한 상황에 놓이게 되었을 때는 직접적인 명령이 가장 효과적이다. 명령은 피전달자가 들을 수 있는 것보다는 천천히 그리고 신중한 태도로 크지 않은 말투로 발음하여야 한다. 고함을 지르거나 강압적인 명령은 피전달자인 경찰관들로 하여금 의사전달내용에 대한 불만과 부당한 점을 모두 감추게 하고 이는 의사전달과정의 실패로 이어질 수 있다.

8) 협력의 강조

협력은 효과적인 의사전달에 있어서 가장 중요한 부분이다. 따라서 상관과 부하는 그들의 의사전달체계에서 서로 협력하는 분위기를 조성하도록 노력해야 한다.

제2절 갈등관리

1. 갈등의 개념과 기능

1) 갈등의 개념 및 특성

갈등(conflict)이란 “2인 또는 그 이상의 관계에서 대립된 요구사항이나 감정으로 인한 분쟁”을 말한다.[12] 갈등은 한 일방이 좌절하거나 다른 조직에 의해

12) S. C. Certo & S. T. Certo, *Modern Management: Concepts and Skills*, 11th ed.(Upper Saddle

좌절될 걱정을 할 때 발생하는 것인데 여기서 일방이라는 것은 개인, 집단, 혹은 조직도 의미할 수 있다.13)

갈등의 일반적 특성으로서는 ① 갈등이 존재한다는 것을 지각해야 하며, ② 갈등은 둘 이상의 당사자 간에 발생하며, ③ 자원(돈·승진·위신·권력 등)의 희소성을 전제로 하며, ④ 한 당사자가 다른 당사자의 목표달성을 방해·반대하는 것이며, ⑤ 갈등은 의도적일 수도 있고 우발적일 수도 있으며, ⑥ 갈등은 명백한 행위일 수도 있고 잠재적 행위일 수도 있다는 점 등을 지적할 수 있다.14)

2) 갈등의 기능

갈등에 대한 전통적인 견해는 갈등은 나쁜 것이고 조직 내에서 역기능을 나타내기 때문에 조직에 언제나 부정적인 영향을 끼친다고 보았다. 이러한 견해에 따르면 조직에 있어서 갈등은 본질적으로 해로운 것이며 질병에 해당되는 것이었다.

하지만 이후 조직에서의 갈등을 자연적 현상으로 바라보고 수용해야 한다는 행태적 견해가 제기되었고, 최근에는 조직에서의 갈등을 긍정적으로 바라보고 갈등의 필요성과 순기능을 높게 평가하는 상호작용론적 견해가 등장하였다. 상호작용론적 견해에 따르면 갈등은 역기능과 순기능이 동시에 존재하며, 조직의 갈등을 순기능적인 측면에서 조장해야 할 때도 있다고 주장하고 있다.15) 이에 갈등의 순기능과 역기능을 살펴보면 다음과 같다.

(1) 순기능

첫째, 갈등이 건설적으로 해결되면 조직쇄신이나 발전의 새로운 계기가 된다. 즉, 건설적 갈등은 선의의 경쟁을 통하여 조직의 발전과 성장의 원동력이 된다.

둘째, 갈등을 해결하기 위한 구성원들의 노력은 조직의 창의력·융통성·적

River, New Jersey: Prentice Hall, 2009), p. 324.

13) D. DeStephen, "Mediating Those Office Conflicts", *Management Solutions*(New York: March, 1988), p. 5.

14) S. P. Robbins, *Organization Theory: Structures, Design and Applications*, 3rd ed.(Upper Saddle River, New Jersey: Prentice Hall, 1990), pp. 411-412.

15) S. P. Robbins, *Organization Theory: The Structure of Organization*(Upper Saddle River, New Jersey: Prentice Hall, 2003). p. 396.

응성 및 문제해결능력을 높여준다.

셋째, 갈등해결을 위한 노력의 결과 조직은 더욱 탄탄해지며 장기적인 안정성을 더욱 공고히 한다.

(2) 역기능

첫째, 갈등이 원만하게 해결되지 못한다면 조직의 불안을 조성하고 장기적으로 쇄신과 발전을 저해한다.

둘째, 구성원 간 갈등으로 인간관계가 저해되며, 조직 각 단위 간의 반목과 적대감정을 유발하여 일체감이 붕괴될 수 있다.

셋째, 갈등은 조직의 위계질서를 문란하게 하고 조직구성원의 사기를 전반적으로 저하시킬 우려가 있다.

넷째, 갈등이 장기화될 경우 신속한 의사결정을 저해하여 업무능률의 향상을 저해한다. 나아가 조직의 동태화를 저해하여 조직목표달성을 방해하게 된다.

2. 갈등의 유형

1) 개인적 갈등(individual conflict)

일반적으로 모든 개인에게는 경쟁적 욕구와 역할, 그러한 욕구와 기대에 관한 다양한 표현방법, 욕구와 목표 간에 생길 수 있는 많은 형태의 장애물 등이 있고, 달성하고자 하는 목표에는 긍정적 측면과 부정적 측면이 있다. 이러한 요인으로 인하여 적응과정이 복잡하게 되면 갈등을 초래하게 된다.[16]

이러한 개인적 갈등은 다시 좌절갈등, 목표갈등 및 역할갈등으로 구분할 수 있다.[17]

(1) 좌절갈등(욕구 불만)

좌절감은 동기화된 충동(motivated drive)이 목표에 도달하기 전 장애에 부딪

---

16) 신두범, 「행정학원론」(서울: 박영사, 1998), 318쪽.

17) 오세덕 · 여윤환, 「현대행정관리론」(서울: 동림사, 2000), 278-281쪽.

칠 때 나타난다. 이러한 장애물은 외향적으로 나타나기도 하고 물리적인 것과 같이 표현적일 수도 있으며, 내향적·정신적인 것과 같이 잠재적인 것일 수도 있다. 개인이 좌절감을 느끼게 되면 그는 곧 방어기제(defense mechanism)로서 여러 가지 반응행동을 취하게 된다. 이 경우 좌절감을 느낀 개인은 방어기제로서 ① 공격(aggression), ② 철회(withdraw), ③ 집착(fixation), ④ 타협(compromise)의 네 가지 반응을 통해 좌절된 욕구를 해소하고자 할 것이다.[18)]

좌절의 결과는 일반적으로 개인의 업무수행이나 조직에 부정적 영향을 미칠 수도 있지만, 경우에 따라 좌절은 개인의 업무수행과 조직목표에 긍정적 영향을 미치기도 한다. 근로자의 예를 살펴보면, 능력이나 성취에 대한 강한 욕망과 일을 잘할 수 있다는 신념을 가진 근로자의 경우 이 사람이 업무에서 좌절을 당하면 전통적인 공격태도로 반응할 것이다. 그러나 그의 좌절은 업무수행을 개선하는 결과를 가져오게 할 수도 있다. 그는 장애를 극복하려고 애를 쓸 것이며, 자기의 열등감을 극복하기 위해 더 많은 노력을 하거나 그가 추구하는 목표를 조직의 목표와 더욱 일치시키기 위해 노력할 수도 있다. 이 예는 특수한 경우가 될지 모르나 적어도 어떤 상황에서는 좌절이 부정적 영향은 물론 긍정적 결과를 초래할 수 있다는 것을 나타낸다. 하지만 일반적으로 갈등을 관리하는 데 있어서 주요한 목표는 좌절의 요인이 되는 장애물을 제거하는 것이다.[19)]

(2) 목표갈등

좌절갈등이 단일 동기가 목표에 도달하기 전에 장애에 부딪친 경우를 의미하는 데 반해, 목표갈등이란 둘 이상의 동기들이 상호간에 장애가 되는 경우를 말한다. 이러한 목표갈등은 목표의 성격과 경합여부에 따라서 다음과 같은 상황으로 구분될 수 있다.[20)]

① 접근-접근갈등(Approach-Approach Conflict)

개인이 두 가지 이상의 긍정적인 목표에 접근하려 하지만 그 목표가 상호배

---

18) 이창원·최창현, 앞의 책, 325쪽.

19) 윤우곤, 「조직원론」(서울: 법문사, 1983), 574-578쪽.

20) F. Luthans, *Organizational Behavior*(New York: McGraw-Hill, 1973), p. 467.

타적인 경우에 발생하는 갈등이다. 이러한 접근-접근갈등은 조직 행태에 미치는 영향이 가장 적은 형태이다. 실증적 조사탐구에 의하면 동등한 가치가 있는 것으로 인식되는 2개의 긍정적 목표 중에서 하나를 선택하는 것은 어렵고 시간이 많이 소요되기는 하지만 선택은 비교적 용이하다고 한다.[21)]

한 경찰관이 매력적인 두 가지 일자리(예: 형사분야 업무와 정보분야 업무 등)를 놓고 하나를 선택해야 할 때 느끼는 갈등이다.

② 접근-회피갈등(Approach-Avoidance Conflict)

조직 내의 개인이 갖는 하나의 목표가 긍정적인 성격과 부정적인 성격을 동시에 내포하는 경우에 발생하는 갈등이다. 이러한 접근-회피갈등은 조직 행태 분석에 가장 밀접한 관련을 가지는 형태이다. 이는 보통의 조직의 목표가 긍정적인 면과 부정적인 면을 동시에 가지고 있기 때문이다.

경찰관이 임금은 많이 받고 싶으나 야간근무나 위험한 근무를 피하려는 경우에 발생하는 갈등이다.

③ 회피-회피갈등(Avoidance-Avoidance Conflict)

두 개 이상의 목표가 부정적이고 상호 배타적인 경우 이의 접근을 피하는 데서 발생하는 갈등이다. 예를 들어 교통경찰관이 교통단속업무를 하기 싫어하고 또 교통단속업무를 하지 않는 것에 기인한 상사의 질책이나 인사고과 상 불이익을 두려워하는 경우에 발생하는 갈등을 말한다.

(3) 역할갈등(Role Conflict)

이것은 한 가지 혹은 그 이상의 역할이 불일치하거나 상호경쟁적인 욕구가 있을 때 발생하는 갈등을 말한다. 역할이론(role theory)의 기본개념을 요약하면 무대 위에서 배우가 어떤 역할을 하는 것처럼 우리도 매일의 일상생활에서 각자의 역할을 수행한다.

역할에서 기대하는 것이 무엇이냐에 따라 우리는 서로 다른 사람이 된다.

---

21) B. Berelson & G. A. Steiner, *Human Behavior: An Inventory of Scientific Findings*(New York: Brace & World, 1964), p. 271; 윤우곤, 앞의 책, 579쪽.

우리는 각자가 학생으로서의 역할, 선생, 부모, 이웃으로서의 역할을 갖고 있다. 규범이나 사회학습이 각 역할의 적절한 형태 범위를 규정해 주며, 우리는 하나의 역할에서 다른 역할로 자유롭게 변경할 수도 있다. 때때로 우리는 하나의 역할 혹은 역할 간에서 발생하는 갈등행동(conflicting behavior)에 직면하게 될 때도 있고, 우리의 역할을 수행하기 위한 행태가 다른 사람의 그것과 상충하는 경우도 생긴다.

리쪼(J. R. Rizzo)는 역할갈등의 개념을 다음과 같이 세분하여 설명하고 있다.[22)]

① 대상인물의 내적 기준 혹은 가치관과 주어진 역할행동의 갈등

이것은 대상인물이 단순한 직위 또는 역할을 수행하면서 느끼는 개인역할갈등 또는 역할 내 갈등을 말한다.

② 대상인물의 시간, 자원 또는 능력과 주어진 역할행동 간의 역할갈등

이것은 대상인물이 역할을 수행하는 데 필요한 노력이 불충분할 때 생기는 갈등을 말한다.

③ 다수역할간의 갈등

이것은 대상인물이 하나의 직위보다 더 많은 직위를 수행할 때 생기는 갈등이다.

④ 불일치한 정책과 평가의 기준에 기인하는 갈등

조직의 직위에서 기대되는 행동을 하는 조직원이 그 욕구와 조직의 욕구가 상반될 때 생기는 갈등이다.

역할내적 갈등(intrarole conflict)은 역할이 요구하는 행태에 대한 부정적 감정의 결과로서 발생한다. 예를 들어, 경찰인사관리자의 역할은 경우에 따라 동료경찰관에게 징계를 해야 한다. 관리자로서 정당한 역할내적인 갈등은 '회피-

22) J. R. Rizzo et al., "Role Conflict and Ambiguity in Complex Organization", *Administrative Science Quarterly*, Vol. 15 No. 2, p. 153.

회피' 갈등과 유사하다. 즉, 사람은 누구나 동료를 징계받게 하는 불쾌감을 피하려고 할 뿐만 아니라 역할이 요구하는 것을 충족시켜 주지 못함으로써 생기는 사회적 비난을 회피하기를 원한다.

2) 개인 간 갈등(interpersonal conflict)

조직 내의 개인 간 갈등이란 전술한 개인적 갈등과 이질적 현상이 아니라 개인적 갈등의 확대라고 생각할 수 있다. 왜냐하면 개인적 갈등의 초점은 조직 내의 역할지시자와 역할수행자 사이의 상호작용 패턴이거나 또는 그들(역할지시자 대 역할지시자, 역할수행자 대 역할수행자) 상호간의 상호작용이기 때문이다.

개인 간 갈등은 서로 다른 성격을 지닌 둘 이상의 개인이 상호의존적 관계에 있을 때 발생한다. 개인 간의 갈등에는 실질적인 갈등과 감정적인 갈등이 있다. 실질적인 갈등은 정책이나 관습에 대한 의견불일치, 자율에 의한 경쟁, 역할에 대한 상이한 개념들이 속하며, 감정적 갈등은 화, 불신, 원망, 좌절 등이 속한다. 일반적으로 실질적인 갈등이 감정적인 갈등으로, 감정적 갈등이 실질적 갈등으로 변하는 경우가 빈번하다.

또한 개인 간 갈등을 계층에 따라 구분하면 수평적 갈등과 수직적 갈등으로 구분할 수 있다. 상급자와 하급자 간의 갈등은 수직적 갈등으로, 동료와의 갈등은 수평적 갈등으로 구분할 수 있다. 이러한 개인 간의 갈등은 실질적 쟁점의 불일치와 감정적 쟁점의 충돌이라는 두 가지 원인에 의해서 나타난다. 실질적 쟁점의 불일치란 정책, 실무, 계획 활동에서의 견해 차이와 같은 상태를 말하며, 감정적 쟁점의 충돌이란 불안, 불신, 거부와 같은 부정적 감정을 느끼는 상호관계를 말한다.

실질적으로 이 두 쟁점 사이의 명확한 구분은 어렵다. 왜냐하면 처음에는 실질적 쟁점에 의해 유발된 갈등이 곧잘 감정적 갈등으로 이행되어지기 때문이다. 개인 간 갈등은 개인 간 관계가 경쟁상태에 있는 경우에는 당사자들은 과업달성에 있어서 상대적 이해에 중점을 두고서 상대방 노력을 약화시키려 하며, 또는 상대방의 약점을 알아내려는 의심적인 태도를 가지고 상대방의 요구에 부정적인 반응을 보이므로 상호간 의사소통은 소멸되거나 왜곡되어진다.

이러한 개인 간 갈등을 유발하는 개인적 특성들로는 가치관의 차이, 태도상의 차이, 성격의 차이, 지각의 차이 등을 들 수 있다.

3) 집단 간 갈등(intergroup conflict)

집단 간 갈등이란 조직 내에서 가장 많이 발생하는 갈등으로서 집단 간에 자원이나 노력 등을 획득하기 위하여 야기되는 긴장으로 집단 간 갈등 혹은 부서 간 갈등을 말한다.

조직은 여러 가지 활동단위 즉, 집단들로 구성되어 있다. 조직의 목표달성에 있어서 중요한 것은 비록 각 집단들의 목표가 상이하거나 그 구성집단이 공식집단이건 비공식집단이건 간에 그 집단 자체의 목표를 조직의 목표와 같은 것으로 생각하는 것이다.

그러나 때때로 집단과 집단 간에 그리고 조직의 구성부문 간에 갈등이 생길 수 있다. 그리고 집단 간의 분위기가 조직 전체의 생산성에 영향을 미칠 수가 있다.[23)]

루탄스(F. Luthans)는 이와 같은 집단 간의 갈등을 다음과 같이 4가지 유형으로 분류하고 있다.[24)]

첫째, 계층적 갈등이다. 조직 내 여러 계층 간에는 갈등이 존재하는데, 최고관리층과 중간관리층의 갈등이 있을 수 있고, 관리자와 근로자 간에도 일반적인 갈등이 존재할 수 있다. 이러한 계층적 갈등은 지위, 권위, 금전과 같은 조직의 보상을 둘러싼 이익집단의 분쟁에서 비롯된다.

둘째, 기능적 갈등이다. 조직 내 부서 간의 기능 사이에 갈등이 좌우한다. 경찰조직 내의 내근부서와 외근부서 간의 갈등, 참모조직과 계선조직 간의 갈등이 대표적인 예가 된다.

셋째, 경쟁적 갈등이다. 이는 한 조직 내의 여러 집단이 유사한 기능을 가질 때에 발생한다. 예컨대 과거 신창원 검거사건과 같이 특정 범죄자를 체포하기 위해 각 경찰관서가 서로 협력하지 않고 보상이나 성과를 위해 범죄자 체포에

---

23) P. Hersey & K. H. Blanchard, 김남현(역), 「조직행동의 관리」(서울: 경문사, 1997), 427쪽.
24) F. Luthans, *op. cit.*, pp. 380-381.

혈안이 되어 있는 경우, 이러한 갈등이 일어날 수 있다. 하지만 여러 집단이 같은 기능을 수행한다고 해서 항상 적대감을 일으키는 갈등관계가 생기는 것은 아니고 때로는 선의의 경쟁을 유발할 수도 있다.

넷째, 공식적-비공식적 조직 간의 갈등이다. 이는 공식적 조직과 비공식적 조직 간에 발생하는 갈등으로서 예를 들면 비공식적 조직의 규범과 공식적 조직의 규범이 상반될 때 생긴다. 경찰조직의 정책이 무궁화 클럽[25]과 같은 비공식 조직의 의사와 충돌하게 되는 경우 갈등이 발생할 수 있는 것이다.

3. 조직갈등의 발생요인과 갈등관리

1) 조직갈등의 발생요인

갈등상황은 매우 복잡하며 다음과 같은 조직갈등의 발생요인을 살펴볼 수 있다.

(1) 업무의 상호의존성과 일방적 의존

업무의 상호의존이란 조직 내 두 부서가 각자의 업무를 효과적으로 수행하기 위하여 서로 정보·도움·순응·조정활동 등에 의존하는 관계를 의미하며, 이러한 상호작용이 갈등을 초래할 수 있는 원인이 된다. 또한 한 부서가 다른 부서에 대하여 일방적 업무의존(one-way task dependence)관계를 갖게 되면 권력균형이 변동되어 갈등이 일어날 가능성이 매우 높고 현실적으로 이러한 관계가 보다 일반적이다.[26]

(2) 목표·이해관계의 상충

개인 또는 조직단위가 추구하는 목표가 대립하거나 양립할 수 없는 경우 갈등은 불가피하며 목표달성에 어떤 수단·자원이 적합한가에 대한 의견대립이 있

---

25) 무궁화 클럽이란 전·현직경찰관과 그 가족, 경찰을 사랑하는 사람들이 모인 탈 정치성 온라인 사이버동호회로 경찰의 대표적인 비공식적 조직 중 하나이다.

26) S. P. Robbins, *op. cit.*, pp. 418-419.

는 경우에도 갈등이 발생할 수 있다. 또한 각 조직단위 간의 이해관계가 상반되고 사업의 선정과 우선순위의 결정에 대립이 있는 경우에도 갈등은 유발될 수 있다.

(3) 자원의 한정성

조직이 필요로 하는 자원은 일반적으로 한정적이고 제한되어 있다. 이러한 한정적 자원의 배분에 있어서 갈등이 발생되기도 한다. 목표달성에 필요한 인적·물적 자원을 타인 혹은 다른 부서보다 많이 획득하려는 경쟁이 벌어지는 경우 갈등이 발생한다. 이러한 상황이 당해 부서 간의 승패를 결정하는 경우에는 갈등의 가능성과 강도는 커지게 된다. 또한 조직의 각 부서 간에 벌어지는 자원 확보의 경쟁에서 이기느냐의 여부는 조직 내 부서의 지위·위신·영향력을 좌우하게 되므로 갈등을 심화시킬 가능성이 크다.

(4) 인지 및 지각의 차이

동일한 사실·대상이라도 개인의 내부적 차이인 사회적 배경, 교육, 환경 등의 영향을 받는 가치관·신념·동기가 다르면 인지·지각에도 차이가 있게 되어 갈등을 가져오게 된다. 또한 업무의 내용이나 기능이 서로 다른 조직단위에 속하면 인지·태도 등에 차이가 있게 되며 갈등이 일어난다. 일반적으로 기획부서 직원의 행태는 소비지향적·확장지향적이지만, 예산부서의 직원의 행태는 축소지향적·저축지향적이다. 이러한 직원의 행태나 인지의 차이가 갈등의 원인이 된다.

(5) 지위·신분상의 부조화

조직 내 지위나 신분이 능력·자격·경험 등 객관적 기준이 아니라 정실 등 비합리적 기준에 따라 변동되면 이에 수반되는 부조화로 갈등이 일어날 수 있다. 예컨대 능력이 부족한 동료가 상관이 되는 경우나 상사나 선임자가 능력·기술이 앞서는 후임자의 지시를 받는 경우 등은 대표적 사례라고 할 수 있다.

(6) 의사소통의 장애·왜곡

원활한 의사소통의 정도는 조직목표 달성에 큰 영향을 미친다. 이러한 의사소통에는 여러 가지 장애와 왜곡이 있을 수 있는데 이러한 장애와 왜곡이 갈등을 유발하기도 한다. 의사소통 매체인 언어의 상징적·추상적 성격이나 부적절하고 불명확한 의사소통으로 말미암아 갈등이 발생될 수 있다. 또한 정보가 전혀 전달되지 않는 경우, 정보가 충분히 교류되지 않는 경우, 왜곡된 정보가 전달되는 경우 등은 의사전달의 전달자와 피전달자 간에 오해를 일으키는 등 갈등의 원인이 되기도 한다.

(7) 구조분화와 전문화

오늘날 조직규모의 거대화는 조직의 구조분화·복잡화와 전문화현상을 유발하며, 이것은 조직 내 긴장과 갈등을 심화시키는 계기가 된다. 이를테면 정규직과 비정규직의 갈등, 일반직과 전문직 간의 갈등, 계선과 참모 간의 갈등도 이러한 조직상황과 밀접한 관련이 있다.

(8) 평가기준과 보상의 차이

조직 내에서 공통의 목표를 수행하는 개인은 동일한 평가기준과 보상을 받지 못하면 갈등을 일으키기 쉽다. 같은 업무를 수행하는 동일 계급의 경찰관이 각각 다른 보상을 받거나 다른 평가를 받는다면 갈등이 일어날 수 있는 것이다.

(9) 권한과 책임의 모호성

권한의 범위와 책임의 범위가 명확하지 않을 경우, 각 당사자는 더 많은 권한과 통제력을 가지려고 노력하는 반면 그들이 바라지 않는 활동들에 대한 책임은 회피하려 한다. 역할 갈등은 이러한 유형 중 하나이며, '권력 공백'이 발생한 조직에서는 집단 간 갈등이 발생될 가능성이 매우 높다.[27]

(10) 역할의 모호성과 불만족

조직구성원이 주어진 역할에 모순을 느끼거나 역할이 명확하지 않고 역할수행에 필요한 정보를 얻지 못하는 경우에는 역할모호성(role ambiguity)으로 인

---

27) 이창원·최창현, 앞의 책, 332쪽.

한 갈등이 유발된다. 또한 역할기대가 충족되지 못하고 좌절감을 느끼는 역할불만족도 갈등을 유발하게 되는 중요한 요인이 된다.[28)]

2) 갈등관리의 전략과 방법

(1) 갈등의 관리전략

경찰관리자는 적절한 갈등관리를 함으로써 경찰조직의 목표달성을 저해하는 갈등을 중화 내지 완화시키고, 경찰조직에 유리한 갈등을 능동적으로 촉진시켜 나가야 한다. 경찰조직의 활성화를 위해서 조직 내에 갈등을 자유롭게 표출할 수 있는 분위기가 조성되도록 하고 조직 간의 자발적인 경쟁을 유도할 수 있어야 할 것이며, 건설적 갈등으로 승화시키려는 노력이 필요하다.

갈등은 순기능과 역기능을 동시에 가지고 있고 복잡하고 동태적인 현상이므로 갈등관리는 상황에 따라 달라져야 한다. 즉, 갈등관리의 전략에는 갈등의 순기능 측면에서 갈등을 조성해야 할 경우도 있고, 갈등의 역기능을 방지하기 위해 갈등을 해소시켜야 할 경우도 있는 것이다.

유해한 갈등을 해소하는 전략에는 갈등상황이나 출처를 근본적으로 변동시키지 않고 거기에 적응하도록 하는 전략과 조직상 배열을 적극적으로 변동시켜 갈등상황을 제거하는 전략이 있다.

갈등을 유해하고 불필요한 것으로 보는 관점에서는 갈등의 조성전략이라는 것을 생각할 여지가 없으나 갈등 가운데에는 순기능적인 것도 있다는 관점에서는 갈등을 조성하는 전략이 필요할 수 있다. 갈등의 조성전략이란 조직의 생존·발전에 불가결하거나 유익한 갈등을 인위적으로 조장하는 전략을 말한다.[29)]

(2) 갈등의 관리방법

갈등의 관리방법도 해소방법과 조성방법으로 나누어 살펴볼 수 있다.

---

28) H. Gortner, *Administration in the Public Sector*(New York: Wiley, 1977), pp. 197-198.
29) 오석홍, 「행정학」, 제5판(서울: 박영사, 2011), 435쪽.

① 갈등의 해소방법

주요한 갈등해소방법으로 다음과 같은 것이 있을 수 있다.[30]

㉠ 문제해결: 갈등의 당사자가 직접 접촉하여 공동으로 문제에 대한 해결책을 강구하려는 것이며, 당사자의 문제에 대한 명확한 인식과 면밀한 자료분석을 통한 합리적이며 협동적인 문제해결능력이 요구된다.

㉡ 상위목표의 제시: 갈등의 당사자가 추구하는 개별적 목표의 대립을 극복하기 위하여 당사자가 공동으로 추구해야 할 상위목표를 제시함으로써 갈등을 완화할 수 있는 방안이다.

㉢ 자원의 증대: 한정된 자원으로 인한 쟁탈경쟁으로 갈등이 초래되므로 자원을 증대시키는 것이 갈등해결의 좋은 방법이다.

㉣ 회피: 갈등을 초래할 수 있는 결정을 보류·회피하거나 갈등당사자의 접촉을 피하게 하거나 또는 갈등행동을 억압하는 방법으로 일시적·단기적 해결방법이다.

㉤ 완화: 갈등당사자 간의 대립적인 의견이나 이해관계를 모호하게 하고 공통적인 요인을 내세우려는 잠정적 해결책이다.

㉥ 타협: 완전한 승자도 패자도 없이 대립적인 주장을 부분적으로 양보하여 공동결정에 도달하려는 방법이다. 타협은 당사자 간의 합의를 강조하는 협상과 제3자의 개입에 의한 중재로 나눌 수 있다.

㉦ 상관의 명령: 부하 간의 대립을 상관의 명령에 의하여 해소시키는 것이며 강제력을 가지는 강압적 갈등해결방안이다.

㉧ 행태변화: 조직발전(OD: Organization Development)에서 특히 강조하는 방법으로, 구성원의 가치관이나 사고방식의 변화 등 행태과학적 기법을 통한 태도변화에 의하여 장기적으로 갈등을 예방·해소하려는 방법이다.

---

30) S. Robbins, *The Administrative Process*, 2nd ed.(Upper Saddle River, New Jersey: Prentice Hall, 1980), pp. 363-365; 박연호·오세덕, 「현대조직관리론」(서울: 법문사, 2002), 601-604쪽; 양창삼, 「조직이론」, 증보판(서울: 박영사, 1992), 740-744쪽.

㉧ 제도개혁: 조직구조의 개편, 분업체제·보상체제의 개선, 조정·통합기능의 합리화, 인사교류 등을 통하여 갈등의 해소를 모색할 수 있다.

② 갈등의 조성방법

관리자들은 조직의 발전, 변화 및 쇄신을 위해 순기능적 갈등을 적절히 조성하고 그것을 창의적·건설적으로 해결해 나가야 한다. 순기능적 갈등을 조성하는 방법에는 다음과 같은 것이 있다.[31]

㉠ 의사전달통로의 변경: 의사전달통로의 변경을 통해 갈등을 조성할 수 있다. 의사전달통로의 변경은 정보의 재분배와 그에 따른 권력의 재분배를 가져오기 때문에 갈등을 야기시킬 수 있는 것이다.

㉡ 정보의 조정: 정보를 차단하거나 과다한 정보를 전달함으로써 갈등을 조성할 수 있다. 정보를 억제하면 정보를 가지고 있는 자의 권력은 감소되고 권력의 재분배가 일어날 수 있다. 이러한 권력의 재분배 과정에서 갈등이 조성될 수 있는 것이다. 과다한 정보는 조직구성원의 혼란을 야기하고 이러한 혼란은 갈등의 원인이 된다. 하지만 이러한 혼란은 조직구성원들의 무관심과 정체된 형태를 활성화시키고 창의성과 자율성을 일깨워주기도 한다.

㉢ 구조의 분화: 조직의 수직적·수평적 분화를 통해 갈등을 조성할 수 있다. 조직의 계층 수, 직위 간의 관계, 기능적 조직 단위의 수를 재설정하거나, 계선·참모 간 갈등의 적절한 활용을 통하여 갈등을 조장하고, 이러한 갈등을 창의적·건설적으로 해결함으로써 조직발전을 도모할 수 있다.

㉣ 인사이동 또는 직위 간 관계의 재설정: 조직구성원을 이동시키거나 직위 간의 관계를 재설정함으로써 갈등을 조성할 수 있다.

31) 오석홍, 앞의 책, 436-437쪽.

ⓜ 리더십 유형의 변경: 리더십 유형을 적절히 교체하여 갈등을 조성하고 효과적인 경쟁관계를 유도할 수 있다.

ⓗ 태도가 다른 사람들의 접촉 유도: 태도가 서로 다른 사람들을 접촉하게 하여 교호작용하게 함으로써 갈등을 조성할 수 있다.

제 4 장

경찰문화와 윤리

제1절 경찰문화

1. 경찰문화의 개념 및 특징

1) 개 념

문화를 정의하고자 하는 시도는 매우 다양하며 미묘하게 다른 뉘앙스를 가진 정의들이 경합하고 있다. 그렇기 때문에 상식에 기대어 문화를 정의하든 조작적으로 정의하든 그런 정의를 두루 충족하기는 어려워 일부 학자들은 "매우 복잡성을 띤 용어"라고 표현하기도 하였다.[1] 타일러(E. B. Tylor)는 문화의 개념을 폭넓게 보았다. 즉, 문화는 지식, 신념, 예술, 법, 관습을 포함하는 복합 개념이며, 사회의 구성원으로서 인간이 획득한 어떤 능력과 습관을 가리키는 것이라고 정의하였다.[2] 퍼스(R. Firth)는 문화를 물질적이든 정신적이든, 인간이 상속받고 채택하고 변형시키고 첨가하고 전수하는 누적된 유산의 구성요소를 강조하는 개념이라고 정의하였다.[3] 또한 크로버와 클럭혼(A. L. Kroeber & C.

---

1) R. Willwams, 설준규(역), 「문화 사회학」(서울: 까치, 1984), 8쪽.

2) E. B. Tylor, *Primitive Culture*(New York: Harper, 1958), p. 1.

3) R. Firth, *Elements of Social Organization*(London, England: Watts, 1961), p. 27.

Kluckhohn)은 문화를 생활양식의 통일성을 지향하는 경향들이라고 정의하였다.[4)]

이처럼 문화의 개념을 단언적으로 설명하긴 어렵지만 과거부터 지속되어 온 지식 및 생활양식이 계승·전수된다는 것이 핵심내용으로 보인다. 이를 바탕으로 일반적인 문화의 개념을 도출해보면, 어떤 집단의 구성원이 지닌 지식, 신념, 정보, 행동, 생활 등을 그 집단에서 습득하여 계승해 온 양식이라 할 수 있겠다.

이러한 문화와 관련된 기본적 특성이 조직에 반영되어 있는 것이 조직문화이다. 샤인(E. H. Schein)은 조직문화는 조직이 외부환경에 적응하고 조직 내부를 통합하는 문제를 해결하는 과정에서 특정 집단이 고안·발견·개발하는 기본전제들로 오랜 기간 동안 조직구성원들이 타당한 것으로 여겨 그들 사이에서 아무런 의심없이 당연한 것으로 받아들여지고 새로운 구성원들에게는 조직의 대내외적 문제를 해결하는 올바른 방법으로 학습되어지는 것으로 정의하였다.[5)]

경찰의 조직문화 역시 이러한 개념을 바탕으로 경찰조직 내에서 경찰관들에 의해 공유되어지는 하나의 양식으로 볼 수 있다. 즉, 경찰의 의식구조, 사고방식, 가치관, 태도 등 경찰관의 행동을 규제하는 가치적 요소로서 경찰환경의 불확실성과 혼란을 피하고자 하는 노력의 일환으로 창조되어 조직구성원들 사이에 공유되어 신임 경찰관들 사이에 전승되어지는 것을 의미한다. 이러한 경찰조직문화는 조직구성원 사이의 응집력을 조장할 수 있으며, 행정행위의 양식이나 관습을 뜻하므로 조직구성원들의 행동을 예측하고 규제하는 역할을 한다.

2) 기　능

조직문화의 기능에 대한 국내외 저서의 내용을 정리한 것을 바탕으로 경찰문화의 기능을 살펴보면 다음과 같다.[6)]

첫째, 경찰문화는 경찰 조직환경에 대한 기본적 이해와 당면한 문제에 대한

---

4) A. L. Kroeber & C. Kluckhohn, *Culture: A Critical Review of Concepts and Definitions*(New York: Random House, 1952), p. 181.

5) E. H. Schein, "Coming to a New Awareness of Organizational Culture", *Sloan Management Review*, Vol. 25 No. 2, Winter, 1984, p. 3.

6) 최응렬, 「경찰행정학」(서울: 경찰공제회, 2006), 47쪽.

효율적인 해결방안의 마련에 지침을 제공해 준다. 따라서 효과적인 경찰조직의 문제를 해결하기 위해서는 각종 정책 및 전략들이 경찰문화에 부합되어야만 한다.

둘째, 경찰문화는 거의 모든 경찰활동 즉, 정책결정 및 의사소통의 과정과 갈등해소 과정 등에 영향을 미친다.

셋째, 경찰문화는 경찰관들의 지각·태도의 형성·행동을 연결시켜 주는 매개체 역할을 한다. 즉, 경찰문화는 경찰관들에게 외부자극들 가운데 어떠한 자극에 어떻게 반응해야 하는지를 반복적으로 가르쳐 줌으로써 경찰관들의 가치체계의 형성 및 변화에 영향을 준다.

넷째, 경찰문화는 경찰관들에게 행동 및 판단의 기준을 제공한다. 이러한 경찰문화는 경찰관들에게 경찰조직 차원에서 기대되는 행동 패턴 및 경찰조직이 지향하는 바를 명시적·묵시적으로 제시해 주고, 교육 및 보상 등을 통하여 경찰관들의 행동을 조직이 원하는 방향으로 통제한다.

다섯째, 경찰문화는 경찰조직에 대한 이미지 및 신뢰를 제고시켜 주기도 한다. 공유하고 있는 가치와 규범을 다음 세대로 전달함으로써 경찰조직을 균형적 안정상태로 유지시켜 주어, 외부 사람들에게 경찰조직에 대한 이미지 및 신뢰를 제고시킬 수 있게 되는 것이다.

여섯째, 경찰문화는 경찰관들로 하여금 정체성과 일체감을 갖도록 해 주며, 경찰조직생활 자체에서 의미를 찾을 수 있도록 하여 경찰관들의 업무 전념도·충성도·이직률·사기 등을 결정하기도 한다.

2. 경찰문화의 주요내용

1) 선진국 경찰문화의 특징

선진국의 경찰문화는 합리주의와 성취주의, 상대주의와 모험주의, 사실정향주의와 중립주의의 특징을 가진다.[7)]

---

7) 위의 책, 48쪽.

(1) 합리주의

합리주의는 모든 객관적 지식을 동원하여 최적의 규모에서 정책결정을 추구하려는 태도를 일컫는다. 각자의 의견을 자유롭게 개진·발표하게 하여 가장 보편·타당한 의견을 찾으려고 하는 것이 합리주의다. 즉, 주관의 객관화를 추구하는 것이 바로 합리주의인데, 이러한 합리주의와 결부될 수 있는 것은 인간의 이해타산이지 감정은 아니라는 것이다.

(2) 성취주의

성취주의는 인간의 능력을 평가할 때 실적이나 자격 등과 같은 객관적인 요소로 평가하는 것을 말한다. 성취주의가 보편화된 선진국에서는 출신지역 등과 같은 귀속적인 요소를 이유로 차별대우를 받는 경우가 적어 채용·승진·전보 등에서 불공평한 인사가 이루어지는 일이 적다.

(3) 상대주의

어떠한 가치도 영원하거나 불변하지 않고 고정되어 있지 않다는 것이 상대주의이다. 어떠한 가치나 관계도 상대적이고 유동적이다. 선진국에서는 특정 가치에 대한 집착현상이 없어 변화에 대한 적응력이 강할 뿐만 아니라 정책결정에도 점증성을 띤다.

(4) 모험주의

모험주의는 보다 나은 것을 추구하기 위해 시행착오를 겪고, 이를 통해서 발전과 개선을 이루어 나가는 것을 말한다. 시행착오는 발전을 위한 과정으로서 그 속에서 값진 교훈을 얻으므로 힘의 낭비가 아니며, 이를 밑거름으로 동일한 과오는 밟지 않도록 한다. 또한 모험주의는 항상 새로운 것을 추구하지만, 한번에 모든 문제가 해결될 것이라는 기대도 갖지 않으며, 시행착오 속에서 문제가 해결된다고 생각하므로 서서히 문제가 해결될 것이라 생각한다.

(5) 사실정향주의

사실정향주의는 가치판단의 우선적인 기준이 사실이라는 것을 말한다. 정책결정에서 아무리 훌륭한 의견일지라도 객관적 사실보다는 우선시될 수 없다는 것이다. 이러한 사실정향주의는 현실을 정확하게 관찰하고 파악하기 위해 여러 가지 실험기법 등을 동원한다.

(6) 중립주의

조직이 어떤 정당이나 입후보자의 입장에 서서는 안 된다는 것이 중립주의이다. 다시 말해 경찰행정의 본래적 성격이 도구성·관리성·수단성을 강하게 띠므로 정치영역에 개입·간섭해서는 안 되며, 정치에 의해서 간섭당해서도 안 된다는 것이다.

2) 후진국 경찰문화의 특징

후진국 경찰문화의 특징은 권위주의, 가족주의, 연고주의, 형식주의, 관직이권주의, 관운주의의 특징을 갖는다.[8]

(1) 권위주의

권위주의는 평등의 관계가 아닌 수직적인 관계에서의 지배·복종 관계를 강조한다. 따라서 관존민비사상은 권위주의의 대표적인 행태이며, 이러한 권위주의가 보편화되어 있는 사회에서는 권한이 상층부에 집중되어 있고, 관의 민에 대한 책임의식이 약하다. 또한 정책결정의 과정은 흑백논리에 지배되기 쉬워 수정·보완의 과정을 중시하는 점증주의는 반영될 여지가 없다.

(2) 가족주의

가족주의는 조직을 하나의 가족단위로 생각하는 것을 말한다. 이러한 사회에서는 조직구성원 간의 화합과 질서가 강조되기는 하지만 공과 사의 구별이 불분명하다.

---

8) 위의 책, 49쪽.

(3) 연고주의

연고주의는 혈연·지연·학연 등과 같이 배타적이면서 특수한 관계를 강조하는 것이다. 이러한 사회에서는 집단 내의 갈등이 심하고, 채용과 승진 그리고 전보 등과 같은 인사문제가 공정하게 이루어질 가능성이 희박하다.

(4) 형식주의

형식주의는 내용보다는 형식이나 절차에 집착한다. 이러한 사회에서는 실질적인 책임보다는 법적 책임이 강조되고 선례답습이 성행한다.

(5) 관직이권주의

관직이권주의는 관직을 직업으로 생각하는 것이 아니라 출세와 이권의 수단으로 생각하는 것을 말한다. 즉, 관직은 다른 직업과는 달리 특권과 출세가 보장되는 자리라고 생각하는 것이다. 이러한 생각에 사로잡힌 조직에서는 국민에 대한 봉사의식은 찾아볼 수 없다.

(6) 관운주의

관운주의는 성공의 여부가 인간 이외의 초자연적인 힘이나 신비적인 힘에 의존하고 있다고 생각한다. 이러한 관운주의는 자기가 출세를 못했을 때에 능력의 부족함을 인식하기보다는 운이 없었기 때문이라고 생각한다. 이러한 생각을 하는 사회에서는 변명이 많고 책임전가가 많아질 수밖에 없다. 즉, 아무리 노력을 해도 운이 따라주지 않기 때문에 어쩔 수 없다고 생각해버리는 것이다. 또한 과학적이고 합리적인 지도자보다는 카리스마를 지닌 지도자가 더욱 환영받기도 한다.

3) 한국경찰문화의 특징

한국경찰문화는 유교적 경찰문화의 특징에서 성과관리적 경찰문화로 변화하는 과도기적 상황이지만, 기존의 전통적인 유교문화의 속성으로 인해 그 변화의 움직임이 속도를 내지는 못하고 있는 실정이다. 〈표 4-6〉은 시기별 한국의 행정문화 발전 모습을 나타내고 있다. 이와 경찰조직의 행정문화를 비교해볼

〈표 4-6〉 행정문화 발전에 대한 시기별 연구

시기	구분		개별 특징	공통 특징
정부수립(1948년) 이후	유교적 행정문화	김광웅	-권위주의, 관인지배주의, 의식주의, 형식주의, 계서주의, 사인·족벌주의	권위성 서열성 형식성 집단성
		김만기	-가족주의, 권위주의, 법의식, 서열의식, 명분의식	
		박천오	-권위주의, 의식주의, 형식주의, 가족주의, 사인·족벌주의	
1960년대 ~1970년대	발전지향적 행정문화	Weinder	-목표설정, 우선순위 결정, 활동프로그램, 실행장치, 결과도출을 위한 통제절차	목표성 실천성
		Chandler	-국가목표 설정, 실천하기 위한 수단적 도구	
		신두범 오무근	-목적지향성, 가치지향성	
1980년대 초·중반 이후	민주지향적 행정문화	이달곤	-접근성, 대응성, 참여성, 윤리적 및 법적 책임	분산성 참여성 통제성
		박동서	-권력분산, 참여를 통한 권력남용 방지, 권력통제	
		백완기	-정당성, 교체성, 대표성, 통풍성, 분산성, 봉사성	
1997년 IMF 이후	성과관리적 행정문화	Kaboolian	-고객서비스, 성과지향, 경쟁, 시장유인, 규제완화	성과성 고객성 책임성
		Stark	-공공부문과 민간부문간의 경쟁, 분권화, 정부계층의 간소화, 시민선택의 확대, 벤치마킹, 산출측정, 성과계약, 재정인센티브 부여, 민간부문의 관리기술 도입	
		박중훈	-성과중심의 관리, 시민(고객)중심의 관리, 시장중심의 관리	

※ 자료: 윤광재·황성수, "한국행정의 특성에 관한 연구: 행정문화를 중심으로", 「한국정책과학학회보」, 제15권 제2호(서울: 한국정책과학학회, 2011), 36-45쪽 재구성.

때, 경찰조직의 문화가 최근에 성과관리적 행정문화로 많이 변화하였지만, 아직까지는 초기 유교적 행정문화의 특성을 많은 부분에서 보이고 있는 것도 사실이다.

전반적인 한국 경찰문화의 특징은 다음과 같은 평가를 통해 알 수 있다.[9)]

첫째, 민주성·윤리성·전문성·신뢰성 등의 직무원칙이 낮은 수준에 머물러 있으며, 내부의사결정 방식은 거의 상명하복식의 권위주의적 방식에 의존하였다. 자유·인권·질서·정의·공익·봉사·행복 등의 도덕적 가치에 대한 판단기준과 판단능력이 미약했으며, 전문성 면에서도 과학적·분석적인 것과 거리가 멀었다. 또한 조직구성원들 간의 신뢰성이 약한 특징을 보였는데, 그 이유는 승진 등과 같은 인사행정 면에서 능력보다는 지연이나 학연 등과 같은 연고주의에 의존하는 폐습 때문에 상호불신이 팽배해졌기 때문이다.

둘째, 의식태도의 전환방식을 충격적 방법에 의존하였다. 이를테면 1960년대 이후의 정부개혁이나 공직자 정화 및 쇄신의 방식이 처벌이나 퇴출 등과 같은 강제적인 방법에 의존함으로써 일시적인 태도변화를 취하다가 다시 원점으로 회귀해 버리는 전형적인 관료주의적 속성을 보인 결과라는 것이다.

셋째, 경찰관의 조직규범 수용방식이 지나치게 동조과잉적이고, 형식적이고, 맹종적이었다는 점이다. 조직의 구성원이 동조과잉을 보일 때 수단가치를 목적가치보다 우선시하거나 대체하는 의식구조를 갖고, 맹종할 때는 목적가치를 거부하고 수단가치를 무조건적으로 수용하는 경직성을 나타낸다.

넷째, 경찰관의 의식태도는 전환방식이 징계 등과 같은 강제적인 방식에 의존하였고, 유연적·보상적 요인이 약하였다. 명령이나 처벌 등과 같은 강제적인 통제방식은 가치변화를 통해 이루어지지 않으므로 지속적이고 안정적인 행동유지가 어렵고, 통제관리비용이 많이 소요된다는 단점이 있다. 외부지향으로는 자발적 서비스 창출이 어려우므로 서비스의 질이 향상되기 어렵다.

다섯째, 경찰관의 지원동기, 조직불안, 전문가다운 자존감과 긍지심의 결여를 들 수 있다.

---

9) 위의 책, 50-51쪽 재인용.

3. 바람직한 경찰문화 형성방안

바람직한 경찰문화 형성을 위해서 다음과 같은 노력들이 필요할 것으로 보인다.

첫째, 국민과 함께하는 문화를 형성해야 한다. 경찰이라고 하면 거부감을 느끼거나 멀리하려고 하는 국민들의 인식에서 벗어나 국민들과 함께하고 이를 바탕으로 잘못된 경찰에 관한 인식을 고쳐 국민들로부터 신뢰받을 수 있는 경찰을 만드는 것이 발전적인 경찰문화를 만들기 위한 우선과제이다.

둘째, 어떠한 외압으로부터도 흔들리지 않는 원칙을 가지는 것이 중요하다. 정치적인 상황에 의해서 영향을 받거나, 상관이나 상급부서에 의해 정당하지 못한 업무를 강요받을 경우 이를 확고하게 거부할 수 있는 원칙을 정립하는 것이 중요하다.

셋째, 연(緣) 중심의 구시대적인 풍습에서 탈피해야 한다. 경찰조직 내부에서도 아직 특정대학·지역출신, 입직경로 등 과거의 인습에 얽매여 능력 중심이 아닌 연고 중심의 형태로 조직을 운영하는 사례들이 빈번히 발생되고 있다. 이런 문화를 극복하지 않고서는 경찰의 발전적 문화형성은 요원하다.

넷째, 사실에 근거한 사고에 바탕을 두어야 한다. 경찰이 담당하는 업무는 실제 눈으로 보고 겪으면서 해결하는 일들이 많기 때문에 정확한 사실에 근거를 두고 결정이나 행동을 해야 한다. 그렇지 않을 경우, 부정확한 근거로 인한 정책판단 오류 등의 문제점들이 노출되게 되고, 이는 조직내부의 갈등을 야기할 뿐만 아니라 국민들로부터 신뢰를 잃게 만들 수도 있다.

다섯째, 혁신에 대한 두려움에서 벗어나 미래지향적 분위기를 형성해야 한다. 사회는 하루가 다르게 변화를 하고 있고, 이에 대처하기 위해 많은 조직들 역시 유연한 자세를 보이고 있다. 경찰 역시 이러한 사회의 변화에 발맞추어 기존에 안주하기보다는 미래를 내다보고 대처할 수 있는 분위기를 조성해야 한다.

〈경찰도 이제는 문화다〉

경찰청은 2012년 7월 6일 이어령 전 문화부장관을 초빙해 경찰이 나아갈 방향이 무엇인지에 대해 쇄신 토론회를 개최하였다.

토론회에서 이 전 장관은 국민을 위한 경찰의 길에는 정답이 있을 수 없다며 지금까지 해온 방식에 안주하지 말고 기존 생각의 틀을 깨고 의식·관행·행태를 새롭게 해야 한다고 하였다.

경찰의 품격은 경찰관의 행동, 언어, 청사환경 등 작은 것에서부터 나타나고, 품격은 만들어지는 것이 아니라 우러나오는 것으로 품격을 높이기 위해서는 경찰만의 문화를 만들어야 함을 강조하며, '천하다'는 것은 경제적인 빈부를 말하는 것이 아니라 '정신적으로 천하다'임을 강조하였다.

또한 은행에 재산을 맡기는 것은 은행을 신뢰하였기 때문이듯, 경찰의 힘은 국민에게서 나오는 것으로 경찰이 특정권력을 위해서가 아니라 국민을 위해 질서를 유지해줄 것이라는 사회적 신뢰가 필요하다며 무엇보다도 신뢰받는 경찰이 되어야 한다고 강조했다.

※ 자료: 경찰청 미래발전과 브리핑(2012. 7. 6).

제2절 경찰윤리

1. 경찰윤리의 개념 및 중요성

1) 개 념

윤리가 사람으로서 지켜야 하는 마땅한 도리이듯, 경찰윤리란 경찰이라는 정부조직에 종사하는 경찰공무원이 지켜야 하는 행동규범을 말한다.

경찰윤리는 일반적인 공무원들이 업무 수행에 지켜야 하는 행정윤리나 공직윤리를 포함함은 물론 경찰이라는 특수성에 바탕을 둔 별도의 윤리 역시 포함하고 있다.

일반적으로 행정윤리라 하면 부정부패 등과 같이 불법적인 행위를 저지르는 것뿐만 아니라 공익의 추구와 국민에 대한 봉사라는 측면 역시 포함하므로, 경찰윤리 역시 부정부패 방지와 봉사라는 두 가지 측면을 강조하고 있다.

2) 중요성

국민들은 일반적으로 공직자들에게 보다 윤리적이기를 요구한다. 특히, 경찰공무원의 경우 수행하는 업무의 특성으로 인해 보다 엄격한 윤리의식이 요구된다. 경찰은 국민의 생명과 신체, 재산을 보호하고 범죄와 관련된 수사를 행하기 때문에 그 직무를 수행하는 과정에서 일반국민들에게 명령하고 강제하는 상황이 자주 발생한다. 국민들과 많이 접촉하고 공공의 안전을 위해 국민들에게 권한을 행사하기 때문에 국민들은 경찰이 보다 윤리적이기를 바라며, 경찰의 입장에서도 윤리의 중요성이 강조된다.

먼저 경찰이 담당하는 권력적 측면의 권한들이 악용되고 부패가 만연할 경우 경찰행정에 있어서 형평성과 공정성은 확보될 수 없으며 국민들로부터 신뢰를 받을 수 없게 된다.

또한 경찰 업무특성인 강제성으로 인해 국민들에게 경찰관이 너무 권위적으로 비추어질 수 있어 경찰조직에 대한 반감을 불러일으킬 수 있으며, 경찰행정에 있어서 일정부분 적용되는 재량권에 대해서도 공정하게 집행하지 못할 경우에 국민들로부터 비난을 받을 수 있다.

그리고 경찰이 정권의 하수인이라고 불리던 시절이 있었던 것과 같이 정치적인 영향을 받으며, 또한 많은 다양한 집단과 접촉을 하기 때문에 이에 관련된 기준이 없다면 경찰관 스스로도 많은 딜레마에 빠지게 될 수 있다.

이런 면들을 종합적으로 고려했을 때 경찰관 개인뿐만 아니라 경찰조직의 운영을 위해서라도 경찰윤리는 필요하고 중요하며, 이를 경시해서는 안 된다.

2. 경찰윤리의 내용

일반적으로 윤리의 내용을 살펴보면, 필요성에 의해 자발적으로 준수하기 위해 노력하는 것이 있는 반면, 법에 의해 강제적으로 규정되어 필수적으로 준수해야 할 의무들이 있다. 경찰윤리 역시 경찰이 자발적으로 준수하기 위한 내용과 국가공무원의 일원으로서 지켜야 하는 내용들이 있다.

1) 자율적 행동윤리

자율적 행동윤리는 경찰 스스로가 외부의 통제나 간섭 없이 자신들이 지켜나갈 직업윤리를 규정하고, 이를 규제해 스스로 행동윤리 및 규범을 지켜나가고 발전시켜나가는 것을 말한다. 이것은 「경찰공무원법」 등 국가에서 정하는 규정이 아니라 경찰관들이 자발적으로 자신들의 실천적 의지를 가지고 제정하는 경우를 뜻하며, 대표적인 예로써 경찰헌장을 들 수 있다.[10)]

경찰윤리규범의 효시는 1966년 제정된 경찰윤리헌장으로 볼 수 있다. "경찰윤리헌장"은 규범성, 연대성, 근면성, 성실성, 청렴성, 합리성과 사명감에 대한 경찰관의 덕목을 정하고 있으며, 이를 통해 경찰관의 기강을 바로잡으려고 하였다.[11)]

그 후 1991년 8월 1일 내무부의 외청으로서 경찰청 출범과 더불어 〈표 4-7〉과 같이 "경찰헌장"을 제정·선포하게 되었는데 이것이 오늘날의 경찰헌장이다.

〈표 4-7〉 경찰헌장

우리는 조국 광복과 함께 태어나 나라와 겨레를 위하여 충성을 다하며 오늘의 자유 민주사회를 지켜 온 대한민국 경찰이다.

우리는 개인의 자유와 권리를 보호하며 사회의 안녕과 질서를 유지하여 모든 국민이 편안하고 행복한 삶을 누릴 수 있도록 해야 할 영예로운 책임을 지고 있다.

이에 우리는 맡은 바 임무를 충실히 수행할 것을 굳게 다짐하며 우리가 나아갈 길을 밝혀 스스로 마음에 새기고자 한다.

1. 우리는 모든 사람의 인격을 존중하고 누구에게나 따뜻하게 봉사하는 친절한 경찰이다.
1. 우리는 정의의 이름으로 진실을 추구하며 어떠한 불의나 불법과 타협하지 않는 의로운 경찰이다.
1. 우리는 국민의 신뢰를 바탕으로 오직 양심에 따라 법을 집행하는 공정한 경찰이다.
1. 우리는 건전한 상식 위에 전문지식을 갈고 닦아 맡은 일을 성실하게 수행하는 근면한 경찰이다.
1. 우리는 화합과 단결속에 항상 규율을 지키며 검소하게 생활하는 깨끗한 경찰이다.

---

10) 이상원, "경찰관의 윤리성이 직무요인에 미치는 영향에 관한 연구", 「한국경찰학회보」, 제16호, 2008, 147쪽.

11) 국가기록원 나라기록(www.archives.go.kr, 2012. 11. 10. 검색).

경찰헌장은 경찰의 본분을 다하여 정의사회를 구현하고, 사회의 안녕과 질서를 유지하며, 국민에 봉사하는 새로운 경찰상을 정립하고자 제정되었으며, 모든 경찰관이 경찰헌장을 공·사 생활의 규범으로 삼아 실천함으로써 신뢰받는 국민의 경찰로 다시 태어나는 계기를 마련하여 경찰의 정신적 지표가 되게 하는 데 그 목적이 있다.[12)]

"경찰헌장"은 전문과 본문으로 구성되어 있으며, 전문에서는 경찰의 책임 등을 밝히고 있고, 본문은 5개 항에 걸쳐 친절한 경찰, 의로운 경찰, 공정한 경찰, 근면한 경찰, 깨끗한 경찰을 목표로 제시하고 있다.

더불어 1998년에는 "경찰서비스헌장"이 제정되었다. 이 헌장에서는 〈표 4-8〉과 같이 경찰이 시민을 위해 제공하는 서비스에 관련된 내용을 정하고 있다.

〈표 4-8〉 **경찰서비스헌장**

우리는 국민의 생명과 재산을 보호하고 법과 질서를 수호하는 국민의 경찰로서 모든 국민이 안전하고 평온한 삶을 누릴 수 있도록 다음과 같이 실천하겠습니다.

1. 범죄와 사고를 철저히 예방하고 법을 어긴 행위는 단호하고 엄정하게 처리하겠습니다.
1. 국민이 필요로 하면 어디든지 바로 달려가 도와드리겠습니다.
1. 모든 민원은 친절하고 신속·공정하게 처리하겠습니다.
1. 국민의 안전과 편의를 제일 먼저 생각하며 성실히 직무를 수행하겠습니다.
1. 인권을 존중하고 권한을 남용하는 일이 없도록 하겠습니다.
1. 잘못된 업무 처리는 즉시 확인하겠습니다.

2) 법적 규제

법적 규제는 자율적 행동 윤리에 대한 보완장치로 볼 수 있으며 그 대부분이 일반공무원 전체에게 요구되는 행정윤리와 관련된 법의 적용을 받는다.

크게는 「국가공무원법」 등에서 부정부패를 방지하기 위한 윤리를 강조하고 있으며, 「경찰청 공무원 행동강령」은 「부패방지 및 국민권익위원회의 설치와 운영에 관한 법률」 제8조 및 「공무원 행동강령」을 근거로 해서 제정되었으며, 경찰청

12) 이상원, 앞의 논문, 147쪽 재인용.

소속 공무원이 준수하여야 할 행동기준을 규정하고 있다.

「국가공무원법」의 제7장 복무규정에서는 행정윤리로 ① 성실 의무, ② 복종의 의무, ③ 직장 이탈 금지, ④ 친절·공정의 의무, ⑤ 종교중립의 의무, ⑥ 비밀엄수의 의무, ⑦ 청렴의 의무, ⑧ 외국 정부의 영예 등을 받을 경우 허가의 의무, ⑨ 품위 유지의 의무, ⑩ 영리 업무 및 겸직 금지, ⑪ 정치 운동의 금지, ⑫ 집단행위의 금지 등을 규정하고 있다.

경찰청 훈령 제577호인 「경찰청 공무원 행동강령」 역시 부패를 방지하기 위해 〈표 4-9〉와 같은 여러 가지 공정한 직무수행을 위한 기준들을 제시하고 있다.

3. 경찰부패

1) 개 념

부패(corruption)의 영어 어원은 라틴어 'cor(함께)'와 'rute(파멸하다)'의 합성어로 결국 부패란 더럽고 추악하며 종국에는 공멸에 이르는 것을 의미하며, 한자로 腐敗(썩을 부, 무너질 패)는 썩어서 무너져 내린다는 뜻으로 국가든 조직이든 개인이든 썩으면 무너진다는 경고의 의미를 내포하고 있다.[13]

「부패방지 및 국민권익위원회의 설치와 운영에 관한 법률」에서는 부패행위를 ① 공직자가 직무와 관련하여 그 지위 또는 권한을 남용하거나 법령을 위반하여 자기 또는 제3자의 이익을 도모하는 행위, ② 공공기관의 예산사용, 공공기관 재산의 취득·관리·처분 또는 공공기관을 당사자로 하는 계약의 체결 및 그 이행에 있어서 법령에 위반하여 공공기관에 대하여 재산상 손해를 가하는 행위, ③ 앞의 두 경우의 행위나 그 은폐를 강요, 권고, 제의, 유인하는 행위로 규정하고 있다.

한편 경찰부패라는 용어는 매우 다양한 행동들 즉, 뇌물수수, 경찰 폭력, 증거인멸, 인종차별, 정실(favoritism)이나 연고주의(nepotism) 등을 설명하는 데 사용된다.[14] 경찰의 부패와 관련해서는 많은 정의들이 있는데, 이황우는 경찰공무

---

13) 국민권익위원회 공식블로그(http://blog.daum.net/loveacrc/ 2012. 11. 10. 검색).

14) 민형동·김연수, "경찰공무원 부패의 유형분석과 반부패전략", 「한국범죄심리연구」, 제3권 제2호, 2007, 84쪽.

〈표 4-9〉「경찰청 공무원 행동강령」의 주요내용

제4조(공정한 직무수행을 해치는 지시에 대한 처리) ① 공무원은 상급자가 자기 또는 타인의 부당한 이익을 위하여 공정한 직무수행을 현저하게 해치는 지시를 하였을 때에는 그 사유를 그 상급자에게 소명하고 지시에 따르지 아니하거나 제23조에 따라 지정된 공무원 행동강령에 관한 업무를 담당하는 공무원(이하 "행동강령책임관"이라 한다)과 상담할 수 있다.

제5조(이해관계 직무의 회피) ① 공무원은 자신이 수행하는 직무가 다음 각 호의 어느 하나에 해당하는 경우에는 그 직무의 회피 여부 등에 관하여 직근 상급자 또는 행동강령책임관과 상담한 후 처리하여야 한다. 다만, 소속기관의 장이 공정한 직무수행에 영향을 받지 아니한다고 판단하여 정하는 단순 민원업무의 경우에는 그러하지 아니하다.

제6조(특혜의 배제) 공무원은 직무를 수행함에 있어 지연·혈연·학연·종교 등을 이유로 특정인에게 특혜를 주어서는 아니 된다.

제7조(예산의 목적 외 사용 금지) 공무원은 여비, 업무추진비 등 공무 활동을 위한 예산을 목적 외의 용도로 사용하여 소속 기관에 재산상 손해를 입혀서는 아니 된다.

제8조(정치인 등의 부당한 요구에 대한 처리) ① 공무원은 정치인이나 정당 등으로부터 부당한 직무수행을 강요받거나 청탁을 받은 경우에는 소속 기관의 장에게 보고하거나 행동강령책임관과 상담한 후 처리하여야 한다.

제9조(인사 청탁 등의 금지) ① 공무원은 자신의 임용·승진·전보 등 인사에 부당한 영향을 미치기 위하여 타인으로 하여금 인사업무 담당자에게 청탁을 하도록 해서는 아니 된다.

제10조(이권 개입 등의 금지) 공무원은 자신의 직위를 직접 이용하여 부당한 이익을 얻거나 타인이 부당한 이익을 얻도록 해서는 아니 된다.

제10조의2(직위의 사적 이용 금지) 공무원은 직무의 범위를 벗어나 사적 이익을 위하여 소속기관의 명칭이나 직위를 공표·게시하는 등의 방법으로 이용하거나 이용하게 하여서는 아니 된다.

제11조(알선·청탁 등의 금지) ① 공무원은 자기 또는 타인의 부당한 이익을 위하여 다른 공무원의 공정한 직무수행을 해치는 알선·청탁 등을 해서는 아니 된다.

제13조(공용물 등의 사적 사용·수익의 금지) 공무원은 관용 차량·선박·항공기 등 공용물과 예산의 사용으로 제공되는 항공마일리지, 적립포인트 등 부가서비스를 정당한 사유 없이 사적인 용도로 사용·수익해서는 아니 된다.

제14조(금품 등을 받는 행위의 제한) ① 공무원은 직무관련자로부터 금전, 부동산, 선물 또는 향응(이하 "금품 등"이라 한다)을 받아서는 아니 된다.

원이 자신의 사적인 이익을 위해 또는 특정 타인의 이익을 도모하기 위해 경찰력을 의도적으로 오용하는 것이라고 했으며,[15] 김상균·송병호는 경찰관이 사적 혹은 조직적인 이익을 추구하기 위해 경찰관의 신분 즉, 지위를 이용하여 행하는 금전적인 거래행위를 포함한 모든 불법행위의 총칭이라고 보고 있다.[16]

2) 유 형

부패의 유형은 그 구분을 다양하게 할 수 있으나, 여기에서는 일반적으로 흔히 문제가 되고 있는 유형들과 그 대표적인 사례에 대해 살펴보도록 하겠다.

먼저 금품수수는 직무 내·외를 막론하고 업소유착·사건청탁·알선 등의 대가로 금품·향응 등을 수수하는 행위를 말한다. 대표적인 사례로는 서울 강남 룸살롱 업주 이○○으로부터 단속정보를 제공하는 명목으로 금품을 수수하여 파면당한 경우와 대구에서 중고차 주행기록을 조작한 피의자를 바꿔치기하고 금품을 수수하여 파면당한 경우가 있다.

두 번째는 공금횡령을 들 수 있다. 공금횡령이란 국가나 공공단체의 운영을 위하여 마련한 자금을 불법적으로 가로채거나 사사로이 돌려쓰는 행위를 뜻한다. 대표적인 사례로는 경기지방경찰청의 A경사가 관서운영비 담당자로서 1,000여만원의 예산을 개인용도로 유용해 해임당한 사례와 서울지방경찰청의 B경위가 격려금 50만원을 횡령해 정직 1개월을 받은 사례가 있다.

세 번째는 부당처리로 이는 직무처리과정에서 법률이나 규정에 따라 적정하게 처리하지 않는 행위를 뜻한다. 대표적인 사례로는 부산지방경찰청의 C경감이 검거된 벌금수배자를 무단으로 방면해줘 파면조치를 당한 것과 경기지방경찰청의 D순경이 성폭행 방문민원을 접수하지 않고 합의를 종용하여 해임당한 사례가 있다.

이 이외에도 경찰관으로서의 품위를 손상시키는 행위와 규율 등을 위반하는 행위 역시 부패의 한 유형으로 볼 수 있다.

---

15) 이황우, 「경찰행정학」, 제5판(파주: 법문사, 2012), 380쪽.

16) 김상균·송병호, "경찰공무원의 부패실태와 통제방안", 「한국부패학회보」, 제11권 제2호, 2006, 78쪽.

3) 부패원인

일반적으로 행정부패의 원인을 개인적 요인과 제도적 요인, 환경적 요인에서 찾아볼 수 있는 것과 마찬가지로 경찰부패 역시 경찰관 개개인의 개인적 측면의 요인, 법제도적인 요인 그리고 조직내부와 사회전반적인 환경적 요인으로 그 원인을 살펴볼 수 있다.

(1) 개인적 요인

경찰부패의 개인적 요인이란 공무원 개개인의 품성과 성격 등으로부터 부패가 발생한다고 보는 것이다. 즉, 경찰관으로서의 윤리의식을 갖추지 못한 사람이 채용되거나, 비록 처음에는 윤리적이었다고 하더라도 조직 내에서 권한을 가지게 되고 일정한 지위에 올라가게 되면 관련된 각종 규정들을 지켜나가지 않기 때문에 부패가 유발된다는 것이다.

동일한 법·제도 하에서, 또 같은 환경에서 근무하는 모든 경찰관들이 부패를 저지르지는 않는다는 점에서 부패의 원인을 개인적인 특성의 차이에서 찾을 수도 있겠으나, 이런 관점은 조직 내 문화의 특징과 사회전반적인 분위기, 그리고 법제도적 미비점에 대한 요소들은 전혀 고려하지 못하고 있다.

(2) 법제도적 요인

경찰은 국민들의 생명·신체·재산 등을 보호하고 안전한 사회분위기 형성을 위해 다양한 권한들을 가지게 된다. 그 권한을 행사하는 과정에서 각종 재량을 발휘할 수 있으며, 이런 재량을 발휘할 수 있는 법제도적 상황으로 인해 경찰들이 부패를 저지르게 된다고 본다. 각종 불법행위를 자행하는 업소들에 대한 단속의 경우 특별히 신고가 들어오지 않는 상황에서도 임의로 그 단속업체들을 선정할 수 있는 재량 등이 주어지므로 이를 악용해 부패를 저지르는 경우들이 발생하기도 한다. 또한 경찰활동을 하는 데 필요한 적절한 예산이 배정되지 못해 부패를 행하는 경우 역시 여기에 해당된다고 볼 수 있다.

(3) 환경적 요인

경찰부패의 원인을 환경적 요인으로 보는 견해는 크게 두 가지로 구분할 수 있다.

첫 번째는 경찰의 조직문화로 인해 부패가 발생한다는 것이다. 경찰관으로 임용된 당시에는 바람직한 인성이나 가치관을 가지고 있었지만 경찰활동을 수행하는 과정에서 부패한 경찰문화에 직면하고 이런 문화를 학습함으로써 부패하게 된다는 것이다. 이런 경찰부패의 사회화 과정과 관련해서는 '미끄러운 경사(slippery slide)'와 '사다리(ladder)'로 비유되기도 한다.[17)]

또한 권위주의적이고 상하명령체계가 어느 조직보다도 강한 특성 역시 부정부패에서 자유롭지 못한 하나의 원인이 된다.

두 번째는 경찰뿐만 아니라 사회의 전반적인 분위기를 볼 때 부패가 만연되어 있고, 공직자들의 부패행위에 대해 관대한 태도를 보이기 때문에 부패가 발생한다고 보는 것이다. 작은 성의에서 비롯된 각종 부패들에 대해 주는 사람과 받는 사람 모두가 익숙해지고 불법이라는 인식을 하지 못하는 상황이 발생하게 되고, 경찰 역시 이러한 사회의 흐름속에서 자연스럽게 부패행위를 하고 이를 묵인하게 된다.

4. 경찰윤리 확보방안

1) 개인적 확보방안

(1) 채용시 자질검정 강화

경찰관은 국민의 안전과 직결되는 업무를 하기 때문에 무엇보다도 그 자질이 중요하다. 그러므로 선발과정에서 적절한 자질을 갖춘 사람만을 선발할 필요

---

17) 미끄러운 경사(slippery slide) : 신임경찰관은 취임 후 점진적으로 비공식 체제의 운영규범 즉, 공짜 음식의 수수, 근무중 음주, 성상납, 거친 용의자에 대한 난폭한 대응, 법정에서의 거짓 증언 등을 배우게 되고, 한 번 경사면에 서면 돌이킬 수 없는 심각한 일탈행위에 빠지게 된다는 것.
사다리(ladder) : 부적격 경찰관을 포함한 일탈자들의 도덕적 경력이 마치 개인의 사다리를 오르듯 사소한 범죄로부터 한 단계씩 심각한 범죄로 나아감을 의미한다. 다만, 통제가 어려운 미끄러운 경사와는 달리 이 경우에는 한 단계 오를 때 보다 신중하게 결정할 수 있다는 점을 감안하여 통제기회의 폭이 더 넓다(위의 논문, 84쪽).

성이 있다. 현재의 선발시스템에서는 인성검사만이 그들의 윤리적 특성을 파악할 수 있는 조사방법이나 이것은 의도적으로 변경이 가능하기 때문에 큰 변별력은 없을 것으로 보여진다. 실제로 2012년 초 2004년 밀양 여중생 집단성폭행 사건의 가해자를 옹호했던 당시 여학생이 현직 경찰관이 된 것이 밝혀지면서 사회적으로 큰 파장이 된 사례가 있어, 자질의 중요성은 한층 강조되고 있다.

경찰관으로서의 적절한 자질을 갖추고 있는지를 파악하기 위해서는 단순히 시험지를 통한 검정 이외에 신원조사 등을 철저히 하고, 성장환경에 대한 세부적인 조사들을 실시하는 것이 중요하다. 승진심사 시 주변의 사람들로부터의 평가를 듣는 것과 같이 채용 시에도 이와 같은 요소들을 반영하는 것이 꼭 필요하다.

(2) 지속적 윤리교육 강화

경찰관이 가지는 재량과 권한이 커짐에 따라 유혹 역시 커지게 된다. 이를 뿌리칠 수 있는 방법들에 대한 지속적인 교육이 필요하다. 상황에 익숙해지다보면 이것이 호의인지 부패에 해당되는 것인지를 정확하게 구분하기 어려운 경우들이 많으므로 이를 구분할 수 있는 교육이 필요하다. 또한 한 순간의 실수로 인해 많은 것을 잃게 되는 사례들을 보여주면서 경각심을 불러일으키도록 하는 것 역시 중요하다.

2) 법제도적 확보방안

(1) 경찰재량권 축소 및 사후통제강화

경찰은 업무수행의 특성상 재량권을 행사할 수 있는 사항들이 많이 있다. 이런 사항들에 대해서 그 재량행사를 최소화할 수 있는 제도적 장치를 마련해야 한다. 또한 부득이한 사항으로 인해 재량권을 행사하는 부서 및 업무분야에 대해서는 주기적인 감사 또는 감찰활동을 통해 이들이 부정부패를 하지 못하도록 사후통제를 강화해야만 한다.

(2) 근무여건의 개선

비현실적인 활동경비 및 각종 수당 등은 경찰로 하여금 부정부패에 흔들리게 하는 요인이 되기도 한다. 실적을 내기 위해서는 활동을 해야 하지만 이런 활동에 대한 금전적인 지원이 현실적으로 이루어지지 않으면 결국은 잘못된 선택을 하기도 한다. 이런 문제점을 해소하기 위해서는 예산심의 과정에서 실질적으로 필요한 예산이 책정될 수 있도록 관련부처 및 국회에 강력히 요구해야 한다.

또한 과도한 업무부담은 경찰관들로 하여금 업무의 경중을 자의적으로 선택하여 특정 업무에 대해서는 소홀히 하도록 하는 문제를 발생시키므로 인력의 추가 증원 및 업무분장의 효율화 등을 통해 이런 상황을 개선해 나가야 한다.

(3) 권한의 분산

권한의 분산(decentralization)이란 의사결정에 관한 권한이 개인 혹은 소수에 집중되지 않도록 하는 것을 말한다. 권한이 특정 지위나 부서에 집중되면 견제와 균형의 원칙이 깨어져 정상적인 시스템이 이루어지지 못한다.[18] 지나치게 한 부분에 힘이 실리게 되면 견제할 세력이 없기 때문에 부정부패가 발생할 가능성이 커지므로 이를 사전에 차단하기 위해서 권한의 분산이 이루어져야 한다.

3) 환경적 확보방안

(1) 내부고발제도의 활성화

내부고발제도(Whistle Blower)란 조직의 내부 구성원이 그 조직의 불법행위에 대해 고발을 하는 제도를 말한다. 우리나라의 경우 「부패방지 및 국민권익위원회의 설치와 운영에 관한 법률」 제56조에서 공직자의 부패행위 신고의무를 규정하고 있으며, 동법 제62조(신분보장 등)와 제64조(신변보호 등)를 통해 내부고발자에 대한 보호장치를 마련하고 있다.

하지만 경찰의 조직 분위기상 내부고발이 이루어질 경우 조직 내에서 오히려 차별을 받을 일을 두려워해 활발히 이루어지지 못하고 있는 실정이다. 이런 상황이 지속되다보면 그물망처럼 함께 비리에 연루되는 경우도 많으므로 조직 내에서 부정부패에 대해서 내부고발을 활성화할 수 있는 유인책을 만들고, 신고자에 대해서는 비밀을 철저히 보장하고 고발에 따른 불이익을 받는 일이 없도록

18) 이황우·조병인·최응렬, 「경찰학개론」(서울: 형사정책연구원, 2006), 327쪽.

하는 체계를 구축해야만 한다.

(2) 시민감시의 확대

어떤 조직이든 조직 내부에서 발생하는 부정부패에 대해 엄중하게 처리하는 데에는 한계가 있다. 먼저 제 식구를 감싸려 하고, 두 번째는 조직의 이미지가 실추되는 것을 막기 위해 조용하게 적당히 넘겨버리려고 하는 경향이 강하다. 이러한 상황들은 결국 더 큰 부정부패를 양산하고 조직에게 더 큰 위험이 되어 돌아오게 된다.

이런 현상을 막기 위해서 시민들의 적극적인 참여가 필요하다. 시민들이 경찰의 위법적 활동에 대해 감시를 강화하고, 위법적 행동에 대해서는 강력하게 비난하여 경찰조직이 스스로 조심하고 경계할 수 있도록 만들어야 한다.

역대 한국경찰의 반부패활동을 표로 정리하면 〈표 4-10〉과 같다.

〈표 4-10〉 역대 한국경찰의 반부패 활동

시기별	제도명	제도내용	비고
간헐적 제도 도입기	검문소 폐지	- 검문소에서 통행차량에 대해 세금 아닌 세금을 받고 있다는 사실이 밝혀짐에 따라 폐지	1956년
	경찰윤리헌장 제정	- 경찰내부적인 자기교정과 정신적인 재무장 강조	1966년
	계고장 발부제도	- 징계규정에 의한 징계 이전의 행위자의 주위를 환기	1969년
	정풍운동 전개	- 유신경찰상 구현을 위해 2회에 걸쳐 부패경찰관 숙청 단행	1976년
	인사관리 개선방안	- 고질적인 인사비리를 예방하고 공정한 인사관리를 지향	1976년
	경찰헌장 제정	- 경찰청 개청과 더불어 신뢰받는 국민의 경찰로 다시 태어나는 계기 마련	1991년
부패 인식 및 체계적 접근기	경찰행정쇄신 기획단 운영	- 심사승진시 복수의 심사위원회 구성, 경찰관 재교육, 교통사고 조사시 운전면허증 회수 관행 개선 등	1993년
	수사경찰 부조리 척결 결의대회	- 고질적인 수사경찰의 비리를 과감히 척결, 경찰수사의 공신력 제고와 수사경찰의 체질 개선	1993년

시기별	제도명	제도내용	비고
반부패 활동 정착 단계기	청문감사관제 운영	- 일체의 사건, 사고 및 민원처리 과정에서 경찰관의 불친절이나 부당한 업무처리 등에 대한 예방과 색출	1999년
	포돌이 양심방 운영	- 경찰관이 업무상 부득이 직간접적으로 금품을 받았을 경우, 반환할 방법이 없을 경우에는 이를 신고받아 제공자에게 우편으로 반환하거나 제공자를 알 수 없는 경우 「유실물법」에 의거, 습득물로 처리	2000년
	사건청탁 안하고 안받기 운동	- 사건조사자가 청탁을 받지 않고 법에 따라 소신껏 사건을 처리	2001년
	3불(不) 추방운동	- 불친절, 불공정, 불성실 등 부정적인 모습 혁파	2002년
	특진예고제 자기추천제	- 특진계획을 사전에 예고하고 자신 또는 동료직원 등의 공개추천을 받아 특진 대상자를 선발	2003년
	청렴계약이행제	- 경찰청에서 발주하는 입찰(계약)에 참여하는 업체에 대해 '일체의 불공정 행위를 하지 않는다'는 등 3개항에 대한 서약	2003년
	내부공익신고센터 컨텐츠 개설	- 경찰조직내 구조적이고 은밀한 부패행위 척결을 위해 사이버경찰청에 부패행위를 신고할 수 있는 제도적 장치	2003년
민주적/과학적 반부패 시스템 도입기	복무점검위원회 및 반부패대책 추진 실무위원회 구성/운영	- 반부패대책 추진활동 강화 목적으로 경찰부패취약분야에 대한 자체진단과 부패방지핵심과제 선정 및 경찰특성에 맞는 반부패 프로그램 개발, 정기적 추진상황 점검 및 효과적인 이행수단 확보 등 담당	2004년
	인권수호위원회 및 시민인권보호단 발족	- 경찰 인권정책 수립에 대한 자문 및 인권정책 집행 모니터링을 통한 평가, 인권침해 합동 현장조사 및 개선권고 등의 활동	2005년
	경찰청 시민감사위원회 운영	- 경찰 내부 감찰활동에 대한 외부인사의 참여, 주요 비위사건의 감찰조사 및 조치에 대한 심의, 권고 등	2005년
	경찰청 수사국 내 인권보호센터 신설	- 인권보호, 범죄피해자대책, 유치관리업무 수행	2006년
	해피콜 모니터링 추진	- 경찰조사 후 모니터링으로 외압에 의한 불공정 수사 및 부조리 요소 사전 차단	2007년

시기별	제도명	제도내용	비고
	수사관 직무성과 평가시스템(IPAS) 구축	- 범죄정보관리시스템상 업무처리과정에서 자동 평가, 수사결과뿐 아니라 수사 전과정에 충실해야만 좋은 결과 나오도록 구성, 보직 인사/근무평정자료로 활용, 인사과정의 공정성 확보	2007년
국민신뢰 확보를 위한 노력기	비리내사 전담팀 운영 등 감찰시스템 전환	- 비리예방 및 사정위주 감찰활동으로 방향 전환 • 경찰청, 지방경찰청은 비리사정, 경찰서는 복무기강 점검 - 감찰외근 편제 비리조사 전담체제 전환, 전문성, 효율성 제고, 감찰요원 직역 책임제 실시, 예방감찰 및 책임의식 부여, 경찰서 청문감사관실 운영 개선	2009년
	경찰 대상업소 접촉금지제 실시	- 불법이거나 불법의 소지가 있어 지도·단속이 필요한 사행성 게임장, 성매매·유흥업소, 불법 대부업 등 경찰 대상업소 운영자, 종사자 및 연관되어 있는 조직폭력배 등 일체의 관련자와 경찰관들과의 업무 외적인 전화 통화(문자메시지 포함), 사적 만남, 회식, 금전거래 등 부적절한 접촉행위를 금지토록 하고, 다만 업무수행 목적상 접촉한 경우, 사전 또는 사후에 감독자에게 신고하도록 함	2010년
국민신뢰 확보를 위한 노력기	인터넷 사건문의 시스템 운영	- 사건관계자와 아는 경찰관의 부적절한 관계, 부당한 사건청탁 등 부패비리와 공공기관 불신 등을 해결하기 위해 국민들이 자기사건에 대해 언제든지 직접 수사팀장에게 사건진행경과를 문의하고 의견을 제시할 수 있도록 국가 수사기관 최초로 인터넷을 통한 사건문의 시스템을 구축하여 운영	2012년
	시민감찰 위원회 설치	- 내부 감찰의 투명성과 공정성을 확보하기 위해 외부 민간전문가들이 참여하는 시민위원회 설치 (경찰청 7명, 지방경찰청 84명 위촉)	2012년

※ 자료 : 민형동·김연수, "경찰공무원 부패의 유형분석과 반부패전략", 「한국범죄심리연구」, 제3권 제2호, 2007, 104-105쪽, 경찰청 브리핑 자료를 참고하여 작성.

제 5 장
경찰조직의 성과관리

제1절 성과관리

1. 성과관리의 개념

1) 개 념

조직운영에 있어 성과관리가 필요한 이유는 매우 다양하다. 라쉬드(N. Rashid)에 따르면 성과관리는 조직의 핵심업무 지향 및 추진, 개인과 팀, 시민과 이해관계자에 대한 피드백, 성과의 달성도 파악, 자원의 효율적인 활용, 조직의 성과개선, 조직의 내·외적 의사소통 개선, 실패와 성공의 원인으로부터 학습, 조직구성원의 역량 개발 등을 위하여 필요한 것으로 보고 있다.[1] 이러한 맥락에서 볼 때 성과관리는 조직의 성과를 향상시키고 정책결정의 품질을 제고하고 조직의 개선에 기여한다는 점에서 필요하며, 결국 조직의 책임성 제고에 기여할 수 있다는 점에서 그 중요성을 인정받고 있다.[2]

일반적으로 공공부문에 있어서 '성과'란 민간부문에서 사용하고 있는 생산

1) N. Rashid, *Managing Performance in Local Government*(London, England: Kogan Page, 1999), pp. 25-26.

2) 박해육·주재복, "지방자치단체의 성과관리 운영실태 및 효과성 분석", 한국지방행정연구원, 「연구보고서」, 제432권, 2009, 9쪽.

성(productivity)이라는 용어와 유사하지만 좁은 의미의 생산성이 아니라 효율성(efficiency), 효과성(effectiveness), 경제성, 서비스 품질, 서비스 형평성, 정부재정의 안정성 등의 의미를 내포한 좀 더 광범위한 의미를 가지고 있다.[3)]

〈표 4-11〉 성과관리에 대한 개념 정의

학자	성과관리의 개념 정의
Poister(1999)	-장기적·단기적 목표를 성취해 가는 과정에서 주기적으로 관리자에게 평가와 사업의 성과결과를 보고하여 효과를 향상시키기 위한 것
Rubienska & Bovaird(1999)	-관리자들이 자신들이 수행하는 업무가 조직의 성공에 체계적으로 기여하도록 하기 위해 조직의 목표에 초점을 두는 체계
Dransfield(2000)	-관리자에 의하여 개인, 팀, 조직의 성과를 개선하기 위해 고안된 절차로서 효과적인 성과관리는 조직이 달성해야 할 것이 무엇인가에 대하여 모든 구성원이 공유하며, 공유된 목표를 달성할 수 있도록 인적자원을 관리하고 개발해야 한다고 정의
Pollitt(2002)	-공공부문의 전략적 우선순위를 설정하는 한편, 이를 조직 전체와 개개인의 구체적인 성과목표로 변환시키는 과정
Carroll & Dewar(2002)	-정부서비스의 전달을 평가하고 개선하기 위해 정부 프로그램에 대해 정보를 수집하고 보고하고 활용하는 것
Kelman(2006)	-공공조직에서 고품질의 서비스를 제공하고 효율성을 증가시키기 위한 전략을 제공하는 하나의 메커니즘
이윤식 외(2006)	-공공부문의 성과를 개선·제고·증진하도록 기획·점검·평정·환류하는 일체의 활동

※ 자료: T. H. Poister & G. Streib, "Performance Measurement in Municipal Government: Assessing the State of the Practice", *Public Administration Review*, Vol. 59 No. 4, 1999, pp. 325-335; A. Rubienska & T. Bovaird, "Performance Management and Organizational Learning: Matching Process to Cultures in the UK and Chinese Services", *International Review of Administrative Sciences*, Vol. 65 No. 2, 1999; C. Pollitt, "Integrating Financial Management and Performance Management", *OECD Journal on Budgeting*, Vol. 1 No. 2, 2002; B. W. Carroll & D. L. Dewar, "Performance Management: Panacea or Fool's Gold", *The Handbook of Canadian Public Administration*(Oxford, England: Oxford University Press, 2003), p. 413; S. Kelman, "Improving Service Delivery Performance in the United Kingdom: Organization Theory Perspectives on Central Intervention Strategies", *Journal of Comparative Policy Analysis: Research and Practice*, Vol. 8 No. 4, 2006; 이윤식 외, 「정부성과 관리와 평가제도: 주요 선진국 사례를 중심으로」(서울: 대영문화사, 2006), 18쪽 재구성.

---

3) 이윤식 외, 「정부성과 관리와 평가제도 – 주요 선진국 사례를 중심으로」(서울: 대영문화사, 2006), 18쪽.

성과의 개념이 다양하게 해석되는 것처럼 성과관리(performance management) 역시 〈표 4-11〉과 같이 많은 학자들에 의해 다양하게 정의되고 있다.

이 외에도 중앙인사위원회의 「성과관리 운영 매뉴얼」에서는 성과관리는 "조직과 개인의 성과를 제고하기 위한 중요하고 체계적인 절차"[4]로 정의하고 있으며, 「정부업무평가 기본법」 제2조 제6호에서는 성과관리의 개념을 "정부업무를 추진함에 있어서 기관의 임무, 중·장기 목표, 연도별 목표 및 성과지표를 수립하고, 그 집행과정 및 결과를 경제성·능률성·효과성 등의 관점에서 관리하는 일련의 활동"으로 규정하고 있다.

2) 성과측정, 성과평가, 성과관리의 개념

학자들의 견해는 성과측정(performance measurement)과 성과평가(performance evaluation) 그리고 성과관리(performance management)를 별다른 구별없이 사용하는 입장과 성과측정과 성과평가를 성과관리의 하위요소로 보는 입장 등이 있다. 따라서 성과측정, 성과평가와 성과관리의 개념을 구별하기 위해서는

〈표 4-12〉 성과관리의 4단계

단계	내용	구성요소
-전략적 계획수립단계	-조직목표 설정단계	-조직구성원의 참여 -리더십
-측정(평가)을 위한 요소 규명 단계	-평가기준 및 성과지표 설정단계	-평가기준 및 지표의 타당성 -평가절차의 적절성
-성과평가단계	-성과평가단계	-평가자의 신뢰성 -성과관리 전담조직 운영 -성과평가 전문인력 운영
-측정(평가) 결과의 활용단계	-평가결과의 활용 단계	-보상의 적절성 -성과 피드백

※ 자료: J. F. Delfico, "Content Analysis: A Methodology for Structuring and Analyzing Written Material", Program Evaluation and Methodology Division, Washington, D.C.: United States General Accounting Office, 1996.

---

4) 중앙인사위원회, 「성과관리 운영 매뉴얼」, 2004; 이 매뉴얼에서는 성과지표 도출기법과 방법, 성과관리 운영기술, 단계별 성과관리방안 등에 관한 방법론을 제시하고 있다.

앞에서 살펴본 성과관리에 대한 개념 정의들을 바탕으로 성과관리의 구성적 특징을 파악해 보는 과정이 선행되어야 한다.

〈표 4-12〉와 같이 '성과관리'는 4단계의 구조로 구성되어 있는데 전략적 계획수립 단계, 측정(평가)을 위한 요소 규명 단계, 성과평가단계, 측정(평가) 결과의 활용단계로 구분된다.

성과관리의 구성적 특징을 살펴보면, 성과측정과 성과평가가 성과관리의 하위 구성단계라는 점이 명확해진다. 따라서 성과측정과 성과평가는 성과관리를 위한 하위 구성요소로서 이해되어야 할 것으로 판단된다.

2. 성과관리제도의 등장배경

공공부문에 있어서 성과에 대한 논의는 오랜 기간 동안 지속되어 왔다. 박해육·주재복에 따르면, 성과관리는 뉴욕시의 성과 및 생산성 측정을 위하여 도시연구국(Bureau of Municipal Research)이 설치된 1907년부터 본격적으로 시작되었다. 도시연구국은 도시서비스 전달 활동에 대한 비용, 산출, 결과물 등에 대한 통계자료를 수집하고 보고하는 임무를 수행하였다. 1916년에 미국 동북부 16개 도시에서 뉴욕의 도시연구국과 비슷한 역할을 담당하는 국이 생겨났으며, 성과를 측정하기 위한 운동은 제2차 세계대전이 발생하던 해까지 지속되었다.

1920년대부터 1940년대까지가 정부 성과보고의 전성기였다.

특히, 1930년대에 정부 성과보고는 공무원 교육훈련의 정규과목이 되었으며, 1931년에 정부 성과보고가 문서화되고 공식화되었다.

1960년대와 1970년대에 걸쳐 연방정부 차원에서 목표관리제(MBO: Management By Objective) 등과 같은 기법이 도입되면서 성과관리는 효과성과 효율성에 초점을 맞추게 되었다. 정부 차원에서는 이 시기에 성과관리에 관한 논의가 크게 활성화되지 못하였으나 비용편익분석을 통한 사업의 개선에 중점을 두었고 사업평가를 위한 기법이 개발되었다.

1980년대와 1990년대에 성과측정에 관심을 갖기 시작한 것은 신공공관리(New Public Management)와 밀접한 관련이 있다. 예를 들어 미국 연방정부는

1993년「정부성과 및 결과법(GPRA: Government Performance and Result Act)」을 제정하여 연방정부가 수행하는 모든 사업의 성과목표를 설정하고 그 결과를 측정할 수 있도록 하였다. 후드(C. Hood)는 신공공관리가 민간부문과 공공부문의 차이를 감소시키거나 제거하는 데에 기여하였으며 결과에 대한 책임을 강조한다고 주장하였다. 신공공관리는 민간 또는 비영리기관의 서비스 공급을 촉진하였는데 이는 시장 인센티브가 효율성과 효과성을 개선할 수 있다는 믿음에서 기초하고 있다.[5]

1980년대 중반 이후로 많은 지방정부들이 총체적 품질관리(TQM: Total Quality Management) 제도를 도입하였다. 총체적 품질관리는 고객 기대의 강조 및 충족과 더불어 적용되기 시작하였으며 많은 지방정부들이 고객서비스를 크게 개선하였다. 버만(E. M. Berman)은 총체적 품질관리를 고객지향성, 권한위임, 의사결정에서의 객관적 데이터 활용 등을 강조하는 종합적 관리 패러다임으로 인식하고 있다.[6]

1990년대에는 지방정부를 중심으로 벤치마킹과 성과측정이 주요 이슈로 등장하였다. 그리고 일부 지방정부는 전략적 성과관리를 위하여 균형성과관리(BSC: Balanced Scorecard)를 도입·적용하려는 경향을 보였다. 이 시기에는 지방정부 차원에서도 전략계획에 근거하여 성과를 측정하는 것을 중시하였다.

신공공관리의 영향으로 많은 지방정부들이 성과를 강조하고, 더욱 생산적이고, 고객에 대하여 반응적이며, 결과관리를 중시하게 되었다. 그 외에도 책임성 및 투명성의 개선에 대한 요청으로 지방정부는 공공서비스의 효율성과 효과성을 제고하기 위해서 많은 노력을 기울이게 되었다. 결과적으로 지방정부의 대응은 정부서비스가 더욱 결과 중심적으로 변화하게끔 하였고 성과기반에 대한 관리가 이루어지도록 하였다.

5) C. Hood, "The NPM in the 1980s: Variations on a Theme", *Accounting, Organization and Society*, Vol. 20 No. 2/3, 1995, pp. 93-110.

6) E. M. Berman, *Performance and Productivity in Public and Nonprofit Organizations*, 2nd ed.(New York/London: M.E. Shape, 2006).

제2절 성과관리의 종류

우리나라 공공부문에 도입된 대표적인 성과관리 시스템은 〈표 4-13〉과 같이 목표관리제(MBO), 총체적 품질관리(TQM), 균형성과관리(BSC) 등이 있다. 각각의 성과관리제도는 각 제도들의 공통적인 장점을 통합하고 문제점을 보완하여 보다 완벽한 성과관리 체제를 구축하기 위해 거듭 발전해 나가고 있다.[7]

〈표 4-13〉 MBO, TQM, BSC의 비교

	MBO	TQM	BSC
평가 초점	개인	고객(팀웍 중시)	조직
목표 설정	Bottom-up 방식	Bottom-up 방식과 Top-down 방식의 결합	Top-down 방식
장점	① 통제에서 성과중심으로 행정관리 방식 변화 ② 조직구성원간의 성취감 고취 ③ 성과관리를 통한 성과 보상	① 고객만족의 향상 ② 조직의 생산성 향상 ③ 예산절감 ④ 조직구성원의 사기진작	① 비전과 전략에 근거한 목표 설정 ② 조직 수준간 목표의 체계적 연계 ③ 오류 발견 및 수정 용이
단점	① 조직목표와의 연계 부족 ② 형식적인 목표 및 지표의 설정 ③ 가점의 주관적인 부여	① 서비스에 대한 품질의 측정이 매우 복잡하고 어려움 ② 모든 조직구성원들의 몰입, 장기적 기획, 최고관리층의 집약적 리더십 등을 필요로 하기 때문에 이에 소요되는 비용이 매우 큼	① 법적 또는 정치적으로 설정된 계약 ② 전략 수립에 근거한 업무수행상의 제약 ③ 조직 재구조화의 한계

※ 자료: 박해육, "지방자치단체 성과관리제도의 비교 및 통합방안", 「지방행정연구」, 제21권 제2호, 2007, 137쪽; 김선엽·김상문, "지방행정조직에서의 TQM 활용방안에 관한 연구", 「행정문제연구」, 제7권 제1호, 2000, 245쪽.

---

7) 박해육, "지방자치단체 성과관리제도의 비교 및 통합방안", 「지방행정연구」, 제21권 제2호, 2007.

1. 목표관리제(MBO: Management By Objectives)

1) 개 념

목표관리제(MBO)는 1954년 드러커(P. Drucker)에 의해 소개된 후, 1960년대 후반부터 1970년대를 거치면서 널리 보급되었다.[8] 목표관리제는 경영관리를 위한 하나의 기법으로 도입되었으며, 1950년대와 1960년대에 들어 민간부문에서 광범위하게 활용되었으나 1973년 닉슨 대통령에 의해서 미국 연방정부에 처음으로 도입되었다. 민간분야와 마찬가지로 공공분야에 있어서도 의사소통을 개선하고, 문제를 신속하게 확인하며 관리자 및 감독기관의 책임성을 확보하는 데에 매우 유용한 제도로 인식되고 있다.

행정안전부에서는 조직계층의 상·하위자 간에 협의를 통하여 부서 및 개인의 목표를 명확히 설정하고, 평가자와 수행자가 목표달성에 관한 의견교환을 통해 평가하여 다음 목표설정에 환류하고, 그 결과를 보상체계에 반영하는 관리제도를 목표관리제라 하였다. 우리나라의 경우 행정자치부가 1998년 목표관리제 도입계획을 수립하여 행정자치부와 21개 자치단체에 시범 실시하였으며, 1999년 2월부터 지방자치단체에 전면적으로 도입되었다. 목표관리제 도입은 첫째 개인별 업무성과를 공정하게 평가하고, 둘째 성과에 상응한 차등적인 보상을 하고, 셋째 행정의 성과를 높여 공직사회의 경쟁력을 강화하는 데에 그 목적이 있다.[9]

2) 장 점

D. McGregor,[10] S. J. Carroll, H. L. Tosi,[11] P. Drucker,[12] and J. E. Swiss[13]에 의하면 목표관리제 장점은 다음과 같다.

첫째, 하위관리자를 체계적으로 통제할 수 있는 의사소통의 제도화를 가능

8) P. Drucker, *The Practice of Management*(New York: Harper & Row, 1954).
9) 행정안전부, 「목표관리제 운영 성과측정모델」(서울: 행정안전부, 2001).
10) D. McGregor, *The Human Side of Enterprise*(New York: McGraw-Hill, 1960).
11) S. J. Carroll & H. L. Tosi, *Management by Objectives*(New York: Macmillan, 1973).
12) P. Drucker, *Management: Tasks, Responsibilities, Practices*(New York, Harper Collins, 1973).
13) J. E. Swiss, "Establishing a Management System: The Interaction of Power Shifts and Personality Under Federal MBO", *Public Administration Review*, Vol. 43 No. 3, 1983.

하게 한다. 하위직원들은 관리자에게 실제 집행과정에서 일어나고 있는 문제점들을 제대로 보고하지 않는 경향이 있다. 즉, 실적이 좋지 않을 경우 이에 대한 구체적인 정보를 제공하지 않으려고 하는데 목표관리제는 주기적인 점검을 통하여 실제 상황에서 어떤 일들이 일어나고 지시사항에 대한 실패원인을 정기적으로 검토가능하게 해준다.

둘째, 부처 외부에서 오는 다양한 정치적 압력을 극복하는 수단으로 활용될 수 있다. 즉, 관료가 달성해야 될 목표가 분명할 경우 업무와 관련된 이익집단들의 정치적 압력을 무시하고 목표달성에 매진할 수 있는 근거를 목표관리제가 제공해 줄 수 있다는 것이다.

셋째, 목표관리제는 자율과 통제를 조화시키는 방법이다. 목표관리는 업무수행에 있어 권한을 위임하고 자유재량을 허용함으로써 자기통제의 문을 열어놓았다는 점에서 매우 혁신적이다.

넷째, 목표관리제는 조직전체의 목표와 부문 및 개인의 개별목표 사이의 연계성을 높이는 방법이다. 즉, 조직전체의 목표와 구성원의 개별목표를 민주적이고 효율적으로 연계시키기 위한 관리방식을 의미한다. 이와 관련하여 Drucker는 목표관리가 업적평가 기법이기 이전에 조직의 상위층에서 하위층에 이르기까지 업무활동을 통합하고 목표 사이의 균형화를 이루기 위한 관리방법임을 강조하였다.

이러한 점들을 고려해볼 때 목표관리제는 명확한 목표설정에 의한 관리계획과 업적평가방법의 개선을 통해 조직구성원의 동기유발을 도모함으로써 궁극적으로 조직의 유효성을 확보하려는 데 초점을 두는 관리기법임을 알 수 있다.

3) 한 계

목표관리제와 관련된 문제점은 제도적인 측면과 운영적 관점으로 구분하여 살펴볼 수 있다.[14]

---

14) 김주원, “지방자치단체의 목표관리제(MBO) 도입 문제와 활성화 방안: 운영과정을 중심으로”, 지방행정연구, 제16권 제2호, 2002; 최창수, “성과계약 관점에서 본 목표관리제의 재평가와 개선방안 모색”, 「KIPA 연구보고서 2003-15」, 한국행정연구원, 2003; 조경호, “지방자치단체 목표관리제도의 쟁점과 과제: 서울시와 대전시를 중심으로”, 국민대학교 사회과학연구소, 「사회

제도적인 측면의 문제점으로는 첫째, 실적에 대한 엄격한 평가보다는 업무를 수행하는 사람에 대한 평가를 중시한다는 점에서 행정문화와의 적합성 문제가 대두될 수 있다. 둘째, 목표관리제는 직위분류제에 적합한 제도라는 점에서 계급제에서도 적합한지의 문제가 생겨날 수 있다. 셋째, 기존의 성과관리제도와의 중복 문제가 제기될 수 있다. 넷째, 공공부문은 성과측정이 어렵기 때문에 역동적이고 유동적인 특성이 있는 행정의 현실과 불일치하는 문제점을 들 수 있다.

운영적인 측면에서 제시되고 있는 문제점은 첫째, 목표관리제에 대한 이해 및 실천의지가 부족한 편이다. 둘째, 목표설정 시 조직의 목표에 대하여 명확한 분석이 이루어지지 않고 주요목표가 설정되는 경우가 많다. 셋째, 우선 목표달성이 용이한 업무를 목표로 선정하여 조직의 중장기적인 목표와의 연관성이 상당히 부족하다. 넷째, 다양한 부서들 간의 업무차이를 충분히 반영하지 못해 목표수행자들 간의 형평성이 매우 낮은 편이다.

2. 총체적 품질관리(TQM: Total Quality Management)

1) 개 념

총체적 품질관리(TQM)는 고전적 접근방법에서 벗어나 기획·조직·지휘 등을 보다 더 중시하는 것으로서 고객만족을 위한 전략이면서도 통합적인 관리체제이다. 품질개선의 책임을 공정상의 책임과 관리상의 책임으로 나누어 관리자측에게는 지속적으로 개선목표를 창출할 책임이 있으며, 의사전달과 팀워크를 개선함으로써 개선의 장애요인을 제거하고 체계지향의 관리와 통계적인 공정관리를 통한 예방적 품질관리를 강조하였다.

총체적 품질관리는 조직을 고객과 공급자로 구성된 복잡한 체제라고 전제하는 관리체제이다. 즉, 최고관리자로부터 말단직원에 이르기까지 모든 조직구성원들은 한편으로 공급자이면서 다른 한편으로는 고객인 이중적 역할을 수행하는 것으로 본다.

총체적 품질관리에서 품질은 고객의 요구에 부응하는 수준을 나타내기 위

과학연구」, 2001.

한 개념이다. 품질은 고객에게 가치 있는 모든 것을 포괄한다. 산출되는 재화·용역의 물질적·경제적 우수성, 능률성, 효율성, 윤리성, 안전성, 자원의 현명한 사용 등이 모두 포함된다.15)

2) 장 점

일반적으로 총체적 품질관리가 공공부문에 효과적으로 적용되었을 경우에는 비용, 시행착오 등을 감소시키고, 생산성을 향상시키며 조직의 성과를 높이게 된다. 총체적 품질관리의 장점은 다음과 같다.16)

첫째, 총체적 품질관리를 적용한 조직들은 품질의 개선과 함께 직원과 고객의 만족도도 동시에 향상된다.

둘째, 공공부문의 생산성은 서비스의 고객인 국민의 측면을 고려하지 않을 수 없으며 총체적 품질관리의 원칙인 고객지향의 행정서비스 개선은 생산성 향상이라는 결과를 가져온다.

셋째, 조직구성원의 사기진작을 들 수 있다. 총체적 품질관리의 원리가 모두 집행되었을 때 참여와 협동을 촉진시키는 조직문화가 형성되며, 조직구성원들의 사기도 동시에 앙양된다. 총체적 품질관리는 직원들이 조직의 일부이며 그들이 조직의 개선에 책임이 있다고 지각하게 해 준다.

3) 한 계

총체적 품질관리의 한계는 다음과 같다.17)

---

15) 오석홍, 「행정학」, 제5판(서울: 박영사, 2011), 434쪽.

16) 위의 책, 434-437쪽; 김선엽·김상문, “지방행정조직에서의 TQM 활용방안에 관한 연구”, 「행정문제연구」, 제7권 제1호, 2000, 245쪽; D. K. Carr and I. D. Littman, *Excellence in Government: Total Quality Management in the 1990s VA*(Arlington, Virginia: Coopers & Lybrand, 1993).

17) D. Osborne and T. Gaebler, *Reinventing Government: How the Entrepreneurial Spirit is Transforming the Public Sector*(Boston, Massachusetts: Addison-Wesley, 1992); S. Cohen and R. Brand, *Total Quality Management in Government: A Practical Guide for the Real World*(San Francisco, California: Jossey-Bass, 1993); 여윤환·임영제, “지방행정관리에 있어서의 전략적 기획의 활용”, 「지역개발연구」, 제3권, 1996; 오석홍, 앞의 책, 437-438쪽; 김선엽·김상문, 앞의 논문, 245쪽.

첫째, 서비스와 관련된 것으로서 총체적 품질관리는 본래 제조업과 같은 반복적인 과정에 적용하기 위해 설계되었는데 대부분의 공공부문은 재화보다는 서비스를 산출해 낸다. 또한 서비스에 대한 품질의 측정은 매우 복잡하고 어렵다.

둘째, 고객의 정의에 관한 문제가 발생할 수 있다. 총체적 품질관리의 가장 중요한 원칙은 고객을 만족시키는 것이다. 따라서 고객이 누구인가 하는 질문은 매우 중요하다. 민간조직의 경우는 그들의 고유 활동시장을 가지고 있고, 이에 따른 고객을 설정할 수 있지만 행정기관에 있어서의 고객의 정의는 매우 어렵다.

셋째, 공공부문의 조직문화와 관련하여 총체적 품질관리는 장기적인 관점에서의 관리모형인데 이는 고위관리자의 잦은 경질과 같은 행정관리의 정치적인 특성 때문에 어려움에 봉착하게 될 우려가 있다.

넷째, 공공부문의 구조적인 한계점도 있다. 이는 주로 조직운영에 대해 법적 제약을 받는 경직성에 기인된다. 법적 제약은 총체적 품질관리의 철학과 실천을 왜곡시킬 수 있는 장애물이 될 수 있다. 아울러 인사정책과 절차의 개편에 대한 법적 제약도 존재한다. 또 최고관리층이 총체적 품질관리에서 강조하는 사항 중의 하나인 하위계층에 대한 권한위임을 원하지 않는 경우가 많다. 권한위임이 그들의 권한의 포기를 의미하는 것으로 인식하는 경우가 많기 때문이다.

다섯째, 소요되는 비용이 클 수 있다. 총체적 품질관리가 대표적으로 비용절감의 효과가 큰 제도이지만, 다른 시각에서 살펴보면 모든 조직구성원들의 몰입, 장기적 기획, 최고관리층의 집약적 리더십 등을 필요로 하기 때문에 이에 소요되는 비용이 매우 크다. 특히, 물품이나 서비스 생산에 투입되는 직접적인 비용 이외에도 정보수집, 분석, 감시, 평가, 조정 등에 투입되는 비용이 클 것이므로 조직에 총체적 품질관리를 적용하는 것은 상당한 부담이 있다.

많은 조직들이 총체적 품질관리를 단순한 관리도구로 인식한 나머지 너무 성급한 성과를 기대한다. 그러나 문화를 변화시키는 것은 단기적이고 가시적인 성격의 것이 아니다. 특히, 관료제의 법률적·행태적 문제점을 내포하고 있는 공공조직의 경우 새로운 관리철학을 도입하는 것은 민간부문에 비하여 어려움이 더욱 크다.

3. 균형성과관리(BSC: Balanced Scorecard)

1) 개 념

균형성과관리(BSC)는 원래 1992년 미국 Harvard 대학의 카플란과 노턴(R. Kaplan & D. Norton)이 수행한 일련의 기업체 컨설팅 경험에 의해 개발되었다. 균형성과관리에서는 "측정할 수 없는 것은 개선할 수 없다"라는 모토 하에 계량지표를 기반으로 전략경영 방법론을 제시하고 있다. 균형성과관리는 원래 민간부문을 중심으로 적용되었지만 곧이어 미국 중앙 정부기관과 세계은행, IMF 등을 포함한 수많은 공공기관에도 도입되어 활용되고 있다.[18]

균형성과관리는 주요 사업성과를 관리 가능한 몇 개의 핵심 성과지표(Key Performance Indicators)로 명료하게 통합하여 관리자로 하여금 조직의 건강상태를 신속히 검토할 수 있도록 하는 시스템이다.

균형성과관리는 조직의 비전과 전략에서 도출된 평가지표들의 조합이라고 할 수 있다. 재무와 非재무, 장기와 단기, 선행과 후행, 내부와 외부, 조직과 개인에 관한 지표가 균형을 이루었다는 의미로 '균형성과표'라고 한다. 이러한 지표들을 통해 조직 내에 전략과 비전이 공유되고, 단기의 성과가 아닌 미래 이익에 선행하는 非재무적 성과도 중요하게 관리될 수 있다.[19]

또한, 조직은 전략 중심적으로 모든 활동을 전개하는 '전략 중심 조직(SFO: Strategy Focused Organization)'으로 구조화된다. 균형성과관리는 단순히 성과지표 개선을 의미하는 것이 아니라 보다 전략적인 성과관리체계를 구축하려는 시도라 할 수 있다.[20]

우리나라에서 균형성과관리가 공공분야에 광범위하기 적용되기 시작한 것은 참여정부에 들어와 정부혁신을 중시하게 되면서부터이다. 해양경찰청이 국

---

18) 김영생 외, "성과·혁신관리 시스템 구축 및 운영방안(BSC)", 한국직업능력개발원, 「정책자료 2007-2」, 2007, 7쪽.

19) R. S. Kaplan and D. P. Norton, "The Balanced Scorecard-Measures That Drive Performance", *Harvard Business Review*, 1992, Vol. 70 No. 1, pp. 71-79.

20) 박해육·이병기·이혜영·김건위, "지방자치단체 성과평가에 있어서 BSC의 도입 및 적용에 관한 연구", 「연구보고서 2005-4」, 한국지방행정연구원, 2005.

내 중앙행정부처 최초로 2004년에 균형성과관리를 도입하여 실시하고 있으며, 경찰청의 경우 2005년도에 균형성과관리 기반 통합성과관리 시스템을 구축하였다.

2) 장 점

고경훈·박해육[21]에 의하면 균형성과관리의 장점은 다음과 같다.

첫째, 전략적 관리를 촉진시킬 수 있다. 균형성과관리는 조직에 비전과 전략을 분명하게 공유하게 하고, 성과측정체계를 통해 이를 실행에 옮길 수 있도록 돕는 전략적 관리체제의 구축을 가능하게 한다. 또한 성과에 기초한 자원의 할당 및 체계적이고 사실기반적 관리를 촉진하는 효과가 있다.

둘째, 총체적 학습이 촉진된다. 균형성과관리는 조직과 조직간의 성과에 대한 인과적 연계관계를 확인시켜줌으로써 전체적인 성과관리를 가능하게 하며, 조직 내부의 상하위 관계에 있어 전략적 정렬을 통해 조직의 모든 구성원을 단일평가체제 내에 포함시키게 되어 인과모형, 성과측정 과정, 자원할당 과정의 지속적인 개선을 유도한다.

셋째, 기획과 미래예측 역량을 강화한다. 균형성과관리는 조직의 기획역량을 증대시켜 급변하는 환경 속에서 예산의 합리적 사용을 유도한다. 또한 인과관계를 정교화하여 이를 기반으로 하는 조직의 미래결과 예측능력이 증대되고 나아가 단기/장기, 내부/외부 관점의 성과지표를 고려함으로써 조직에 있어 성과관리의 균형을 달성하게 한다. 그리고 조직구성원이 모두 참여하는 성과관리 시스템을 통해 내부평가 역량을 증진시키는 결과를 가져올 수 있다.

넷째, 커뮤니케이션을 활성시킨다. 균형성과관리를 구축하는 전 과정동안 조직구성원의 참여와 커뮤니케이션이 필수요소이므로 조직구성원들이 전략과 성과지표에 대한 폭넓은 이해와 공감대 형성을 가능하게 한다. 즉, 혁신전략의 확인, 전략적 목표 확인, 과제도출, 성과지표의 개발 등 균형성과관리 구축의 전 과정에서 조직구성원의 의견개진과 참여는 필수불가결하며, 이 과정에서 구성

21) 고경훈·박해육, "지방자치단체 성과관리시스템 구축에 관한 연구", 「지방행정연구」, 제19권 제3호, 2005, 200-204쪽.

원 상호간의 의사소통은 활성화되고 참여가 촉진되는 효과를 거둘 수 있다.

다섯째, 변화와 혁신을 촉진시킨다. 균형성과관리는 조직의 모든 단위에서 전략적인 변화를 선도하고 지속적인 혁신을 달성하는 데 효과적인 수단을 제공한다. 즉, 조직에 있어 변화와 개혁이 가장 시급한 분야와 요소에 대한 확인을 가능하게 한다. 또한 최선의 기법을 확인하고 이를 전파하는 것이 가능해질 뿐 아니라 조직구성원들로 하여금 혁신에 대한 당위성을 부여함으로써 혁신의 내재화를 위한 상향적(bottom-up) 접근이 가능해지는 효과를 기대할 수 있다.

3) 한 계

균형성과관리의 한계를 살펴보면 다음과 같다.[22)]

첫째, 성과지표의 과도한 계량화에 문제점이 있다. 균형성과관리는 그 속성상 계량화된 성과지표를 선호하는 경향이 강한데, 그 이유는 성과측정과 평가결과의 타당성 확보가 용이하기 때문이다. 따라서 성과측정 과정에서 정량적인 성과는 정성적인 성과에 비해 많은 가치를 인정받게 되는 경우가 많다. 그러나 특히 공공부문에 있어 모든 성과를 정량적인 지표만을 갖고 평가하기에는 적지 않은 무리가 따르게 마련이다. 나아가 이러한 계량화의 한계로 인하여 균형성과관리의 핵심인 성과지표들 간의 균형유지는 기대하기 어려울 것이다.

둘째, 균형성과관리를 운영하게 되면 자연스럽게 나타나게 되는 일반적인 한계점은 조직의 목표와 개인의 목표가 일체화되어 성과를 달성할 수 있도록 연계시킨 핵심 성과지표(KPI: Key Performance Indicator)가 목표 달성을 위한 동기부여 수단이 아닌 조직원을 통제 관리하는 수단으로 전락한다는 것이다. 이는 성과평가가 지니고 있는 세부적인 개념인 결과와 환류 중 결과만을 강조한 폐해라고 할 수 있다.

셋째, 조직구성원들이 균형성과관리에 대한 이해 부족으로 자유롭게 시스템에 접근하여 관련 정보를 검색하고, 해당정보를 정확히 이해하고 활용하는 등

---

22) 안경섭 · 유홍림, "정부부처 성과평가에 있어 BSC의 한계에 대한 연구: 해양경찰청 사례를 중심으로", 「한국정책과학학회보」, 제15권 제4호, 2011, 277-278쪽; 신택수 · 유승록, "국내 공기업의 BSC 시스템 구축 사례연구: 우정사업본부를 중심으로", *Information Systems Review*, 제9권 제1호, 2007, 336쪽.

균형성과관리를 적극적으로 활용하지 못하고 있다. 그 이유는 균형성과관리에 대한 개념과 사용방법에 대한 이해가 부족함으로써 균형성과관리를 전략적으로 활용하는 데 한계가 나타났기 때문이다.

넷째, 내부저항이다. 정부 및 경영진이 교체될 때마다 새로운 조직방침이 세워지고, 관리기법이 도입되어 기존의 업무방향을 지속하기 어렵다. 이에 따라 일만 늘어나고 결실은 없는 상황이 반복되면서 근본적으로 새로운 제도에 저항이 발생하게 되는 것처럼 균형성과관리 도입시에도 저항이 발생하게 되는 것이며, 특히 상위계층보다 하위계층에서 저항이 상대적으로 높게 발생하고 있다.

제3절 경찰청 치안종합성과평가

1. 치안종합성과평가의 개요 및 연혁

1) 치안종합성과평가의 개요

치안종합성과평가는 치안행정의 성과를 객관적으로 평가하여 그 결과에 따라 관서, 부서, 개인에게 공정한 보상을 실시함으로써 '일한 대로 보상받는' 성과주의 문화를 확산시키기 위해 도입된 제도이다. 경찰청은 2005년부터 전략적 성과관리 방법의 하나인 균형성과관리를 기반으로 통합 성과관리 시스템을 구축하여 시범평가를 실시하였고, 2006년부터 치안성과관리모델을 개발하여 전 경찰의 치안성과를 측정·평가하는 데 활용하고 있다.[23]

치안종합성과평가의 운영절차는 성과계획 단계, 성과관리 및 평가 단계, 성과정보의 활용 단계로 진행된다.

1단계 성과계획 단계에서는 법령상 부여된 기능과 설립목적에 부합하는 미션과 비전을 구체화하고, 이에 따라 중장기 전략목표와 연도별 성과목표를 수립하여 목표체계를 수립하고 목표체계에 따라 목표의 실현정도를 측정하기 위한 성과지표 도출과 목표실현을 위한 사업·활동계획서를 작성한다. 그리고 성과지

23) 경찰청, 「경찰백서」, 2012, 305쪽.

〈표 4-14〉 치안종합성과평가 개요

<table>
<tr><th colspan="4">치안종합성과평가</th></tr>
<tr><th colspan="3">조직평가</th><th rowspan="2">개인평가</th></tr>
<tr><th colspan="2">관서평가</th><th>부서평가</th></tr>
<tr><td>경찰청</td><td>정부업무평가
(국무총리실 특정평가)</td><td>① 정책과제
② 부서 기본업무
③ 사이버민원
④ 지휘관 가점
⑤ 의무위반 감점</td><td rowspan="4">부서평가 점수</td></tr>
<tr><td>교육기관</td><td>① 정책과제
② 자율과제
③ 지휘관 가점
④ 의무위반 감점</td><td>① 부서 성과지표
② 부서 기본업무
③ 사이버민원
④ 지휘관 가점
⑤ 의무위반 감점</td></tr>
<tr><td>지방경찰청</td><td>① 치안만족도
② 경찰청 지정 핵심지표
③ 지방경찰청 자율과제
④ 지휘관 가점
⑤ 의무위반 감점</td><td>① 부서 성과지표
② 부서 기본업무
③ 지휘관 가점
④ 의무위반 감점</td></tr>
<tr><td>경찰서</td><td>① 치안만족도
② 지방경찰청 지정 핵심지표
③ 경찰서 자율과제
④ 지휘관 가점
⑤ 의무위반 감점</td><td>① 부서 성과지표
② 부서 기본업무
③ 지휘관 가점
④ 의무위반 감점</td></tr>
<tr><td>지구대</td><td>① 성과지표
② 자율과제
③ 지휘관 가점
④ 의무위반 감점</td><td>① 성과지표
② 자율과제
③ 지휘관 가점
④ 의무위반 감점</td><td rowspan="2">개인 점수</td></tr>
<tr><td>경찰부대</td><td colspan="2">① 상설중대 : 성과지표 + 부대활동
② 경찰관기동대, 경찰특공대/항공대
→ 성과지표 + 기본업무성과</td></tr>
</table>

※ 자료: 경찰청, 「경찰백서」, 2012, 306쪽.

표의 적용, 성과정보의 수집방법 및 성과정보의 활용방안을 구체화한다.

2단계는 사전에 선정된 사업계획의 진행 상태에 대한 점검, 사전에 선정된 성과지표상 자료생산 상태 및 수준에 대한 점검과 아울러 성과를 평가하고 보고서를 작성한다.

3단계는 성과정보를 정책내용에 대한 수정을 위한 정책운영 측면과 예산배정을 위한 자원의 효율적 배분측면, 승진 및 전보 등의 인사관리 측면, 성과상여금 등의 성과보수 측면에서의 반영을 위한 정보로 활용한다.[24]

경찰청, 교육기관, 지방경찰청, 경찰서, 지구대, 경찰부대 등 구체적인 치안종합성과평가 개요는 〈표 4-14〉와 같다.[25]

2) 치안종합성과평가의 도입배경 및 연혁

2005년 정부업무 평가결과,[26] 성과관리가 활용되고 있는 기관 모두가 우수부처로 선정되었다.

이에 정부업무 평가 우수부처 선정을 위한 추진방안으로 경찰청은 2005년에 청(廳) 단위의 미션과 비전을 정립하고, 각 국(局) 단위의 전략목표를 기초로 경찰청의 전략 맵을 작성하였다. 청 단위의 전략 맵을 마련한 이후, 하부 국(局) 소속 과(課)의 성과목표를 설정하고 각 국(局)별 전략 맵을 작성하였다. 이러한 전략 맵은 경찰청의 미션을 달성할 수 있는 방향으로 작성되었으며, 체계적·전략적으로 상호 연관관계를 형성할 수 있도록 작성되었다. 또한 경찰청의 전략관리를 위하여 성과목표를 측정하기 위한 핵심성과지표 62개와 각 과(課)·계(係) 등의 부서의 평가를 위한 부서성과지표 287개를 개발하였다. 2006년 1월에 2005년의 성과를 대상으로 「BSC기반 통합성과관리 시스템」의 시범평가를 실시하였다.[27]

경찰청은 이후 경찰청 대상으로 시범 실시하였던 「BSC기반 통합성과관리 시스템」의 문제점을 개선하고, 전 경찰관서에 대한 성과를 측정하고 관리하기 위해 〈표 4-14〉와 같이 「치안종합성과관리 제도」를 도입하였다. 그리고 "치안

---

24) 김창호, "치안성과평가체계 구축에 관한 연구", 「치안논총」, 제26권, 2010, 29쪽.

25) 경찰청, 앞의 책, 306쪽.

26) 2005년에 43개 중앙행정기관을 24개 부·처단위 기관과 19개 청(廳) 단위 기관으로 구분한 정부업무평가 결과, 부·처단위 기관에서는 과학기술부, 산업자원부, 정보통신부, 중앙인사위원회, 행정자치부, 환경부 등 6개 기관이 우수부처로 선정되었고, 청 단위 기관에서는 관세청, 국세청, 병무청, 특허청, 해양경찰청이 우수청으로 선정되었다; 국무조정실 정책평가위원회, 2005년 정부업무 평가결과(종합보고서), 2006, 5쪽.

27) 한국정책평가연구원, 경찰청 성과 목표 및 지표개발 연구용역 보고서, 2006.

종합성과평가 계획"을 수립하여 2006년부터 「치안종합성과평가」를 전 경찰의 치안성과를 측정·평가하는 데 활용하고 있다. 치안종합성과평가의 연혁을 간단히 살펴보면 〈표 4-15〉와 같다.

〈표 4-15〉 치안종합성과평가 연혁

연도	평가 내용	
2005	경찰청 성과관리시스템 도입	도입
2006	경찰서, 지구대 등 全 경찰관서 확산	
2007	제도개선을 통한 평가의 내실화 추진	정착 체계화
2008	업적평가 도입 등 개인 성과평가의 객관성 강화	
2009	개인 성과보고서 도입 등 평가의 고도화	
2010	경찰서장 평가실시 등 성과중심 조직문화 확산	
2011	국민우선, 현장중심으로 평가체계 개선	고도화

※ 자료: 경찰청, 「경찰백서」, 2012, 305쪽.

2. 치안종합성과평가의 주요내용

「치안종합성과평가」의 기본체계는 경찰관서 및 부서의 성과를 측정하는 '조직평가'와 개인의 업무성과를 측정하는 '개인평가'로 구분되며, 개인평가는 조직평가 점수와 개인점수(업적·기여도) 결과를 직위별 비율에 따라 합산해 산출한다. 조직 및 개인의 평가결과는 동일 조직·계급 간 상호 비교를 통해 S(20%)·A(40%)·B(30%)·C(10%) 4단계로 성과등급이 부여되는데, 성과평가 결과는 우수관서·부서 포상 및 성과상여금 지급 등에 활용된다.

2011년도 치안종합성과평가는 경찰관서 성과지표 등에 대한 상반기 평가(6월)와 전국 경찰관서 및 부서와 그에 소속된 전 직원을 대상으로 한 하반기 평가(11월)로 나뉘어 실시되었고, 상·하반기 평가결과를 토대로 종합등급을 산출하였다.

1) 경찰청 성과평가

경찰청 전 부서의 성과를 공정하고 체계적으로 측정하기 위해 5개 평가요소(정책과제, 부서 기본업무, 사이버민원, 지휘관 가점, 의무위반 감점)를 토대로 성과평가를 실시하였다. 2010년 경찰청 성과평가에서는 정책관리 내부평가단에 교육기관 교수요원을 추가해 경쟁관계에 있는 계장 상호평가의 비중을 줄여 평가의 객관성 확보 및 정부업무평가 특정평가 대상 부서의 업무 부담 및 성과향상을 고려해 해당 부서에 기본가점 및 평가결과에 따른 평가가점을 부여하는 데 중점을 두었다면 2011년도에는 더욱 세밀한 평가를 위해 보완하였다. 즉, 경찰청 계장급 및 교육기관 교수요원으로 구성했던(86명) 정책과제 내부평가단을 경찰청 전체 과·계장급으로 확대·재구성하여(161명) 평가자의 평가부담을 완화하고 이를 통해 세밀한 평가를 유도했다. 아울러 외부평가단인 경찰청 자체평가위원(3~5명)과 경찰청 국·과장급 경찰관으로 구성된「이의제기 심사위원회」를 신설하여 평가결과에 대한 각 부서의 수용도를 제고하고자 했다.

경찰청에서 실시하는 성과평가의 개요는 〈표 4-16〉과 같다.

〈표 4-16〉 경찰청 성과평가 개요

평가요소	측정내용
정책 과제	'성과관리시행계획' 관리과제를 내·외부평가위원이 평가
부서 기본업무	성과지표로 측정하기 어려운 업무성과를 내부 평가단이 정성평가
사이버 민원	각 국·관의 온라인 민원처리 만족도·신속도 등 평가
지휘관 가점	전체 국·관 및 과의 성과에 대해 청·차장이 등급별 가점 부여
의무위반 감점	자체사고 등 의무위반 발생률에 따라 3점 범위 내에서 감점

※ 자료: 경찰청,「경찰백서」, 2012, 307쪽.

2) 지방경찰청 성과평가

5개 평가요소(정책과제, 부서 기본 업무, 사이버민원, 지휘관 가점, 의무위반 감점)를 토대로 16개 지방경찰청의 성과를 측정·평가하였다.

구체적인 지방경찰청 성과평가 개요는 〈표 4-17〉과 같다.

지방경찰청 내 부서·개인, 경찰서, 경찰부대 평가는 경찰청에서 제시한 가이드라인을 참고하여 지방경찰청별 자체 평가계획에 따라 실시하였다.

〈표 4-17〉 지방경찰청 성과평가 개요

평가요소	측정내용
치안만족도	- 국민을 상대로 조사한 주민만족도와 체감안전도 등을 평가
경찰청 지정 핵심지표	- 경찰청 '성과관리 시행계획'의 임무와 전략에 맞는 핵심지표를 선정하고 이를 기준으로 기관간 상대평가
지방경찰청 자율과제	- 지방경찰청의 주요 치안활동을 성과지표화하여 지방경찰청별 상호 비교 평가(지방경찰청 평가 시 22개 성과지표 활용)
지휘관 가점	- 지방경찰청별 자율과제를 경찰청 과장급이 평가
의무위반 감점	- 성과지표 이외의 지방경찰청 업무성과를 내부평가단이 정성평가

※ 자료: 경찰청, 「경찰백서」, 2012, 307쪽.

3. 치안종합성과평가의 성과

경찰의 성과관리제도인 치안종합성과평가는 그 운용에 있어 적잖은 잡음이 있었다. 2010년 6월 28일 서울 강북경찰서 채○○ 서장은 일명 '양천경찰서 고문의혹 사건'과 관련해 "양천경찰서 사건은 우선 가혹행위를 한 담당 경찰관의 잘못이 크겠지만 실적 경쟁에 매달리도록 분위기를 조장한 서울지방경찰청 지휘부의 책임도 크다"며, "이런 조직문화를 조성한 근원적 책임이 있는 조○○ 서울지방경찰청장의 사퇴를 촉구한다"고 초유의 항명성 기자회견을 열었다. 이 사건은 경찰조직 내부뿐만 아니라 사회적으로도 큰 논란을 일으켰다. 이 이후에도 이와 유사한 내부 반발의 문제가 있었다.[28)]

따라서 이러한 문제점들을 인식하고 해결하기 위해 경찰조직 내부에서는 개선을 위한 노력이 계속되었다. 현재 치안종합성과평가는 정착체계화 단계를 넘어 고도화의 단계로 접어든 것으로 판단된다.

현재 치안종합성과평가 제도를 통해 전국 경찰관서·부서 및 개인의 성과를 보다 객관적으로 평가함으로써 성과 중심의 조직문화 확산에 기여하고 있다.

2011년에는 총 2회의 치안종합성과평가를 통해 전 관서·부서·개인의 성과

28) 연합뉴스, http://www.yonhapnews.co.kr, 2010년 6월 28일 기사.

〈채○○ 서울 강북경찰서장 기자회견〉

채○○ 서울 강북경찰서장은 2010년 6월 28일 강북경찰서에서 기자회견을 열어 "조○○ 서울지방경찰청장은 양천경찰서 고문의혹 사건의 책임을 지고 물러나야 한다"고 요구하고서 자신도 사직하겠다고 밝혔다. 경찰서장이 조직 내 2인자이자 직속 상관인 서울지방청장의 퇴진을 요구하는 항명 성격의 기자회견을 연 것은 사상 초유의 일이어서 위계질서가 엄격한 경찰 안팎에 큰 파장을 몰고 올 전망이다.

채 서장은 "양천경찰서 사건은 우선 가혹행위를 한 담당 경찰관의 잘못이 크겠지만 실적 경쟁에 매달리도록 분위기를 조장한 서울지방경찰청 지휘부의 책임도 크다. 이런 조직문화를 만들어낸 데 근원적 책임이 있는 조 청장의 사퇴를 촉구한다"고 직격탄을 날렸다. 그는 "실적 평가를 하지 말자는 것이 아니라 검거점수 실적으로 보직인사를 하는 등 오로지 검거에만 치중하도록 분위기를 몰아가는 것이 문제"라며, "저도 경찰서장으로서 서울지방경찰청 지휘부의 검거실적 강요에 휘둘리며 직원에게 무조건 실적을 요구해온 데 책임을 느낀다. 오늘 중에 책임을 지고 사직서를 제출하겠다"고 말했다.

이어 "경찰은 법 집행기관이면서 동시에 인권 수호기관인데 현 지휘부가 들어오면서 실적에만 매달리게 됐다"며 "현행 실적평가 시스템을 근본적으로 수정하지 않으면 양천경찰서 사건 같은 문제가 또 발생할 것"이라고 강조했다.

채 서장과 강북경찰서는 최근 4개월간 서울지방경찰청의 실적 평가에서 꼴찌를 기록해 서울지방경찰청의 집중감찰을 받아온 것으로 알려졌다.

※ 자료: 2010년 6월 28일, SBS 뉴스, 동아일보 기사.

를 측정하여 성과향상에 대한 지속적인 관심을 유도하고, 평가체계에 대한 지속적인 검토를 통해 국민중심·현장존중의 성과관리 체계를 확립하고자 하였다.

성과평가와 연관되어 있는 성과평가 수용도, 직무만족도, 치안고객만족도, 그리고 한국산업의 고객만족도 등 주요 지표에서 가시적인 성과를 확인할 수 있다. 먼저 성과평가에 대한 수용도가 상반기 58점, 하반기 76.6점으로 전년(49.94점) 대비 대폭 상승하였다. 직무만족도도 상반기 69.4점, 하반기 72.9점으로 상승세를 이어갔고(2010년 64.5점), 치안고객만족도 역시 상반기 74점, 하반기 77.3

〈그림 4-1〉 한국산업의 고객만족도 중 치안서비스 만족도 추이

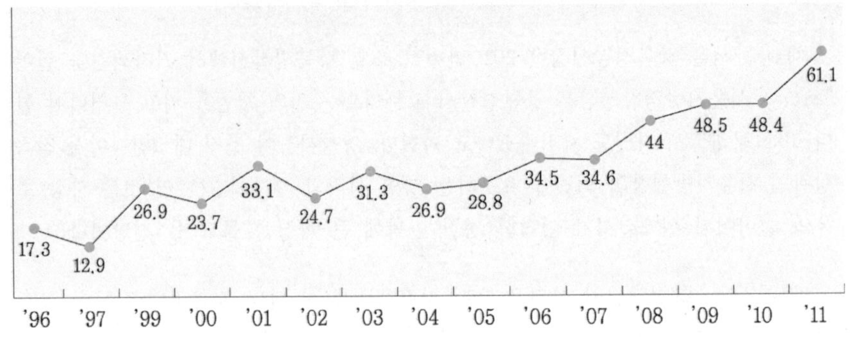

점으로 전년도(69.9점)보다 향상되었다.

〈그림 4-1〉과 같이 한국능률협회가 주관한 한국산업의 고객만족도 조사에서도 경찰의 치안서비스에 대한 만족도는 공공행정 10개 분야 중 9위로 하위권이었으나 2010년(48.4점) 대비 12.7점 상승한 61.1점을 나타내 공공행정 분야에서 향상도 1위를 차지하였다. 2011년의 성과평가 수용도, 직무만족도, 치안고객만족도, 한국산업의 고객만족도는 모두 조사 이래 최고점수에 해당하는 수치이다.[29]

향후 이러한 성과를 바탕으로 고객만족·현장중심 경영기법으로서 성과평가의 패러다임을 공고히 해야 할 것이다.

경찰청은 향후 기존의 자율과제 평가를 고객만족정책 추진에 대한 평가로 전환하고 국민 접점분야인 지역경찰과 교통기능의 평가방식을 국민중심 경찰활동에 대한 정성평가로 추가 개선하여 고객만족 경찰활동을 강화할 것이라고 했다. 또한 성과평가에 관심이 있는 일선 직원들로 서포터즈를 구성·운영하고 일선 관서를 대상으로 찾아가는 성과진단, 현장 컨설팅 등을 추진하여 정책부서와 현장 경찰관들과의 지속적인 소통을 추진할 계획이라고 한다. 아울러 평가자율권을 폭넓게 부여해 지역실정에 부합하는 평가를 장려하고 평가시기를 조정하여 일선의 평가부담을 완화하는 등 현장을 존중하는 성과평가를 확립해 가겠다고 밝혔다.

29) 경찰청, 앞의 책, 310쪽.

제 6 장

경찰정보관리

제1절 정보의 이해

1. 정보의 개념 및 요건

1) 개 념

정보의 어원은 일반적으로 '주어진 어떤 현상, 구성, 또는 교시'를 의미하는 중세의 'Informatio'에서 비롯되었고, 이는 '형상을 내면화하는 행위'로 정의되었다. 현대의 '정보'라는 말은 일본에서 영어단어 'Information'을 '정보'라고 번역한 것을 그대로 차용해서 사용하고 있다.[1)]

현재는 'Intelligence'와 'Information'에 대해 모두 정보라는 용어로 사용하고 있으며, 행정정보체계상에서의 정보 개념 역시 'Intelligence'와 'Information'에 대해 구별을 두지 않고 혼용해서 사용하고 있다. 그러나 국가안보의 분야에서 그 연구의 대상으로 삼는 것은 'Information'이 아닌 'Intelligence'로 이해되고 있다.[2)]

〈표 4-18〉에서 보는 바와 같이 칼(L. D. Carl)은 정보(Intelligence)와 정보

1) 방석현, 「행정정보체제론」(서울: 법문사, 1992), 110쪽.
2) 경찰대학, 「경찰정보론」(용인: 경찰대학, 2012), 8쪽.

〈표 4-18〉 정보(Intelligence)와 정보(Information)의 비교

개 념	의 미	용 어	용 례
정보 (Intelligence)	-일정한 절차에 따라 가공·처리된 정보	-2차 정보, 가공정보, 지식	-경찰청 정보국, 국가정보원, 보안정보
정보 (Information)	-목적의식에 따른 수집된 자료	-1차 정보, 첩보, 생정보	-경찰 정보통신, 정보통신부, 교통정보

(Information)의 구분에 있어 평가와 가공이라는 기술적 절차와 과정을 중요한 요소로 보았다. 정보(Information)는 평가와 가공을 거치지 않은 상태의 자료를 말하며, 정보(Intelligence)는 정보(Information)를 수집하고 가공한 결과로서의 생산물이라고 구분하였다.[3]

결과적으로 정보(Information)와 정보(Intelligence)는 서로 해석상에 있어 중첩되는 부분도 존재할 수 있으나 구분할 필요성이 있는 개념들이며, 경찰정보를 설명함에 있어서는 정보(Intelligence)에 좀 더 비중을 두어야 한다.

2) 정보의 요건

정보가 질적 요건을 갖추었는지를 평가하는 데는 여러 가지 기준이 이용될 수 있다. 이러한 평가의 기준들이 정보의 질적 요건의 내용적 측면이라고 할 수 있는 것이다. 일반적으로 논의되는 정보의 질적 요건의 내용으로는 정확성, 적실성, 적시성, 완전성, 객관성 등을 들 수 있다.[4]

(1) 정확성(正確性)

정확성은 정보의 5가지 요건 중 가장 중요한 요건이다. 정보가 정확하지 않을 경우 다른 요건들이 충족된다고 하더라도 정보로서의 가치가 퇴색된다. 정보의 정확성을 담보하기 위해서는 철저한 사전준비와 함께 정보가 객관적인지에 대한 평가 역시 포함되어야 한다. 또한 이런 절차적 측면과 함께 정보를 다루는 사람의 태도적 공정성 역시 수반되어야 한다.

---

3) L. D. Carl, *International Dictionary of Intelligence*(Maven, Virginia: Maven Books, 1990).

4) 강용길 외, 「경찰학개론II」(서울: 경찰공제회, 2012), 345-346쪽.

(2) 적실성(適實性)

정보는 정보사용자가 사용하려는 목적에 부합해야만 한다. 범인검거를 목적으로 활용되는 수사정보와 범죄예방을 위해 활용되는 범죄예방정보는 서로 차이가 난다. 이런 차이를 고려하지 않은 채 정보를 사용하는 것은 잘못된 결정을 낳을 수 있다. 그러므로 정보를 사용목적에 맞게 적용하고 활용하는 것은 중요하다.

(3) 적시성(適時性)

정보는 정보사용자가 그 정보를 필요로 할 때 시의적절하게 활용될 수 있어야 한다. 정보가 필요한 시기에 활용되지 못하는 경우 의사결정에 도움이 되지 못하며, 정보의 보안유지에도 어려움을 겪을 수 있다.

(4) 완전성(完全性)

정보가 효과적으로 활용되기 위해서는 불완전한 요소 없이 완전한 형태를 띠어야 한다. 관련된 자료들을 활용가능한 모든 루트를 통해 수집하고 다양한 가공과정을 거쳐 완전한 형태를 갖출 수 있도록 해야 한다. 불완전한 정보는 의사결정에 도움을 주지 못하며, 한편으로는 잘못된 결정을 이끌 수도 있다.

(5) 객관성(客觀性)

정보는 그 정보의 활용목적에 맞게 객관성이 유지되어야 한다. 정치·경제적인 이유 등으로 인해 정보를 생산하거나 가공하고, 사용하는 사람들의 개인적인 의도가 반영될 경우 정보는 올바른 결정을 위한 도구가 아니라 이미 결정된 정책을 합리화하기 위한 도구로 전락될 수밖에 없다.

2. 정보순환 단계

정보는 국가정책 수립과 집행을 지원하기 위해 각종 첩보를 수집하고 이를 분석·평가하여 수요자에게 배포하는 순환과정을 거치고 있다.[5)]

5) 국가정보포럼, 「국가정보학」(서울: 박영사, 2006), 36쪽.

미 중앙정보국(CIA)은 〈그림 4-2〉와 같이 정보순환을 기획 및 지시(Planning and Direction), 수집(Collection), 가공(Processing), 분석 및 생산(Analysis and Production) 그리고 배포(Dissemination)의 5단계로 나누고 있다.[6)]

〈그림 4-2〉 미 중앙정보국(CIA)의 정보순환단계

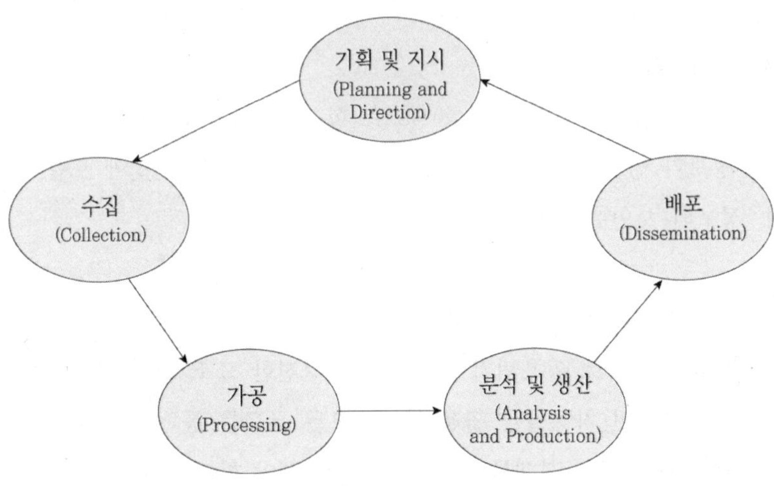

※ 자료: 미 중앙정보국(https://www.cia.gov/)의 재구성.

로웬탈(M. M. Lowenthal)은 정보순환을 요구(Requirement), 수집(Collection), 가공(Processing), 분석 및 생산(Analysis and Production), 배포(Dissemination), 소비(Consumption), 환류(Feedback)의 7단계로 구분하였다.[7)]

정보순환은 다양한 기능들에 의해 유기적으로 연결되어 있어 일부 연결고리의 흠결은 원활한 정보순환의 장애요소가 된다. 따라서 정보 관련자(생산자, 사용자, 수요자)들이 올바르게 정보순환과정을 이해하는 것이 필요하다. 이하에서는 정보순환단계를 5단계로 정리·요약하였으며, 내용은 다음과 같다.

---

6) 미 중앙정보국(https://www.cia.gov/)

7) M. M. Lowenthal, *Intelligence: From Secrets to Policy*(Washington, D.C.: CQ Press, 2003), pp. 293-296.

1) 요구단계

정보의 수집과 생산은 정보수요자들의 소요에 따른 정보신청 또는 정보요구에서부터 비롯된다. 요구단계는 정보수요자가 정보공동체에게 정보의 필요성을 제기하는 것으로 국가정책 문제에 대한 정보수요를 국가정보기관이 확인하는 과정을 말한다. 일반적으로 요구단계에서는 국가정책담당자로부터의 요구와 횡적인 정보기구 상호간의 요구 및 정보생산자 자체 요구의 3가지로 구성된다.[8)]

2) 수집단계

정보수집은 정보생산을 목적으로 각종 자료나 첩보를 수집하는 목적 지향적 활동이며, 대표적인 정보수집방법으로는 인간정보(HUMINT: Human Intelligence)와 기술정보(TECHINT: Technical Intelligence) 그리고 공개자료에 의한 공개출처정보(OSINT: Open Source Intelligence)가 있다.[9)]

인간정보(HUMINT)는 일반적으로 스파이활동이라고 불리며, 비밀수집을 목적으로 하고 있다. 또한 인간정보(HUMINT)는 출처의 개척, 수집활동, 첩보전달의 수집단계를 거친다.[10)] 기술정보(TECHINT)는 과학 기술을 수집 수단으로 활용하여 첩보를 수집하는 활동을 말하며, 다시 신호정보 수집(SIGINT: Signals Intelligence)과 영상정보 수집(IMINT: Imagery Intelligence), 징후계측정보수집(MASINT: Measure and Signature Intelligence)으로 세분된다.[11)] 공개자료에 의한 공개출처정보(OSINT)는 공개 정보(Open Source) 즉, 그 정보의 출처가 도서관이나 서적, 신문, 미디어, 또는 인터넷 자료 등과 같이 공공에 개방된 정보(Information)를 이용하여 정보(Intelligence)활동하는 것을 개념으로 하고 있다.[12)]

---

8) 한희원, 「국가정보학원론」(서울: 법률출판사, 2011), 98쪽.

9) 국가정보포럼, 「국가정보학」(서울: 박영사, 2006), 41쪽.

10) 주일엽, "외국정보기관의 인간정보(HUMINT)활동에 대응한 산업기술 보호방안", 「한국경호경비학회지」, 제17호, 2008, 322쪽.

11) 경찰대학, 「경찰정보론」(용인: 경찰대학, 2012), 34쪽.

12) S. Tekir, *Open Source Intelligence Analysis: A Methodological Approach*(Saarbrucken, Germany: VDM, 2009), p. 3.

3) 처리단계

처리단계는 수집된 정보(Information)를 분석에 이용할 수 있는 형태로 전환시키는 것을 말한다.[13] 수집된 정보 중에는 바로 분석에 활용할 수 있는 것도 있으나, 기술적 수단에 의해 수집된 영상·신호·실험 통계자료 등은 분석관이 이용할 수 있는 형태로 변환시키는 과정이 필요하다.[14] 정보(Information)의 처리과정은 수집된 정보(Information)의 종류에 따라 상이한데 암호해독, 영상판독, 측정, 통계자료 분석[15] 외에도 외국어자료 번역, 과다자료의 정리작업[16] 등이 포함된다.

오늘날 과학기술의 발전으로 인하여 수집능력이 증가하면서 정보(Information)처리가 중요한 문제로 대두되었다. 최근에는 인터넷 발달로 인터넷망에서의 필요한 첩보의 수집과 이에 대한 효율적 처리문제가 화두로 떠올랐다. 이에 따라 첩보수집 및 처리와 관련된 문제의 해결을 위한 컴퓨터 프로그램이 개발되고 있다.[17]

4) 분석 및 생산단계

정보의 분석이란 기초자료로부터 중요한 사실관계를 확인하고 제반 자료의 유기적인 통합과 평가 및 데이터 분석을 통해 필요한 최종정보를 만들어 가는 과정을 말한다. 이러한 정보분석단계를 거쳐 최종적인 정보가 생산되는데 이를 정보의 생산단계라 한다. 생산된 정보는 절차에 따라 정책 담당자들에게 배포되고 정책수립이나 집행의 과정이 이어지게 된다.[18]

---

13) L. D. Carl, *The CIA Insider's Dictionary of US and Foreign Intelligence, Counterintelligence & Tradecraft*(Washington, D.C.: NIBC Press, 1996), p. 502.

14) 국가정보포럼, 앞의 책, 43쪽.

15) A. N. Shulsky and G. J. Schmitt, *Silent Welfare: Understanding The World of Intelligence* (Dulles, Virginia: Brassey's Inc., 2002), pp. 41-51.

16) 미 중앙정보국(www.cia.gov).

17) M. M. Lowenthal, *op. cit.*, pp. 45-47.

18) 한희원, 앞의 책, 102쪽.

5) 배포단계

배포단계는 최종적으로 생산된 정보가 정보수요자에게 전달되는 과정이다. 배포단계는 정보순환과정의 마지막인 동시에 출발점인 요구단계로 환류(feedback)가 이루어지는 연결단계이기도 하다.[19] 이 단계에서 가장 중요한 것은 어떤 정책결정자에게 보고할 것인가 또한 어느 정도의 분량으로 얼마나 신속하게 어떤 형태로 보고를 해야 하는가이다.[20]

3. 정보기관의 분류

오늘날 모든 국가에서는 정보기관을 운영하고 있으나 정치체계와 국가이념에 따라 운영되는 방식이 다르다. 우리나라의 경우 대통령 직속의 국가중앙정보기구가 부문정보기관인 군, 경찰, 검찰 그리고 행정부처의 정보관련 부서의 정보업무를 직접 기획·조정하는 방식으로 운영되고 있다.[21] 이러한 단일기관에 의한 중앙 총괄적 관리방식은 국가중앙정보기구의 근거법에 명시되어 있다.[22] 여기에서는 제2절에 설명할 정보경찰을 제외한 다른 조직들에 대해 살펴보도록 한다.

1) 국가중앙정보기구

우리나라의 국가중앙정보기구는 국가정보원이 있다. 국가정보원은 1961년 창설된 중앙정보부가 국가안전기획부를 거쳐 1998년 국민의 정부 출범과 더불어 재창설된 대통령 직속기관으로서 국가안전보장과 관련되는 정보·보안 및 범죄수사에 대한 사무를 담당한다.[23] 국가정보원은 국외 정보 및 국내 보안정보

---

19) 국가정보포럼, 앞의 책, 46쪽.

20) M. M. Lowenthal, *op. cit.*, p. 49.

21) 한희원, 앞의 책, 818쪽.

22) 「국가정보원법」 제3조 제1항 제5호에서는 정보 및 보안 업무의 기획·조정을 국가정보원의 직무로 보고 있다. 또한 동법 제3조 제2항에서는 기획·조정의 범위와 대상 기관 및 절차 등에 관한 사항을 대통령령으로 정하고 있다.

23) 「정부조직법」 제17조 제1항.

(대공, 대정부 전복, 방첩, 대테러 및 국제범죄조직)의 수집·작성 및 배포와 국가 기밀에 속하는 문서·자재·시설 및 지역에 대한 보안업무, 형법 중 내란의 죄, 외환의 죄, 군형법 중 반란의 죄, 암호부정사용죄, 군사기밀 보호법에 규정된 죄, 국가보안법에 규정된 죄에 대한 수사, 그리고 국가정보원 직원의 직무와 관련된 범죄수사, 정보 및 보안 업무의 기획·조정을 담당한다. 국가정보원의 조직에 관하여는 국가정보원장이 대통령의 승인을 받아 정하게 하고 있으며(「국가정보원법」 제4조 제1항), 그 조직·소재지 및 정원은 국가안전보장을 위하여 필요한 경우에는 그 내용을 공개하지 아니할 수 있도록 하고 있다(6조).[24] 다만, 정무직으로 원장과 차장, 별정직으로 기획조정실장을 두며, 필요한 경우 차장을 2명 이상 둘 수 있도록 하고 있어(동법 제5조 및 제7조), 원장 이하 차장 및 기획조정실의 존재를 가늠할 수 있다.

2) 부문정보기관

(1) 군정보기관

① 군사안보지원사령부

정부는 2018년 8월 14일 기존의 「국군기무사령부령」을 폐지하고 대신 방첩기관으로서의 임무를 구체화한 조직으로 「군사안보지원사령부령」을 통과시켰다. 이에 따르면 군사안보지원사령부는 국방부장관 소속으로 설치하게 되고, 주요 직무는 군 보안 업무, 군 방첩 업무, 군 관련 정보의 수집·작성 및 처리 업무, 「군사법원법」 제44조 제2항에 따른 범죄의 수사에 관한 업무 등을 수행하게 된다.

군사안보지원사령부의 직무를 구체적으로 살펴보면 군 보안 업무는 「보안업무규정」 제45조 제1항 단서에 따라 국방부장관에게 위탁되는 군사보안에 관련된 인원의 신원조사, 「보안업무 규정」 제45조 제2항 단서에 따라 국방부장관에게 위탁되는 군사보안대상의 보안측정 및 보안사고 조사, 군 보안대책 및 군 관련 보안대책의 수립·개선 지원, 그 밖에 국방부장관이 정하는 군인·군무원,

24) 국가정보원(http://www.nis.go.kr); 강용길 외, 앞의 책, 384쪽.

시설, 문서 및 정보통신 등에 대한 보안업무를 그 내용으로 하고 있다.

또한 군 방첩 업무로는 「방첩업무 규정」 중 군 관련 방첩업무, 군 및 「방위사업법」에 따른 방위산업체 등을 대상으로 한 외국·북한의 정보활동 대응 및 군사기밀 유출 방지, 군 방첩대책 및 군 관련 방첩대책의 수립·개선 지원이 해당된다.

군 관련 정보의 수집·작성 및 처리 업무로 국내외의 군사 및 방위산업에 관한 정보, 대(對)국가전복, 대테러 및 대간첩 작전에 관한 정보, 「방위사업법」에 따른 방위산업체 및 전문연구기관, 「국방과학연구소법」에 따른 국방과학연구소 등 국방부장관의 조정·감독을 받는 기관 및 단체에 관한 정보, 군인 및 군무원, 「군인사법」에 따른 장교·부사관 임용예정자 및 「군무원인사법」에 따른 군무원 임용예정자에 관한 불법·비리 정보를 다루는 업무를 수행하게 된다.

다만, 기존 국군기무사령부령과의 차이점으로 새롭게 설치되는 「군사안보지원사령」에서는 몇 가지 기본원칙을 명시하고 있다. 우선 사령부 소속의 모든 군인 및 군무원 등(이하 군인 등)은 직무를 수행할 때 국민 전체에 대한 봉사자로서 관련 법령 및 정치적 중립을 지켜야 함을 규정하고 있다. 또한 사령부 소속 모든 군인 등이 직무를 수행할 때에는 정당 또는 정치단체에 가입하거나 정치활동에 관여하는 모든 행위, 직무 범위를 벗어나서 하는 민간인에 대한 정보 수집 및 수사, 기관 출입 등의 모든 행위, 군인 등에 대하여 직무 수행을 이유로 권한을 오용·남용하는 모든 행위, 이 영에 따른 권한을 부당하게 확대 해석·적용하거나 헌법상 보장된 국민(군인 및 군무원을 포함한다)의 기본적 인권을 부당하게 침해하는 모든 행위가 금지된다.

② 국방정보본부

국방정보본부는 군사정보 및 군사보안에 관한 사항과 군사정보전력의 구축에 관한 사항을 관장하기 위하여 국방부장관 소속으로 설치되었다.[25] 주요업무로는 국방정보정책 및 기획의 통합·조정 업무, 국제정세 판단 및 해외 군사정보의 수집·분석·생산·전파 업무, 군사전략정보의 수집·분석·생산·전파 업무, 군사외교 및 방위산업에 필요한 정보지원 업무, 재외공관 주재 무관의 파견

25) 「국방정보본부령」 제1조(설치).

및 운영 업무, 주한 외국무관과의 협조 및 외국과의 정보교류 업무, 합동참모본부, 각 군 본부 및 작전사령부급 이하 부대의 특수 군사정보 예산의 편성 및 조정 업무, 사이버보안을 포함한 군사보안 및 방위산업 보안정책에 관한 업무, 군사정보전력의 구축에 관한 업무, 군사기술정보에 관한 업무, 군사 관련 지리공간정보에 관한 업무, 그 밖에 군사정보와 관련된 업무 등을 주 임무로 하고 있다.[26]

(2) 경호실

경호실은 국가의 수반이자 국군통수권자로서 대한민국을 대표하는 국가의 원수인 대통령의 경호를 담당하는 기관이다. 따라서 대통령의 경호를 위해서는 필연적으로 경호와 관련된 사전 정보가 필요하기 때문에 대통령 안전에 대한 정보를 자체수집하기도 하고, 국가정보원 등 유관기관의 정보를 통해서 대통령 경호에 필요한 정보를 확보한다.[27]

(3) 대검찰청 공안부와 범죄정보기획관

검찰의 정보는 크게 공안정보와 범죄정보로 구별되는데 공안정보와 관련해서는 「검찰청 사무기구에 관한 규정」 제8조에 공안부에 둘 과 및 공안기획관과 그 분장사무를 규정하고 있으며, 분장사무별로 공안1과, 공안2과, 공안3과 및 공안기획관 1인을 두고 있다. 범죄정보와 관련해서는 범죄정보기획관실을 중심으로 운영되고 있으며, 범죄정보기획관 밑에 범죄정보 제1담당관과 제2담당관을 두고 있다.[28]

---

26) 「국방정보본부령」 제1조의2(업무).

27) 한희원, 앞의 책, 870쪽.

28) 「검찰청 사무기구에 관한 규정」 제3조의4 ① 범죄정보업무에 관하여 대검찰청 차장검사를 보좌하기 위하여 범죄정보기획관을 두고, 그 밑에 범죄정보1담당관과 범죄정보2담당관을 둔다. 〈개정 2008. 2. 29〉 ② 범죄정보1담당관은 다음 사항에 관하여 범죄정보기획관을 보좌한다. 〈개정 2008. 2. 29〉

1. 부정부패사범 정보의 수집 및 관리에 관한 사항
2. 경제질서 저해사범 정보의 수집 및 관리에 관한 사항
3. 신문·방송·간행물·정보통신의 공개범죄정보와 그외의 각종 공개범죄정보의 분석 및 관리에 관한 사항

제2절 정보경찰 조직 및 법적 성격

1. 정보경찰의 조직

1) 경찰청 정보국

경찰청 정보국은 국장 1인을 두며, 국장 밑에 정보심의관을 두고 있다. 정보국장은 치안정보업무에 관한 기획·지도 및 조정, 정치·경제·노동·사회·학원·종교·문화 등 제분야에 관한 치안정보의 수집·종합·분석·작성 및 배포, 정책정보의 수집·종합·분석·작성 및 배포, 집회·시위 등 집단사태의 관리에 관한 지도 및 조정, 신원조사 및 기록관리를 분장사무로 하고 있다. 정보심의관은 기획정보업무의 조정에 관하여 국장을 보좌한다.[29]

또한, 〈표 4-19〉에서 보는 바와 같이 경찰청 정보국은 총 4개 과(課)로 편성되어 있으며, 각 과의 업무는 다음과 같다.[30]

〈표 4-19〉 경찰청 정보국의 편성 및 각 과(課)의 주요업무

구분	주요업무
정보 1과	① 정보경찰업무에 관한 기획·지도 및 조정 ② 신원조사 및 기록관리 ③ 기타 국내 다른 과의 주관에 속하지 아니하는 사항
정보 2과	① 치안정보업무에 관한 기획·지도 및 조정 ② 정책정보의 수집·종합·분석·작성·배포 및 조정
정보 3과	① 정치·경제·노동 분야에 관련되는 치안정보의 수집·종합·분석·작성 및 배포 ② 정치·경제·노동 분야에 관련되는 집회·시위 등 집단사태의 관리에 관한 지도 및 조정
정보 4과	① 학원·종교·사회·문화 분야에 관련되는 치안정보의 수집·종합·분석·작성 및 배포

---

4. 기타 중요 범죄정보의 수집 및 관리에 관한 사항

③ 범죄정보2담당관은 다음 사항에 관하여 범죄정보기획관을 보좌한다. 〈개정 2008. 2. 29〉

1. 대공·사회단체 및 종교단체관련 공안사건 범죄정보의 수집 및 관리에 관한 사항
2. 선거·노동관련사건 정보의 수집 및 관리에 관한 사항
3. 학원·외사관련사건 정보의 수집 및 관리에 관한 사항

29) 「경찰청과 그 소속기관 직제」 제14조(정보국)

30) 「경찰청과 그 소속기관 직제시행 규칙」 제11조(정보국에 두는 과).

	② 학원·종교·사회·문화분야에 관련되는 집회·시위 등 집단사태의 관리에 관한 지도 및 조정

2) 지방경찰청 및 경찰관서

서울지방경찰청의 경우 정보관리부에 부장 1인을 두며, 정치·경제·노동·사회·학원·종교·문화 등 제 분야에 관한 치안정보의 수집·종합·분석·작성 및 배포, 신원조사에 관한 사항, 정책정보 및 정치 분야에 관련되는 치안정보의 수집·종합·분석·작성 및 배포와 같은 사항을 관장한다.

정보관리부장 밑에는 정보1과와 정보2과로 편성되어 있으며, 각 과(課)의 임무는 〈표 4-20〉에서 보는 바와 같다.[31]

〈표 4-20〉 서울지방경찰청 정보관리부의 편성 및 각 과(課)의 주요업무

정보 1과	① 정책정보 및 정치 분야에 관련되는 치안정보의 수집·종합·분석·작성 및 배포 ② 신원조사에 관한 사항 ③ 기타 부내 다른 과의 주관에 속하지 아니하는 사항
정보 2과	① 경제·노동·학원·종교·사회·문화 분야에 관련되는 치안정보의 수집·종합·분석·작성 및 배포에 관한 사항

경찰서의 경우 일반적으로 정보과와 보안과를 통합하여 정보보안과를 두고 있으며,[32] 1급지 경찰서에 해당하는 20개 경찰서[33]와 2급지에 해당하는 1개 경찰서[34]에는 정보보안과에 갈음하여 정보과와 보안과[35]를 두고 있다.

31) 「경찰청과 그 소속기관 직제시행 규칙」 제31조(정보관리부에 두는 과).

32) 「경찰청과 그 소속기관 직제 시행규칙」 제49조 (시행일 2015. 5. 26)

33) 서울 종로·남대문·용산·영등포·강남·관악·강서·양천·송파·노원 경찰서, 부산 해운대·사하 경찰서, 인천 중부·남동 경찰서, 광주 북부 경찰서, 울산 동부 경찰서, 경기도 평택 경찰서, 강원도 춘천·원주 경찰서, 전남 목포 경찰서

34) 강원도 속초 경찰서

35) 「경찰성과 그 소속기관 직제 시행규칙」 제49조의 별표 5 (시행일 2015. 5. 26)

2. 정보경찰의 활동에 관한 법적 성격

정보경찰의 활동은 기본적으로 「경찰법」 제3조와 「경찰관직무집행법」 제2조에서 그 법적 근거를 찾을 수 있다. 「경찰법」 제3조와 「경찰관직무집행법」 제2조는 "국민의 생명·신체 및 재산의 보호, 범죄의 예방·진압 및 수사, 경비, 주요 인사(人士) 경호 및 대간첩·대테러 작전수행, 치안정보의 수집·작성 및 배포, 교통 단속과 교통 위해의 방지, 외국 정부기관 및 국제기구와의 국제협력, 그 밖의 공공의 안녕과 질서 유지"를 그 임무로 한다고 명시하여 정보경찰의 법적 근거를 명확하게 하고 있다.

경찰의 정보활동 역시 공공기관의 행정작용이므로 행정법상 기본원리인 비례의 원칙[36]과 법률유보의 원칙[37]이 준수되어야 한다.

제3절 정보주도형 경찰활동(ILP: Intelligence-led Policing)

1. 정보주도형 경찰활동의 개념 및 도입배경

1) 정보주도형 경찰활동의 개념

미 법무부 산하 사법지원국(BJA: Bureau of Justice Assistance)에 의하면 정보주도형 경찰활동(ILP)이란 범죄에 대한 형사사법기관의 협력적인 접근으로서의 경찰활동이며, 문제지향적 경찰활동과 정보공유체계, 그리고 범죄정보관리가 결

36) 이 원칙은 헌법상 "비례원칙"이 경찰활동에 투영된 것인데, 다음과 같은 내용으로 설명된다. "구체적인 정보경찰활동을 행함에 있어서는 그 활동이 경찰의 행정목적을 달성하기 위하여 어느 정도 필요한가라는 "필요성", 그리고 그 수단이 필요성과 관련선상에서 상당한 것인가라는 "상당성"이 문제가 된다." 오병두, "경찰의 일반정보활동에 대한 검토: 경찰의 정책정보기능 강화론과 관련하여", 「민주법학」, 제30호, 2006, 211쪽.

37) 「헌법」 제37조 제2항의 규정에 의하면 "국민의 모든 자유와 권리는 국가안전보장, 질서유지 또는 공공복리를 위하여 필요한 경우에 한하여 법률로써 제한할 수 있으며, 제한하는 경우에도 자유와 권리의 본질적인 내용을 침해할 수 없다."라고 규정되어 있으며, 경찰권발동은 반드시 법률에 근거가 있어야 한다는 원칙을 법률유보의 원칙이라 한다.

합된 경찰활동이라고 정의하고 있다.[38]

법집행 정보분석가 국제협회(IALEIA: International Association of Law Enforcement Intelligence Analysts)가 출간한 "정보주도형 경찰활동 입문(*Intelligence-Led Policing: Getting Started*)"에 의하면 "정보주도형 경찰활동(ILP)이란 정보와 분석을 경찰운용의 최전방에서 활용하는 모델을 가리킨다. 또한, 정보주도형 경찰활동은 효율적 자원의 활용과 실현가능한 범죄예방 전략의 생산, 성공적인 수사와 기소를 지원하는 것이라고 말한다.[39]

뉴저지 주경찰은 정보주도형 경찰활동이란 정보(information)에서 시작하는 협력적 사고로 정의하고 있으며, 의사결정자가 범죄통제전략 및 자원의 할당, 전략적 운용과 관련된 의사결정 과정에서 가장 합리적인 결정을 내리도록 돕는 것을 목적으로 하고 있다. 또한 이를 위해서는 분석가, 실무자, 지휘부를 포함하는 다양한 집단의 협력노력이 필요하다고 하고 있다.[40]

즉, 정보주도형 경찰활동이란 범죄문제에 대해 의사결정자가 효율적 의사결정을 할 수 있도록 범죄정보를 수집·분석·활용하는 경찰활동의 패러다임이라 할 수 있다.

2) 정보주도형 경찰활동의 도입배경

영국에서는 1990년대부터 정부부처에 기업경영마인드가 도입되었고, 이는 곧 국가기능의 민영화를 의미하였다. 그러나 경찰행정과 같이 민영화가 되지 못한 부문에 있어서는 기업경영모델을 도입·적용하였다. 잉글랜드와 웨일즈의 경우에는 경찰교육도 센트릭스(Centrex)라고 불리는 준민영화조직이 맡아서 실시하였다. 이처럼 기업경영방식을 채택하여 확대실시하려는 국가경영철학이 경찰을 포함한 영국의 전 정부기관에 널리 퍼지게 된 것이다. 이러한 변화의 결과로서 영국의 국가정보모델(NIM: The British National Intelligence Model)이 탄생하였

---

38) Bureau of Justice Assistance, *Navigating Your Agency's Path to Intelligence-Led Policing* (Washington, D.C.: Author, 2009).

39) International Association of Law Enforcement Intelligence Analysts, Booket Committe, *Intelligence-Led Policing: Getting Started*, January, 2005, p. 3.

40) T. E. Baker, *Effective Police Leadership: Moving Beyond Management*, 3rd ed.(New York: Looseleaf Law Publications, 2011), p. 245.

다. 그리고 영국경찰장협회(ACPO: the British Association of Chief Police Officers)에서는 이러한 국가정보모델(NIM)을 경찰정책의 준거로서 채택하였다. 국가정보모델의 국가치안활동 마스터플랜은 〈표 4-21〉과 같다. 이로써 범죄통제를 위해 기업활동방식을 채택하는 정부정책을 수용하고, 모든 경찰활동에 정보를 중요시하는 정보주도형 경찰활동이 채택되었다.[41]

2001년 9월 11일 뉴욕의 테러사건 발생 이후 미국 형사사법기관의 정보분야는 빠르게 변화를 겪었다. 9·11테러가 발생하고 난 후에 국제경찰장협회(IACP: International Association of Chiefs of Police)는 주·지역 단위의 형사사법기관에서 필요로 하는 정보분야에 대해 개정할 필요가 있다는 것에 주목하였다. 또한, 지역사회 담당경찰관재단(COPS: The Office of Community Oriented Policing Service)과 국제경찰장협회(IACP)는 수많은 법집행기관들의 정보관리능력을 발전시키고, 국가적 차원에서 정보업무와 관련된 기준과 방향을 설정해야 한다고 주장하였다.[42]

2002년 3월 국제경찰장협회에서는 지역사회에 중점을 둔 경찰활동의 예산과 관련하여 정보 관련 수뇌부 회의를 가졌으며, 회의 결과 국가범죄정보공유계획(NCISP: The National Criminal Intelligence Sharing Plan), 정보주도형 경찰활동(ILP)의 도입 등이 논의되었다.[43]

〈표 4-21〉 NIM의 국가치안활동 마스터플랜

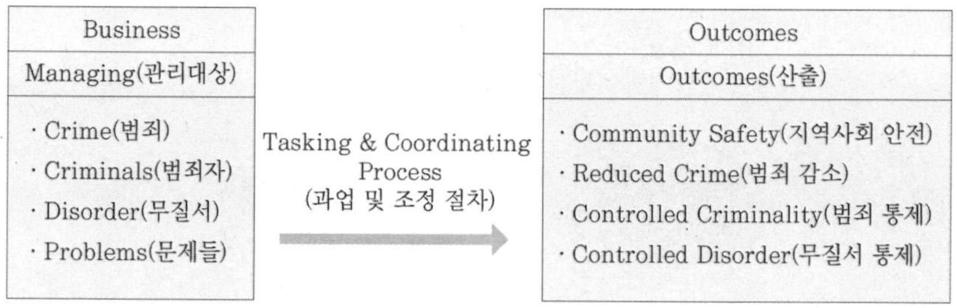

※ 자료: J. H. Ratcliffe, *Intelligence-Led Policing*(Cullompton: Willan Publishing, 2008), p. 108의 재구성.

---

41) 이상훈, "뉴테러리즘 시대의 지역사회 경찰활동의 새로운 모색: Intelligence-Led Policing을 중심으로", 「한국경찰학회보」, 제11권 제4호, 2009, 360쪽.

42) 이정덕 외, "테러리즘에 대비한 정보주도형 경찰활동(ILP) 전략", 「한국테러학회보」, 제4권 제1호, 2011, 174쪽.

2. 정보주도형 경찰활동의 3I 모델

3I모델은 정보주도형 경찰활동을 통해 얻어내는 정보가 의사결정권자에게까지 전달되는 순환과정을 말하며, 호주연방경찰(Australian Federal Police)에 의해 처음 채택되었다.[44)]

3I모델에서 3I란 해석(Interpret), 영향(Influence), 영향(Impact)을 의미하며 그 구조는 〈그림 4-3〉과 같다.

첫째, 해석(Interpret)이란 범죄정보분석을 함에 있어 범죄환경을 능동적으로 해석해야 한다는 것을 의미한다.

둘째, 영향(Influence)이란 지속적인 영향을 의미하는 것으로 의사결정을 하는 의사결정자들은 범죄정보분석의 결과에 영향을 받는 것을 의미한다.

셋째, 영향(Impact)은 일시적인 영향을 의미하며 의사결정자들이 범죄환경에 긍정적인 영향을 미치는 것을 의미한다.

3I 모델의 세 가지 I요소들(Interpret, Influence, Impact)은 진정한 정보주도형

〈그림 4-3〉 정보주도형 경찰활동(ILP)의 3I 모델

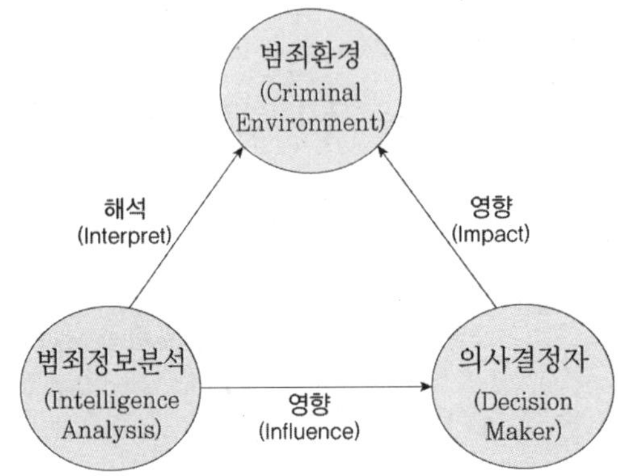

※ 자료: J. H. Ratcliffe, *Intelligence – Led Policing*(Cullompton: Willan Publishing, 2008), p. 110의 재구성.

---

43) IACP, "Criminal Intelligence Sharing : A National Plan for Intelligence – Led Policing At the Local, State and Federal Levels", Recommendations from the IACP Intelligence Summit, 2002.

44) J. H. Ratcliffe, *Intelligence-Led Policing*(Oxon, England: Routledge, 2012), p. 109.

경찰활동이 이뤄지는 데 꼭 필요하다. 범죄정보분석가는 범죄환경을 해석(Interpret)하고, 분석가는 의사결정자들의 사고에 영향(Influence)을 미치기 위해 정보를 활용해야 하며, 의사결정자들은 범죄환경에 긍정적인 영향(Impact)을 미치기 위해 효과적으로 자원을 활용해야 한다.

3. 정보주도형 경찰활동과 다른 경찰활동과의 패러다임 비교

정보주도형 경찰활동은 〈표 4-22〉와 같이 지역사회경찰활동(CP: Community Policing)과 문제지향적 경찰활동(POP: Problem Oriented Policing) 그리고 컴스탯(CompStat)과 개념정의 및 채택 여부, 지향대상과 계층방식, 우선권, 성공기준의 잣대, 예상되는 장점에 따라 구별된다.

〈표 4-22〉 정보에 의한 경찰활동과 다른 경찰활동과의 패러다임 비교

	지역사회경찰활동(COP)	문제지향적 경찰활동(POP)	CompStat	정보주도형 경찰활동(ILP)
쉽게 정의 가능한가?	-아니오	-매우 쉽다	-예	-매우 쉬우나 계속해서 발전 중
쉽게 채택할 수 있는가?	-표면적으로	-어렵다	-기술적으론 채택, 관리적 차원에서는 채택 시도	-관리적 차원에서만 채택 중
지향점	-이웃들	-문제들	-경찰행정가들	-범죄집단들
계층방식	-Bottom-up	-문제를 위한 적절성	-Top-down	-Top-down
우선권의 대상	-지역사회 요구	-범죄분석	-범죄분석을 통한 경찰관리	-범죄정보분석을 통한 경찰관리
성공기준	-지역사회의 만족	-문제의 감소	-낮은 범죄율	-범죄활동이나 문제의 발견, 감소 또는 억제
예상할 수 있는 장점?	-경찰합법성의 증가	-범죄와 다른 문제들의 감소	-범죄의 감소 (때론 다른 문제들의 감소)	-범죄와 다른 문제들의 감소

※ 자료: J. H. Ratcliffe, *Intelligence-Led Policing*(Oxon, England: Routledge, 2012), pp. 72-73.

정보주도형 경찰활동은 개념 정의가 쉽다는 점에서 문제지향적 경찰활동(POP)의 개념정의의 용이함과 유사하지만 개념이 계속해서 발전한다는 점에서 차이를 보이고 있다. 그러나 경찰활동으로서의 채택 여부는 현재 관리적 차원에서만 채택 중이라는 점에서 다른 경찰활동과 차이를 보인다. 마찬가지로 지향점에서 있어서도 다른 경찰활동과 공통점을 지니지 않는다. 그러나 계층방식에 있어서는 컴스탯(CompStat)처럼 Top-down방식을 취하고 있다는 점에서 공통점을 지닌다. 우선순위를 정함에 있어, 문제지향적 경찰활동과 컴스탯에서의 대상인 범죄분석(Crime Analysis)에 정보(Intelligence)가 결합된 범죄정보분석(Crime Intelligence Analysis)을 통한 경찰관리를 우선시한다. 마지막으로 성공기준과 장점에 있어서 문제지향적 경찰활동(POP) 및 컴스탯(CompStat)과 공통점을 지닌다.

제4절 정보공개제도의 이해

1. 정보공개제도의 개념

정보공개제도란 국가기관·지방자치단체 등 공공기관에서 어떤 일을 하고 있고 예산을 어떻게 집행하고 있는지 국민들이 알 수 있도록 공공기관이 보유·관리하는 정보를 국민에게 공개하는 것을 말한다. 또한 국민의 알권리를 보장함으로써 더 많은 정보를 바탕으로 국정운영에 참여할 수 있도록 하기 위한 제도를 말한다.[45)]

정보공개제도는 헌법상 기본권인 국민의 알 권리를 구체적으로 실현하고 국민주권주의를 실질적으로 보장하는 민주주의의 핵심적인 장치 중의 하나이다. 정부 정책에 국민의 의사가 제대로 반영되기 위해서는 국민에게 국정에 관한 광범위하면서도 정확한 정보 제공이 보장되어야 한다. 정보공개제도는 국민의 정보접근권을 실질적으로 확보하여 국정에 대한 국민의 참여욕구를 충족시키고, 정책과정을 투명하게 드러냄으로써 국민의 감시와 비판을 제도적으로 보장하고

45) 정보공개시스템(http://www.open.go.kr, 2013. 1. 10. 검색).

있으며, 이러한 과정을 통해 정부는 국민의 신뢰와 적극적인 협조를 이끌어낼 수 있다. 또한 지식정보사회에서 공공기관이 업무수행 과정에서 생산하거나 취득한 정보는 다양한 부가가치를 창출하는바, 이를 일반국민들이 유용하게 쓸 수 있도록 제공하는 것은 국가의 의무라고도 할 수 있다.[46)]

2. 정보공개제도의 추진배경

우리나라의 정보공개제도는 1992년 청주시의 정보공개조례 제정 및 대통령 선거공약을 계기로 기본 모습을 갖추기 시작하였다. 정부는 1994년 학계·언론계·법조계 등 관계전문가 10인으로 구성된 '정보공개법안 심의위원회'를 발족하여 수차례에 걸친 법안 심의와 공청회, 당정협의, 입법예고 등을 거쳐 1996년 12월 31일 「공공기관의 정보공개에 관한 법률」(이하 '정보공개법')을 제정·공포하여 1998년부터 시행하였다. 동 법령 제정 이후에도 2004년부터 4차례의 개정을 통해 정보공개 활성화를 위한 개선을 지속하여 왔다.

대표적인 사례로는 정보공개 청구가 없더라도 행정기관이 미리 공개할 수 있도록 '행정정보 사전 공표제'를 도입하였으며, '정보공개심의회'를 구성하여 비공개에 대한 이의신청을 객관적으로 심의토록 하였다. 아울러 비영리법인의 공공복리 증진 목적의 정보공개 청구 등에 대해 정보공개 수수료 감면 규정을 두어 행정 감시활동을 제도적으로 지원해 주고 있다. 또한 정보공개 결정기간을 종래 15일에서 10일로 단축하여 보다 신속하게 정보를 제공받을 수 있게 하였으며, 추상적인 비공개 요건을 삭제하고 공공기관으로 하여금 비공개 대상 정보의 범위에 관한 세부기준을 수립하게 하는 등 객관적이고 일관성 있게 정보공개 여부를 결정하도록 하였다.

한편, 정부는 국민이 보다 편리하고 신속하게 공공기관의 정보를 얻을 수 있도록 2004년에 전자적 정보공개의 법적 근거를 마련한 후 2006년 4월에 통합정보공개시스템(www.open.go.kr)을 개통하여 온라인을 통해 본격적인 정보공개 서비스를 시작하였다. 특히, 2011년에는 그간 '청구에 의한' 정보공개 위주에서

46) 행정안전부, 「2010년도 정보공개연차보고서」, 2011, 3쪽.

'선제적이고 능동적인' 정보공개로 전환하기 위해 '사전 정보공개 활성화' 등을 주요 내용으로 하는 동법 시행령 개정이 이루어졌다.[47]

또한 2013년 개정에서는 '원문정보 공개제도'를 도입함으로써 그간 국민의 정보청구에 대한 수동적 대응의 입장에서 개방·공유·소통·협력의 가치를 지향하는 정부 3.0 시대를 실현하려는 박근혜 정부의 국정운영 기조를 반영한 적극적 정보공개로의 패러다임으로 전환하는 계기를 마련하였다.[48]

정보공개법령의 주요개정 현황은 〈표 4-23〉과 같다.

〈표 4-23〉 정보공개법령 주요개정 현황

구 분	개정 항목	주요 내용
정보공개 청구 편의 제공	- 전자적 정보공개 근거 마련	- 열람, 사본·복제물 교부 이외에 정보통신망을 통하여 정보를 제공하는 것도 "공개"의 방법에 포함(2004)
	- 정보목록의 작성·비치	- 국민이 쉽게 알 수 있도록 해당 기관이 보유·관리하는 정보목록을 작성·비치, 정보공개시스템 등을 통해 공개(2004)
정보공개 활성화	- 행정정보의 사전 공표제 도입	- 국민생활에 큰 영향을 미치는 정책, 대규모 예산투입 사업, 예산집행내용과 사업평가결과 등의 정보를 미리 공개(2004)
	- 비공개대상 정보의 축소	- 법령에 의해서만 비밀 또는 비공개 사항을 규정 - "기타 공공의 안전과 이익"과 같은 추상적 기준 삭제 등(2004)
		- 기관별 업무성격을 고려하여 비공개 대상 정보의 세부기준을 수립·공개(2006)
	- 정보공개비용 부담 완화	- 비영리단체에 대한 감면기준 도입 등(2004)
	- 사전공개 활성화	- 사전 공개대상정보의 구체화, 정보공개책임관 도입(2011)
정보공개 청구권 강화	- 정보공개심의회 구성	- 국가기관, 지방자치단체, 정부투자기관은 정보공개 여부 등을 심의하기 위하여 정보공개심의회를 설치·운영(2004)

47) 위의 책, 4-5쪽.

48) 행정안전부, 「2013년도 정보공개연차보고서」, 2013, 4쪽.

	-불복절차 보완	-불복구제요건 완화, 이의신청기간 연장, 제3자 권리구제 강화(2004)
정보공개 절차 등의 효율화	-정보공개절차의 개선	-청구목적 미기재, 청구인 요구에 따라 공개 -공개 여부 결정 처리일 단축(15일→10일) -정보의 양 과다 시 일정기간 분산, 열람과 병행하여 교부(2004)
	-정보공개위원회 설치 및 소속 변경	-정보공개위원회 설치(2004) -위원회 소속을 대통령→행정안전부장관으로 변경하여 책임행정 강화(2008)

※ 자료: 행정안전부, 「2011년도 정보공개연차보고서」, 2011, 5쪽.

3. 정보공개제도의 필요성과 한계

정보공개제도는 정보화사회에 따른 정보의 중요성이 커졌다는 것과 오랜 행정국가화의 추세로 인해 행정에 대한 국민의 통제력을 약화시켰다는 점에서 정보공개제도의 필요성이 제기된다. 그러나 이러한 정보공개제도의 필요성에도 불구하고 부작용이나 한계점도 제시된다. 정보공개제도의 필요성과 한계는 〈표 4-24〉와 같다.

〈표 4-24〉 정보공개제도의 필요성

정보공개제도의 필요성	정보공개제도의 한계
알권리의 보장	기밀유출
국민의 권익 보호	사생활침해
국민참여의 전제조건	정보왜곡
행정통제의 전제조건	비용·업무량의 증가
신뢰와 협력의 전제조건	소극적 행태의 조장
비밀주의로 인한 병폐의 방지	공개혜택의 형평성 결여
부패방지·개혁촉진	정보남용

※ 자료: 오석홍, 「행정학」, 제5판(서울: 박영사, 2012), 775-776쪽 재구성.

제 5 편
경찰조직의 미래

제 1 장

경찰조직의 미래이론

제1절 학습조직이론

1. 학습조직이론의 개념과 특징

1) 학습조직이론의 개념

학습조직이라는 용어는 센게(P. M. Senge)가 그의 저서 「The Fifth Discipline」에서 처음 사용한 말로 경영학뿐만 아니라 행정학 등 다양한 사회과학 분야에서 사용되고 있다.

학습조직의 개념에 대한 정의는 〈표 5-1〉과 같이 학자마다 약간의 차이를 보이고 있다. 대표적으로 학습조직이란 용어를 처음 사용한 Senge는 학습조직을 "조직구성원들이 진심으로 원하는 성과를 달성하도록 지속적으로 역량을 확대시키고 학습방법을 서로 공유하면서 지속적으로 배우는 조직"이라고 정의하고 있다.[1)]

또한 학습조직이란 학습을 통하여 창출된 지식·경험·노하우 등을 체계적으로 축적하고 이를 기업 내에 공유하여 구성원의 능력이나 기술을 향상시키고,

---

1) P. M. Senge, *The Fifth Discipline : The Art & Practice of the Learning Organization*(New York: Doubleday Cuttency, 1994), p. 8.

〈표 5-1〉 학습조직에 대한 정의

구 분	내 용
P. M. Senge	- 조직구성원들이 진심으로 원하는 성과를 달성하도록 지속적으로 역량을 확대시키고 학습방법을 서로 공유하면서 지속적으로 배우는 조직
D. A. Garvin	- 학습조직이란 지식을 창출·획득·이전하는 데 뛰어나고 새로운 지식과 통찰력에 따라 행동을 수정하는 것이 뛰어난 조직
S. P. Robbins	- 적응하고 변동하는 데 필요한 능력을 발전시킨 조직
오석홍	- 조직학습을 잘하는 조직
백삼균	- 지식을 창출하고 보급시키고 이를 조직 내에 저장하고 잘못된 과거 지식을 폐기하는 능력을 갖춘 조직
이종수 외	- 모든 조직구성원이 문제 인지와 해결에 관여해 조직의 능력을 향상시키기 위해 여러 차례 실패를 거듭하면서 지속적으로 실험할 수 있는 조직

※ 자료: D. A. Garvin, "Building a Learning Organization", *Organization Development and Transformation: Managing Effective Change*, 5th ed.(New York: McGraw-Hill, 2000), pp. 281-394; S. P. Robbins, *Organizational Behavior*, 11th ed.(Upper Sadder River, New Jersey: Prentice-Hall, 2005), p. 566; 오석홍, 「행정학」, 제5판(서울: 박영사, 2011), 327쪽; 백삼균, 「학습조직의 본질과 이해」(서울: 에피스테메, 2009), 4쪽; 이종수 외, 「새행정학」, 제6판(서울: 대영문화사, 2012), 317쪽 재구성.

작업현장의 문제를 구성원 스스로 개선하거나 해결하며, 기업 내·외부의 환경을 주도적으로 변화시킬 수 있는 조직으로 정의하기도 한다.2)

2) 학습조직이론의 특징

학습조직의 특징을 간단히 규정하는 것은 쉬운 일이 아니다. 국내외의 학자들은 자신이 학습조직을 바라보는 관점에 따라 학습조직의 특징을 제시하는데, 그 내용은 아래와 같다.

먼저 대프트(R. L. Daft)는 학습조직은 다음과 같은 여섯 가지 특징을 가진다고 보았다.3)

첫째, 학습조직은 리더의 마음에서 비롯된다. 리더들은 조직구성원들에게

2) 한국산업인력관리공단, 「중소기업 학습조직화 지원사업 매뉴얼」, 2012, 1쪽.

3) R. L. Daft, *Organization Theory and Design*, 6th ed.(Cincinnati, Ohio: South-Western College, 1998), pp. 561-571.

조직의 목표, 핵심 가치들에 대한 통치 이념을 설계해 주어야 하며, 미래에 대한 비전을 제시해 주어야 한다. 또한 조직의 임무와 구성원을 지원하기 위해 최선의 배려가 필요하다.

둘째, 학습조직은 구성원에게 과거의 경험과 실수를 인정하는 등 충분한 학습기회를 제공할 수 있도록 훈련을 강조한다.

셋째, 학습조직에서 전략은 중앙집권적이거나 상의하달식으로 수립되는 것이 아니라 다양한 네트워크를 통해 여러 방향에서 수립된다.

넷째, 학습조직이 성공하기 위해서는 강한 조직문화를 가져야 한다.

다섯째, 학습조직은 정보의 공유가 자연스럽게 이루어져야 한다. 이를 위해 공식적 자료는 조직구성원 누구나 접근 가능하도록 해야 한다.

여섯째, 학습조직은 수평적인 조직구조를 중요하게 생각한다. 수직적 조직구조는 급변하고 불확실한 환경에 능동적으로 대응하지 못하는 한계를 가지기 때문에 현재의 상황에 적절하게 대응하지 못한다.

다음으로 이영현 등은 여러 학자들의 다양한 견해를 요약해 학습조직의 특징을 〈표 5-2〉와 같이 7가지로 요약했다.

〈표 5-2〉 학습조직의 특징

1. 지식의 창출, 공유 및 활용에 뛰어난 조직
2. 창조적 변화능력의 촉진 조직
   - 학습조직은 창조적인 변화가 이루어질 수 있도록 전략을 구상하고 그것을 실현
3. 탈관료제 지향 조직
   - 조직을 하나의 살아있는 유연한 유기체로 인식
4. 현실을 이해하고 현실의 변화방법을 탐구하는 조직
5. 학습자의 주체성·자발성·참여성이 존중되는 조직
   - 소수의 최고관리자의 독단적·하향적 결정에 수동적으로 복종하여 학습하지 않음
6. 연속적인 학습이 이루어지는 조직
7. 조직, 조직구성원, 고객을 만족시키는 조직

※ 자료: 이영현 외, 「기업의 학습조직화 촉진방안」(서울: 한국직업능력개발원, 2001), 18-21쪽.

3) 전통적 조직과의 비교

히트(W. D. Hitt)는 전통적인 조직은 효과성과 효율성을 공유비전으로 가지며 조직을 잘 통제할 수 있는 리더십이 필요하지만, 학습조직은 조직적 변화를 비전으로 삼으며 조직의 변화를 잘 촉진시킬 수 있는 리더십이 필요하다고 보았다.[4)]

또한 맥코비(M. Maccoby)는 학습조직의 학습과 전통적 조직의 학습의 차이를 〈표 5-3〉과 같이 개인적 차원, 집단적 차원, 조직적 차원, 사회적 차원에서 비교하고 있다.

〈표 5-3〉 전통적 조직의 학습과 학습조직 학습의 차이

구 분	전통적 조직의 학습	학습조직의 학습
개인적 차원	- 프로그램화, 간헐적, 유행적 - 통합이 유기적으로 되지 않음 - 학습된 무기력	- 지속적, 미래수요에 전략적 연계 - 발전적인 학습 - 개인의 숙련, 도전, 탐구
집단적 차원	- 과정보다는 과업달성에 초점 - 집단이 아니라 개인에 대한 보상 - 기능적 분할	- 집단발전, 협조적 기술에 초점 - 집단에 대한 보상 - 중복기능, 자율작업팀
조직적 차원	- 표면적, 이전의 기술과 무관한 학습 - 학습장애와 구조적 경직성을 고려하지 않은 채 구조적 개편을 통한 학습	- 이전 획득기술을 반복축적하고 발전시키는 학습 - 모든 사람들의 학습기회를 신장시키는 신축적 구조의 창출
사회적 차원	- 사회적 파급에 대한 고려 부족 - 사회적 영향을 통제하려는 시도	- 사회와 상호의존적이며 사회개선에 관심 - 미래구축, 미래에 대한 끊임없는 조사

※ 자료: M. Maccoby, "Forces for Increased Organizational Competition: Implications for Leadership and Organizational Competence", in D. B. Fishman and C. Cherniss, *The Human Side of Corporate Competitiveness*(London, England: SAGE Publications, 1990), p. 36.

4) W. D. Hitt, "The Learning Organization: Some Reflections on Organizational Renewal", *Leadership & Organization Development*, Vol. 16 No. 8, 1995, p. 19.

2. 학습조직 모델

1) Senge의 5가지 학습원칙

Senge는 학습조직을 탄생시키고 학습을 통한 시너지를 발휘하기 위해서는 다음과 같은 5가지 원칙이 필요하다고 하였다.[5)]

(1) 개인숙련(Personal Mastery)

개인숙련은 개인이 추구하는 목표를 달성하기 위해 자신의 역량을 지속적으로 확대해 나가는 것을 의미한다. 즉, 개인이 자신의 비전과 현재 자신이 놓인 상태와의 격차를 줄이기 위해 끊임없이 학습하는 것을 뜻한다. 조직은 구성원들이 이런 학습을 하는 과정에 도움이 될 수 있도록 충분한 환경을 조성해 주어야 한다.

(2) 사고의 틀(Mental Models)

사고의 틀이란 현실에 대한 인식과 행동양식에 영향을 미치는 인식체계로서, 주변에서 발생하는 현상들을 이해하는 준거의 틀을 말한다. 이것은 개인과 조직의 사고방식에 큰 영향을 미친다. 이런 사고의 틀은 한 번 정립되면 쉽게 바뀌지 않으나, 조직 내의 학습과정을 통해 새로운 것을 받아들이고 새롭게 인식하는 자세가 형성되기도 한다.

(3) 공유비전(Shared Vision)

공유비전은 조직이 추구하는 목적이 무엇이며 어떠한 방향을 지향해야 할 것인지에 대해 조직구성원들이 공감대를 형성하는 것을 의미한다. 이런 공감대는 리더나 특정 소수의 사람들에 의해 형성되는 것이 아니고, 모든 구성원들의 끊임없는 대화를 통해 형성된다.

---

5) P. M. Senge, *op. cit.*, pp. 10-12.

(4) 팀 학습(Team Learning)

팀 학습은 구성원들이 타인의 의견을 존중하면서 자신의 의견을 표출하는 과정을 통해 서로의 생각들을 공유하고 목표를 달성할 수 있도록 능력을 만들어 내는 과정을 말한다. 팀 학습을 통해 개인이 가진 한계를 뛰어넘어 보다 나은 능력을 기를 수 있고 지혜를 체득할 수 있게 된다.

(5) 시스템적 사고(System Thinking)

시스템적 사고란 단기적이고 편협한 사고에서 벗어나 장기적이고 통합적인 관점으로 체제를 바라보는 것을 말한다. 체제를 구성하는 여러 가지 요인들을 종합적으로 살펴보고 이를 잘 융합시킬 필요성이 있다. 이런 사고가 전제되지 않는다면 조직 내의 예산, 인력 등의 낭비가 초래될 수 있다.

Senge는 시스템적 사고를 기본 틀로 하고 이를 바탕으로 나머지 네 가지 요소들이 유기적으로 연결되어야만 학습조직이 성공적으로 운영될 수 있다고 보았다.

2) Pedler, Burgoyne과 Boydell의 학습기업 모형

페들러, 버고인과 보이델(M. Pedler, J. Burgoyne & T. Boydell)은 조직이라는 개념 대신 좀 더 역동적인 이미지를 강조하기 위해 학습기업이라는 말을 사용했지만 그 의미는 학습조직과 크게 다르지 않다. Pedler, Burgoyne & Boydell은 현장의 담당자들과의 인터뷰 결과를 바탕으로 〈표 5-4〉와 같이 11가지의 중요한 사항들을 제시하였다.[6)]

---

6) M. Pedler, J. Burgoyne, and T. Boydell, *The Learning Company: A Strategy for Sustainable Development*, 2nd ed.(London, England: McGraw-Hill, 1997), pp. 18-23.

〈표 5-4〉 학습기업의 11가지 중요사항

구 분	내 용
전략에 대한 학습적 접근 (The Learning Approach to Strategy)	- 조직의 정책을 수립하고 전략을 형성하며 이를 실행하고 평가하며 그 결과를 토대로 수정, 보완하여 정책과 전략을 지속적으로 향상시켜 나가는 과정
참여기반의 정책형성 (Participating Policy Making)	- 정책수립과 전략형성 과정에 구성원들의 다양한 의견들이 반영될 수 있도록 하고, 이런 과정들이 구성원들의 공통적인 역할임을 인식시킴
정보공유의 촉진 (Information)	- 다양한 정보를 공유할 수 있는 채널을 구축하는 것
공식적 회계와 통제 (Formative Accounting and Control)	- 회계 및 보고의 시스템이 학습활동을 촉진시킬 수 있도록 재구성
내부 의견교환 (Internal Exchange)	- 조직구성원간 지속적으로 의견교환이 가능할 수 있는 분위기 유도
유연한 보상시스템 (Reward Flexibility)	- 조직구성원들의 아이디어 및 이에 대한 실천에 대해 상응하는 다양한 보상시스템의 마련
조직구조의 유연성 (Enabling Structures)	- 외부환경의 변화 등에 능동적으로 대처할 수 있는 유연하고 수평적인 조직구조로 개편
정보채널 구축 (Boundary Workers as Environmental Scanners)	- 조직 내부에 새로운 정보가 유입될 수 있도록 조직 외부와 공식적, 비공식적 정보채널 구축
기업간 학습활동 (Inter-company Learning)	- 기업 상호간에 학습할 수 있는 기회를 지속적으로 형성
학습분위기 조성 (Learning Climate)	- 관리자는 구성원들에게 일상적인 활동에서 학습할 수 있는 기회와 여건을 제공해 주고, 새로운 아이디어 등을 제시할 수 있는 여건을 마련함과 동시에 실패를 두려워하지 않고 도전할 수 있는 환경을 마련해야 함
자기계발 기회의 확대 (Self-development Opportunities for All)	- 자기계발을 할 수 있는 제도적 장치의 마련

※ 자료: 유영만, 「지식경제시대의 학습조직 : 한국기업의 학습조직 구축방안」(서울: 고도컨설팅, 1995) 재구성.

3) Marsick과 Watkins의 학습조직 모형

마식과 왓킨스(V. J. Marsick and K. E. Watkins)는 학습조직을 사람영역(지속적 학습기회 창출, 탐구와 대화의 촉진, 협동과 팀 학습의 격려와 지원, 학습을 확인하고 공유하는 시스템)과 구조영역(집단비전을 향한 권한 위임, 조직과 환경의 연계, 학습을 위한 전략적 리더십의 제공)으로 구성되는 모형이라 보았으며, 각 요소들은 독립적이지만 상호 연관성을 가지고 있다고 보았다.7)

4) Marquardt와 Reynolds의 글로벌 학습조직 모형

마쿼트와 레이놀즈(M. Marquardt & A. Reynolds)는 학습을 크게 개인이나 집

〈그림 5-1〉 Marquardt & Reynolds의 글로벌 학습조직 모형

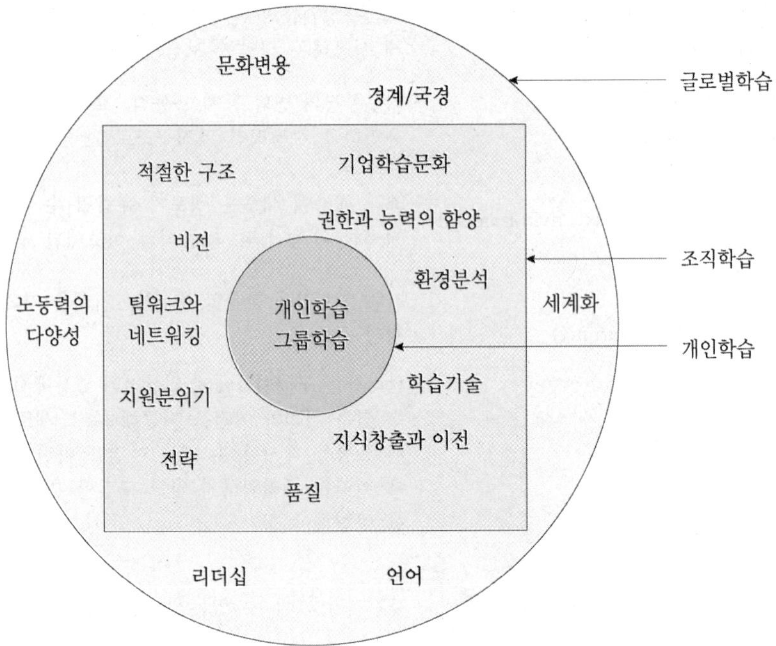

※ 자료: M. Marquardt & A. Reynolds, *Global Learning Organization*(New York: Irwin Inc., 1994).

7) K. E. Watkins and V. J. Marsick, *Sculpting the Learning Organization: Lessons in the Art and Science of Systematic Change*(San Francisco, California: Jossey-Bass, 1993).

단에서 일어나는 측면, 조직차원에서 발생하는 측면, 그리고 글로벌 학습에 필요한 측면으로 구분하고 〈그림 5-1〉과 같이 11가지 필수요인과 6가지 촉진요인(문화변용, 노동력의 다양성, 리더십, 언어, 세계화, 경계/국경)을 제시하고 있다.

3. 학습조직의 촉진요인과 저해요인

1) 촉진요인

(1) 학습문화 조성

학습조직을 성공적으로 이끌기 위해서는 구성원들이 학습조직에 우호적인 태도를 가질 수 있도록 해야 하며, 이들이 학습을 할 수 있는 시간과 장소가 마련되어야 한다. 또한 새로운 기술과 지식을 습득할 수 있는 기회를 제공해야 하며, 지식을 상호 교류할 수 있는 문화가 조성되어야 한다.

(2) 관리자의 인식전환 및 강한 의지

관리자는 학습을 통한 구성원의 능력 향상이 조직의 성장과 경쟁력 향상에 도움이 된다는 것을 인지하고 학습조직을 구축하고 이를 지원하기 위한 노력을 해야 한다.

관리자는 그동안 수직적 관계에서 통제하던 습관에서 벗어나 구성원들과 자유롭게 의사소통을 하고 구성원들의 의견을 수용할 수 있는 자세를 가져야 한다. 더불어 학습조직에 대해 구성원들이 관심을 가질 수 있도록 이를 장려하고 후원해야 한다.

(3) 효과적 보상체계 마련

구성원들의 참여 확대와 의욕 향상을 위해서는 학습과 관련된 보상체계를 마련하는 것이 중요하다. 능력위주의 보상제도를 도입하여 직급에 상관없이 적극적으로 학습에 참여할 수 있도록 할 필요성이 있다. 보상체계는 인사 또는 금전적 혜택 등 구성원들의 요구가 잘 반영될 수 있는 것이어야 한다.

(4) 정보교환의 장 마련

학습조직은 구성원의 직무능력을 향상시키고 조직의 경쟁력을 높이는 데 목적이 있으므로 이미 획득한 지식과 기술 등을 효과적으로 공유할 수 있는 시스템을 마련하는 것이 중요하다. 이를 위해서는 구성원들이 자연스럽게 접근하고 활용할 수 있는 관련 DB구축이 선행되어야 하고 물리적 거리에 구애받지 않고 활용할 수 있도록 전자적 시스템 또한 마련되어야 한다.

(5) 구성원들의 참여 확대

학습조직의 출발은 개인의 학습에서 시작되기 때문에 구성원들이 이에 참여하지 않으면 아무런 의미가 없다. 그러므로 이들의 참여를 확대시키기 위하여 여러 가지 방안을 마련할 필요성이 있으며, 이런 활동이 동료들 간의 교류를 확대할 수 있는 좋은 기회인 점을 강조하여 자발적 참여가 활성화될 수 있도록 해야 한다.

2) 저해요인

(1) 학습조직에 대한 이해 부족

학습조직의 도입에 있어 가장 큰 문제는 학습조직이라는 개념에 대해 많은 사람들이 잘 모른다는 것이다. 학습조직을 단순한 개인 스터디 정도로만 생각하는 경향이 있으며, 업무와 연계시킨다는 점에 대해서도 생소해 하며 이에 대해서 부담을 느끼기도 한다. 이러한 이유로 학습조직은 잘 도입되지 않을뿐더러 실제로 도입이 되더라도 보편화되지 못하는 문제점을 가진다.

(2) 학습의지 부족 및 업무과중

조직의 구성원들은 새로운 학습에 대한 동기를 가지고 있지 않거나 이에 대한 의지가 부족하다. 현재의 상황에서 새로운 학습에 대한 열정이 부족한 것이 사실이기 때문에 이러한 학습을 성장의 원동력으로 보지 않고 업무의 연장선상으로 인식하는 경향이 크다.

또한 대부분의 조직에서 업무의 과중함으로 야근을 하거나 주말에도 출근을 하는 경우가 많으므로 이런 업무과중 현상은 학습조직의 활성화에 장애요소가 된다.

(3) 경직된 조직문화와 구조

많은 조직들이 아직까지 관료제적 형태를 띠고 있으며, 이런 조직들은 상하간 또는 동료들 간의 의사소통이 원활하게 이루어지지 않는다. 또한 자신이 일하는 분야가 아닌 다른 분야에 대해서는 잘 이해하지 못하며 이에 대한 협력 역시 잘 이루어지지 못한다. 이러한 상황은 원활한 의사소통을 저해하고 유연한 시스템 구축에 어려움을 겪게 하므로 학습조직의 구축 및 발전에 저해요소로 작용한다.

(4) 비전의 제한된 공유

구성원들을 학습조직에 참여시키기 위해서는 조직이 어떤 비전을 가지고 어떻게 전략을 형성해 나가는지에 대해서 잘 알아야 한다. 하지만 많은 조직들은 소수의 의사결정자에 의해서만 제한적으로 비전을 형성하고 공유하고 있다. 비전이 공유되지 않은 채 구성원들에게 강요만 할 경우 구성원들의 협조를 이끌어 낼 수 없으며, 학습조직의 정착 역시 어렵게 된다.

이 이외에도 필수요소들이 갖추어지지 않는 상황(예를 들어 보상체계의 미흡, 비효율적 정보교환체계 등) 역시 장애요인으로 작용하며, 또한 조직에 실질적으로 기여하지 못하고 유행에만 급급한 불완전한 학습(truncated learning)이 발생하는 상황 역시 학습조직의 정착과 촉진에 부정적인 영향을 끼친다.

4. 경찰 내 학습조직

1) 경찰의 학습조직 도입 논의

학습조직에 대한 논의가 우리나라에서 시작된 것은 민간부문, 특히 경영혁신방안의 일환으로 학습조직이 언급되면서부터다. 이후 1990년대 말부터 공공분야에 학습조직 기법을 응용하려는 제언을 담은 연구들이 나오기 시작했고, 경찰에서도 학습조직을 도입하기 위한 연구들이 진행되었다.

정덕영은 경찰이 학습조직으로 변화하기 위해서 필요한 실천방안을 제시하였다.[8] 그 실천방안으로 조직의 변화수용성을 향상시키고, 권한위임과 참여를 향상시키며, 지식관리와 첨단기술을 활용하고, 학습조직으로 변화하기 위한 교육훈련 방안으로 경찰과 대학교의 교류를 제안하였다.

김영환은 학습조직모형을 경찰에 적용할 수 있는지에 관한 연구를 통해 관리자의 리더십과 학습문화가 중요한 변수라는 사실을 밝혔고, 공정한 평가와 보상, 구성원 간 정보공유, 지속적인 교육훈련 등이 복합적으로 모색되어야 한다고 주장했다.[9]

2) 경찰 내 학습조직의 사례

(1) 경기지방경찰청의 사례

2005년 5월 경기지방경찰청 광역수사대 강력팀은 역대 최대규모의 폭력조직인 '원주민파' 조직원 68명을 검거하고 그 중 29명을 구속했다. 이런 성과로 강력팀은 '최우수 형사팀'으로 선정되었으며 경감 특진을 포함, 모두 6명이 승진하는 기록을 세웠다.

이런 실적의 바탕에는 강력범죄에 대응하기 위해 경기경찰이 치안시스템을 치밀하게 짜고 학습조직을 활성화해 검거능력을 향상시킨 노력이 있었다.

경기지방경찰청은 형사과에 이른바 'Wide-CAT(Crime Analysis Team)'으로 불리는 '광역범죄 공조·분석팀'을 설치했다. 이 팀은 학습조직의 성격을 지니며 발생범죄를 분석해 수법 등 각종 범죄정보를 제공해 수사력 향상에 기여하는 역할을 했다.[10]

---

8) 정덕영, "한국경찰의 학습조직 구축방안에 관한 연구", 「박사학위논문」 동국대학교 대학원 2002, 183쪽.

9) 김영환, "경찰조직에서 학습조직이론의 적용가능성에 관한 실증적 연구", 「한국사회와 행정연구」, 제14권 제3호, 2003, 345-368쪽.

10) http://news.naver.com/(2012년 12월 8일 검색).

(2) 울산해양경찰서의 사례

울산해양경찰서는 2005년 3월부터 혁신 실행의 문화를 정착하고, 해양경찰 행정서비스의 질적 향상을 추진하기 위해 혁신학습단 및 혁신동아리 학습조직을 운영하여, 전통적인 공무원 조직의 단점을 해소하고 인력운영의 탄력성을 불어 넣음으로써 효율성을 제고하였다.

울산해양경찰서 내에는 "불법고래포획 근절을 위한 연구회" 등 총 23개 학습조직이 구성되었으며, 2005년도에 학습조직의 성과를 평가하기 위한 경진대회를 개최하여 그 중 학습조직 개설목적, 과정의 충실성, 과제의 난이도 등의 평가항목에서 우수한 성적을 받은 정보학습단 중 활동이 활발하고 실적이 우수한 6명이 서장표창을 수여받았다.[11)]

(3) 인천해양경찰서의 사례

인천해양경찰서 P-100정은 해상인명구조율 100% 달성이라는 목표 아래 2007년 3월 학습조직을 구성하여 활동하고 있다. 이는 급증하고 있는 해양레저 인구의 증가에 따라 해양 사건사고의 인명구조율 100%를 달성하기 위한 것으로 어떠한 조건에도 구조대상자를 안정적으로 구조한다는 정신으로 개인 인명구조 장비개발에 박차를 가한 결과 "구명환+레스큐튜브+수영자밴드"의 이점을 모두 갖춘 멀티 인명구조 장비를 자체 개발하였다.[12)]

3) 우리나라 경찰 학습조직의 문제점과 개선방향

앞에서 살펴본 바와 같이 학습조직의 성공적인 활성화를 위해서는 촉진요인을 유도해 내고 저해요인을 억제하는 것이 중요하다.

그러나 위에서 확인한 우리나라 경찰의 학습조직 사례를 살펴보면 민간부문의 학습조직과는 다소 거리가 있는 것이 사실이다. 또한 최근의 사례는 찾아보기 힘들고 대부분의 학습조직이 제대로 정착하지 못한 것으로 보인다.

그 이유는 다음과 같다.

---

11) http://enews.kcg.go.kr/(2012년 12월 8일 검색).
12) http://enews.kcg.go.kr/(2012년 12월 8일 검색).

첫째, 우리나라 경찰은 학습조직원들이 서로 모일 시간과 장소를 제공받지 못하거나 학습조직 자체에 대한 비우호적인 태도 때문에 학습문화의 조성이 힘들다.

둘째, 민간부문이 효율적으로 학습조직을 운영할 수 있었던 것에 비해 공공부문, 특히 경찰의 학습조직이 일회성 행사로 그치고 뿌리내리지 못했던 원인으로 학습의 결과물에 대한 보상체계 마련이 어렵다는 사실을 들 수 있다. 경찰의 활동은 부서마다 그 성격이 판이하게 다르기 때문에 각각의 부서가 학습조직을 통해 얼마나 성과를 거두었는지 계량적으로 측정하기 어렵다. 뿐만 아니라 예산의 한계로 인해 지급할 수 있는 보상도 한계가 있다.

셋째, 우리나라 경찰문화의 특징 중 경직된 조직문화와 위계적이고 수직적인 의사소통구조는 학습조직 운영의 저해요인이 된다. 학습조직은 그 특성상 같은 일을 담당하는 인원으로 구성되기보다는 다양한 부서의 인원이 모여서 구성될 때 그 시너지 효과를 누릴 수 있다. 그렇지만 이 경우에도 의사소통이 원활하지 않고 경직되어 있으면 학습조직 내 구성원 간 협력이 되지 않아 실패할 가능성이 커진다.

따라서 앞으로의 경찰 내 학습조직의 성공 가능성을 높이기 위해서는 학습조직을 통한 업무능률 향상 시 성과금 지급, 학습시간 및 학습장소의 확보, 조직문화 혁신을 통한 의사소통의 활성화를 이루어야 한다.

제2절 네트워크 조직(Network Organization)

1. 네트워크 조직의 개념 및 유형

1) 네트워크 조직의 개념

네트워크 조직은 단일한 하나의 개념은 아니고 학자마다 용어나 정의를 달리하고 있기 때문에 여러 견해를 종합적으로 살펴볼 필요가 있다.

파월(W. W. Powell)은 조직의 네트워크 형태에 관해 교환이나 상호의존적인

자원이동 그리고 상호의사소통연결의 잠재적 또는 수평적 패턴이라고 정의하였다.[13]

노크와 쿠크린스키(D. Knoke and J. H. Kuklinski)는 구체적으로 사람, 대상 또는 사건, 조직 그리고 시스템 등으로 구성되는 행위자(nodes)들이 이루는 상호작용 관계를 네트워크구조라고 보았다.[14]

유민봉의 견해에 따르면 네트워크 조직이란 기획에서부터 생산에 이르기까지 조직업무의 전 과정을 담당하던 전통적인 조직과는 달리 꼭 필요한 핵심적인 기능인 기획과 지휘를 담당하는 부서만을 남기고 다른 나머지 과정은 전문업체에 위탁경영 등의 방식으로 외부협력업체에 이전된 조직을 의미한다.[15]

오석홍은 네트워크 조직이란 각각 높은 독립성을 지닌 조직단위나 조직들 사이의 협력적 연계장치로 구성되어 있는 조직을 말한다고 정의하였다. 네트워크 조직에서 말하는 협력적 연계장치란 전통적 조직모형에서 말하는 계서적·수직적 통제가 아닌 수평적인 협력관계에 바탕을 둔 것이다.[16]

종합하여 보자면, 네트워크 조직이란 업무상의 높은 상호의존성을 지니고 있지만 자본적으로 연결되어 있지 않고 각각 별도의 개체로 독립성을 유지하는 조직들이 서로간의 자원을 자유롭게 공유하고 활용하기 위해 수직적·수평적으로 연결된 조직을 말한다.

이러한 네트워크 조직은 정보통신기술의 발전을 바탕으로 가능하게 되었다. 정보통신기술이 발달하면서 기존에는 상상할 수 없었던 분업화가 가능해지고 업무 과정의 일부를 외부협력업체에 맡기는 것이 가능해졌으며, 그 결과 급변하는 주변 상황에서 비교적 빠르게 대처할 수 있는 네트워크 조직이 탄생하였다.

---

13) W. W. Powell, *Markets, Hierarchies and Networks: The Coordination of Social Life*(Thousand Oaks, California: SAGE Publications, 1990).

14) D. Knoke & J. H. Kuklinski, *Network Analysis*(Thousand Oaks, California: SAGE Publications, 1982).

15) 유민봉, 「한국행정학」, 제4판(서울: 박영사, 2012), 395쪽.

16) 오석홍, 「행정학」, 제5판(서울: 박영사, 2011), 336쪽.

2) 네트워크 조직의 유형

네트워크 조직은 네트워크 형성의 범위가 외부적인지 내부적인지 혹은 지역적인지 여부로 나누고, 네트워크 형성의 방향에 따라 수직적인지 수평적인지 나눈다.

(1) 수직적 외부 네트워크

수직적 외부 네트워크는 생산자 주도형 네트워크와 구매자 주도형 네트워크로 나뉜다. 생산자 주도형 네트워크는 네트워크를 형성하는 핵심조직이 최종 완성품을 제조하는 제조업체인 네트워크 형태이다. 애플, 삼성 등으로 대표되는 전자산업이나 현대, 도요타 등으로 대표되는 자동차 산업을 예로 들 수 있다. 그리고 구매자 주도형 네트워크는 디자인 업체, 대형 구매자 중심으로 이루어진 하청관계 등으로 의류 또는 신발산업과 같은 핵심기술산업을 말한다. 외부적 네트워크의 일종으로 모듈기업은 신제품개발이나 마케팅 업무 등과 같은 조직의 핵심전략과 관련된 업무들은 기업이 직접 수행하고 제품유통, 회계, 애프터서비스 등의 비핵심적 업무는 외부의 전문기업을 통해 수행하는 구조로 이는 구매자 주도형 네트워크에서 주로 볼 수 있다.

(2) 수평적 외부 네트워크

수평적 외부 네트워크는 네트워크에 참여하는 기업들 사이에 기여도나 힘의 측면에서 균형이 유지되는 형태로 이루어지는 조직유형으로 전략적 기술제휴, 사업제휴, 정보통신 네트워크 프로그램, 협력 네트워크 등을 통해 이루어진다.

(3) 수직적 내부 네트워크

기업의 연구개발, 생산 및 판매 부문 중 일부 즉, 자산은 소유하고 경영을 독립시킴으로써 네트워크 형식으로 관리하는 것을 말한다. 예를 들면 소사장 제도를 들 수 있다. 이는 주로 제조업에서 사업장 내에 근무하던 근로자가 생산라인 또는 생산공정의 일부를 맡아 경영책임자가 되고, 모기업은 작업장과 생산설비를 설치 임대해 주며 총무, 세무, 회계, 판매, 기타 업무를 모두 대행하여 지원하고, 소사장은 생산활동에만 전념하도록 만든 것이다.

(4) 수평적 내부 네트워크

수평적 내부 네트워크는 사내 벤처제도와 같이 기업이 새로운 영역에 수평적으로 진입하기 위해 사내 독립적인 조직을 네트워크 형식으로 설립하여 관리하는 경우를 말한다. 사내벤처제도란 직원들이 창의적 아이디어를 제출하면 중간관리자를 거치지 않고 직접 고위관리자에게 넘어가 사업성이 있는지 판별된 후에 종업원에게 사업권을 제공하여 성공하면 지분을 나누어 갖고 더 나아가 독립적 회사를 마련해 주는 제도를 말한다.

2. 네트워크 조직의 특성 및 장·단점

1) 네트워크 조직의 특성

네트워크 조직은 가상조직(Virtual Organization)과 임시체제(Adhocracy)의 속성을 지닌다. 네트워크 조직에서는 임시적 관계, 유연성, 신속한 대응 등이 강조되기 때문에 임시체제적인 특성이 있고, 또한 원래 조직 자체의 물리적 차원은 축소 또는 소멸하고 인지적 차원이 부각되기 때문에 가상조직적인 특성이 있다.[17)]

네트워크 조직의 구체적 형태는 매우 다양하다. 네트워크 조직은 일시적인 것도 있고, 계속적인 것도 있다. 또 네트워크 조직은 개인 간·집단 간·조직 간 심지어는 국가 간에도 네트워크가 형성될 수 있다.

네트워크 조직의 주요 특성을 보면 다음과 같다.[18)]

---

17) 위의 책, 337쪽.

18) J. W. Slocum, Jr. & D. Hellriegel, *Principles of Organizational Behavior*, 12th ed.(Cincinnati, Ohio: South-Western College, 2009); R. L. Daft, *Organization Theory and Design*, 7th ed. (Cincinnati, Ohio: South-Western College, 2001), pp. 251-252.

(1) 통합 지향성

네트워크 조직의 중요한 특징은 각각의 독립적인 조직들이 분명한 경계를 가지면서 동시에 조직의 통합을 지향한다는 점이다. 네트워크조직에서 통합이란 수직적 그리고 공간적 차별화뿐 아니라 수평적 차별화를 포함한다. 일반적인 조직통합은 수평적 조직 간의 조정이나 상호작용을 의미하지만, 네트워크 조직의 통합은 계층이나 공간을 넘어 상호작용하는 차원에서 파악해야 한다.[19] 즉, 네트워크 조직은 조직기능의 분리에서 오는 지리적 문제를 극복하기 위한 통합 지향적 조직이다.

(2) 수평적·유기적 구조

네트워크 조직에서는 수평적·공개적 의사전달이 강조되고 의사결정에 필요한 정보는 조직 전체에 공유된다. 조직구조 역시 유기적이며 수직적 계층의 수는 최소화된다. 유기적 구조라고 하는 것은 조직 외부의 환경변화에 신속하게 적응하기 위한 조직구조를 말한다.

(3) 의사결정체제의 분권성과 집권성

네트워크 조직에서 조직 전체의 의사결정체제는 분권적이며 동시에 집권적이다. 조직을 이루는 각각의 세부 조직들은 자율적으로 맡은 분야에서 조직 내 다른 어떤 조직보다 전문화되어 있다. 이 때문에 주변 상황을 판단하여 업무를 처리하는 과정에서 권한이 재량적으로 주어져야 하고 분권적이어야 한다. 하지만 조직 공동의 목표를 추구하기 위해 조직 간 의사전달과 목표달성에 관련된 정보의 통합관리·감독이 필요하기 때문에 집권적인 특징도 존재한다.

(4) 자율적 업무수행

네트워크 조직은 기능별로 분산된 조직구조를 가지고 있기 때문에 구성단위들의 업무성취 과정에 대한 자율성은 높다. 다만, 각 조직이 과정적 자율성을

---

19) W. E. Baker, *Networks and Organization: Structure, Form and Action*(Boston, Massachusetts: Harvard Business School Press, 1992).

지닌 만큼 결과에 대한 통제는 성과에 따른 보상의 차별을 통해 이루어진다.

(5) 환경에 대한 신속한 적응과 조직 경계의 모호성

네트워크로 느슨하게 연결된 구성단위들과 조직 외부 환경과의 교호작용은 다원적·분산적이다. 따라서 조직 외부 환경의 변화에 대해 신속하게 적응하고 대처할 수 있다. 하지만 조직구조가 네트워크로 느슨하게 연결되어 있는 만큼 조직구성원들이 심리적으로 느끼는 조직의 경계 또한 모호하거나 유동적이다.

(6) 정보기술의 활용

앞에서 언급한 바대로 네트워크 조직은 네트워크의 형성과 그 운영에 있어 정보통신기술이 필수적이다. 네트워크를 형성하는 수단으로 전자매체를 사용하고, 이를 통한 가상공간 속에서의 의사소통이 핵심이기 때문이다.

(7) 물리적 자원의 절감

고도로 발달된 정보통신기술의 활용에 의해 인지적·간접적 교호작용이 확대됨에 따라 조직의 물리적 자원이 축소되거나 필요가 없어진다. 예를 들어 건물 또는 사무실을 직접 방문하거나 구성원들이 대면적 접촉을 해야 할 필요가 점점 줄어든다. 물리적 규모가 작은 조직이라도 방대한 네트워크 조직망을 구축하고 있다면 그 조직은 거대조직으로 보아야 할 것이다.

2) 네트워크 조직의 장·단점

(1) 네트워크 조직의 장점

네트워크 조직의 가장 큰 장점은 대규모 조직이 갖는 규모의 경제와 소규모 조직이 갖는 높은 기동성 및 적응성을 동시에 살릴 수 있다는 것이다.[20] 네트워크 조직의 장점으로는 다음과 같은 것들이 있다.[21]

① 조직간 협동은 효율적 수단으로 신뢰가 바탕이 된다면 장기적인 유지가

---

20) 오석홍, 앞의 책, 338쪽.

21) 이창원·최창현·최천근, 「새조직론」, 전정3판(서울: 대영문화사, 2012), 558쪽.

가능하다.

② 각 조직에서 수집된 정보가 빠르게 조직 전체로 이동 가능하며, 정보 공유와 동시에 기획이 실행으로 옮겨지는 속도가 매우 빠르다.

③ 네트워크의 개방적 특성으로 인해 불확실하고 급변하는 최근의 환경변화 속에서 조직의 적응과 생존가능성을 높일 수 있다.

④ 시간과 공간적 제약이 줄어들어 물리적 자원의 한계를 벗어난 대규모의 조직 구성이 가능하다.

⑤ 조직의 불필요한 부분을 외부조직에 위탁하기 때문에 자원을 효율적으로 사용할 수 있다.

(2) 네트워크 조직의 단점

네트워크 조직이 가지는 가장 큰 단점은 주로 위계적·관료적 구조에 비해 안정성이 떨어지는 점이다. 그 밖에도 다음과 같은 단점들이 있다.[22)]

① 과정적 통제가 필요한 경우, 조직 구성 단위 간의 신뢰를 기대할 수 없는 경우에는 네트워크 조직을 제대로 활용하기가 힘들다.

② 위탁계약 관계에 있는 외부조직을 직접 통제하기가 어렵다.

③ 조직 간 수평적 구조의 특성으로 인해 각 조직 간 갈등을 해결할 수 있는 상급조직이 존재하지 않는다. 따라서 조직 간 갈등이 발생했을 경우 이를 조정하는 데 어려움이 있다.

④ 구체적으로 제품의 안정적 공급과 품질관리에 어려움이 있을 수 있다.

⑤ 모호한 조직경계 때문에 조직의 정체성이 약해 응집성 있는 조직문화를 가지기 어려우며, 구성원의 충성을 기대하기 어렵기 때문에 조직구성원의 이탈이 잦아진다.

⑥ 조직의 핵심기능을 외부조직에 위탁하는 경우 조직의 정체성에 혼란이 올 수 있다.

아직까지 네트워크 조직은 공공 부문보다 민간 부문에서 그 활용이 더욱 크

---

22) 오석홍, 앞의 책, 338쪽; 이종수 외, 「새행정학」, 6정판(서울: 대영문화사, 2012), 311쪽; 이창원·최창현·최천근, 앞의 책, 558쪽.

다고 할 수 있다. 공공 부문의 조직은 아직까지 전통적 조직구조의 형태를 띠고 있는 경우가 많고 조직의 목표가 공공성 혹은 공익과 관련이 깊기 때문에 외부 계약을 통해 수행할 수 있는 조직기능에 한계가 있기 때문이다. 하지만 이러한 한계에도 불구하고 공공 부문에도 네트워크 조직의 원리를 적용할 가능성은 얼마든지 열려 있고 실제로 네트워크 조직의 원리를 활용하는 사례도 점점 늘어나고 있다.

제 2 장

경찰조직의 개혁

제1절 경찰개혁

1. 경찰개혁의 개념

지금까지 경찰조직은 안전한 치안을 유지하기 위하여 헌신적인 노력을 경주해 왔다. 그러나 이러한 헌신적 노력과 가시적인 치안성과에도 불구하고 여전히 국민들의 전폭적인 지지와 신뢰를 받지 못하고 있다. 이러한 문제는 일부 현장에서 드러난 무능력한 모습과 무절제한 공권력의 행사, 대민접촉에 있어서 무성의하고 고압적이며 불친절한 자세, 끊이지 않는 각종 부정부패와 비리 등에서 비롯되었다. 이러한 여러 가지 문제점들을 해결하기 위해 경찰조직은 끊임없이 개혁을 추진해 왔다.

일반적으로 개혁(改革)이란 현재의 문제점을 제거하고 긍정적인 방향으로 발전하려는 인간의 의식적인 활동이라고 정의할 수 있다. 경찰조직의 개혁은 본질적으로 행정개혁과 그 맥락을 같이하고 있다. 행정개혁이란 행정체제를 어떤 하나의 상태에서 그보다 나은 다른 하나의 상태로 변동시키는 것을 의미한다. 따라서 행정개혁은 행정체제의 '바람직한 변동(preferred change)'을 의미

한다.[1]

김진혁은 경찰개혁을 '경찰체제를 좀 더 시민지향적인 방향으로 발전시키기 위한 지속적인 움직임'이라고 정의하였다.[2] 이에 따르면 경찰개혁의 목적도 결국은 경찰서비스의 대상이 되는 시민이 좀 더 만족할 수 있는 경찰활동을 수행하는 데 있게 된다. 따라서 경찰개혁에 있어서도 이러한 원칙에 어긋나지 않도록 그 범위와 방향, 속도를 조절할 필요성이 있다.

2. 성공적인 경찰개혁의 요건

스콜닉과 베일리(J. H. Skolnick and D. H. Bayley)는 미국 6개 도시의 경찰개혁과 관련된 연구에서 성공적인 혁신을 위한 네 가지 권고사항을 제시하고 있다.[3]

첫째, 성공적인 혁신을 위해서 가장 중요한 것은 효과적이고 적극적인 리더이다. 집행부의 리더십은 어느 조직에서든 필수적인 요소이지만, 준군대식 경찰기관에서는 더욱 핵심적인 요소이다. 리더는 반드시 이념과 가치를 설명하는 역할에 전념해야 하고 활동적이어야 한다.

둘째, 성공적인 혁신을 위해서 경찰기관장은 자신이 추구하는 가치를 지원하도록 경찰관들에게 적절히 동기부여를 해야 한다.

셋째, 혁신적인 가치체계는 반드시 보호되어야 한다. 새로운 가치체계가 설립되면 기존 가치체계에 대한 회귀로부터 보호되어야 한다. 따라서 이에 대한 보호장치의 마련은 경찰활동에 있어 필수적이다. 왜냐하면 경찰기관은 경찰활동을 수행함에 있어 전통적인 방법에 매우 강력하게 얽매여 있기 때문이다.

넷째, 혁신은 공공의 지원이 필요하다. 혁신적 범죄예방 프로그램들은 지역사회 구성원들의 지원 속에서 시행된다. 따라서 이러한 프로그램들이 올바르게 지역사회에 소개되고 설명된다면 경찰혁신은 반드시 광범위한 지원을 받을 것이다.

---

1) 오석홍, 「행정개혁론」, 제7판(서울: 박영사, 2012), 5쪽.

2) 김진혁, "경찰혁신의 장애요인 및 나아갈 방향", 「한국공안행정학회보」, 제20호, 2000, 129쪽.

3) J. H. Skolnick and D. H. Bayley, *The New Blue Line: Police Innovation in Six American Cities* (New York: Free Press, 1986).

이 밖에도 경찰개혁이 성공적으로 달성되기 위해서는 경찰개혁의 이념에 대한 명확한 이해, 경찰수뇌부의 적극적인 태도, 법적·제도적 뒷받침 등이 고려되어야 한다.[4)]

3. 경찰개혁의 장애요인

김진혁은 경찰개혁의 장애요인을 외부적 요인과 내부적 요인으로 구별하여 제시하고 있다.[5)]

1) 외부적 요인

(1) 경찰상의 미정립

대한민국 경찰은 일제 친일경찰과 군사정권 시절 폭력경찰의 이미지를 원죄처럼 가지고 있다. 이러한 이미지 때문에 국민들은 경찰의 법집행에 불만을 표시하며 경찰을 권위적이라고 생각한다. 이는 그대로 경찰활동에 대한 시민의 비협조로 이어지고 있다. 따라서 경찰조직 내에서 아무리 개혁을 강조하여도 시민들의 공감과 협조를 이끌어내지 못하고 있다.

(2) 경찰위상의 미정립

국립경찰 창설 이후 대한민국 경찰은 지금에 이르기까지 엄청난 양적·질적 성장을 이뤄왔다. 경찰조직에 유입되는 인적자원의 질은 꾸준히 향상되어 왔으며 실질적인 업무능력도 과거에 비해 크게 향상되었다. 그러나 그 규모나 실력에 비해 경찰의 위상은 제자리를 찾지 못하고 있으며, 조직의 규모와 기능에 맞는 권한을 인정받아야 경찰의 제자리 찾기가 완성도를 높여갈 것이다. 이는 수사권 독립이나 조정 및 경찰관에 대한 합당한 처우의 문제로 귀결될 수 있다.

---

4) 치안연구소, "경찰개혁의 평가와 지속화 전략", 치안연구소 제12회 치안정책 학술세미나 자료집, 2000.

5) 김진혁, 앞의 논문, 133-140쪽.

2) 내부요인

(1) 인사적체

경찰공무원의 인사적체는 심각한 상황이어서 획기적인 구조변화를 요구하고 있다. 특히, 일선에서 활동하는 중하위직 경찰관의 인사적체는 더 심각하다. 이는 필연적으로 사기 저하를 유발하며 경찰개혁의 장애요인이 된다.

(2) 과도한 업무

경찰관은 수많은 업무에 동원되고 있으며 수없이 많은 비상상황에 대처하여야 한다. 과도한 업무량은 직업에 대한 애착심을 떨어뜨려 장기적으로 경찰직에 대한 매력을 감소시킨다. 따라서 경찰관에게 주어지는 과도한 업무량은 경찰개혁의 큰 걸림돌이 된다.

(3) 승진에 대한 집착

경찰개혁을 가로막는 내부적 장애요인 중 마지막으로 심각하게 고려되어야 할 부분은 대부분의 경찰관들이 가지고 있는 승진에 대한 과도한 집착이다. 인사적체라는 조직내부의 환경과 맞물려 승진이 쉽게 되지 않는 상황이 근본적인 원인이겠으나 관리직을 선호하는 우리 사회의 분위기와 출세에 대한 강박관념도 문제이다.

제2절 최근 경찰개혁의 내용

경찰청에서는 국민과 현장 경찰관들로부터 충분히 공감을 받고 그들과의 소통이 전제된 법집행이 아니면 경찰은 절대 국민으로부터 신뢰와 사랑을 받을 수 없다는 점을 인식하고 2010년부터 경찰개혁과 관련하여 7가지 주요 개혁과제(서민지향적 치안활동, 선진 법질서 확립을 통한 공정사회 구현, 인사정의 실현·부패비리 척결, 직급구조 개선, 보수체제 개선, 근무체계 개선, 소통과 화합)를 선정하고 이

를 실천하고 있다.[6)]

1. 서민지향적 치안활동

1) 추진배경

법 앞에서는 누구나 공평하고, 사회적 약자라는 이유로 불이익을 받는 일이 없도록 특별히 배려하는 「친서민 경찰활동」은 공정한 사회를 뒷받침하기 위한 경찰 본연의 역할이자 임무이다.

경찰은 공정한 법집행을 위해 '누구나 고개를 끄덕이는 공감'을 친서민 경찰활동의 방향과 잣대로 삼았다. 이에 따라, 기본과 원칙에 입각한 '사회적 약자 보호의 강화', '북한이탈주민 및 다문화가족 보호·정착지원 내실화', '서민편의와 안전중심의 교통행정 구현', '투명사회 건설을 위한 3대 비리(권력·토착·교육) 척결' 등을 강력히 추진하였다.

2) 추진내용

(1) 사회적 약자보호 강화

경찰은 아동, 여성, 장애인 등 사회적 약자에 대한 경찰활동을 강화하고 관련 제도의 개선을 위해 노력했다.

성범죄자의 신상정보 열람 대상자를 "청소년 → 성인" 상대 범죄자까지 확대하였고, "아동안전지킴이집"을 확대하여 등하교길 아동들을 범죄로부터 보호하기 위한 지역사회 안전망을 더욱 견고하게 구축하였다.

또한 범죄예방 및 피해자 보호를 위한 '아동·여성보호 1319' 팀을 발대하였으며, 성폭력 피해아동 조사 참여 전문인력을 신규 선발하고 원스톱지원센터를 추가 설치하였다. 더불어 피해자들의 2차 피해를 예방하기 위한 진술녹화와 전문가 참여를 활성화하고, 대한법률구조공단 등을 통한 변호사들의 민·형사상 소송 지원과 피해자 지원에 대한 무료 법률상담도 실시하였다.

이와 함께 사회적 약자 보호를 위해 범죄예방·피해신고·상담 및 피해자 지

6) 경찰청, 「경찰백서」, 2011, 25-46쪽; 경찰청, 「경찰백서」, 2012, 13-25쪽.

원과 범죄예방 교육을 망라한 「안전 Dream」 포털을 구축하고, 실종아동찾기를 위한 182센터와 학교폭력·여성폭력 및 성매매 피해자 긴급지원을 위한 117센터를 확대·운영하였다.

(2) 북한이탈주민 및 다문화가족 보호·정착지원 내실화

북한이탈주민은 지속적으로 증가하여 2만여 명에 이르고 있으며, 국내 정착 과정에서 문화적 이질감과 경제적 빈곤을 겪는 등 어려움이 있는 실정이다. 경찰에서는 보안협력위원회와 전담경찰관을 통해 지역사회와 연계된 의료·법률·교육 등 다방면의 지원책을 마련하고 북한이탈주민의 조기적응과 정착을 위해 적극 노력하고 있다. 2011년 말 기준 전국 247개 위원회에 총 6,590명의 보안협력위원들이 활동하고 있다. 보안협력위원은 변호사·의사·교육자 등 분야별 전문가로 구성되어 있으며, 매분기 북한이탈주민과의 간담회를 갖는 등 정착 도우미 역할을 하고 있다.

또한 다문화가정의 안정적 정착과 실질적인 범죄피해 구제 및 잠재적 범죄예방을 위한 치안시책 발굴에 노력하는 한편, 외국인 체류가 많은 지역을 중심으로 외국인범죄와 피해신고가 원활히 이루어질 수 있도록 '외국인 도움센터'를 확대하고 범죄예방 리플릿을 제작하여 배부하였다. 다문화가정 자녀들을 대상으로 '경찰체험 하계캠프'를 운영하였으며, 운전면허 취득절차에서 외국인의 편의를 도모하기 위해 응시가능 외국어를 확대하기도 하였다.

(3) 서민편의와 안전중심의 교통행정

교통행정은 대다수 국민들의 일상생활과 직결되는 분야로, 운전면허취득절차 중 시간과 비용을 유발하는 불편요소를 폐지 또는 축소함으로써 국민부담을 경감시키고자 하였다. '운전면허 시험 간소화'에 대한 기본계획을 수립해 관계부처와 협의하고 「도로교통법」 등 관계법령을 개정하여 장내기능시험 항목을 11개에서 2개로 축소하였으며, 운전전문학원 의무교육시간을 25시간에서 13시간~15시간(면허 종별에 따라)[7]으로 단축하였다.

---

7) 「도로교통법 시행규칙」 제106조 제1항의 별표 32.

또한 전통시장과 공원 등 주민편의 시설 주변에 대해 공휴일·주말 주정차를 확대실시하였고, 원동기 면허시험에 「ONE-STOP 서비스」를 시행하였으며, 운전경력증명서 24시간 자동발급, 해외체류 중인 국민에 대한 국제운전면허증의 대리발급 허용 등 교통행정을 서민편의 위주로 합리적으로 개선하였다.

(4) 3대 비리(권력·토착·교육) 척결

공정사회 구현을 위해 공직 등 사회 전반에 뿌리 깊게 잔존하고 있는 비리를 척결하는 데 수사력을 집중하였다. 자치단체 인사·예산·인허가 처리, 자치단체장·토호세력 간 유착, 학교의 채용·급식업체 선정 과정에서의 뇌물수수, 공사비·보조금의 횡령 등 교육비리, 사이비기자의 금품갈취 등을 중점 대상으로 선정하고 집중 단속을 실시하였다.

특히, 경찰 전 기능이 참여하는 T/F팀(경찰청·지방경찰청 차장 주재)을 전국적으로 구성하여 추진상황을 수시 점검하였으며, 경찰청 및 전국 지방경찰청에 '지능범죄수사대'를 신설하여 3대 비리 전담수사시스템을 구축하였다.

2. 선진 법질서 확립을 통한 공정사회 구현

1) 추진배경

선진국으로 인정받기 위해서는 경제성장 외에도 공동체 구성원 간의 약속으로 표현되는 법질서에 대한 강한 존중 즉, 수준 높은 시민의식이 요구된다.

이에 우리나라 경찰은 헌법과 법률이 규정하는 국민의 자유를 폭넓게 보장하되, 이러한 기본권 행사에 질서의식이 가미될 수 있는 정책들을 시행함으로써 공동체의 번영을 이룩하기 위해 노력하였다.

2) 추진내용

(1) 집회시위관리 패러다임의 전환

그동안 시위대를 불법행위자로 인식하던 기초적인 인식에서 합법보장·불법필벌의 소극적 패러다임으로 나아간 집회시위 대응지침을 다시 한 번 국민의 권리를 적극적으로 보장하겠다는 '합법촉진·불법필벌'의 적극적 패러다임으로 전환하여 국민이 공감하는 법집행을 도모하였다. 이에 따른 구체적 방안으로 기계적이고 행정편의적으로 이루어지던 금지통고를 개선하고, 집회시위의 신고단계부터 합법촉진활동을 전개하였다.

또한, 경찰관을 폭행하고 도로를 점거하는 등 도저히 묵과할 수 없는 불법폭력집회는 합법촉진활동이 무의미하므로 즉각적인 해산조치와 현장검거로 엄정 관리하였다. 아울러, 경찰력은 집회시위 참가자들을 자극하여 폭력집회로 변질되지 않도록 비노출·원거리 배치를 원칙으로 상황에 따라 적정 배치하고, 시위대와의 충돌을 최소화할 수 있는 이격장비를 개발·보급하는 등 인권과 안전을 최우선으로 적법절차에 따라 절제된 물리력을 사용하도록 대응지침을 개선하였다.

(2) 인권과 조화되고 공감받는 경찰권 행사

인권은 경찰활동에 있어 최상위의 가치로서 그동안 경찰의 지속적인 인권보호 활동과 제도개선 노력이 계속되고 있음에도 국민의 높아진 인권의식에 미치지 못해 체감인권 정도는 여전히 미흡한 상태로 남아 있다. 경찰은 이러한 시대적 요구에 맞추어 인권보호를 위한 다양한 시책을 마련하여 시행하였다. 인권경찰서와 쇠창살 없는 유치장의 시범운영으로 인권보호활동을 상징하는 정책을 시행하고, 인권보호 직무사례 발표회 등을 통해 인권문제에 대해 자성하고 쇄신하는 경찰의 의지와 진정성을 피력하기도 하였다. 이와 함께 인권문제에 전문지식과 경험이 있는 외부인사들을 인권위원으로 위촉하여 시민과 함께 하는 인권활동을 추구하였다.

(3) 경찰수사의 공정성 제고

경찰수사는 국민의 권익보호와 직결되는 핵심요소로서 국민들의 기대가 매우 높은 부분이다. 이에 경찰은 수사부서의 인적 쇄신을 단행하고, 수사과정에 대한 국민의 의견을 반영함과 동시에 사건 청탁 등 부정부패 소지를 차단하는 조치를 취하였다. 이를 위해 친절하고 공정한 수사활동을 위해 경찰서 경제팀에 젊은 간부와 여경을 확대 배치하였다. 또 수사에 대한 민원을 해소하고 내부통제를 강화하기 위한 '수사이의제도'를 활성화하고, 수사기관 최초로 '수사관 교체요청 제도'를 전국으로 확대 시행하였다. 또 부당한 사건 청탁을 방지하기 위하여 사건수사시스템에 「청탁신문고」를 구축하여 사건문의를 청문감사관실로 일원화하였다.

3. 인사정의 실현 및 직급구조 개선

1) 인사정의 실현·부패비리 척결

(1) 추진배경

경찰인사에 대한 외부개입은 치안정책의 신뢰성있는 추진과 공명정대한 업무를 위축시키고 조직기강을 무너뜨릴 수 있는 요인으로 꼽히고 있다. 인사정의를 실현하기 위해 지금까지의 계량화, 수치화 위주의 획일적 성과평가 방식이 아닌 일한 만큼 보상 받고 열심히 일한 직원이 우대받을 수 있는 '공감 받는 성과주의'의 정착이 꾸준히 요청되어 왔다.

또한, 선진일류 국가로의 도약과 공정하고 투명한 사회 구현을 위해 경찰 내부에 잔존하는 부정부패를 척결하되, '경찰관 누구나가 공감하여야 한다'는 가이드라인을 제시함으로써 일선 현장에서의 수용도를 높이고 청렴운동에 자발적으로 동참하는 분위기를 조성하고자 하였다.

(2) 추진내용

① 공정하고 투명한 인사제도의 확립

'인사청탁자 공개 원칙'을 대내외에 천명하였으며, 지휘관 워크숍, 서한문 발송을 통해 외부로부터의 청탁 단절을 반복적으로 강조하였다.

또한 각종 평가 및 심사 시 외부인사 참여·참관단 운영 등 공정·투명한 면접 평가제를 운영하고, 인사 결과에 대한 이의신청도 받아들여 인사절차의 공정성과 투명성을 개선하기 위해 노력하였다.

더불어 국민과 가장 가까이 근무하는 현장 경찰관이 승진에서 일부 불이익을 받는 것이 사기저하의 한 원인이 될 수 있어 현장 근무자를 우대하는 승진인사를 실시하기도 하였다. 경찰서 이하 현장 근무자의 승진비율을 확대하고, 현장경찰관의 근무의욕 제고와 기존 승진제도의 사각지대 해소를 위해 경감 이하 특별승진 비율을 대폭 확대하였다.

② 성과평가 시스템의 합리적 개선

경찰의 초기 성과평가는 정량적 요소를 중심으로 구성되었다. 수사부서의 수사관 직무성과 평가시스템(IPAS: Investigation Performance Appraisal System), 형사활동평가, 생활안전기능의 112출동 건수, 교통사망사고 건수 등 객관성이 강조되는 정량요소 중심의 평가가 이루어졌다. 정량적 성과평가는 인사정의를 실현하기 위해 외압이나 자의적 평가를 막는 기준이 될 수 있어 호응을 얻기도 하였다. 그러나 지표에 연연하는 인식이 생기는 등 부작용과 내부 불만도 상당하였다. 국민 만족과는 관계없이 지표에 대한 점수만 얻으면 성과가 우수하다는 결과가 나타나면서 성과평가의 내부수용도가 낮은 수준에 머무르게 되었다.

2011년에는 이러한 실적 경쟁으로 인한 경찰관들의 무리한 경쟁과 부담을 완화하고 현장의 불만을 불식시키기 위해 치안만족도 평가를 연 1회에서 2회로 늘리고 성과평가의 반영비율을 대폭 상향하였으며, 지역주민이 평가과정에 직접 참여할 수 있도록 하는 등 국민중심 평가와 성과관리체계를 구축하였다.

③ 공감받는 감찰활동을 통한 부패비리 근절

잔존 부패의 척결과 감찰 역량의 개선을 위해 다양한 정책을 발굴하고 제도적 기반을 마련하기 위해 노력하였다. 시기별 부패관행 테마를 선정하여 관서별로 부패근절 캠페인을 전개하고 경찰 업무·문화 전반에 걸쳐 잘못된 관행을 발굴하고 청산하고자 노력하였다. 각종 청탁과 대상업소와의 유착을 근절하기 위한 노력을 전방위적으로 기울이면서, '대상업소 접촉 금지제도'나 '업무담당자의 주기적 교체' 등 제도적 기반을 마련하였다.

또한 현장에 도움이 되는 실질적인 감사를 실시하고, 청렴교육과 다양한 시책을 시행하면서 관서별 비위예방을 위해서도 노력하였다. 사전 비위첩보 활동을 통해 취약분야와 문제인물을 중심으로 집중 감찰을 실시하였다. 이와 함께 부패비리 적발과 직무감찰의 분리, 사건문의의 '청문감사관실' 일원화, 지방경찰청별 비위발생 평가, 비위사실 내·외부 공개 등 적극적인 감찰행정을 구현하고, '현장직원들과 함께 하는 감찰관 워크숍' 개최, 감찰활동 개선과 의혹사건에 대한 서한문 게재, 각종 연대책임 관행의 철폐, 불합리한 감찰조사 방식의 개선 등 대내·외 부패비리 척결과 청렴도 향상대책을 종합적으로 추진하였다.

2) 직급구조 개선

(1) 추진배경

하위직 편중의 직급구조와 총경 이상 상위직이 조직 내 0.5% 밖에 되지 않는 기형적인 인력분포는 성실하고 능력 있는 경찰관들에게 보상적 차원에서의 승진을 애초부터 불가능하게 하여 일선 경찰관의 사기저하를 야기하는 주된 원인이 되고 있다. 국가와 국민을 위한 치안활동을 구현하기 위해서는 현장경찰관들의 사기진작을 통한 직무몰입도 제고가 필수적이며, 이를 위한 기초로서 직급구조 개선이 필요하였다.

(2) 추진내용

① 중간관리자 직급조정으로 조직체계 합리화

이른바 '에펠탑 형', '압정 형' 등으로 불리는 하위직(경위 이하) 편중의 직급구조는 과도한 승진경쟁과 계급만능의 조직문화를 초래하고 보수·연금 등의 불이익으로 이어지고 있다. 또한 경위 근속승진제도 시행 이후 같은 경위 계급임에도 관리자와 실무자로 혼재되어 팀장급 직책에 대한 보직 갈등을 유발하고 지휘통솔도 어려운 실정이다.

이러한 이유로 파출소장의 직급조정을 단행하여 기존 경위가 담당하던 것을 경감으로 조정하였으며, 1급서 청문감사관의 경우 경감이 담당하던 것을 경정으로 확대시켰다.

② 성과우수자 경감승진 추진

그간 높은 성과에도 단순히 정원이 없어 승진이 불가능했던 우수 경위에게 경감승진 기회를 확대시키기 위해 안전행정부(현 행정안전부) 성과우수자 6급 근속승진 시행과 함께 경감 근속승진 등의 내용을 담은 「경찰공무원법」 개정안이 국회 본회의를 통과하여 경위로 12년 이상 재직한 경찰공무원 중(경감 정원 범위 내 15%) 성과우수자 상위 20%에 대해 매년 1회 경감으로 승진할 수 있는 기회가 주어지게 되었다. 이를 통해 고질적인 승진적체를 적극적으로 해결하여 격무에 시달리는 현장경찰관의 사기를 진작하였다.

4. 보수 및 근무체계 개선

1) 보수체제 개선

(1) 추진배경

경찰은 24시간 365일 근무체제와 잦은 휴일·야간근무와 돌발적인 비상근무로 여타 직군에 비해 위험도가 크고 스트레스가 과도함에도 불구하고 보수는 그러한 업무 특성을 전혀 반영하지 못하고 있다.

이러한 경찰의 불합리하고 불평등한 보수체계에 경찰직무의 곤란성과 책임성을 제대로 반영하고, '일한 만큼 보상받는' 문화가 현장 곳곳에 정착될 수 있도록 예산 확보 및 관련 제도의 개선을 추진하였다.

(2) 추진내용

가시적인 성과로서 2011년 초과근무수당 예산을 8,151억원을 확보하여 전년대비 27.1%를 증액하게 되었다. 그러나 아직 기본급의 공안직 수준 인상[8]과 근무강도에 따른 격무요율을 반영할 수 있는 초과근무수당의 독자적 운영, 교대근무수당 신설, 휴일·야간수당 인상 등의 실질적 처우개선에 역점을 둔 보수체

8) 기본급에 있어 미국·일본 등 선진 각국에서는 위험업무에 종사하는 경찰관들의 직무특성을 반영하여 일반직 대비 20% 이상을 우대하고 있으며, 우리나라에서도 법관·검사는 일반직 대비 27.3%, 교사는 11.3%, 공안직은 5%의 우대율을 적용하고 있음에도 사회안전유지의 대부분을 담당하는 경찰은 공안직에서 제외되어 1.7%의 우대율만을 적용받고 있다.

계 개선의 노력은 계속되고 있다.

2) 근무체계 개선

(1) 추진배경

지역경찰은 지역실정 및 시간대별 치안수요와 무관하게 획일적으로 일정 인원의 팀과 조를 투입해왔다. 특히, 인력증원이 없는 상황에서의 파출소 확대는 지역경찰의 근무여건 악화로 이어져 경찰청에서는 일률적·획일적 교대근무체계를 원점에서 재검토하게 되었다.

(2) 추진내용

현장의 여건을 실제로 반영할 수 있는 근무체계를 마련하기 위해 경찰청에서는 원칙적으로 주 40시간의 범위라는 기본원칙만 제시하고, 지방경찰청은 현장의 자율성을 최대한 존중하여 가이드라인과 근무체계의 적정성을 검토하는 등 지원 기능을 수행하였다. 또한 근무체계의 개발과 운영은 경찰서 및 지구대·파출소에서 주도적으로 할 수 있도록 자율권을 대폭 부여하였다.

지역실정에 맞는 '현장치안 맞춤형 근무체계' 근무방식을 지구대·파출소별로 마련하여 2011년 1월부터 3월까지 시범운영기간을 거쳐 2011년 4월부터 전면 시행하였고, 강제적 야간근무가 발생하지 않도록 수시로 개선, 점검해 나가면서 새로운 근무체계가 실제 치안환경에 적합하고 직원들로부터 공감을 얻어 잘 정착되도록 노력하였다.

5. 소통과 화합

1) 추진배경

'국가와 국민을 위한 경찰' 구현을 위해 조직의 모든 역량을 결집해야 하는 상황에서는 무엇보다 내부 화합과 단결이 중요하다. 특히, 상·하, 출신 간 갈등을 해소하고 상호간 인식의 간극을 좁히기 위한 근본대책 마련이 필요하였다.

2) 추진내용

(1) 입직별 균형인사

경사 이하 입직자의 상위직 진출을 도모하고 자기계발을 지원하여 상대적 박탈감을 해소하고 조직 내 우수한 인재를 육성하고자 노력하였다.

구체적으로는 경찰청·지방경찰청 등 주요 정책기획 부서에 지역·출신별 적정비율을 안배하고 경사 이하 입직자가 정책전문가로 나아갈 수 있는 기회를 확대하는 「입직별 보직쿼터제」를 시행하였으며, 주요 계장급 보직에 현장경험이 풍부한 경사 이하 입직자를 적극적으로 배치하여 특정 출신의 독점현상을 방지하고 있다.

또한 「경정서장제」를 활성화하여 지휘능력과 업무실적이 우수한 경사 이하 입직자들이 경찰서장으로서의 역량을 발휘할 수 있는 기회를 제공하였다.

(2) 현장과의 다양한 소통 창구 마련

경찰개혁과 정책수립에 현장 경찰관들의 입장과 의견을 반영하고 수용한다는 인식에서 경찰지휘부와 현장 사이의 공감대가 형성될 수 있는 '소통과 화합'이 과거 어느 때보다 중요시되었다.

상급자의 지시와 하급자의 수용에서 나아가 양방향 소통이 가능한 현장으로의 접근을 통해 현장 경찰관들의 가감없는 의견을 듣고 정책에 반영할 수 있는 기회를 만들기 위해 2011년 총 27회에 걸친 현장간담회를 실시하였다. 또한 경찰청장을 비롯한 경찰청 지휘부가 직접 '지역경찰관서 현장체험'을 실시하고, 새로운 정책을 도입하거나 상·하 간 오해가 생길 만한 사안에 대해서는 '기원 메시지'를 발송하였다.

(3) 합리적인 조직문화 조성

관행적으로 이루어지던 명절 비상근무를 축소하고, 직원들이 자유롭게 휴가를 사용할 수 있도록 하였다. 불필요한 대기와 눈치보기식 출퇴근 문화를 정시 출퇴근 문화로 개선하기 위해 노력하여 일과시간 내에 밀도있는 업무추진을 할 수 있도록 하고, 불필요한 회식 및 잘못된 회식 문화의 개선을 위해 설문조사와 지침 등으로 직장 분위기를 환기시키기도 하였다. 또한 형식적인 일일회의와 주말티타임 등 회의를 위한 회의문화와 시대에 맞지 않는 권위적이고 형식적인 의식 행태를 개선하였다.

제3절 경찰조직의 개혁방안

1. 경찰개혁과제의 지속적 추진

1) 7대과제의 지속적 추진

2010년부터 추진 중인 경찰개혁의 7대과제는 그동안 경찰이 고질적으로 가지고 있었던 문제점들을 해결하기 위한 방안의 일환으로 추진되고 있다. 이런 노력이 일회성으로 그치지 않고 실질적인 성과를 창출하기 위해서는 각 과제를 담당하는 국(局) 또는 관(官)이 개혁을 주도하고 추진력 있게 실천해 나가야만 한다. 또한 한 부문에서 해결하기에 제약이 있는 사항에 대해서는 조직 전체적으로 역량을 집중해야 한다.

2) 새로운 과제 발견 및 개혁노력

과거에는 드러나지 않았던 문제들이 시대의 흐름과 함께 새로이 출현하는 경우가 있다. 예를 들어 인권과 관련한 문제들은 과거에는 관심의 대상이 되지 않았지만 민주사회로 이행함에 따라 사회적 관심사가 되었다.

이처럼 지금은 인식하지 못하거나 발견되지 않은 문제점들이 추후 조직의 성패를 좌우할 수도 있기 때문에 지속적으로 문제점을 찾기 위해 노력하고 이를 발견한 뒤에는 그런 문제점을 해결하기 위한 개혁노력을 경주해야 한다.

2. 경찰개혁의 공감대 형성

1) 조직 내부의 공감대 형성

경찰개혁 방안의 결정과 집행은 대부분 기존의 경찰의사결정 구조와 동일하게 상의하달식으로 이루어진다. 이런 방식은 일선의 경찰관들에게 개혁의 움직임이 아니라 또 다른 하나의 명령으로 인식되기 쉽다. 이러한 경우 일선경찰관들은 개혁의 필요성을 공감하지 못하게 되고 개혁방안은 실현되기 어려울 것이다.

그러므로 경찰개혁을 위한 노력들이 경찰조직의 존립을 위해 필수적인 것이며, 이를 통해 경찰의 발전을 도모할 수 있고 경찰관 개인의 위상을 높임과 동시에 열악한 근무환경 등을 개선할 수 있다는 점을 모든 경찰관들이 공감할 수 있도록 해야 한다.

2) 국민의 지지 및 공감대 형성

경찰개혁 방안의 많은 부분들은 국민의 지지 없이는 실현될 수 없다. 예를 들어 보수체계의 개선과 관련된 사항은 국민들의 세금과 직결되는 문제이기 때문에 이들의 지지가 선행되지 않는다면 추진하기가 어렵다.

국민들로부터 지지를 이끌어내기 위해서는 경찰활동이 국민에게 미치는 긍정적 요인들을 잘 알리고, 경찰개혁을 통해서 국민들이 얻게 될 치안서비스 질의 향상 등에 대해 적극적으로 홍보해야 한다.

또한 경찰개혁의 노력은 그동안 국민들에게 부정적 이미지를 불러일으켰던 경찰의 잘못된 측면들을 바로잡을 수 있는 기회임을 인지시켜 깨끗한 경찰, 친절한 경찰로 다가설 수 있도록 국민적 공감대를 도출해야 한다.

3. 제도적 정비

경찰개혁을 추진하기 위해서는 단순히 의식의 변화나 노력만으로 이룰 수 있는 것이 있는 반면 제도적인 장치가 마련되어야만 하는 것들도 있다. 예를 들어 직급구조의 개선의 경우는 「경찰공무원법」 등 관련 법률의 개정을 통해서만 추진할 수가 있다.

하지만 법률의 경우는 국회의 인식과 정치적인 이유 등으로 인해 그 개정에 많은 시간이 소요되기도 하며, 시행령의 경우도 정부부처간의 협의가 이루어지지 않으면 개정에 어려움을 겪는다.

그러므로 경찰개혁에 필수적인 제도적 사항에 대해서는 행정안전부 등의 관계부처와 긴밀한 협의를 통한 합리적 방안을 모색하고, 국회의 법률 개정을 통해 조속히 관련 제도적 장치가 마련될 수 있도록 최선의 노력을 경주해야 한다.

찾아보기

[ㅇ]

최 응 렬 (http://cafe.daum.net/chr134)

(학력) 동국대학교 경찰행정학과 및 동 대학원 졸업(경찰학/범죄학 전공)

(전) 계명대학교 경찰학부 교수
동국대학교 사회과학대학 부학장
동국대학교 행정대학원 부원장
동국대학교 경찰사법대학원 부원장
동국대학교 대외협력본부장
동국대학교 사회과학연구원 원장
경찰청 마약류 유관기관 협의회 위원
경찰대학 치안연구소 연구위원(비상임)
한국형사정책연구원 형사정책연구 자문위원

(현) 동국대학교 경찰행정학과 교수
경찰청 성과평가위원회 위원(기획지원분과 위원장)
경찰청 국가위기협상 전문위원
경찰청 4대 사회악 근절 정책자문위원회 위원
국가정보원 국제범죄 정책위원회 위원
국회입법지원 위원
한국경찰연구학회 고문
한국공안행정학회 고문
한국교정학회 부회장
한국경찰학회 회장
한국셉테드학회 이사

〈저 서〉
「현대사회와 범죄」(공저 · 2010)
「환경설계를 통한 범죄예방」(2006)
「경찰개혁론」(편저 · 2006)
「경찰행정학」(편저 · 2006)
「경찰학개론」(공저 · 2006)

〈시험 출제 및 면접위원〉
◎ 사법시험 출제 및 선정위원
◎ 행정고등고시 출제 및 선정위원
◎ 제5급 · 제7급 · 제9급 국가고시 출제위원, 선정위원 및 면접위원
◎ 국가공무원 및 경찰공무원 채용 및 승진시험 출제위원 및 면접위원
◎ 외교부 해외주재관 공개모집 선발심사위원
◎ 경비지도사시험 출제위원 및 선정위원
◎ 신변보호사자격 검정 필기시험 출제위원 및 선정위원

개정판
경찰조직론

초판발행 2013년 3월 15일
개정판발행 2015년 9월 10일
중판발행 2018년 9월 10일

지은이 최응렬
펴낸이 안종만

편 집 김선민·마찬옥
기획/마케팅 이영조
표지디자인 안선영·홍실비아
제 작 우인도·고철민

펴낸곳 (주) 박영사
서울특별시 종로구 새문안로3길 36, 1601
등록 1959. 3. 11. 제300-1959-1호(倫)
전 화 02)733-6771
f a x 02)736-4818
e-mail pys@pybook.co.kr
homepage www.pybook.co.kr
ISBN 979-11-303-0238-6 93350

정 가 20,000원